Sachenrecht

von

Dr. Dr. h.c. Peter Gottwald

em. o. Professor an der Universität Regensburg

16., neu bearbeitete Auflage, 2014

C.H.BECK

www.beck.de

ISBN 978 3 406 66743 5

© 2014 Verlag C.H.Beck oHG
Wilhelmstraße 9, 80801 München
Druck und Bindung: Nomos Verlagsgesellschaft mbH & Co. KG
In den Lissen 12, D-76547 Sinzheim

Satz: Druckerei C.H.Beck Nördlingen

Gedruckt auf säurefreiem, alterungsbeständigem Papier
(hergestellt aus chlorfrei gebleichtem Zellstoff)

Vorwort

Dieser Band will dem Studierenden helfen, das in der Vorlesung oder anhand eines Lehrbuchs zunächst abstrakt und systematisch erworbene Wissen zum Sachenrecht auf konkrete Fälle anzuwenden und zu vertiefen, und zwar sowohl zur Vorbereitung auf die große BGB-Übung als auch auf die Erste Juristische Staatsprüfung. Ich habe versucht, mit den Fällen den gesamten Pflichtstoff im Sachenrecht abzudecken und nicht nur einzelne Grundfragen aufzugreifen. Die Fälle sind meist der Rechtsprechung entnommen. Die Lösungen sind soweit möglich im Gutachtenstil nach Ansprüchen aufgebaut. Sie sind bewusst kurz gefasst, enthalten aber alle relevanten Gesichtspunkte.

Den größten Lerneffekt beim Durcharbeiten der Fälle erzielt, wer zunächst nur den Fall liest und versucht, die gestellten Fragen selbständig zu beantworten. Sind an einem Fall mehr als zwei Personen beteiligt, erleichtert es die Lösung, wenn man sich deren sachen- und schuldrechtliche Beziehungen in einer grafischen Skizze verdeutlicht. Das Nacharbeiten der angebotenen Kurzlösung dient dann der Wissenskontrolle. Genaueres erfährt, wer den angegebenen Rechtsprechungs- und Schrifttumshinweisen nachgeht.

Das Buch wurde für diese Auflage sorgfältig überarbeitet und aktualisiert. Ein paar Fälle wurden durch aktuellere Beispiele ersetzt bzw. um neue Varianten ergänzt. Erweitert habe ich den Band um drei Fälle: den spektakulären „Schwabinger Kunstfund"-Fall, einen Fall um die seit der „Energiewende" häufig bestellte Photovoltaikdienstbarkeit und einen allgemeinen Fall zu Bestrebungen, das Recht der Mobiliarsicherheiten international zu vereinheitlichen. Rechtsprechung und Schrifttum sind bis Mai 2014 verarbeitet. Anregungen und Kritik sind immer willkommen (unter *Peter.Gottwald@ur.de*).

Regensburg, im Juni 2014   *Peter Gottwald*

Inhaltsverzeichnis

Abkürzungsverzeichnis

a. A.	andere Auffassung
a. a. O.	am angegebenen Ort
a. E.	am Ende
abl.	ablehnend
AcP	Archiv für die civilistische Praxis
AG	Amtsgericht, Aktiengesellschaft
AGB	Allgemeine Geschäftsbedingungen
AktG	Aktiengesetz
Anm.	Anmerkung
ARGE	Arbeitsgemeinschaft
Art.	Artikel
Aufl.	Auflage
BauGB	Baugesetzbuch
BayAbfAlG	Bayerisches Abfallwirtschafts- und Altlastengesetz
BayObLG	Bayerisches Oberstes Landesgericht
BB	Betriebsberater
Bd.	Band
BFH	Bundesfinanzhof
BGB	Bürgerliches Gesetzbuch
BGHZ	Entscheidungen des Bundesgerichtshofs in Zivilsachen
BImSchG	Bundes-Immissionsschutzgesetz
BNotO	Bundesnotarordnung
BR-Drs.	Bundesrats-Drucksache
BT-Drs.	Bundestags-Drucksache
bzw.	beziehungsweise
DB	Der Betrieb
DNotZ	Deutsche Notarzeitschrift
E	Entwurf
Einf.	Einführung
EnWG	Energiewirtschaftsgesetz
ErbbauRG	Erbbaurechtsgesetz
EV	Eigentumsvorbehalt
f., ff.	folgende
Fa.	Firma
FamFG	Gesetz über das Verfahren in Familiensachen und in den Angelegenheiten der freiwilligen Gerichtsbarkeit
GBA	Grundbuchamt
GBO	Grundbuchordnung
gem.	gemäß
GewO	Gewerbeordnung
GG	Grundgesetz für die Bundesrepublik Deutschland

ggf.	gegebenenfalls
GmbH	Gesellschaft mit beschränkter Haftung
GmbHG	Gesetz betreffend die Gesellschaften mit beschränkter Haftung
GoA	Geschäftsführung ohne Auftrag
grds.	grundsätzlich
HGB	Handelsgesetzbuch
h. M.	herrschende Meinung
Hs.	Halbsatz
i. d. R.	in der Regel
i. S.	im Sinne
i. V. m.	in Verbindung mit
i. Zw.	im Zweifel
InsO	Insolvenzordnung
JA	Juristische Arbeitsblätter
JR	Juristische Rundschau
Jura	Juristische Ausbildung
JuS	Juristische Schulung
JZ	Juristenzeitung
KG	Kommanditgesellschaft
krit.	kritisch
KrW-/AbfG	Kreislaufwirtschafts- und Abfallgesetz
KTS	Zeitschrift für Insolvenzrecht (Konkurs – Treuhand – Sanierung)
LG	Landgericht
m. Anm.	mit Anmerkungen
m. w. N.	mit weiteren Nachweisen
MaBV	Makler- und Bauträgerverordnung vom 11.6.1975, BGBl. I 1975, 1351
MDR	Monatsschrift für Deutsches Recht
NJW	Neue Juristische Wochenschrift
NJW-RR	NJW-Rechtsprechungs-Report (Zivilrecht)
OHG	Offene Handelsgesellschaft
OLG	Oberlandesgericht
OLGZ	Entscheidungen der Oberlandesgerichte in Zivilsachen
RGZ	Entscheidungen des Reichsgerichts in Zivilsachen
Rn.	Randnummer
RNotZ	Rheinische Notar-Zeitschrift
Rpfleger	Der Deutsche Rechtspfleger
Rspr.	Rechtsprechung
S.	Satz, Seite
s. o.	siehe oben

StGB	Strafgesetzbuch
StVO	Straßenverkehrsordnung
StVZO	Straßenverkehrs-Zulassungs-Ordnung
s. u.	siehe unten
UrhG	Urheberrechtsgesetz
vgl.	vergleiche
VVG	Gesetz über den Versicherungsvertrag
Warn	*Warneyer*, Rechtsprechung des Bundesgerichtshofs in Zivilsachen
WEG	Wohnungseigentumsgesetz
WM	Wertpapiermitteilungen – Zeitschrift für Wirtschafts- und Bankrecht
ZfIR	Zeitschrift für Immobilienrecht
ZGR	Zeitschrift für Unternehmens- und Gesellschaftsrecht
ZHR	Zeitschrift für das gesamte Handelsrecht und Wirtschaftsrecht
ZIP	Zeitschrift für Wirtschaftsrecht
ZPO	Zivilprozessordnung
z. T.	zum Teil
ZVG	Zwangsversteigerungsgesetz

Paragrafen ohne Gesetzesangabe sind solche des BGB.

Literaturverzeichnis

Bamberger/Roth/ *Bearbeiter*	*Bamberger/Roth,* Bürgerliches Gesetzbuch, 3. Aufl., 2012
Baur/Stürner	*Baur/Stürner,* Lehrbuch des Sachenrechts, 18. Aufl., 2009
Brehm/Berger	*Brehm/Berger,* Sachenrecht, 2. Aufl., 2006
Brox/Walker	*Brox/Walker,* Zwangsvollstreckungsrecht, 10. Aufl., 2014
Bülow	*Bülow,* Recht der Kreditsicherheiten, 8. Aufl., 2012
Erman/*Bearbeiter* ...	*Erman,* Kommentar zum BGB, 13. Aufl., 2011
Gottwald	*Gottwald,* Insolvenzrechts-Handbuch, 4. Aufl., 2010; 5. Aufl., 2014
Gursky	*Gursky,* Klausurenkurs im Sachenrecht, 12. Aufl., 2008
Gursky, Probleme ...	*Gursky,* 20 Probleme aus dem Sachenrecht, 8. Aufl., 2014
Habersack	*Habersack,* Examens-Repetitorium Sachenrecht, 7. Aufl., 2012
Haegele/Schöner/ *Stöber*	*Haegele/Schöner/Stöber,* Grundbuchrecht, 13. Aufl., 2004
Hk-BGB/*Bearbeiter*	*Schulze/Dörner u. a.* (Hrsg.), BGB, Handkommentar, 5. Aufl., 2007
Holzer/Kramer	*Holzer/Kramer,* Grundbuchrecht, 2. Aufl., 2004
Jauernig/*Bearbeiter* .	*Jauernig,* BGB, 15. Aufl., 2014
jurisPK/*Bearbeiter* ..	*Herberger/Martinek u. a.* (Hrsg.), juris-Praxiskommentar, Sachenrecht, 5. Aufl., 2010
Koch/Löhnig	*Koch/Löhnig,* Fälle zum Sachenrecht, 3. Aufl., 2012
Lange/Schiemann	*Lange/Schiemann,* Fälle zum Sachenrecht, 6. Aufl., 2008
Lettl	*Lettl,* Handelsrecht, 2. Aufl., 2011
Lüke	*Lüke,* Sachenrecht, 3. Aufl., 2014
Lwowski/Fischer/ *Langenbucher*	*Lwowski/Fischer/Langenbucher,* Das Recht der Kreditsicherung, 9. Aufl., 2011
Medicus/Petersen	*Medicus/Petersen,* Bürgerliches Recht, 24. Aufl., 2013
Müller	*Müller,* Sachenrecht, 4. Aufl., 1997
MüKo/*Bearbeiter* ...	Münchener Kommentar zum BGB, 6. Aufl., 2012 ff.
Musielak/*Bearbeiter*	*Musielak,* ZPO, 11. Aufl., 2014
Neuner	*Neuner,* Sachenrecht, 4. Aufl., 2013
NK-BGB/*Bearbeiter*	*Ring/Grziwotz/Keukenschrijver,* Nomos-Kommentar BGB, Bd. 3: Sachenrecht, 3. Aufl. 2013
Oetker	*Oetker,* Handelsrecht, 6. Aufl., 2010
Palandt/*Bearbeiter* ..	*Palandt,* Bürgerliches Gesetzbuch, 73. Aufl., 2014
Prütting	*Prütting,* Sachenrecht, 35. Aufl., 2014
PWW/*Bearbeiter*	*Prütting/Wegen/Weinreich,* BGB, 8. Aufl., 2013
Reinicke/Tiedtke	*Reinicke/Tiedtke,* Kreditsicherung, 5. Aufl., 2006
Rosenberg/Schwab/ *Gottwald*	*Rosenberg/Schwab/Gottwald,* Zivilprozessrecht, 17. Aufl., 2010

Schapp/Schur	*Schapp/Schur,* Sachenrecht, 4. Aufl., 2010
Schellhammer	*Schellhammer,* Sachenrecht nach Anspruchsgrundlagen, 3. Aufl., 2010
Schreiber	*Schreiber,* Sachenrecht, 5. Aufl., 2008
Soergel/Bearbeiter ..	*Soergel,* Bürgerliches Gesetzbuch, 13. Aufl., 2001 ff.
Staudinger/ *Bearbeiter*	*Staudinger,* Kommentar zum BGB, (14.) Neubearb. 2000 ff.
Thomas/Putzo/ *Bearbeiter*	*Thomas/Putzo,* ZPO, 35. Aufl., 2014
Vieweg/Regenfus	*Vieweg/Regenfus,* Examinatorium Sachenrecht, 2. Aufl., 2011
Vieweg/Röthel	*Vieweg/Röthel,* Fälle zum Sachenrecht, 2. Aufl., 2012
Vieweg/Werner	*Vieweg/Werner,* Sachenrecht, 6. Aufl., 2013
Weber/ *Weber*	*Hj. Weber/R. Weber,* Kreditsicherheiten, 9. Aufl. 2012
R. Weber	*R. Weber,* Sachenrecht, 3. Aufl. 2012/13
Westermann/Gursky/ *Eickmann*	*Westermann/Gursky/Eickmann,* Lehrbuch des Sachenrechts, 8. Aufl., 2011
Westermann	*Westermann,* BGB – Sachenrecht (Schwerpunkte), 12. Aufl., 2012
Wieling	*Wieling,* Sachenrecht, 5. Aufl., 2007
Wilhelm	*Wilhelm,* Sachenrecht, 4. Aufl., 2010
Wolf/Wellenhofer	*Wolf/Wellenhofer,* Sachenrecht, 28. Aufl., 2013
Zöller/*Bearbeiter*	*Zöller,* Zivilprozessordnung, 30. Aufl., 2013

1. Kapitel. Besitz

1. Besitz an der Parklücke

F erreichte mit ihrem Volvo eine Parklücke. Ihr Sohn S stieg aus und stellte sich in die Parklücke, um F einzuweisen. Während F ein wenig nach vorn fuhr, um rückwärts einparken zu können, fuhr D mit seinem Kleinwagen vorwärts in die Parklücke hinein und stieß S mit der Stoßstange aus der Lücke hinaus. S kam dabei zu Fall und brach sich die rechte Handwurzel. Hat D dem S die Heilungskosten zu ersetzen?

D hat S gem. §§ 823 I, II (i. V. m. §§ 229 StGB, 249 II 1 BGB) die Heilungskosten zu ersetzen, sofern sein Verhalten nicht als Selbsthilfe gem. § 859 I gerechtfertigt war. Danach darf sich der Besitzer verbotener Eigenmacht mit Gewalt erwehren.

Auch an Parklücken kann eine nach der Verkehrsanschauung anerkannte tatsächliche Sachherrschaft (vgl. BGHZ 101, 186, 188 = NJW 1987, 2812 f.) und damit Besitz des Verkehrsteilnehmers bestehen. Der Besitz an der Parklücke steht demjenigen zu, der sie mit seinem Fahrzeug zuerst erreicht (§ 12 V StVO; *OLG Hamm* NJW 1970, 2074). Damit war F Besitzerin. Nach der Verkehrsanschauung verlor sie ihren Besitz nicht, indem sie etwas vorfuhr, um rückwärts einzuparken (§ 12 V 1, 2. Hs. StVO). D stand somit als Nichtbesitzer kein Selbsthilferecht zu. Indem er F zuvor kam, beging D vielmehr verbotene Eigenmacht, § 858 I, gegen die sich F nach § 859 I wehren konnte (vgl. *Omlor/Gies*, JuS 2013, 12, 15).

Verletzt wurde jedoch S. Er war nicht Besitzer der Parklücke (Palandt/*Bassenge*, § 854 Rn. 3). Auch darf ein Fußgänger eine Parklücke nicht freihalten, solange der Autofahrer noch nicht an der Parklücke angelangt ist und Besitz von ihr ergriffen hat. Hat er dies aber, wie hier die F, so darf der Fußgänger dem Fahrer bei der Besitzausübung helfen und in der Parklücke stehenbleiben. S durfte daher als Besitzdiener der F gem. § 860 Selbsthilfe gegen die Besitzentziehung durch D üben. Das Verhalten des D war daher rechtswidrig und verpflichtete ihn, den durch die Körperverletzung entstandenen Schaden zu ersetzen.

2. Besitz der Gesamthand

Knab ist Kommanditist der Exner KG. Um erhebliche Schulden tilgen zu können, veräußert der Komplementär Exner eine neue Werkmaschine an Brunner und liefert sie ihm gegen Barzahlung. Knab erfährt erst nachträglich davon und ist empört. Als Mitbesitzer verlangt er von Brunner Rückgabe der Maschine.
Zu Recht?

Zum Teil wird angenommen, OHG und KG hätten wie eine juristische Person selbst Besitz gem. § 854 und übten ihn durch ihre Organe, die vertretungsberechtigten Gesellschafter, aus (*Organbesitz;* vgl. *Petersen,* Jura 2002, 255, 256). Hierfür sprechen die §§ 124 I, 161 II HGB, durch die Personengesellschaften juristischen

Personen angenähert werden (*Habersack,* Rn. 44 f.; *Prütting,* Rn. 104). Andere betonen, OHG und KG seien nicht körperschaftlich organisiert. Deshalb seien alle Gesellschafter als gesamthänderische Mitbesitzer anzusehen (*Kuchinke,* FS Paulick, 1973, 45). Den Kommanditisten hat der *BGH* freilich jeden Besitz abgesprochen. Sie seien nicht zur Geschäftsführung befugt und könnten daher keine tatsächliche Gewalt ausüben (BGHZ 57, 166 = NJW 1972, 43).

Zutreffender erscheint es, die Mitberechtigung aller Gesamthänder auch auf den Besitz am Gesellschaftsvermögen zu erstrecken. Wegen der ausschließlichen und unbeschränkbaren Vertretungsmacht des Komplementärs, §§ 161 II, 126 II, 170 HGB, kann dieser aber mit Wirkung gegenüber den Kommanditisten über den Besitz der Gesamthand verfügen (*Lange/Schiemann,* S. 9 f.). K kann daher eine ohne oder gegen seinen Willen erfolgte Veräußerung nicht als unberechtigte Entziehung seines Mitbesitzes gem. § 861 rückgängig machen.

3. Selbsthilfe des Besitzdieners

Als der Angestellte A des Supermarktes S-GmbH am Morgen die Ladentür öffnet, um die dort vom Milchhof M abgestellte Ware in den Laden zu schaffen, bemerkt er, wie ein Passant P mit mehreren Milchtüten davoneilt. A läuft ihm nach und nimmt ihm die Milch mit Gewalt ab.
Zu Recht?

A durfte als Besitzdiener, § 855, dem P die Milchtüten im Wege der Selbsthilfe mit Gewalt abnehmen, §§ 859 II, 860, wenn die von M gelieferte Milch in den unmittelbaren Besitz der S gelangt war.

Unmittelbarer Besitz nach § 854 I setzt tatsächliche Sachherrschaft nach der Anschauung des täglichen Lebens voraus. Der Besitz einer Sache erfordert danach nicht, dass die Sache der Einwirkung Dritter völlig entzogen ist (RGZ 106, 135). Daher wird der Ladeninhaber Besitzer der Ware, die morgens vor Geschäftsöffnung mit seinem Einverständnis vor der verschlossenen Ladentür abgestellt wird (*BGH* NJW 1968, 662; Palandt/*Bassenge,* § 854 Rn. 3). Dass S die Wegnahme durch ihre Organe und Angestellten noch nicht verhindern kann, ist unerheblich.

Mit der Wegnahme der Milchtüten beging P daher verbotene Eigenmacht, § 858 I. Die S-GmbH durfte sich dagegen als Besitzerin durch ihre Organe (die Geschäftsführer, § 35 I GmbHG) wehren. Nach § 860 steht das Selbsthilferecht auch A als Besitzdiener der S, § 855, zu.

4. Der Besitz des Erben

Als Frau E starb, nahm ihre Nichte N als nächste Verwandte den Nachlass in Besitz. Da sie kein Interesse an alten Möbeln hatte, ließ sie die Wohnung der E von dem Entrümpler R räumen. Als Entgelt erhielt sie von R dafür 150 €.
a) Bald darauf wurde ein Testament der E eröffnet, wonach das Missionswerk M Alleinerbe der E sei. Dessen Leiter, der mit E gut bekannte Pfarrer P,

verlangt von R Herausgabe der, wie er wusste, wertvollen Möbel bzw. Wertersatz. Zu Recht?
b) Wie wäre es, wenn N vor der Veräußerung an R einen Erbschein erhalten hätte?
c) Im Nachlass der E befand sich auch alter Schmuck, den sich E von ihrer Freundin F geliehen hatte. N veräußert den Schmuck für 1.500 € an den Antiquitätenhändler A. Kann F von A Herausgabe verlangen?
d) R veräußert die Möbel im Auftrag und namens des M zu einem angemessenen Preis an den Antiquitätenhändler A. Nunmehr ficht N die Erbeinsetzung des M wirksam an. Kann N jetzt von A Herausgabe der Möbel verlangen?

a) M kann vertreten durch P Herausgabe der Möbel gem. § 985 verlangen, wenn es als Erbe der E deren Eigentümer ist. Das Eigentum des Erblassers geht gem. § 1922 I mit dem Tode auf den Erben über; zugleich geht der Besitz der E gem. § 857 auf den wahren Erben (ohne Rücksicht auf Kenntnis vom Erbfall und tatsächliche Sachherrschaft) über. Durch die Veräußerung entzog N dem M den Erbenbesitz ohne dessen Willen und verübte daher verbotene Eigenmacht, § 858 I. Durch diese unbefugte Besitzaufgabe durch die Nichterbin N sind M zugleich die Möbel i. S. des § 935 I abhanden gekommen. Der Hauptzweck des § 857 I ist es gerade, den wahren Erben vor einer Veräußerung von Nachlassgegenständen zu schützen (Bamberger/Roth/*Fritzsche,* § 857 Rn. 10). R konnte somit nicht gutgläubig Eigentum erwerben. Er hat daher die Möbel nach § 985 bzw. gegen Genehmigung gem. §§ 816 I, 185, 818 II den vollen Weiterveräußerungserlös herauszugeben.

b) Gem. §§ 857, 935 I 1 sind die Möbel wiederum M abhanden gekommen. Gleichwohl bestehen keine Ansprüche gegen R. Denn gem. § 2366 konnte R das Eigentum an den Möbeln als Nachlassgegenständen von N als der Berechtigten kraft öffentlichen Glaubens des Erbscheins erwerben.

c) F kann nur Herausgabe verlangen, wenn sie noch Eigentümerin des Schmucks ist. Abhandengekommen ist ihr dieser nicht. Da er nicht zum Nachlass gehörte, hätte A vom wahren Erben gem. § 932 Eigentum erworben. Von dem durch Erbschein ausgewiesenen Scheinerben konnte A trotz der §§ 857, 935 I 2 Eigentum erwerben, da nach § 2366 unbeachtlich ist, dass der Schmuck dem wahren, Erben abhandengekommen ist. Die §§ 932 und 2366 rechtfertigen also zusammen den gutgläubigen Erwerb des A (MüKo/*J. Mayer,* § 2366 Rn. 40).

d) Mit der wirksamen Testamentsanfechtung gem. §§ 2078 ff. fällt der bisherige Erbe rückwirkend weg (§ 142 I). Zweifelhaft ist, ob diese Rückwirkung auch den Erbenbesitz gem. § 857 erfasst. Nach Ansicht von *Wiegand* (JuS 1972, 87, 91) ist der tatsächliche Erbe stets durch die §§ 857, 935 lückenlos geschützt. Danach wäre der Besitz an den Nachlasssachen der endgültigen Erbin N (§ 1925 III) dadurch abhanden gekommen, dass sie der Scheinerbe M weiterveräußert hat. Nach h. M. ist jedoch zum Schutz des redlichen Verkehrs auf die tatsächlichen Verhältnisse z. Zt. der Besitzübertragung abzustellen (*Ebenroth/Frank,* JuS 1996, 794, 798). Da M z. Z. der Veräußerung tatsächlich Erbe war, bleibt die Veräußerung wirksam, unabhängig davon, ob M durch Erbschein ausgewiesen war oder nicht. Die Möbel sind daher der N nicht abhandengekommen.

5. Besitzwehr

M ist Mieter eines Kfz-Stellplatzes. K stellt eines Tages unberechtigterweise seinen Pkw darauf ab.
a) Darf M den Pkw sogleich abschleppen lassen?
b) Ist M dazu auch befugt, wenn K seinen Pkw auf der öffentlichen Straße so geparkt hat, dass die Zufahrt zum Stellplatz des M versperrt ist?
c) Darf auch der Vermieter V den PKW in beiden Fällen abschleppen lassen?
d) Kann M von K Erstattung der an den Abschleppunternehmer bezahlten Kosten verlangen?
e) Um sein Fahrzeug wieder zu erhalten, zahlt K an den Abschleppunternehmer A die verlangten 300 €. Von wem kann K Rückerstattung der um 150 € überhöhten Abschleppkosten verlangen?

a) Das unbefugte Abstellen eines Pkw auf einem privaten Stellplatz ist *Besitzstörung* nach § 858 I. M durfte die Störung daher im Wege der Selbsthilfe abwehren (*BGHZ 181, 233, 237 = NJW 2009, 2530*) und den Pkw des K sofort, d. h. so schnell wie objektiv möglich (*LG Frankfurt a. M. NJW-RR 2003, 311*) wegschleppen lassen, § 859 III. Dieses Selbsthilferecht könnte ausgeschlossen sein, wenn durch das Abschleppen der Besitz des K am Stellplatz unzulässig entzogen worden wäre, vgl. § 861 I. Ein Anspruch wegen Besitzentziehung besteht aber nicht gegenüber einem Besitz, der durch verbotene Eigenmacht erlangt und damit fehlerhaft war, §§ 861 II, 858 I, II 1.

b) Streitig ist, ob M auch in diesem Fall zur *Besitzwehr* nach §§ 858 I, 859 I greifen kann.

(1) Notwehr, § 227 II

Teilweise wird behauptet, Besitzstörung liege nur vor, wenn die Sachherrschaft an dem Stellplatz selbst beeinträchtigt wird. An der öffentlichen Straße habe M keinen Besitz (*AG Heidelberg NJW 1977, 1541*). Im Versperren der Zufahrt liege aber eine Beeinträchtigung der Freiheit des M, so dass er gem. § 227 II Notwehr durch Beseitigung des parkenden Autos ergreifen dürfe (*van Venrooy, JuS 1979, 102*).

Es ist aber zweifelhaft, ob im Versperren der Zufahrt wirklich ein Angriff auf die Person des M liegt. Ein Abschleppen nach § 228 scheidet aus, weil ein rechtswidriges Verhalten des K vorliegt; nach § 904 kann nicht abgeschleppt werden, weil der parkende Pkw selbst stört.

(2) Selbsthilfe, § 229

Sieht man in § 12 III Nr. 3 StVO ein Schutzgesetz zugunsten der Zufahrtsberechtigten (Grundstückseigentümer, Mieter, etc), so steht M ein Schadensersatzanspruch gem. § 823 II zu (*OLG Karlsruhe NJW 1978, 274*), der eine Unterlassungspflicht einschließt. Diesen Anspruch könnte M im Wege der Selbsthilfe gem. § 229 realisieren.

Voraussetzung ist jedoch, dass obrigkeitliche Hilfe durch die Polizei nicht rechtzeitig erlangt werden kann. Auch entspricht § 230 II kaum der Interessenlage.

(3) *Besitzwehr, §§ 858 I, 859 I*

Das „Zuparken" ist zwar keine Besitzentziehung. Nach § 858 I liegt aber bereits in einer Besitzstörung eine verbotene Eigenmacht, die zur Selbsthilfe berechtigt. Besitzstörung ist jede Behinderung des Besitzers in der Ausübung des Besitzes. Deshalb bestehen keine Bedenken, die reale Gebrauchsbehinderung durch „Zuparken" als Besitzstörung anzusehen (*Dörner*, JuS 1978, 666, 667).

M darf den Pkw des K daher ohne Einschalten der Polizei abschleppen lassen. Anders als die Besitzkehr nach § 859 II, III ist die bloße Besitzwehr zeitlich nicht begrenzt.

c) Obwohl § 869 nicht auf § 859 verweist, stehen nach h. M. auch dem mittelbaren Besitzer die Gewaltrechte des § 859 zu, weil sonst kein lückenloser Besitzschutz zu erzielen ist, freilich nicht gegen den Willen des unmittelbaren Besitzers (Staudinger/*Bund*, § 859 Rn. 3).

d) Nach §§ 823 I, 249 I, 251 I sind die Abschleppkosten wegen Besitzstörung nur zu ersetzen, wenn zwischen beiden ein adäquater Zurechnungszusammenhang besteht und der verlangte Ersatz innerhalb des Schutzzwecks der verletzten Norm liegt. Beruht der Schaden auf einem Entschluss des Verletzten, so besteht dieser Zusammenhang jedenfalls dann, wenn das Gesetz diese Reaktion ausdrücklich gestattet (BGHZ 181, 233, 241 = NJW 2009, 2530 Rn. 19; Palandt/*Grüneberg*, Vor § 249 Rn. 41 ff.). Da M Selbsthilfe gem. § 859 übte, ist K somit zum Ersatz der dadurch entstandenen Kosten verpflichtet (nicht anteilige Kosten einer Parkplatzüberwachung, *BGH* NJW 2012, 528).

Fasst man § 858 mit der h. M. als Schutzgesetz zugunsten des Besitzers auf, so ergibt sich der Anspruch auch aus § 823 II (BGHZ 181, 233, 241 Rn. 12 = JuS 2009, 762; BGHZ 20, 169, 171 = NJW 1956, 787, 788; a. A. *Schreiber*, Rn. 118).

Die heute h. M. billigt auch Aufwendungsersatz aus GoA (§§ 683 S. 1, 677, 670) zu, weil M den K durch das Abschleppen von seiner Beseitigungspflicht als Störer befreit (*Schwarz/Ernst*, NJW 1997, 2550, 2551; *Pöschke/Sonntag*, JuS 2009, 713; a. A. *Koch/Löhnig*, Fall 1, Rn. 23; *Omlor/Gies*, JuS 2013, 1065, 1067 ff.).

e) Üblicherweise erhält der Störer seinen Pkw nur gegen Zahlung der Abschleppkosten ausgehändigt. Mit dieser Zahlung erfüllt der Störer seine Schadensersatzpflicht gegenüber dem Berechtigten (§ 823 II i. V. m. § 858 I). Der Abschleppunternehmer A wird dabei als Zahlstelle für den Berechtigten tätig. Gleichzeitig ist damit die vertragliche Verpflichtung des Berechtigten gegenüber dem von ihm beauftragten Abschleppunternehmer erfüllt.

Die Ersatzpflicht des Störers ist aber auf den adäquat verursachten Schaden, d. h. auf die ortsüblichen Abschleppkosten beschränkt (s. *BGH* NJW 2012, 528 Rn. 11). Macht der Abschleppunternehmer höhere Kosten geltend, so ist der Berechtigte als rechtlicher Leistungsempfänger insoweit ungerechtfertigt bereichert (§ 812 I 1, Alt. 1) und schuldet Rückzahlung des überhöhten Betrages. Hieran ändert sich nichts, wenn der Berechtigte seinen Ersatzanspruch an den Abschleppunternehmer abgetreten hatte. Denn auch dann bleibt es bei der Rückabwicklung in dem jeweiligen Schuldverhältnis, es sei denn, das Verhalten des Abschleppunternehmers wäre dem Berechtigten nicht mehr zuzurechnen (*BGH* NJW 2012, 3373).

6. Besitzschutz

Den geschiedenen Eheleuten M und F gehört ein Einfamilienhaus je zur Hälfte. In den ersten Jahren nach der Scheidung hatte M das Haus allein bewohnt. Später zog er aus, gestattete der F aber nicht den Zutritt und lehnte eine Vermietung an Dritte ab. Nach einiger Zeit erbrach F die Haustür, ließ das Schloss auswechseln und bezog das Haus.

a) Kann M von F Räumung und Herausgabe verlangen?

b) Wie wäre es, wenn M seinen Anspruch erst zwei Jahre nach dem Auswechseln des Türschlosses geltend machen würde? Wie kann M sein Miteigentum noch geltend machen?

a) Da M und F Miteigentümer sind, kann ein Herausgabeanspruch – mangels eines Überlassungsanspruches nach § 1568a II – nur auf Besitzentziehung durch F gestützt werden, § 861. Nach der Scheidung war M Alleinbesitzer (vgl. *Müller*, Rn. 278q). Indem F gewaltsam in das Haus eindrang, beging sie verbotene Eigenmacht, § 858 I. Gegenüber dem Besitzschutzanspruch aus § 861 I kann F ein Recht zum Mit-Besitz aufgrund ihres Miteigentums (petitorische Einwendung) nicht geltend machen, § 863 (*Petersen*, Jura 2002, 160). F muss das Haus also räumen, sofern sie nicht zuvor ein rechtskräftiges Urteil erlangt, das ihr Besitzrecht als Miteigentümerin feststellt, § 864 II.

b) Der possessorische Anspruch erlischt, wenn er nicht binnen Jahresfrist seit der Besitzentziehung eingeklagt wird (§ 864 I; Ausschlussfrist).

M ist damit nicht rechtlos. Als Miteigentümer zu Bruchteilen kann er seinen Anteil gem. § 747 S. 1 veräußern. Daneben kann er eine Auseinandersetzung der Miteigentümergemeinschaft durch Zwangsversteigerung des Grundstücks und Teilung des Erlöses beantragen, §§ 753 I 1 BGB, 180 f. ZVG.

7. Besitzschutz und petitorische Widerklage

Die Grundstücke von E und N hatten einen gemeinsamen Hofraum, der von beiden ohne Rücksicht auf den Grenzverlauf genutzt wurde. U. a. stellte N seinen Pkw regelmäßig auf einem bestimmten Platz des Hofes ab. Nach einiger Zeit veräußerte E sein Grundstück an K. Nach Einsicht in den Lageplan des erworbenen Grundstücks ließ K gegen den Willen des N einen Zaun auf der Grenze zwischen den Grundstücken in dem Hofraum errichten. Dadurch wurde N die Zufahrt zu der bisherigen Pkw-Stellfläche abgeschnitten. N klagt jetzt gegen K auf Beseitigung des Zaunes und Duldung der Zufahrt zu dem Stellplatz. K erhebt alsbald Widerklage auf Unterlassung der Benutzung seines Grundstücks.

Wie ist über (a) Klage und (b) Widerklage zu entscheiden?

a) N hat kein dingliches Recht auf Zufahrt über das Grundstück des K. Da die Verbindung seines Grundstücks zur öffentlichen Straße nicht beeinträchtigt ist, scheidet ein Notwegrecht, § 917 I, aus.

Seine Klage kann deshalb nur auf Besitzrecht gestützt werden. Nach §§ 861, 862 könnte N von K die Wiedereinräumung des Besitzes an dem Grundstück des K verlangen, soweit dies für die Zufahrt zu dem Stellplatz erforderlich ist. Dazu müsste N Mitbesitzer, § 866, des Hofraums gewesen sein. Bloßes Mitbenutzen macht ihn zwar noch nicht zum Mitbesitzer, wenn dabei der Alleinbesitz des anderen respektiert wird und ein eigener Besitzwille fehlt (MüKo/*Joost,* § 866 Rn. 3). Wird ein Hofraum aber längere Zeit ohne Rücksicht auf Eigentumsverhältnisse gemeinsam genutzt, so liegt Mitbesitz vor.

Mit der Entziehung dieses Mitbesitzes durch Errichtung eines Zauns und der dadurch bewirkten faktischen Sperrung der Zufahrt war N nicht einverstanden. Somit liegt verbotene Eigenmacht, § 858 I, vor. N könnte daher an sich Wiedereinräumung des Besitzes, § 861 I, und Unterlassung der Behinderung der Zufahrt, § 862 I 2, verlangen. § 866 schließt bei Mitbesitzern nur Ansprüche wegen Besitzstörung beim Streit um den Umfang des Besitzrechts, nicht aber den Anspruch wegen Besitzentziehung aus.

b) Teilweise wird die Ansicht vertreten, eine petitorische Widerklage sei ausgeschlossen, weil sonst der Besitzschutz entgegen § 863 gegenstandslos würde (*Spiess,* JZ 1979, 717; *Prütting,* Rn. 124). Der Beklagte ist aber in keinem Fall gehindert, seine petitorischen Rechte durch selbständige Klage geltend zu machen. Das Urteil über das Besitzrecht ist deshalb stets nur vorläufiger Art. Über die possessorische Klage kann zudem nach Trennung, § 145 II ZPO, oder durch Teilurteil, § 301 ZPO, beschleunigt entschieden werden. Deshalb ist die petitorische Klage nach h. M. auch als Widerklage zuzulassen (BGHZ 53, 166 = NJW 1970, 707; *Amend,* JuS 2001, 124, 127; *Zeising,* Jura 2010, 248, 251 f.). Da N kein dingliches Recht auf Zufahrt über das Grundstück des K hat (§ 917 I ist nicht einschlägig), ist der Widerklage stattzugeben.

Der Konflikt zwischen beiden Ansprüchen wird durch § 864 II gelöst. Danach erlöschen Besitzschutzansprüche, wenn rechtskräftig festgestellt wird, dass der Täter (Eigentümer) ein Recht an der Sache hat und deshalb die durch verbotene Eigenmacht herbeigeführte Besitzlage rechtens ist. Nach einer Mindermeinung gilt sinngemäß Gleiches, sobald der petitorische Anspruch durch einstweilige Verfügung oder vorläufig vollstreckbares Urteil anerkannt ist (vgl. *Hagen,* JuS 1972, 124). Sind beide Ansprüche gleichzeitig entscheidungsreif, so besteht ebenfalls eine mit § 864 II vergleichbare Sachlage. Denn für das Gericht steht fest, dass der Sachbesitz letztlich dem Beklagten zusteht. Daher ist die Klage abzuweisen und der Widerklage stattzugeben (BGHZ 73, 355 = NJW 1979, 1358; a. A. nur bei sogleich rechtskräftiger Entscheidung über die Widerklage: MüKo/*Joost,* § 863 Rn. 10 f.; Jauernig/*Jauernig,* §§ 861–864 Rn. 7; *Baur/Stürner,* § 9 Rn. 18).

8. Ansprüche gegen Mitbesitzer

Firma K und Firma B hatten Gewerberäume in demselben Gebäude des E gemietet. Nach den Mietverträgen stand ihnen ein Lastenaufzug zur gemeinschaftlichen Benutzung zu. Arbeiter A der Firma K beschädigte den Aufzug beim Ladegeschäft, so dass dieser für eine Woche ausfiel. Gerade zu dieser

Zeit erhielt Firma B umfangreiche Lieferungen. Die Warenpaletten mussten bis zur Reparatur des Aufzuges von dem Frachtführer eingelagert werden.

a) Kann Firma B von Firma K Ersatz des dafür berechneten Lagergeldes verlangen?

b) Die Angestellten der Firma K stellten die Aufzugsanlage nach jeder Benützung auf ihrer Etage auf „Not-Halt", so dass der Aufzug für Firma B fast nur noch zugänglich war, wenn ihn ein Angestellter in der Etage der Firma K „abholte". Kann Firma B von Firma K Unterlassung dieser Besitzstörung verlangen?

a) Hinsichtlich des Lastenaufzugs stehen die Parteien in schlichter Rechtsgemeinschaft, §§ 741 ff. Aus dieser ergibt sich keine allgemeine schuldrechtliche Verpflichtung, Beschädigungen einer gemeinsamen Sache zu unterlassen (Palandt/*Sprau*, § 741 Rn. 8).

Eine Haftung der Firma K könnte sich aber aus §§ 823 I, 831 ergeben, da der Besitz als sonstiges Recht Besitzschutz genießt. Nun schließt aber § 866 die Besitzschutzregeln im Verhältnis der Mitbesitzer untereinander weitgehend aus. Da die Beschädigung des Aufzuges Besitzstörung, § 862 I, ist, könnte deshalb auch ein Schadensersatzanspruch gem. § 823 I ausgeschlossen sein (so *Müller,* Rn. 263). § 866 schließt aber nach seinem Wortlaut allenfalls den Besitzschutz der §§ 859 ff. aus. Der Besitzer soll auch nicht gegenüber dem Mitbesitzer rechtlos gestellt werden (BGHZ 62, 243, 248 f. = NJW 1974, 1189). Eine Überschreitung des vertraglichen Nutzungsrechts durch Firma K beeinträchtigt daher den Mitbesitz der Firma B. Firma K haftet somit für den geltend gemachten Nutzungsschaden gem. §§ 823 I, 831, 249 I, 251 I, sofern sie nicht für A den Entlastungsbeweis führen kann.

b) § 866 schließt unter Mitbesitzern den Besitzschutz aus, soweit diese um die Grenzen des ihnen zustehenden Sachgebrauchs streiten. Nach überwiegender Ansicht besteht deshalb Besitzschutz gegenüber Mitbesitzern nur bei völliger Besitzentziehung (Soergel/*Stadler,* § 866 Rn. 15). Der Streit um die konkreten Grenzen des Besitzrechts soll nur über die vertraglichen Ansprüche entschieden werden. Dieser Weg ist freilich recht problematisch, da zwischen beiden Firmen keine vertraglichen Beziehungen bestehen. Auch die Vertreter dieser Ansicht legen den Tatbestand der Besitzentziehung aber weit aus. Besteht die Besitzstörung in einer weitgehenden (wenn auch nicht vollständigen) Entziehung des Sachgebrauchs, so ist auch unter Mitbesitzern ein Unterlassungsanspruch wegen Besitzstörung nach den §§ 862 I 2, 858 I zuzulassen (so *OLG Köln* MDR 1978, 405; Jauernig/*Jauernig,* § 866 Rn. 4).

9. Herausgabeanspruch des früheren Besitzers

E besaß eine gotische Madonna im Werte von ca. 25.000 €. Diese übergab er dem Kunsthändler K zum Verkauf. K unterschlug die Plastik und veräußerte sie in Gegenwart eines 20-jährigen Bekannten, den er als Eigentümer ausgab, für 2.500 € an B. E begehrt jetzt von B Herausgabe der Madonna als Eigentümer und früherer Besitzer. B bestreitet das Eigentum des E.
Wie ist zu entscheiden?

(1) *Herausgabeanspruch gem. §§ 985, 986*

Gemäß § 1006 II ist zugunsten des früheren Besitzers E zu vermuten, dass er während seiner Besitzdauer Eigentümer der Plastik war. Ein Recht zum Besitz (§ 986 I 1) infolge gutgläubigen Erwerbs des Eigentums (§ 932) steht B nicht zu. Denn K hat die Plastik ohne Bezug auf seine Verkaufsermächtigung durch E unter zweifelhaften Umständen (junger Eigentümer; kein Herkunftsnachweis; verdächtig niedriger Preis) veräußert. Unter diesen Umständen verstieß B grob gegen die verkehrsübliche Sorgfalt beim Erwerb wertvoller Kunstgegenstände (vgl. § 932 II) und ist deshalb als bösgläubig anzusehen. Als bösgläubiger Besitzer kann sich B auch nicht auf die Eigentumsvermutung des § 1006 I 1 berufen, um ein Recht zum Besitz darzulegen. F hat somit einen Herausgabeanspruch nach §§ 985, 986.

(2) *Herausgabeanspruch gem. § 1007 I*

E war früher Besitzer der Madonna. B ist gegenwärtig Besitzer. Da E die Plastik selbst an K übergeben hat, scheidet zwar § 1007 II, nicht aber der Anspruch nach § 1007 I aus. Denn nach Übergabe an K blieb E mittelbarer Besitzer der Plastik (§ 868). Seinen mittelbaren Besitz hat E nicht freiwillig aufgegeben. Der Herausgabeanspruch des § 1007 I ist daher nicht durch § 1007 III 1 ausgeschlossen, steht vielmehr auch dem E als früheren mittelbaren Besitzer zu (*BGH* Warn 1973 Nr. 3).

Bösgläubigkeit des B ist wie bei § 985 zu bejahen. Als bösgläubiger Besitzer kann sich B wiederum nicht auf die Eigentumsvermutung des § 1006 I 1 berufen, um ein Recht zum Besitz (vgl. § 1007 III 2) darzulegen (vgl. *BGH* Warn 1973 Nr. 3).

10. Deliktischer Besitzschutz

Die Gemeinde G beauftragt das Bauunternehmen B mit den Bauarbeiten für eine neue Umgehungsstraße. Am Tag des geplanten Baubeginns blockiert eine Bürgerinitiative die Baustelle, um den Bau aufzuhalten. Die bereits angefahrenen Baumaschinen können zwei Tage lang weder an der Baustelle eingesetzt noch für einen anderweitigen Einsatz abgefahren werden.
Kann B von der Bürgerinitiative Schadensersatz wegen des Nutzungsausfalls der Baumaschinen verlangen?

Ein Ersatzanspruch nach § 823 I setzt einen Eingriff in ein geschütztes Rechtsgut voraus. In dem erzwungenen Stillstand der Baumaschinen für zwei Tage liegt keine *Eigentumsverletzung* (Jauernig/*Teichmann*, § 823 Rn. 8).

Der *BGH* bejaht aber den Ersatzanspruch, weil die zweitägige Blockade in den berechtigten Besitz der Fa. B an ihren Baumaschinen eingegriffen habe; dieser *Besitz* sei ein sonstiges Recht i. S. des § 823 I (s. aber *Omlor/Gies*, JuS 2013, 12, 16). Maßgeblich für das Vorliegen einer deliktischen Besitzrechtsverletzung seien die erhebliche Dauer der Störung und die völlige Verhinderung des bestimmungsgemäßen Gebrauchs (BGHZ 137, 89 = NJW 1998, 377, 380). Die Verletzung sei auch rechtswidrig, da Art. 8 GG nicht das Recht umfasst im Rahmen einer Versammlung durch Zwang auf Rechtsgüter anderer einzuwirken.

Diese Ansicht erscheint freilich zweifelhaft. Sieht man in dem erzwungenen Stillstand keine Eigentumsverletzung, so erscheint es ungereimt, eine Besitzrechtsverletzung anzunehmen.

In Betracht kommt dagegen ein Eingriff in das *Recht am eingerichteten und ausgeübten Gewerbebetrieb* als sonstiges Recht i. S. des § 823 I. Eine vorsätzliche Betriebsblockade im Rahmen einer politischen Demonstration ist typischer Fall eines solchen rechtswidrigen Eingriffs (MüKo/*Wagner,* § 823 Rn. 278 ff.; offen gelassen in BGHZ 137, 89 = NJW 1998, 380).

2. Kapitel. Allgemeines Grundstücksrecht

I. Übertragung und Rangordnung von Grundstücksrechten

11. Bindung an die Einigung

K sagte E zu, gegen Bestellung einer Grundschuld einen Kredit in Höhe von 25.000 € zu gewähren. E bestellte darauf dem K in beglaubigter Form die Grundschuld, erteilte die entsprechende Eintragungsbewilligung und wies den Notar N an, dem K eine vollstreckbare Ausfertigung der Urkunde zu erteilen. Zugleich bevollmächtigte K den N, die Eintragung der Grundschuld für ihn herbeizuführen.

Am nächsten Tag bot die D-Bank dem E den gleichen Kredit zu einem günstigeren Zinssatz an. E widerrief sogleich die Einigung mit K und die N erteilte Weisung, noch ehe die Ausfertigung der Urkunde hergestellt war. K meint, E sei an die Einigung bereits gebunden.

Zu Recht?

Die Einigung über die Grundschuldbestellung gem. § 873 I ist anders als ein schuldrechtlicher Vertrag gem. §§ 145 ff. frei widerruflich, solange keine Bindung nach § 873 II eingetreten ist. In Betracht kommt hier nur die Aushändigung der Eintragungsbewilligung (§ 873 II, 4. Fall; §§ 19, 29 GBO) an K.

Da N von K ermächtigt wurde, die Eintragung herbeizuführen, könnte N auch zum Empfang der Ausfertigung der Eintragungsbewilligung für K bevollmächtigt sein. Hierbei ist es grundsätzlich möglich, dass sich sowohl der Berechtigte (hier: E) als auch der Begünstigte (hier: K) bei der Aushändigung der Eintragungsbewilligung gem. § 873 II, 4. Fall, durch den Notar vertreten lassen (BGHZ 46, 398, 399 = NJW 1967, 771, 772).

Die Bindung an die Einigung kann jedoch erst eintreten, wenn die Ausfertigung tatsächlich hergestellt ist, da für den Rechtsverkehr deutlich erkennbar sein muss, zu welchem Zeitpunkt die Bindungswirkung eingetreten ist. Da N die Ausfertigung noch nicht hergestellt hatte, war E daher noch nicht an die Einigung gebunden und konnte diese widerrufen (BGHZ 46, 398 = DNotZ 1967, 370 m. Anm. *Wörbelauer;* Staudinger/*Gursky,* § 873 Rn. 166).

12. Einigung zugunsten Dritter

Bauer B übergibt den Hof seinem Sohn S. In dem Übergabevertrag wird u. a. vereinbart, dass S seiner Schwester D zeitlebens eine monatliche Rente von 1.000 € bezahlen soll. Zur Sicherung der Zahlungspflicht bestellen B und S der D eine Reallast an den Hofgrundstücken und bewilligen deren Eintragung ins Grundbuch. Notar N beantragt alsbald zum Vollzug der Urkunde die Eintragung im Grundbuch. In welcher Weise und wann erwirbt D die dingliche Sicherung?

Schuldrechtlich kann eine Leibrente auch zugunsten Dritter bedungen werden, §§ 328 I, 330 S. 1, 759.

Dagegen können nach h. M. dingliche Rechte nicht durch Vertrag zugunsten Dritter bestellt werden, und zwar auch nicht, soweit ein Recht auf Leistung aus einem Grundstück begründet werden soll (*BGH* NJW 1993, 2617; Staudinger/*Gursky,* § 873 Rn. 111; a. A. MüKo/*Kohler,* § 873 Rn. 58). Die Rechtsprechung schneidet den Rechtserwerb durch Dritte damit aber nicht völlig ab. Denn gem. § 19 GBO kann die Reallast formell auf einseitige Bewilligung des S als des neuen Eigentümers im Grundbuch eingetragen werden *(formelles Konsensprinzip).* Da die dingliche Einigung der Eintragung nachfolgen kann (Staudinger/*Gursky,* § 873 Rn. 9), ist ein materiellrechtlicher Erwerb der Reallast durch D gem. § 873 I konstruktiv auf zweierlei Weise möglich.

(1) Man kann annehmen, B handle als vollmachtloser Vertreter für D. D erwirbt dann die Reallast rückwirkend mit Genehmigung des Vertreterhandelns, §§ 177 I, 184 I (so Jauernig/*Jauernig,* § 873 Rn. 12).

(2) Möglich ist auch, die Eintragungsbewilligung des S als Einigungsofferte gegenüber D auszulegen. D kann diese Offerte formlos und stillschweigend (§ 151 S. 1) annehmen. Diese Annahme darf unterstellt werden, sobald D von S Mitteilung von der Bestellung erhalten hat (MüKo/*Gottwald,* § 328 Rn. 266).

Die Literatur geht dagegen, zumindest bei Rechten auf „Leistung aus dem Grundstück", überwiegend zu Recht davon aus, dass die Einigung als Vertrag auch mit Wirkung für Dritte erfolgen kann. Allerdings erwirbt D auch nach dieser Ansicht die Reallast erst, wenn sie gem. § 873 im Grundbuch eingetragen ist (*Baur/Stürner,* § 5 Rn. 28).

13. Nachträgliche Verfügungsbeschränkung

E veräußert sein Grundstück am 2. April in notarieller Form an K. Nach Eingang aller Genehmigungen beantragt Notar N am 30. April im Auftrag beider beim Grundbuchamt den Vollzug der Urkunde. Am 20. Mai wird über das Vermögen des E das Insolvenzverfahren eröffnet.
a) Kann K noch Eigentümer des Grundstücks werden?
b) Wie wäre es, wenn E das Grundstück nur verkauft hätte, für K aber am 15. Mai eine Auflassungsvormerkung bestellt worden wäre?
c) E hat gleichzeitig ein Grundstück von D erworben. D ficht jedoch Kauf und Übereignung wegen arglistiger Täuschung durch E an und beantragt am 19. Mai aufgrund einstweiliger Verfügung die Eintragung eines Widerspruchs gegen das Eigentum des E. Kann dieser nach Eröffnung des Insolvenzverfahrens eingetragen werden?

a) Bei Abgabe der Auflassungserklärung war E verfügungsbefugt. Seine Erklärung war daher wirksam. Ein Eigentumswechsel tritt aber gem. § 873 erst mit Eintragung im Grundbuch ein. Mit der Eröffnung des Insolvenzverfahrens vor Eintragung verliert E die Verfügungsbefugnis über die Insolvenzmasse, §§ 80 I, 35 InsO. Nach Eröffnung des Insolvenzverfahrens ist ein Rechtserwerb gem. § 91 I InsO gegenüber Insolvenzgläubigern unwirksam. Deshalb könnte die Auflassungserklärung des E ihre Wirkung mit Eröffnung des Insolvenzverfahrens verloren haben.

Nach § 91 II InsO gilt dies jedoch nicht im Rahmen des § 878 BGB. Danach schadet dem Erwerber K der nachträgliche Wegfall der Verfügungsbefugnis des E nicht, wenn zuvor die Auflassung bindend wurde, § 873 II, und der Eintragungsantrag, § 13 GBO, beim Grundbuchamt gestellt ist (*Habersack,* Rn. 297). Das GBA muss K also auch nach Insolvenzeröffnung – trotz Eintragung des Insolvenzvermerks gem. § 32 InsO – als neuen Eigentümer eintragen (vgl. aber *BGH* NJW 1997, 2751).

b) Durch die Vormerkung wird kein dingliches Recht begründet oder abgeändert; auch eine bindende Einigung, § 873 II, ist zu ihrer Eintragung nicht erforderlich. Die Vormerkung soll vielmehr einen schuldrechtlichen Anspruch auf Einräumung oder Änderung eines dinglichen Rechts sichern. Ist sie eingetragen, so verleiht sie dem geschützten Anspruch vor allem in der Insolvenz gewisse dingliche Wirkungen, vgl. § 106 InsO, und hat eine dingliche Bindung des Grundstücks zur Folge (s. u. Fälle 20, 23). Deshalb ist § 878 auf eine Vormerkung entsprechend anzuwenden (BGHZ 131, 189 = NJW 1996, 461; *BGH* NJW 2006, 2559). Die Bewilligung der Vormerkung bleibt nach Stellung des Eintragungsantrages wirksam. Die Vormerkung kann noch im Grundbuch eingetragen werden. Gem. § 106 InsO kann K vom Insolvenzverwalter des E Auflassung verlangen und sodann seine Eintragung als Eigentümer betreiben.

c) Nach § 899 II wird der Widerspruch aufgrund Bewilligung oder einstweiliger Verfügung gegen den Buchberechtigten im Grundbuch eingetragen. Zweifelhaft ist, ob er noch eingetragen werden kann, wenn der Verfügungsgegner vor der Eintragung nach § 80 I InsO die Verfügungsbefugnis über sein Vermögen verliert. Soll der Widerspruch aufgrund einer Bewilligung des Betroffenen eingetragen werden, so ist streitig, ob § 878 analog anzuwenden ist. Da der Widerspruch selbst keine Verfügung ist, sondern rein negativ die Wirksamkeit künftiger Verfügungen verhindern soll, ist nach der einen Ansicht § 878 nicht anwendbar. Wegen der ähnlichen Interessenlage trägt die wohl h. M. den Widerspruch aber entsprechend § 878 ohne weiteres noch ein (NK-BGB/*U. Krause,* § 899 Rn. 14; MüKo/*Kohler,* § 899 Rn. 12).

§ 878 begünstigt aber nur den rechtsgeschäftlichen Erwerb. Auf eine durch einstweilige Verfügung erzwungene Eintragung ist § 878 dagegen nicht anwendbar (BGHZ 9, 250 = NJW 1953, 898; a. A. MüKo/*Kohler,* § 878 Rn. 27, § 885 Rn. 11). D muss daher die einstweilige Verfügung zunächst gem. § 727 I ZPO gegen den Insolvenzverwalter umschreiben und diesem gem. § 750 II ZPO zustellen lassen, bevor der beantragte Widerspruch nach Eröffnung des Insolvenzverfahrens eingetragen werden kann.

14. Rang von Grundstücksrechten

L verhandelt mit zwei Banken über einen an seinem Hausgrundstück erstrangig zu sichernden Kredit von 50.000 €. Bei verschiedenen Notaren bestellt L jeder Bank eine Grundschuld und bewilligt deren Eintragung im Grundbuch. Die S-Bank stellt ihren Eintragungsantrag beim GBA und zahlt danach den Kredit aus. Die R-Bank stellt ihren Antrag auf Eintragung wenig später,

wird aber aus Versehen des Grundbuchbeamten vor der S-Bank eingetragen. Nach der Eintragung zahlt auch die R-Bank den Kredit aus.
a) Welchen Rang haben beide Grundpfandrechte?
b) Hat die S-Bank Ansprüche gegenüber der R-Bank?

a) Grundbucheintragungen sind nach der zeitlichen Priorität des Eingangs der Anträge zu tätigen, §§ 17, 18 II, 45 GBO. Materiellrechtlich entscheidet über den Rang aber allein die Reihenfolge der Eintragungen, § 879 I 1 (*Brehm/Berger,* § 12 Rn. 5 ff.). Eine Eintragung unter Verstoß gegen § 45 GBO führt daher nicht zur Unrichtigkeit des Grundbuchs (s. aber *Wieling,* S. 309). Rang 1 hat die R-Bank, Rang 2 hat die S-Bank.

Aus diesem Grund hat die S-Bank keinen Anspruch nach § 894.

b) Die S-Bank hat auch keinen Anspruch auf Zustimmung zu einer Rangänderung gem. § 880 II wegen ungerechtfertigter Bereicherung, § 812 I 1, 2. Fall. Denn jede der Banken hatte vor Eintragung ihrer Grundschuld nur eine ungeschützte Erwerbsposition. Auch wenn man annimmt, dass die Antragstellung beim GBA zu einer gesicherten Anwartschaft führt, enthält § 879 einen „rechtlichen Grund" für einen Erwerb unter Verstoß gegen § 45 GBO (BGHZ 21, 98 = NJW 1956, 1314; a. A. *Baur/Stürner* § 17 Rn. 17 f.).

Die S-Bank hat allenfalls gegen den Staat einen Amtshaftungsanspruch, Art. 34 GG, § 839 BGB, weil der Grundbuchbeamte durch die fahrlässige Falscheintragung der Ränge im Grundbuch das Recht der S-Bank verletzt hat.

15. Rangänderung

K ist Inhaber einer zweitrangigen Hypothek über 25.000 €. Mit Zustimmung des Grundstückseigentümers E hat K mit D vereinbart, dass dessen an 4. Stelle eingetragene Hypothek über 25.000 € Vorrang haben soll. Die Rangänderung wurde im Grundbuch eingetragen. Die Hypothek des D war aber noch nicht valutiert, da der Kreditanspruch des E erst in einem Jahr fällig werden sollte. Zur Zwischenfinanzierung nahm E ein Darlehen bei der G-Bank über 25.000 € auf und trat ihr zur Sicherung die vorläufige Eigentümergrundschuld ab. Da D die Auszahlung des Darlehens verweigerte, beantragt die G-Bank die Zwangsversteigerung des Grundstücks.
Welche Rechte sind in das geringste Gebot aufzunehmen?

Nach § 44 I ZVG sind in das geringste Gebot die dem Anspruch des betreibenden Gläubigers vorgehenden Rechte aufzunehmen. Es sind dies zunächst die in § 10 I Nr. 1–3 ZVG aufgeführten Ansprüche. Unter den dinglichen Rechten, die nach § 10 I Nr. 4 ZVG zu befriedigen sind, ist das materiellrechtliche Rangverhältnis maßgebend, § 11 I ZVG. Darüber entscheidet grds. die Reihenfolge der Grundbucheintragungen, § 879 I 1 (vgl. Soergel/*Stürner,* § 879 Rn. 6).

Nach § 880 I, II kann der Rang zweier Hypotheken aber nachträglich durch Vereinbarung der Gläubiger unter Zustimmung des Grundstückseigentümers geändert werden, ohne dass diese Änderung Auswirkungen auf Zwischenrechte hätte, § 880 V.

Zweifelhaft ist, ob die vertragliche Rangänderung nur für die (künftige) Hypothek des D oder bereits für das bestehende an 4. Rangstelle eingetragene Recht gilt. Grundbucheintragungen sind nach ihrem Wortlaut so auszulegen, wie ein unbefangener Betrachter die Eintragung am ehesten versteht. Da das Gesetz die (vorläufige) Eigentümergrundschuld infolge Nichtvalutierung selbst als Hypothek bezeichnet (§ 1163 I 1), hätte eine Beschränkung des Vorrangs besonders vereinbart werden müssen (BGHZ 60, 226 = NJW 1973, 846 m. krit. Anm. *Mittenzwei*, NJW 1973, 1195). Die Rangänderung gilt somit bereits zugunsten der Eigentümergrundschuld. Diese steht aufgrund der Abtretung gem. §§ 1192 I, 1154 I der G-Bank zu.

Danach ist neben den Rechten aus § 10 I Nr. 1–3 ZVG nur das erstrangige Grundpfandrecht in das geringste Gebot aufzunehmen. Das Recht der betreibenden G-Bank selbst bleibt unberücksichtigt und wird erst aus dem Betrag befriedigt, um den das Meistgebot das geringste Gebot übersteigt. Gleiches gilt für die nachrangigen Rechte.

16. Rangvorbehalt

E veräußert ein größeres Baugrundstück an die Wohnungsbaugesellschaft K. Zwei Drittel des Kaufpreises werden bar bezahlt. Zur Sicherung des restlichen, erst später fälligen Anspruchs soll für E eine Hypothek am Kaufgrundstück bestellt werden.
a) Wie kann dabei erreicht werden, dass K noch vor Tilgung des Restkaufpreises einen Baukredit in Höhe von 250.000 € gegen erstrangige Grundbuchsicherung aufnehmen kann?
b) Noch vor Bestellung des begünstigten Rechts betreibt E die Zwangsversteigerung des Grundstücks wegen des Restkaufpreises. Ist der Rangvorbehalt bei der Erlösverteilung zugunsten des K zu berücksichtigen?
c) K schuldet D 100.000 € für geliefertes Baumaterial. D möchte deshalb den Rangvorbehalt pfänden, um für seine Kaufpreisforderung eine erstrangige Sicherungshypothek gem. § 867 ZPO an dem Baugrundstück zu erlangen. Ist dies möglich?

a) Gemäß § 881 I kann sich K bei der Belastung ihres Grundstücks zugunsten des E vorbehalten, eine Hypothek in bestimmter Höhe vorrangig vor dem Recht des E eintragen zu lassen. Dieser *Rangvorbehalt* bedarf der Einigung zwischen Eigentümer und dinglich Berechtigtem, § 873 I, und der Eintragung im Grundbuch bei dem Recht, das später zurücktreten soll, § 881 II.

b) Der Rangvorbehalt ist eine Gestaltungsbefugnis des Grundstückseigentümers. Er gibt diesem aber ausschließlich die Befugnis, das vorbehaltene Recht mit Vorrang vor dem belasteten Recht zu begründen. Der nicht ausgeübte Vorbehalt steht daher einer vorrangigen Eigentümergrundschuld nicht gleich. Bei der Erlösverteilung ist er nicht zu berücksichtigen (*Prütting*, Rn. 174).

c) Durch den Vollstreckungszugriff entstehen für den Gläubiger Rechte an Vermögenswerten des Schuldners, die auch vertraglich bestellt werden könnten. Der Rangvorbehalt steht aber dem Eigentümer höchstpersönlich zu. Er kann weder einem Dritten übertragen noch ihm zur Ausübung überlassen werden. Gem. § 857 I ZPO kann der Rangvorbehalt deshalb auch nicht hilfsweise gepfändet werden (vgl. BGHZ 12, 238, 241 ff. = NJW 1954, 954).

17. Vereinigung von Grundstücken

E hat zwei benachbarte Grundstücke erworben, die er als einheitliches Grundstück nutzen möchte. Fläche (a) ist mit einem Wohnhaus bebaut und einer Baugeldhypothek (I) von 50.000 € belastet. Fläche (b) ist Gartenland und mit einer Restkaufpreishypothek (II) von 10.000 € belastet. In welcher Weise kann E die Teilfläche zu *einem* Grundstück vereinigen?

(1) Nach § 890 I können mehrere Grundstücke durch Erklärung des E gegenüber dem Grundbuchamt, §§ 5, 19, 29 GBO, zu einem Grundstück vereinigt werden. Beide Teilgrundstücke bleiben dann als nicht wesentliche Bestandteile des neuen Grundstücks weiter unverändert mit ihren Grundpfandrechten belastet (*BGH* NJW 2006, 1000).

(2) In gleicher Weise kann E beantragen, Fläche (b) dem Grundstück (a) als Bestandteil zuzuschreiben, §§ 890 II BGB, 6 GBO. Bei der Zuschreibung gem. § 890 II erstreckt sich die Hypothek am Hauptgrundstück (a) kraft Gesetzes auf den zugeschriebenen Grundstücksteil (b), § 1131. Die Hypothek II hat kraft Gesetzes Vorrang gegenüber der Hypothek I. Um diese Rechtslage für jedermann klarzustellen (vgl. § 6 GBO) verlangt das GBA in der Praxis meist eine ausdrückliche Rangregelung (Rangrücktritt der Hypothek I).

18. Grundstücksteilung

Bauträger B hat ein größeres Baugrundstück erworben, um darauf zehn Reihenhäuser zu errichten. Zur Finanzierung des Bauprojekts hat er der D-Bank für einen entsprechenden Kredit eine Grundschuld in Höhe von 5 Mio. € bestellt.
a) Wie werden die Erwerber der Häuser Eigentümer der Teilflächen? Bedürfen diese Vorgänge der Zustimmung der D-Bank?
b) Nach Genehmigung der Baupläne beginnt B mit dem Verkauf der Häuser, ohne dass die Teilgrundstücke bereits vermessen wären. Wie können die Käufer für ihre Anzahlung dinglich gesichert werden?
c) Sind die Käufer davor gesichert, dass die D-Bank bei einem etwaigen wirtschaftlichen Zusammenbruch des B ihre Grundstücke versteigern lässt?

a) Nach § 903 ist B als Eigentümer befugt, das Grundstück zu teilen. Für jedes Teilgrundstück ist ein besonderes Grundbuchblatt anzulegen, § 3 I GBO. Daher muss B die Teilung in der Form des § 29 GBO gegenüber dem Grundbuchamt bewilligen und beantragen, §§ 13, 19 GBO. Seit der Neufassung des § 19 BauGB von 2004 bedarf die Teilung keiner baurechtlichen Genehmigung mehr. Zum Vollzug der Abschreibung bedarf es aber der amtlichen Vermessung der Grundstücksteile (amtlicher Veränderungsnachweis; vgl. *Wilhelm,* Rn. 571 ff.).

Mit dem Vollzug im Grundbuch entstehen selbständige Grundstücke. Diese bleiben sämtlich mit der Grundschuld der D-Bank belastet. Aus der Einzelgrundschuld wird mit der Teilung eine Gesamtgrundschuld an allen Grundstücken, §§ 1192 I, 1132 (Palandt/*Bassenge,* § 1132 Rn. 5 f.). Die D-Bank muss daher der Teilung nach Sachenrecht nicht zustimmen.

b) B kann die ausreichend bestimmten Teilflächen (vgl. § 9 I 3 BeurkG) zwar bereits an die Käufer auflassen (Palandt/*Bassenge,* § 925 Rn. 12 f.); ein Vollzug der Auflassung ist aber erst möglich, wenn die Messungsunterlagen vorliegen (vgl. § 28 GBO). Für die Zwischenzeit kann jeder Erwerber durch eine Auflassungsvormerkung, § 883, gesichert werden. Die Vormerkung sichert den Anspruch auf Auflassung einer Grundstücksteilfläche und kann sofort am ganzen Grundstück eingetragen werden (MüKo/*Kohler,* § 883 Rn. 41).

c) Nach § 1132 I haftet jedes Teilgrundstück für die Globalbelastung durch die Gesamtgrundschuld. Jeder Käufer trägt insoweit das volle Risiko eines wirtschaftlichen Zusammenbruchs des Bauträgers. Dieses Risiko ist für einen privaten Käufer jedoch nicht tragbar. Nach § 3 MaBV ist deshalb die Fälligkeit des Kaufpreises davon abhängig, dass die D-Bank ein im Einzelnen festgelegtes *Freistellungsversprechen* gegenüber den Käufern des Bauvorhabens abgibt. Die Bank verpflichtet sich darin, die Teilgrundstücke nach Zahlung des gesamten Kaufpreises bzw. bei Steckenbleiben des Bauvorhabens nach Zahlung eines entsprechenden Teils der Vertragssumme von der Globalbelastung freizustellen.

II. Vormerkung

19. Funktion der Vormerkung

Epp (E) verkauft an Kirsch (K) eine noch zu vermessende Teilfläche eines größeren Baugrundstücks. Die Auflassung wird gleichzeitig im notariellen Kaufvertrag erklärt. Der beurkundende Notar Nobis wird von beiden Parteien beauftragt, die Eintragung des Kirsch im Grundbuch herbeizuführen. Kirsch möchte zu seiner Sicherheit zusätzlich eine Auflassungsvormerkung erhalten. Epp meint, nach erklärter Auflassung sei diese Sicherung überflüssig.
a) Zu Recht?
b) Kann Kirsch ohne Mitwirkung des Epp eine Vormerkung erhalten?

a) Durch eine Vormerkung nach § 883 I kann ein Anspruch auf Einräumung eines Rechts an einem Grundstück gesichert werden. Es genügt aber nach § 883 I 2 ein künftiger, auch ein mehrfach bedingter Anspruch (BGHZ 134, 182 = NJW 1997, 861). Ein Auflassungsanspruch ist auch noch nach Einigung über die Rechtsänderung bis zu deren tatsächlichem Vollzug vormerkbar. Für die Eintragung der Vormerkung genügt gegenständliche Bestimmbarkeit der aufzulassenden Teilfläche. Zur Erklärung der Auflassung genügt die ebenfalls die zweifelsfreie Bestimmbarkeit des noch nicht vermessenen Teilstücks. Zum Vollzug im Grundbuch muss das Grundstück aber zuvor geteilt und für die verkaufte Teilfläche ein eigenes Grundbuchblatt angelegt werden, §§ 3 I, 7 GBO. Diese Abschreibung erfordert die vorherige Vermessung und Bezeichnung des Trennstücks durch eine eigene Flurnummer (*Wilhelm*, Rn. 571). Bis zur Vollziehbarkeit der Auflassung kann somit viel Zeit verstreichen.

Wird der noch nicht vollzugsreife Eintragungsantrag auf Auflassung auch von K gestellt, so kann ihn E nicht mehr einseitig zurücknehmen. Nach § 17 GBO darf ein später gestellter anderweitiger Auflassungsantrag nicht vorrangig bearbeitet werden. Diese Regelung sichert K aber nicht, wenn das GBA § 17 GBO missachtet oder den Eintragungsantrag wegen eines nicht behebbaren Hindernisses zurückweist, § 18 I GBO. Für diese Fälle bedarf K des Schutzes gegen anderweitige Auflassungen des Grundstücks durch E durch eine Vormerkung. Darüber hinaus sichert nur die Vormerkung K gem. § 883 II 1 gegen eine Belastung des zu erwerbenden Eigentums mit Zwischenrechten.

b) Bewilligt E keine Vormerkung, so kann K beim zuständigen Gericht den Erlass einer einstweiligen Verfügung zur Sicherung des Auflassungsanspruchs beantragen, §§ 935 ff. ZPO; K muss dem Gericht dazu keine Gefährdung seines Anspruchs glaubhaft machen (§ 885 I 2 BGB). Zum Vollzug der Verfügung kann das Gericht das GBA um die Eintragung der Vormerkung ersuchen, §§ 885 I BGB, 941 ZPO, 38 GBO. K kann den Eintragungsantrag auch selbst stellen.

20. Vormerkung zur Sicherung künftiger Ansprüche

Die Eheleute M und F schenkten ihrem Sohn S ihr Grundstück mit Einfamilienhaus in notariellem Vertrag unter gleichzeitiger Auflassung und Vereinbarung einer Rückübereignungspflicht, wenn sich S oder dessen Gesamtrechtsnachfolger gegenüber M und/oder F grob undankbar erweisen sollten. Zur Sicherung der Rückübertragungsansprüche bewilligten und beantragten die Beteiligten die Eintragung von Auflassungsvormerkungen zugunsten der Veräußerer.
Können diese Vormerkungen eingetragen werden?

Nach § 883 I 2 kann eine Vormerkung auch zur Sicherung künftiger oder bedingter Ansprüche eingetragen werden. Ein Vormerkungsschutz ist allerdings nur zulässig, wenn für das künftige Entstehen des Anspruchs mehr als eine mehr oder weniger aussichtsreiche tatsächliche Möglichkeit besteht, sondern bereits eine *feste bestimmende Grundlage* („Rechtsboden") vorhanden ist (BGHZ 151, 116 = NJW 2002, 2461, 2462; vgl. *Preuß*, AcP 201 (2001), 580, 587 ff.). Da hier die Rückauflassungsverpflichtung bereits notariell vereinbart ist, ist diese Voraussetzung erfüllt (vgl. aber *Berger*, FS Kollhosser, 2004, S. 42).

Die Verpflichtung zur Rückauflassung hängt hier vom eigenen Fehlverhalten des S oder seiner Gesamtrechtsnachfolger ab. Auch eine solche *Potestativbedingung* nimmt dem vertraglich begründeten Rückübertragungsanspruch nicht die erforderlich feste Grundlage.

Bedenken könnten aber bestehen, ob der zu sichernde Anspruch nach Inhalt oder Gegenstand ausreichend bestimmt ist, da die Frage, wann eine Verfehlung als grober Undank zu werten ist, von Umständen des Einzelfalles abhängt. Jedoch hat die Rspr. den Rechtsbegriff des groben Undanks bereits ausgefüllt und daher mit einem objektiv bestimmbaren Bedeutungsinhalt versehen. Dies genügt, um die objektive Bestimmbarkeit der vorgemerkten Ansprüche zu bejahen (BGHZ 151, 116 = NJW 2002, 2461, 2462; *Wacke,* JZ 2003, 179; vgl. auch *OLG München* ZEV 2007, 393).

Da eine Vormerkung auch gegenüber dem Erben wirkt (§ 884), scheitert die Vormerkbarkeit auch nicht daran, dass nicht nur S, sondern u. U. seine Erben zur Rückauflassung verpflichtet werden.

---

21. Akzessorietät der Vormerkung

a) K kauft von dem Eigentümer E einen Komplex von zehn Wohnhäusern. In dem notariellen Kaufvertrag wird ein Kaufpreis von 5 Mio. € beurkundet, jedoch nur um Kreditgeber des K zu täuschen und K die Finanzierung zu erleichtern. Tatsächlich soll K nur 2,3 Mio. € bezahlen. Die Auflassung soll erfolgen, sobald die notwendigen behördlichen Genehmigungen vorliegen. E bewilligt K sogleich eine Auflassungsvormerkung, die im Grundbuch eingetragen wird. Da K trotzdem auf Schwierigkeiten stößt, den gesamten Kaufpreis zu finanzieren, veräußert er das Kaufobjekt kurz entschlossen an den potenten Investor D für 2,4 Mio. € gegen Abtretung seines Auflassungsanspruchs gegen E. Als D von E Auflassung gegen Kaufpreiszahlung verlangt, beruft sich dieser auf die Nichtigkeit des Kaufvertrages mit K. D verweist dagegen auf die Vormerkung und besteht auf einem Vollzug der Auflassung.

b) K hat das Objekt von E für 2,5 Mio. € gekauft und zur Sicherung seines Auflassungsanspruchs eine Vormerkung erhalten. Bald danach wird K insolvent. Sein Insolvenzverwalter lehnt die Erfüllung des Kaufvertrages ab. Kann E jetzt die Löschung der Vormerkung verlangen?

a) Der Grundstückskaufvertrag bedurfte notarieller Beurkundung, § 311b I 1. Der beurkundete Kaufvertrag (Preis: 2 Mio. €) war nicht gewollt und ist daher als Scheingeschäft gem. § 117 I nichtig. Der tatsächlich gewollte Kaufvertrag (Preis: 1,3 Mio. €) wurde nicht beurkundet und ist wegen dieses Formmangels nichtig, § 311b I 2. Durch die Abtretung, § 398, konnte D mithin keinen Auflassungsanspruch erwerben. Einen gutgläubigen Forderungserwerb kennt das BGB nicht.

Mit der Abtretung eines Auflassungsanspruchs geht die Vormerkung zwar nach § 401 auf den Erwerber über. Die Vormerkung ist aber abhängig vom Bestand des gesicherten Anspruchs (*Habersack,* Rn. 332). Ohne ihn entsteht sie nicht. Auch aufgrund einer (zu Unrecht) eingetragenen Vormerkung kann der vorgemerkte Anspruch nicht gutgläubig erworben werden (*Latta/Rademacher,* JuS 2008, 1052, 1054). Hieran ändert nichts, dass § 311b I 2 eine Heilungsmöglichkeit zulässt. Dadurch wird der Kaufvertrag nur ex nunc wirksam. Vor der Heilung besteht aber kein „künftiger Anspruch", der gem. § 883 I 2 gesichert werden könnte (*Schreiber,* Jura 2004, 676, 677; Staudinger/*Gursky,* § 883 Rn. 44; a. A. *Wieling,* S. 328 f.).

Sofern die Berufung auf den Formmangel nicht gegen § 242 verstößt, kann V daher die Auflassung verweigern.

Auch nach der Auflassung wird die Vormerkung nicht rückwirkend wirksam, weil kein Auflassungsanspruch bestanden hat. Vormerkungswidrige Zwischenverfügungen des E, z. B. eine Belastung mit einer Dienstbarkeit, bleiben daher wirksam (BGHZ 54, 56 = NJW 1970, 1541).

b) Die Vormerkung ist akzessorisch, sichert also nur einen bestehenden Anspruch. Wäre dieser mit Erfüllungsablehnung durch den Insolvenzverwalter des K nach §§ 80, 103 InsO erloschen, so könnte E vom Insolvenzverwalter nach § 894 BGB die Abgabe einer Löschungsbewilligung (§ 19 GBO) verlangen bzw. direkt beim Grundbuchamt die Löschung nach § 22 GBO beantragen.

Die Erfüllungsablehnung durch den Berechtigten führt aber nicht zum Erlöschen des gesicherten Anspruchs (BGHZ 150, 353 = NJW 2002, 2783). Die Wirkungen des Kaufvertrages werden nur suspendiert; für jede Seite entsteht die Einrede nach § 320 BGB. Diese ist noch keine dauernde Einrede i. S. des § 886 BGB, bei dessen Vorliegen E von K die Beseitigung der Vormerkung verlangen könnte (*Krause*, ZfIR 2013, 539, 540). Da der Insolvenzverwalter aber sinngemäß zugleich die Gegenleistung verweigert, kann E nach § 323 II Nr. 1 BGB ohne Nachfrist vom Kaufvertrag zurücktreten. Mit dem Rücktritt entfallen noch nicht erfüllte Leistungspflichten (Bamberger/Roth/*Grothe*, § 346 Rn. 23) und damit der Auflassungsanspruch des K. E kann jetzt vom Insolvenzverwalter des K die Erklärung einer Löschungsbewilligung für die eingetragene Vormerkung (§ 19 GBO) verlangen.

22. Gutgläubiger Erwerb einer Vormerkung

Franz N ist einziges Kind des verstorbenen Erich N. Auf Antrag erhält er einen Erbschein nach seinem Vater als Alleinerbe kraft Gesetzes. Alsbald verkauft er ein väterliches Baugrundstück an seinen Cousin K, erklärt die Auflassung und bewilligt ihm eine Auflassungsvormerkung. Kurz nach deren Eintragung wird ein Testament des Erich N gefunden, worin sein Sohn enterbt und seine Lebensgefährtin Maria Ehrlich (E) zur Alleinerbin eingesetzt wird.
a) Hat K eine Auflassungsvormerkung erworben?
b) Kann K das Grundstück noch zu Eigentum erwerben, nachdem er die neue Sachlage erfahren hat?
c) Kann K das Grundstück noch erwerben, wenn Franz N das Grundbuch vor der Veräußerung an K unter Vorlage des Erbscheins hatte berichtigen lassen, E aber nach Stellung des Eintragungsantrags durch K und Eintragung der Auflassungsvormerkung zu seinen Gunsten einen Widerspruch gegen die Richtigkeit der Eigentümerstellung des Franz N hatte eintragen lassen?
d) Franz N verunglückt tödlich und wird von seinem Cousin K allein beerbt. Kann K jetzt noch seine Eintragung als neuer Grundstückseigentümer erzwingen?

a) Ein gutgläubiger Erwerb der Vormerkung nach § 892 scheidet aus, weil diese nach h. M. kein dingliches Recht ist (*Neuner*, Rn. 535; a. A. *Wieling*, S. 325, 330).

Die Vormerkung soll aber dem geschützten Anspruch in Grenzen dingliche Wirkungen verleihen. Nach h. M. kann sie daher nach §§ 893, 2. Fall, 892 kraft öffentlichen Glaubens des Grundbuchs vom eingetragenen Nichtberechtigten erworben werden (vgl. BGHZ 25, 16, 23 = NJW 1957, 1229; Staudinger/*Gursky*, § 893 Rn. 29). Gleiches gilt, wenn ein nicht im Grundbuch eingetragener, aber durch Erbschein ausgewiesener Scheinerbe ein Grundstück veräußert, §§ 2366, 2367, da § 2367 dem § 893 nachgebildet und wie dieser auszulegen ist (BGHZ 57, 341 = NJW 1972, 434; vgl. *Schlinker/Zickgraf*, JuS 2013, 876).

b) Streitig ist aber, ob der durch die Vormerkung gesicherte Anspruch noch durchgesetzt werden kann, wenn der Erwerber inzwischen bösgläubig geworden ist. Nach einer Ansicht ist ein gutgläubiger Eigentumserwerb nur möglich, wenn die Rechtsscheinposition des Veräußerers für den Erwerber bis zur Vollendung des Erwerbs besteht. Nur dann sei ein Eingriff in das Recht des wirklich Berechtigten gerechtfertigt (*Wiegand*, JuS 1975, 205, 212). Nach h. M. schadet dagegen nach dem Sinn des § 883 II 1 eine nach Eintragung der Vormerkung erlangte Kenntnis der wahren Sachlage nicht mehr. Denn wertungsmäßig stehe der Vormerkungsgläubiger einem aufschiebend bedingt Berechtigten gleich. Im Hinblick auf § 892 II genügt daher Gutgläubigkeit bei Stellung des Antrags auf Eintragung der Vormerkung (BGHZ 28, 182 = NJW 1958, 2013; *BGH* NJW 1981, 446; *Habersack*, Rn. 337; *Witt*, JuS 2004, 48, 50). Andernfalls hätte der gutgläubige Erwerb der Vormerkung tatsächlich keine selbständige Bedeutung für die Erwerbssicherung.

Zweifelhaft ist ferner, in welcher Weise der Auflassungsanspruch durchzusetzen ist. Die einen verlangen lediglich eine formellrechtliche Zustimmung der Eigentümerin E zur Eintragung in Analogie zu § 888 I (§§ 19, 39 GBO) (so *Witt*, JuS 2004, 48, 51) . Andere meinen, der Scheinerbe könne das Recht nicht mehr verschaffen. Daher müsse E nach §§ 888 I, 185 materiellrechtlich der gegen sie wirkenden Verfügung des Nichtberechtigten N zustimmen (vgl. *Canaris*, JuS 1969, 80, 82; *J. Baur*, JZ 1967, 437). Wenn man den gutgläubigen Erwerb der Vormerkung bejaht, ist diese Ansicht freilich inkonsequent. Da das Grundbuch aber ohne Zustimmung des Eingetragenen nicht berichtigt werden kann, besteht praktisch meist kein Unterschied.

c) Ein Erwerb vom eingetragenen Nichtberechtigten scheidet grundsätzlich aus, wenn vor dem Vollzug der Auflassung ein Widerspruch gegen die Richtigkeit des Grundbuchs eingetragen wird (§§ 892 I 1, 899). Dies gilt auch, wenn der Widerspruch erst nach Stellung des Eintragungsantrags eingetragen wird. Denn der für den guten Glauben maßgebliche Zeitpunkt wird in § 892 II nur für die Kenntnis des Erwerbers vorverlegt (*Westermann/Gursky/Eickmann*, § 83 Rn. 12).

Der Widerspruch ist hier jedoch erst nach Eintragung der Auflassungsvormerkung für K eingetragen worden. Da K diese gutgläubig erworben hat (s. o. a) hat sie die Wirkung des § 883 II. Der Widerspruch ist zwar keine Verfügung über das Grundstück, muss aber wegen seiner verfügungshemmenden Wirkung gleich behandelt werden. Daher ist der Widerspruch zugunsten des K unwirksam und hindert nicht seinen Erwerb vom Nichtberechtigten (*BGH* NJW 1981, 446 f.; Staudinger/*Gursky*, § 892 Rn. 200).

d) Da K den Franz N beerbt hat, ist sein gegen diesen gerichteter Auflassungsanspruch durch *Konfusion* erloschen. Damit entfällt auch die Rechtswirkung der akzessorischen Vormerkung (*BGH* NJW 1981, 446, 447; krit. *Witt,* JuS 2004, 48, 51; vgl. *Servatius,* JuS 2006, 1060). Als Erbe kann K seine Eintragung als neuer Grundstückseigentümer im Wege der Grundbuchberichtigung nach §§ 894 BGB, 22 S. 1, 35 I GBO erreichen.

23. Gutgläubiger Zweiterwerb der Vormerkung

Fall wie zuvor. K wusste aber beim Abschluss des Kaufvertrags mit Franz N, dass das Nachlassgericht die Rückgabe des Erbscheins verlangt hatte. Als er ein günstigeres Grundstück fand, suchte er nach einem Ersatzkäufer. Er fand alsbald die gutgläubige Z. Dieser trat er seine Rechte aus dem Kaufvertrag ab. Kann Z die Vormerkung durchsetzen, wenn er jetzt von der Nichtberechtigung des Franz N erfährt?

Da K wusste, dass das Nachlassgericht die Rückgabe des Erbscheins verlangt hatte, konnte er selbst aufgrund des öffentlichen Glaubens des Erbscheins keine Vormerkung mehr erwerben, § 2366. Mit der Eintragung der Vormerkung wurde er daher nur Buchberechtigter eines nicht bestehenden Rechts.

Teilweise wird angenommen, durch Abtretung eines wirksamen Auflassungsanspruchs, der gegen einen Nichtberechtigten gerichtet ist, an einen Gutgläubigen werde die dem Bösgläubigen erteilte Vormerkung wirksam (so BGHZ 25, 16, 23 f. = NJW 1957, 1229; *Mülbert,* AcP 197 (1997), 335, 379 f.; *Prütting,* Rn. 198; MüKo/ *Kohler,* § 883 Rn. 75). Hierfür spricht, dass durch die Eintragung der Vormerkung ein förmlicher Vertrauenstatbestand entstanden ist und der Zweiterwerber nicht weniger schützenswert ist.

Das überwiegende Schrifttum verneint dagegen einen Erwerb, weil die Vormerkung als Nebenrecht mit der Abtretung des Auflassungsanspruchs nicht kraft Rechtsgeschäfts mit dem Buchberechtigten, sondern kraft Gesetzes nach § 401 auf Z übergeht. Einen gutgläubigen Erwerb gibt es aber nur beim unmittelbaren rechtsgeschäftlichen Erwerb (vgl. *Görmer,* JuS 1991, 1011; *Baur/Stürner,* § 20 Rn. 52). Dem ist zuzustimmen, da die Vormerkung ohne besondere Publizitätserfordernisse auf den Zessionar übergeht (*Habersack,* Rn. 338). Will Z sichergehen, so muss er beim Abschluss des Kaufvertrages die Neubestellung einer Vormerkung durch den Veräußerer N verlangen.

24. Sicherungswirkung der Vormerkung

E hat dem Käufer seines Baugrundstücks K eine Auflassungsvormerkung bewilligt. Auf Antrag des K wurde die Vormerkung im Grundbuch eingetragen. Bald danach teilt K dem E mit, er werde den Vertrag wegen Finanzierungsproblemen voraussichtlich nicht erfüllen können. Daraufhin veräußert E das Grundstück an D unter Darlegung dieses Sachverhalts und beantragt dessen Eintragung im Grundbuch als neuer Eigentümer.

a) **Kann das GBA dem Antrag stattgeben?**
b) **Was kann K tun, wenn er die Finanzierung doch noch sicherstellen kann?**

a) Die Vormerkung für K führt nicht zu einer *Grundbuchsperre* (*Baur/Stürner,* § 20 Rn. 34; *Habersack,* Rn. 340). Das Grundbuchamt hat vielmehr auch vormerkungswidrige Verfügungen zu vollziehen. Die Eintragung der Vormerkung führt aber zu einer faktischen Sperre. Denn E kann den D zum Kauf nur bewegen, wenn er ihm seinen bevorstehenden Rücktritt vom Kaufvertrag und den Wegfall der Vormerkung plausibel machen oder eine Genehmigung der vormerkungswidrigen Verfügung durch K (§ 185 II) vorlegen kann (*Baur/Stürner,* § 20 Rn. 37).

b) Tritt E vom Kaufvertrag zurück, so entfällt der Auflassungsanspruch des K. K hat in die Löschung der nunmehr unrichtigen Vormerkung einzuwilligen, § 894. Solange der Auflassungsanspruch aber noch besteht, kann K aufgrund der Vormerkung seine Eintragung im Grundbuch betreiben. Dazu hat er E auf Auflassung des Grundstücks und D auf Zustimmung zu seiner Eintragung als Eigentümer und zur Löschung des D, § 888 I, zu verklagen (vgl. BGHZ 105, 259, 261 = NJW 1989, 220; *Löhnig/Gietl,* JuS 2008, 102, 103).

25. Vormerkungswidrige Grundschuldabtretung

Eisele veräußert ein Grundstück an Schlau. Dieser bestellt alsbald eine Eigentümerbriefgrundschuld über 50.000 €. Dann tritt er vom Kaufvertrag mit Eisele zurück. Eisele erwirkt daraufhin durch einstweilige Verfügung die Eintragung einer Vormerkung zur Sicherung seines Rückübereignungsanspruchs. Nach deren Eintragung tritt Schlau eine Teilgrundschuld über 25.000 € zur Sicherung eines Darlehens an Glück ab. Dieser betreibt nun die Zwangsvollstreckung in das Grundstück. Eisele hält die Abtretung an Glück ihm gegenüber für unwirksam und verlangt von Glück Zustimmung zur Löschung. Mit Recht?

Nach § 888 I kann der Vormerkungsberechtigte Zustimmung zur Löschung eines ihm gegenüber unwirksamen Erwerbs eines dinglichen Rechts verlangen, selbst wenn er noch nicht als Eigentümer im Grundbuch eingetragen ist (BGHZ 186, 130 Rn. 5 = NJW 2010, 3367). Die Belastung eines Grundstücks mit einer Eigentümergrundschuld, § 1196, ist eine Verfügung über ein Grundstück. Sie widerspricht dem Zweck der Auflassungsvormerkung, da sie nach Rückübereignung des Grundstücks als Fremdgrundschuld bestehen bleibt. Unwirksam gegenüber dem Vormerkungsberechtigten sind aber nur Verfügungen *nach* Eintragung der Vormerkung, § 883 II. Denn die Vormerkung kann ihre Wirkung gem. §§ 883, 888 I erst von ihrer Entstehung an entfalten. Mit der Abtretung einer bestehenden Eigentümergrundschuld verfügt Schlau jedoch über das bereits bestehende Grundpfandrecht, nicht über das Grundstück. Die Abtretung der Grundschuld ist auch nicht im Hinblick auf § 1197 als Verstärkung der Grundstücksbelastung und mittelbare Verfügung über das Grundstück anzusehen. Denn Vollstreckungs- und Zinsrecht entstehen mit der Bestellung des Grundpfandrechts; die Beschränkungen gem. § 1197 gelten nur für die Zeit der Rechtsinhaberschaft des Eigentümers. Die Vormerkung kann zudem keine stärkere Sicherheit gewähren als die sofortige Rückauflassung. Bei dieser wäre die Eigentümergrundschuld aber ebenfalls zur Fremdgrundschuld geworden, ohne dass Eisele den Schlau mit dinglicher Wirkung an einer Verfügung über die Grundschuld hätte hindern können (BGHZ 64, 316 = NJW 1975, 1356).

---

26. „Wiederaufladung" der Vormerkung

K kaufte mit notariellem Kaufvertrag vom 19. 9. von V ein Grundstück zum Preis von 250.000 €. Zugunsten des K wurde am 16. 10. eine Auflassungsvormerkung in das Grundbuch eingetragen.

Am 11. 11. schlossen die Parteien einen weiteren notariellen Kaufvertrag über das Grundstück, nun zum Preis von 200.000 €. K und V waren sich einig, dass der Kaufvertrag vom 19. 9. insgesamt aufgehoben und nun ein neuer Kaufvertrag mit neuen Bedingungen geschlossen werden sollte. V bewilligte K erneut eine inhaltsgleiche Auflassungsvormerkung in der Weise, dass die zuerst bewilligte Vormerkung für den neuen Vertrag fortbestehen sollte.

Am 2. 12. wurde für V eine Hypothek über 100.000 € in das Grundbuch eingetragen.

K verlangt nun von V Einwilligung in die Löschung der Hypothek. Zu Recht?

K könnte die Einwilligung des V in die Löschung der Hypothek gem. §§ 888 I, 883 II verlangen, wenn die Hypothek einen vorgemerkten Anspruch des K beeinträchtigt. Dazu müsste eine wirksame Vormerkung für K eingetragen worden sein (§§ 883, 885). Dies geschah zunächst, jedoch wurde damit der Anspruch aus dem notariellen Vertrag vom 19. 9. gesichert, der durch den Vertrag vom 11. 11. wieder aufgehoben wurde. Da die Vormerkung ein akzessorisches Recht ist, entfiel ihre Wirkung mit Aufhebung des Vertrages (BGHZ 143, 175, 179 = NJW 2000, 805).

K hat daher nur dann einen Anspruch gegen B, wenn die Auflassungsvormerkung vom 16.10.2006 jetzt den Auflassungsanspruch vom 11.11.2006 sichert. Im Grundbuch eingetragen wird eine Vormerkung auf einseitige Bewilligung des Betroffenen (§ 885 I 1; § 19 GBO).

Soweit dingliche Rechte an Grundstücken durch Einigung und Eintragung, § 873, begründet werden, ist allgemein anerkannt, dass die Reihenfolge von Einigung und Eintragung irrelevant ist. Wird etwa ein Grundpfandrecht eingetragen, so kann ein Einigungsmangel nachträglich behoben werden, ohne dass es einer erneuten Eintragung bedürfte (vgl. §§ 879 II, 892 II). Eine Vormerkung ist zwar kein dingliches Recht, hat aber nach §§ 883 II, 893, 2. Fall, Wirkungen wie ein dingliches Recht.

Deshalb kann der für dingliche Rechte für § 873 entwickelte Gedanke auch auf die Vormerkung übertragen werden. Eine bereits eingetragene Vormerkung kann danach dazu genutzt werden, einen neuen identischen Auflassungsanspruch zu sichern. Erforderlich ist, dass Anspruch, Eintragung und Bewilligung kongruent sind (BGHZ 193, 152, 155 ff. = NJW 2012, 2032; BGHZ 193, 183, 190 = NJW 2012, 2654; dazu *Kessler*, NJW 2012, 2765). Ein höchstpersönlicher Anspruch kann daher nicht durch einen abtretbaren ersetzt werden. Hier sind die Ansprüche aber ersichtlich kongruent. Daher bedurfte es keiner erneuten Eintragung einer Auflassungsvormer-

kung für K. Die eingetragene Vormerkung sicherte vielmehr den neuen Auflassungsanspruch des K, freilich nicht gemäß § 883 III ab dem 16.10.2006; der Rang der
neuen Vormerkung bestimmt sich vielmehr nach dem Rechtsgedanken des § 879
nach dem Zeitpunkt der neuen Bewilligung (BGHZ 143, 175, 183 = NJW 2000,
805). Da die Grundschuld erst nach dem 11.11.2006 eingetragen wurde, hat die
Vormerkung daher Vorrang (§ 883 II). K kann von B Bewilligung der Löschung der
Grundschuld gem. §§ 888 I, 883 II verlangen.

27. Vermietung als vormerkungswidrige Verfügung

Echter verkauft sein Hausgrundstück an Krauß. Da Echter in einer anderen
Stadt erst ein Ersatzobjekt finden muss, wird die Auflassung noch nicht
erklärt, wohl aber eine Auflassungsvormerkung bewilligt und im Grundbuch
eingetragen. Einige Zeit später vermietet Echter das Grundstück fest für 5
Jahre an Meiss, der kurz darauf das Haus bezieht. Krauß fühlt sich von Echter
geprellt und möchte wissen, ob er durch die Vormerkung gegen die Vermietung geschützt ist.

Die Vormerkung schützt den Käufer gegen „Verfügungen" des Verkäufers, § 883 II
1, und gegen gleichgestellte Akte im Rahmen der Zwangsvollstreckung. Streitig ist
dagegen, ob die Vermietung eines Grundstücks mit Besitzüberlassung wegen der
„dinglichen" Wirkung der §§ 566 I, 578 I einer Verfügung gleichzustellen ist. Die
Vermietung ist nach dem Sprachgebrauch des BGB keine Verfügung über das
Eigentum. Nach Besitzüberlassung bindet sie aber den Käufer und beraubt ihn des
unmittelbaren Besitzes. Für eine analoge Anwendung (dafür *Prütting*, Rn. 190;
Wieling, S. 335 f.) spricht, dass andernfalls der Mieter besser gestellt ist als ein
Nießbraucher oder Inhaber eines Wohnrechts.

Die Vormerkung soll aber lediglich den Anspruch auf Auflassung des Grundstücks
sichern. Sie sichert auch nicht vor sonstigen faktischen Beeinträchtigungen des
Grundstücks durch den Veräußerer. Der Erwerber kann Eigentümer werden. Er tritt
damit in den Mietvertrag ein und erhält den Mietzins. Gegen eine analoge Anwendung des § 883 II spricht zudem, dass §§ 566, 578 I den Mietbesitz schützen wollen
und ein Mieter, der ein Grundstück von seinem gegenwärtigen Besitzer mietet,
keinen Anlass hat, durch Grundbucheinsicht zu prüfen, ob das Grundstück verkauft
ist (BGHZ 13, 1 = NJW 1954, 953; *BGH* NJW 1989, 451; Soergel/*Stürner*, § 883
Rn. 30). Mit Übertragung des Eigentums ist Krauß daher an den Mietvertrag mit
Meiss gebunden.

28. Verzug des Dritterwerbers

E verkauft K ein Grundstück und bewilligt ihm eine Auflassungsvormerkung.
Diese wird im Grundbuch eingetragen. Nach einem Streit veräußert E das
Grundstück an D, der als Eigentümer im Grundbuch eingetragen wird. K
verklagt E auf Auflassung und D auf Zustimmung zur Eintragung des K als
Eigentümer. E bewilligt daraufhin die Auflassung. D bestreitet seine Ver-

pflichtung. Erst nach drei Jahren wird er rechtskräftig zur Zustimmung verurteilt.
a) Kann K von D 15.000 € Schadensersatz verlangen, weil die Baukosten in der erzwungenen Wartezeit um diesen Betrag gestiegen sind?
b) Kann D von K Ersatz des inzwischen an die Gemeinde bezahlten Erschließungsbeitrages (§§ 127 ff. BauGB) verlangen?

a) D war nach § 888 I gegenüber K verpflichtet, seiner eigenen Löschung als Eigentümer zuzustimmen. Die Abgabe dieser Erklärung hat er verzögert. Deshalb könnte er nach den §§ 280 III, 286 verpflichtet sein, K den Verzögerungsschaden zu ersetzen.

Der Auflassungsanspruch des K, dessen verspätete Erfüllung den Schaden des K verursacht hat, richtet sich gegen E. Der Anspruch auf Zustimmung gem. § 888 hat dagegen nur Hilfscharakter, weil zur Verwirklichung einer Eintragung nach § 19 GBO die Bewilligung des Betroffenen erforderlich ist. Das Gesetz will nach einer Ansicht dem Dritten aber keine weitergehenden Pflichten auferlegen, zumal K von E Schadensersatz verlangen könne (so BGHZ 49, 263 = NJW 1968, 788 m. abl. Anm. *Reinicke;* Bamberger/Roth/*Unberath,* § 286 Rn. 5).

Ob und inwieweit Verzugsregeln auf sachenrechtliche Ansprüche anwendbar sind, ist im Gesetz aber nicht ausdrücklich entschieden. Unstreitig anwendbar sind sie auf Ansprüche nach § 990 oder § 1146. Darüber hinaus muss die Interessenlage entscheiden. Widersetzt sich nur D der Zustimmung zur Auflassung, so erscheint es im Hinblick auf die dingliche Wirkung der Vormerkung unbillig, den Schaden nur E zuzurechnen. Der Zustimmungsanspruch unterliegt daher den §§ 280 III, 286. D hat bei schuldhaftem Handeln, §§ 280 I 2, 276 ff., den Schaden des K zu ersetzen (*Lange/Schiemann,* S. 23 ff.; *Tiedtke,* Jura 1981, 357 f.; Palandt/*Bassenge,* § 888 Rn. 4).

b) D ist zwar als Eigentümer im Grundbuch eingetragen, im Verhältnis zu dem vormerkungsberechtigten K aber bloßer „Bucheigentümer". Auf ihn sind daher die Regeln der §§ 987 ff. entsprechend anwendbar (BGHZ 75, 288 = NJW 1980, 833). Erschließungskosten sind Lasten des Grundstücks. K hat sie daher analog §§ 994 I, 995 zu ersetzen.

III. Öffentlicher Glaube des Grundbuchs

29. Vermutung der früheren Richtigkeit des Grundbuchs

Die Miteigentümer A, B und C veräußerten ihr Baugrundstück an die Baubetreuungs-GmbH D. Nach Zahlung des Kaufpreises von 45.000 € auf ein Anderkonto des beurkundenden Notars wurde D als Eigentümerin im Grundbuch eingetragen. A, B und C streiten jetzt über die ihnen zustehenden Erlösanteile. Im Grundbuch waren sie vor der Auflassung an D als Miteigentümer zu 1/3 eingetragen. C behauptet jedoch, das Grundbuch sei falsch gewesen; tatsächlich sei er Miteigentümer zu 1/2 gewesen. Denn sie hätten das Grundstück zuvor als Miterben nach E mit entsprechenden Erbteilen geerbt. A und

B verlangen von C gleichwohl Einwilligung in die Auszahlung von je 15.000 €
des auf dem Anderkonto eingezahlten Kaufpreises.
Zu Recht?

Gemäß §§ 749 I, 752 S. 1 können A und B Aufhebung der am Erlös bestehenden Gemeinschaft und Teilung in Natur durch Zustimmung zur Auszahlung entsprechend den Anteilen verlangen. Die Klage ist begründet, wenn sich A und B zum Nachweis ihres Kaufpreisanteils auf die Vermutung des § 891 I für die Zeit ihrer Eintragung als Miteigentümer zu 1/3 berufen können.

§ 891 I enthält unmittelbar keine § 1006 II entsprechende Regelung. Deshalb wird teilweise die Ansicht vertreten, § 891 ergäbe keine Vermutung dafür, dass ein früher eingetragenes Recht bis zu seiner Löschung dem Eingetragenen zugestanden habe. Der Grund dafür liegt darin, dass die Löschung einer Eintragung zur Rechtsänderung, aber auch zur Grundbuchberichtigung, § 894, erfolgen kann. Da die Grundbuchänderung hier aber zur Rechtsübertragung erfolgte, bestehen keine Bedenken, das frühere Bestehen des eingetragenen Rechts zu vermuten. Denn durch die Rechtsänderung sollte die bis dahin bestehende Vermutung des § 891 nicht aufgehoben werden (BGHZ 52, 355 = NJW 1969, 2139).

Die Vermutung des § 891 ist allerdings widerlegbar (vgl. *Prütting*, Rn. 210f). Zur Widerlegung genügt nicht der Nachweis eines höheren Erbteils. C müsste vielmehr zusätzlich nachweisen, dass die Erbauseinandersetzung hinsichtlich des Grundstücks nach der Höhe der Erbteile erfolgte. Solange dieser Nachweis nicht gelingt, ist von der Vermutung des § 891 I auszugehen und der Klage stattzugeben.

30. Grundbuchvermutung bei der Gesellschaft bürgerlichen Rechts

Die A-GbR ist als Eigentümerin eines Grundstücks mit A, B und C als Gesellschaftern im Grundbuch eingetragen. Sie will das Grundstück an K veräußern.
a) Wie ist dazu vorzugehen?
b) Nach dem Erwerb des Grundstücks durch die A-GbR war D als neuer Mitgesellschafter in die A-GbR eingetreten. Er ist mit der Veräußerung des Grundstücks nicht einverstanden. Kann er den Vollzug einer Auflassung durch A, B und C an K verhindern?

a) Die GbR ist als (teil-)rechtsfähige Gesellschaft auch grundbuchfähig (BGHZ 179, 102 = NJW 2009, 594 = JR 2010, 27 m. Anm. *Heinemann*). Schwierigkeiten macht allerdings der notwendige Nachweis der Vertretungsberechtigung für Eintragungen nach §§ 19, 20 GBO gemäß §§ 29 I, 30 GBO, da die GbR und ihre Gesellschafter in keinem Register eingetragen sind.

Nach dem neu gefassten § 47 II 1 GBO sind bei einer GbR auch ihre Gesellschafter im Grundbuch einzutragen. Die GbR wird danach nicht über ihren Namen, sondern über ihre Gesellschafter identifiziert (BGHZ 189, 274, 277 = NJW 2011, 1958). Sind A, B, C als Gesellschafter eingetragen, so wird nach §§ 899a S. 2, 892 I 1 vermutet, dass diese Eintragung richtig ist, A, B und C also (noch) Gesellschafter sind. Ein Nachweis der Richtigkeit dieser Verhältnisse ist nicht erforderlich (BGHZ 189, 274, 280 f. = NJW 2011, 1958). Da die A-GbR im Zweifel durch alle Gesellschafter gemeinsam vertreten wird, §§ 709, 714, müssen A, B und C für die A-GbR die Auflassung erklären, sowie die Eintragungsbewilligung zugunsten des K (§ 19 GBO) abgeben. Da die Gesellschafter gesetzliche Vertreter sind, kann deren Vertretungsmacht aber nicht vom Notar nach § 21 III BNotO (§ 34 GBO) bescheinigt werden.

b) Gemäß § 899a S. 2 gilt der Inhalt des Grundbuchs auch bezüglich der Eintragung der Gesellschafter als richtig. Es wird also vermutet, dass es keine weiteren Gesellschafter gibt. Danach kann also von A, B und C unabhängig vom Gesellschafterwechsel Grundeigentum nach § 892 I 1 erworben werden (*Heßeler/Kleinhenz*, WM 2010, 446, 448; s. auch BGHZ 187, 344, 351 = NJW 2011, 615). Der nicht eingetragene D hat aber einen Anspruch auf Grundbuchberichtigung, § 894, gegen die GbR und kann diesen Anspruch durch Eintragung eines *Widerspruchs* gegen die Richtigkeit des Grundbuchs (§§ 899, 899a S. 2) sichern lassen. Wird der Widerspruch aufgrund einstweiliger Verfügung (§ 899 II) vor Stellung des Eintragungsantrags zugunsten des K eingetragen (§ 892 II) ist der gute Glaube an die Vertretungsmacht von A, B und C zerstört.

31. Grundbuchvermutung und Bewilligungsberechtigung

E hat eine Briefgesamtgrundschuld an seinen fünf benachbarten Grundstücken bestellt und an die D-Bank zur Sicherung eines Betriebskredits schriftlich unter Übergabe des Briefes abgetreten. Nach einiger Zeit verkauft E eines der Grundstücke an K. Um ihm lastenfreies Eigentum zu verschaffen, bewilligt E den Verzicht auf die Grundschuld an dem verkauften Grundstück und beantragt deren Löschung. Auf seine Bitte sendet die D-Bank den Brief formlos an das Grundbuchamt mit der Bitte, ihn nach Vollzug an sie zurückzugeben. Kann das Grundbuchamt dem Antrag stattgeben?

Verzichtet der Gläubiger auf eine Gesamtgrundschuld an einem der Grundstücke, so erlischt das Grundpfandrecht an diesem, §§ 1192, 1175 I 2. Eine Zustimmung des E gem. § 1183 ist unnötig (Jauernig/*Jauernig*, § 1175 Rn. 2). Aufgrund der Abtretung und der Übergabe des Briefes, §§ 1192, 1154 I 1, 1117 wurde die D-Bank Inhaberin der Grundschuld. Als Berechtigte hatte sie daher den Verzicht nach § 875 I zu erklären. Gleiches gilt für die formelle Eintragungsbewilligung nach § 19 GBO. Antragsberechtigt nach § 13 II GBO blieb dagegen auch der Grundstückseigentümer E, da sein Eigentum durch die Löschung der Grundschuld „gewinnt".

D hat keine Bewilligung abgegeben. Das GBA kann dem Antrag des E daher nur stattgeben, wenn es diesen aufgrund seiner Eintragung im Grundbuch als Inhaber der Gesamtgrundschuld behandeln kann. Bei Briefgrundpfandrechten gilt die Vermutung des § 891 I auch für das GBA, jedoch nur zugunsten des Eingetragenen, solange dieser im Besitz des Briefes ist (Palandt/*Bassenge,* § 891 Rn. 1, 9 f.). Durch die Briefübersendung seitens D hat E aber keinen Besitz erlangt. Bei dieser Sachlage ist die Vermutung des § 891 für das GBA erschüttert.

Allerdings kann eine Eintragung auch auf Bewilligung eines Nichtberechtigten erfolgen, wenn der Berechtigte zustimmt, § 185 II 1. Eine Genehmigung könnte man in der Übersendung des Briefes erblicken. Da die Eintragungsvoraussetzungen aber erst durch die Genehmigung geschaffen werden, muss diese gegenüber dem GBA in der Form des § 29 GBO erfolgen. Eine Eintragung kann somit nicht erfolgen. Da das Hindernis aber behebbar ist, hat das GBA zunächst eine *Zwischenverfügung* nach § 18 I GBO zu erlassen.

32. Gutgläubiger Erwerb beim Verkehrsgeschäft

Mit notariellem Vertrag vom 9.3.2001 erwarb das Ehepaar M und F von B ein mit zwei Eigentumswohnungen bebautes Grundstück. M und F wurden am 19.6.2001 als Miteigentümer zu je ein Halb im Wohnungsgrundbuch eingetragen. Am 7.12.2001 schlossen M und F einen notariellen Ehe- und Auseinandersetzungsvertrag. Darin vereinbarten sie Gütertrennung, verzichteten wechselseitig auf Zugewinnausgleich und setzten ihren Grundbesitz derart auseinander, dass F die beiden von B erworbenen Eigentumswohnungen und M ein anderes Hausgrundstück jeweils zu Alleineigentum aufgelassen wurde. F wurde Anfang 2002 als Alleineigentümerin der Eigentumswohnungen im Grundbuch eingetragen. F kündigte daraufhin das mit B an einer der Wohnungen bestehende Mietverhältnis. Eine Räumungsklage wurde aber rechtskräftig abgewiesen, weil, wie sich jetzt herausstellte, B bei Abschluss des Kaufvertrages vom 9.3.2001 geschäftsunfähig war.
F klagt nun gegen B (vertreten durch den Betreuer BT), dass sie jedenfalls Miteigentümerin der beiden Eigentumswohnungen sei.
Ist die Klage begründet?

Nach Abweisung der Räumungsklage hat F ein Interesse an der Klärung der Eigentumslage an den Eigentumswohnungen. Im Vorprozess wurde rechtskräftig nur über den Räumungsanspruch, nicht dagegen über die Vorfrage der Eigentümerstellung entschieden (§ 322 I ZPO; *Rosenberg/Schwab/Gottwald*, § 153 Rn. 9, 15). Da F als Alleineigentümerin im Grundbuch eingetragen ist, kann sie auch nicht auf Grundbuchberichtigung (§ 894) klagen. Die Feststellungsklage (§ 256 I ZPO) ist daher zulässig (BGHZ 171, 71 = NJW 2007, 3204 Rn. 8 f.).

Begründet ist die Feststellungsklage, wenn F den Miteigentumsanteil des M nach §§ 873, 925, 892 I 1 aufgrund des öffentlichen Glaubens des Grundbuchs wirksam erworben hat.

Über den Miteigentumsanteil an einem Grundstück kann nach §§ 1008, 741, 747 S. 1 selbständig verfügt werden, so dass ihn F von M durch Auflassung und Eintragung im Grundbuch (§§ 873 I, 925 I 1) erwerben konnte.

Wegen der unwirksamen Vorauflassung (§ 125 I) war M aber (ebenso wie F) zu Unrecht im Grundbuch als (Mit-)Eigentümer eingetragen. Nach § 892 I 1 gilt aber der Inhalt des Grundbuchs zugunsten des Erwerbers als richtig, es sei denn, es wäre ein Widerspruch (§ 899) gegen die Richtigkeit eingetragen oder F hätte die Unrichtigkeit zur Zeit der Stellung des Eintragungsantrags (§ 892 II) gekannt. Beides ist nicht der Fall.

Allerdings ist allgemein anerkannt, dass § 892 I 1 nur bei einem *Verkehrsgeschäft* greift (*Prütting*, Rn. 224; *Vieweg/Werner*, § 13 Rn. 41; *Kindler/Paulus*, JuS 2013, 393, 395). Ein gutgläubiger Erwerb findet also nicht statt, wenn dieselben Personen Veräußerer und Erwerber sind und lediglich die Art ihrer Beteiligung verändert werden soll, Veräußerer und Erwerber also letztlich wirtschaftlich identisch sind (*Jauernig/Jauernig*, § 892 Rn. 10).

Streitig ist, ob ein Verkehrsgeschäft auch dann vorliegt, wenn ein Miteigentümer einen weiteren Miteigentumsanteil erwirbt. Teilweise wird angenommen, ein Miteigentümer sei niemals (*Soergel/Stürner*, § 892 Rn. 24) oder jedenfalls dann nicht schutzwürdig, wenn sein bereits eingetragener Miteigentumsanteil in gleicher Weise von der Unrichtigkeit des Grundbuchs betroffen ist.

Dagegen liegt nach herrschender Meinung ein Verkehrsgeschäft bereits dann vor, wenn auf der Erwerberseite mindestens eine Person beteiligt ist, die nicht zugleich Veräußerer ist (BGHZ 171, 71 = NJW 2007, 3204 Rn. 26 ff.). Da M über seinen Miteigentumsanteil ohne Zustimmung der F verfügen konnte, konnte er ihn auch auf F selbst übertragen. Der Mangel des ersten Übertragungsgeschäfts (der auch F selbst betraf) wirkt bei der zweiten Auflassung nach § 892 I 1 aus Gründen des Verkehrsschutzes nicht mehr fort. Auch in diesem Fall würde F nur die positive Kenntnis von der Unrichtigkeit des Grundbuchs schaden (BGHZ 171, 71 = NJW 2007, 3204 Rn. 33).

Da F keine Kenntnis hatte, ist sie daher Miteigentümerin zu ein Halb an beiden Eigentumswohnungen geworden.

---

33. Widerspruch und öffentlicher Glaube des Grundbuchs

N war als Erbe des E als Eigentümer eines Hausgrundstücks im Grundbuch eingetragen worden. Bald darauf wurde ein neueres Testament des E gefunden, in dem W als Erbe eingesetzt war. Gleichwohl bestellte N seinem Gläubiger G am 4.1.2009 zur Sicherung eines Betriebskredits eine Briefgrundschuld in Höhe von 25.000 € an diesem Grundstück. Am 9.2.2009 erwirkte W mittels einstweiliger Verfügung die Eintragung eines Widerspruchs gegen das Eigentum des N. Am 19.2.2009 trat G die Grundschuld mittels beglaubigter Erklärung an K ab. Am 4.2.2010 wurde W als wirklicher Erbe als Eigentümer im Grundbuch eingetragen. K kündigt nun die Grundschuld gegenüber W und verlangt Zahlung nach Fälligkeit.
a) Zu Recht?
b) Im Dezember 2008 hatte das Nachlassgericht von N die Rückgabe des Erbscheins verlangt. Bei der Bestellung der Grundschuld wusste G, dass das Grundstück zum Nachlass des E gehörte und W dessen tatsächlicher Erbe war. Kann K in diesem Fall Zahlung verlangen?

---

a) Nach §§ 1192, 1147 kann ein Grundschuldgläubiger vom Eigentümer keine Zahlung, sondern nur Duldung der Zwangsvollstreckung in das belastete Grundstück wegen der vereinbarten Geldsumme verlangen. Die Grundschuld ist nach § 1193 I gegenüber dem Eigentümer zu kündigen und wird sechs Monate später fällig.

Zweifelhaft ist aber, ob K tatsächlich Grundschuldgläubiger wurde. Denn er erwarb das Recht erst nach Eintragung eines Widerspruchs gegen das Eigentum des Grundschuldbestellers N. Durch den Widerspruch wird ein Erwerb eines Grundstücksrechts vom Nichtberechtigten nach § 892 I 1 ausgeschlossen. K erwarb die Grundschuld aber nicht von N, sondern durch Abtretung des G gem. §§ 1192, 1154, 1155. G selbst hatte die Grundschuld gem. 892 I 1 von N gutgläubig erworben. Ein Rechtserwerb von einem Berechtigten kann durch den Widerspruch nicht verhindert werden. W muss deshalb die Grundschuld tilgen.

b) Nach § 892 I 1 erwarb G die Grundschuld nicht, wenn er die Unrichtigkeit des Grundbuchs kannte. Da N bereits im Grundbuch eingetragen war, ist § 2366 (letzter Hs.) nicht anwendbar. Wusste G aber, dass das Grundstück zum Nachlass gehörte und W tatsächlicher Erbe war, so ist davon auszugehen, dass er den Schluss auf die Nichtberechtigung des N gezogen hat. Als Bösgläubiger erwarb G daher keine Grundschuld.

Ob K gleichwohl als Gutgläubiger die Grundschuld nach Eintragung des Widerspruchs erwerben konnte, ist streitig.

Nach einer Ansicht (RGZ 129, 124; Soergel/*Stürner,* § 892 Rn. 27) hindert der Widerspruch einen Erwerb im Vertrauen auf den Grundbuchstand. § 879 gelte für den Widerspruch nicht. Dieser habe vielmehr den Rang des durch ihn gesicherten Rechts. Deshalb habe K bei der Abtretung der Grundschuld rückwirkend auf die Zeit der Grundschuldbestellung nicht mehr auf das Eigentum des N vertrauen dürfen. Etwas anderes gelte nur, wenn G die Grundschuld nach § 892 I 1 wirksam erworben hätte.

Die h. M. entscheidet zu Recht anders. Ein Widerspruch gegen das Eigentum verhindert zwar ab sofort wirksame Verfügungen des Nichteigentümers. Ist eine Grundschuld aber bereits vor dem Widerspruch eingetragen, so kann sich deren Erwerber nach den §§ 1192 I, 1155 S. 1, 892 I 1 auf das Bestehen der Grundschuld verlassen, auch wenn der bösgläubige Ersterwerber kein Recht erworben hatte (*Medicus/Petersen,* Rn. 551; Palandt/*Bassenge,* § 892 Rn. 19, 22). W muss die Grundschuld daher auch in diesem Fall tilgen. Dies gilt freilich nur, wenn die Voraussetzungen des § 1155 BGB tatsächlich erfüllt sind (*Lieder,* AcP 210 (2010), 857, 882 ff.).

IV. Grundbuchberichtigung und Widerspruch

34. Löschung einer rangschlechteren Vormerkung

E verkauft K ein Grundstück in notarieller Form und bewilligt ihm eine Auflassungsvormerkung. Später verkauft er das gleiche Grundstück nochmals an D und bewilligt wiederum eine Auflassungsvormerkung.
Dennoch wird K nach Auflassung durch E als neuer Eigentümer im Grundbuch eingetragen. In welcher Weise kann K eine Löschung beider Vormerkungen erreichen?

(1) *Vormerkung für K*

Mit voller Erfüllung des Auflassungsanspruchs, § 362, erlischt auch die forderungs-abhängige Auflassungsvormerkung. Das Grundbuch wird unrichtig. Die Vormer-kung kann daher auf formlosen Antrag des K gem. §§ 13, 22 GBO im Wege der Berichtigung gelöscht werden (*BayObLG* Rpfleger 1975, 395). Dies geschieht nach § 46 GBO durch Eintragung eines Löschungsvermerks.

(2) *Vormerkung für D*

a) Antrag auf *Grundbuchberichtigung* gem. §§ 13 II, 22 GBO. Durch die Auflas-sung an K ist E die Erfüllung des Auflassungsanspruchs des D unmöglich gewor-den, da ein Rückerwerb von K nach Sachlage nicht in Betracht kommt. Nach § 275 I ist deshalb der Auflassungsanspruch des D erloschen. Eine Vormerkung ist aber vom Bestand des gesicherten Anspruchs abhängig (Jauernig/*Jauernig*, § 883 Rn. 6). Mit Eintritt des nachträglichen Unvermögens ist daher die Vormerkung ebenfalls erloschen (vgl. BayObLGZ 1969, 258, 260). Der Schadensersatzanspruch des D gem. §§ 275 IV, 280 I, III, 283 S. 1 ist nicht durch die Vormerkung gesichert.

Da die Vormerkung zugunsten des D noch eingetragen ist, ist das Grundbuch auch insoweit unrichtig. Diese Unrichtigkeit kann K unmittelbar anhand des Inhalts und der Reihenfolge der Eintragungen nachweisen. Ohne Bewilligung des betroffenen D kann K daher gem. §§ 13 II, 22 I GBO die Berichtigung des Grundbuchs beantra-gen.

b) Anregung einer *Amtslöschung*. Da sich aus der Reihenfolge der Eintragungen selbst ergibt, dass die zweite Vormerkung gegenstandslos ist, kann K auch eine Löschung der zweiten Vormerkung wegen Gegenstandslosigkeit von Amts wegen gem. §§ 84 I, II lit. a, 87 lit. a GBO anregen. Das Grundbuchamt entscheidet aber nach freiem Ermessen, ob es ein Amtslöschungsverfahren durchführt, § 85 II GBO.

c) Anspruch auf *Zustimmung zur Grundbuchberichtigung*, § 894. Da die nichtbeste-hende Vormerkung K faktisch belastet, kann er von D grds. in entsprechender Anwendung des § 894 (*Köbler*, JuS 1982, 181, 184) auch Zustimmung zur Löschung verlangen. In der Regel kann der Betroffene auch frei wählen, ob er eine Berichtigungsbewilligung gem. § 894 verlangt oder unmittelbar ein Berichtigungs-verfahren nach § 22 GBO einleitet (vgl. Palandt/*Bassenge*, § 894 Rn. 1). Ergibt das Grundbuch jedoch ohne weiteren Nachweis selbst seine Unrichtigkeit, so fehlt einer Klage auf Abgabe einer Berichtigungsbewilligung das Rechtsschutzinteresse (vgl. *Effertz*, NJW 1977, 794). Da die zweitrangige Vormerkung erloschen ist, bedarf es weder einer Zustimmung zur Löschung gem. § 886 noch einer Zustim-mung des D in Analogie zu § 888 I (für letzteres jedoch *Oexmann*, NJW 1977, 26).

---

35. Einrede gegen Grundbuchberichtigung

A unterhält bei der Bank D ein Girokonto. 1995 erkrankt er schwer an einer manisch-depressiven Psychose. Ende 2009 beginnt A Geld in großem Stil auszugeben und kauft Schmuck und Luxusautos. Die hierfür auf die Bank D bezogenen Schecks werden von dieser eingelöst. Dadurch entsteht auf dem Girokonto ein Schuldsaldo in Höhe von 70.000 €. Zehn weitere Schecks in Höhe von fast 1,5 Mio. € werden nicht mehr honoriert. Gegen Hingabe eines Kredits in Höhe von 200.000 € bestellt A Anfang 2000 eine Grundschuld in Höhe von 250.000 € an seinem Grundstück. Im April 2010 wird er in eine psychiatrische Klinik eingeliefert. Laut medizinischem Gutachten ist A seit 2005 geschäftsunfähig. A, gesetzlich vertreten durch einen inzwischen bestellten Betreuer B, verklagt D auf Einwilligung in die Löschung der Grundschuld. Die Bank D ist zur Löschung nur Zug um Zug gegen Zahlung von 270.000 € bereit. Zu Recht?

Die der D bestellte Grundschuld ist nicht wirksam (§§ 104 Nr. 2, 105 I). Die Eintragung im Grundbuch ist folglich unrichtig. A hat daher gegen D zur Grundbuchberichtigung einen Anspruch auf Erteilung einer Löschungsbewilligung. A schuldet seinerseits D Wertersatz nach §§ 812 I 1, 818 II in Höhe von 200.000 € und 70.000 €.

Sofern D ein Zurückbehaltungsrecht nach § 273 zustünde, dürfte D nur Zug um Zug gegen Rückzahlung der Bereicherung verurteilt werden, §§ 273 I, 274 I. Dem Anspruch aus § 894 könnte auch ein Zurückbehaltungsrecht aus § 1000 entgegengehalten werden (vgl. Jauernig/*Jauernig*, § 894 Rn. 10). Die Anerkennung eines Zurückbehaltungsrechts würde hier jedoch dazu führen, dass D für den Bereicherungsanspruch eine quasi dingliche Sicherung erhielte. Denn bei einer Verurteilung Zug um Zug müsste A die Grundschuld so ablösen, als wenn er sie wirksam bestellt hätte. Nach §§ 1192 II, 1144 hat ein den Schuldner befriedigender Eigentümer ein uneingeschränktes Recht auf Aushändigung der zur Löschung erforderlichen Urkunden. Ist ein Grundpfandrecht gar nicht wirksam bestellt worden, so kann der Gläubiger nicht besser stehen als nach einer Befriedigung durch den Eigentümer (*BGH* NJW 1988, 3260). D steht daher kein Zurückbehaltungsrecht zu, sondern sie hat die Löschung uneingeschränkt zu bewilligen.

36. Widerspruch gegen die Eintragung eines Grundpfandrechts

Die B-Bank sagt dem E im Juni 2009 die Gewährung eines Betriebskredits in Höhe von 500.000 € zu, wenn E ihr zur Sicherheit eine entsprechende Hypothek (Grundschuld) an seinem Fabrikgrundstück bestellt. Nach Eintragung des Grundpfandrechts und Aushändigung des Briefes verweigert die B-Bank die Auszahlung des Kredits wegen persönlicher Differenzen.
a) Wie kann sich E dagegen sichern, dass die B-Bank das Grundpfandrecht an einen gutgläubigen Dritten veräußert?
b) Wie hätte sich E besser gegen das vertragswidrige Verhalten der B-Bank sichern können?

a) Mit der Eintragung und der Briefübergabe wurde die B-Bank formell Inhaberin des Grundpfandrechts, §§ (1192), 873, 1117. Da die Hypothekenforderung aber nicht besteht, steht die Hypothek materiell E als Eigentümergrundschuld zu, §§ 1163 I, 1177 I 1. Da die B-Bank die Auszahlung des Darlehens endgültig verweigert hat, hat die B-Bank aus dem Kreditvertrag kein Recht mehr auf Erwerb der Hypothek. Deshalb steht E ein Grundbuchberichtigungsanspruch gegen die B-Bank gem. § 894 zu.

Zur Sicherung dieses Anspruchs kann E aufgrund einstweiliger Verfügung oder Bewilligung der B-Bank die Eintragung eines Widerspruchs gegen die Richtigkeit des Grundbuchs erreichen, § 899. Der Widerspruch zerstört den öffentlichen Glauben des Grundbuchs, § 892 I 1. Zur Abtretung einer Briefhypothek genügt zwar die förmliche Abtretung der Forderung unter Übergabe des Hypothekenbriefes, § 1154. Der gutgläubige Erwerb der Hypothek gem. §§ 1138, 892 ist aber bereits durch die Eintragung des Widerspruchs im Grundbuch ausgeschlossen. Der Brief allein genießt keinen öffentlichen Glauben (*Baur/Stürner,* § 38 Rn. 41 f.). § 1140 stellt einen Vermerk auf dem Brief lediglich der Eintragung im Grundbuch gleich; eine zusätzliche Eintragung des Widerspruchs auf dem Brief ist aber nicht erforderlich.

Hat E der B-Bank eine Grundschuld bestellt, so berühren Leistungsstörungen des Kreditvertrages nicht den Bestand der Grundschuld. E hat gegen die B-Bank lediglich einen schuldrechtlichen Rückgewähranspruch. Eine Sicherung dieses Anspruchs durch Eintragung einer Vormerkung im Grundbuch aufgrund einstweiliger Verfügung oder Bewilligung der B-Bank, §§ 883, 885 ist aber seit dem 19.8.2008 entbehrlich, da § 1192 I a bei Nichtvalutierung der Grundschuld deren einredefreien Erwerb in jedem Fall ausschließt (s. u. Fall 157).

b) Eine missbräuchliche Verfügung über ein Briefgrundpfandrecht könnte der Eigentümer von vornherein verhindern, indem er sich den ihm gehörenden Brief, § 952 II, vom GBA aushändigen lässt, § 60 I GBO, und ihn erst Zug um Zug gegen Auszahlung des Kredits der B-Bank übergibt. Diese erwirbt das Grundpfandrecht dann erst mit der Briefübergabe, §§ 1117 I 1. In der Praxis wird aber i. d. R gem. § 1117 II verfahren. Der Grundpfandgläubiger erwirbt das Grundpfandrecht dann bereits mit Eintragung im Grundbuch. Die Aushändigungsabrede schützt ihn als Kreditgeber davor, dass der Eigentümer über das Grundpfandrecht anderweitig verfügt oder dass es durch einen Gläubiger des E gepfändet wird.

37. Amtswiderspruch und Rechtshängigkeitsvermerk

Witwe W kaufte ein Hausgrundstück für 250.000 € und wurde im Grundbuch als Eigentümerin eingetragen. Danach schenkte sie das Grundstück ihrem Sohn S. Tochter T beantragt jetzt beim Grundbuchamt die Eintragung eines Amtswiderspruchs gegen das Eigentum des S. Zur Begründung trägt sie vor, W lebe tatsächlich seit dem Tod ihres Mannes in fortgesetzter Gütergemeinschaft mit ihren Kindern. Das Grundstück sei daher Gesamtgut geworden und habe ohne Zustimmung beider Kinder nicht wirksam veräußert werden können. Deshalb sei das Grundbuch unrichtig.
a) Ist dem Antrag stattzugeben?
b) Wie könnte T ihre Rechte am Grundstück sichern?
c) Das Prozessgericht lehnt den Erlass einer einstweiligen Verfügung ab, weil der zu sichernde Anspruch nicht glaubhaft gemacht ist. T klagt nun auf

Grundbuchberichtigung gegen S. Kann sie S an einer Verfügung über das Grundstück hindern?

a) Ein *Amtswiderspruch* darf gem. § 53 I 1 GBO nur eingetragen werden, wenn das Grundbuch (1) durch eine Eintragung falsch geworden ist, und (2) die Eintragung auf einer Gesetzesverletzung beruht. Zum Gesamtgut gehört nach § 1485 I der Neuerwerb des überlebenden Ehegatten. Gem. §§ 1487 I, 1424 S. 1, 1427 I, 1366 IV ist die Veräußerung ohne Zustimmung der T unwirksam; T kann das Eigentum der W gem. §§ 1487 I, 1428 gerichtlich geltend machen.

Ein Eigentumserwerb des S kraft des öffentlichen Glaubens des Grundbuchs, § 892 I, scheidet aus. Dieser betrifft nur das echte *Verkehrsgeschäft*, schützt also nicht bei wirtschaftlicher Identität von Verfügendem und Empfänger (*Wiegand*, JuS 1975, 205, 210). Der Grundsatz wird von der Rspr. auf Verfügungen zugunsten eines Gesamthänders ausgedehnt. Geschützt wird nur ein bisher nicht beteiligter Erwerber (BGHZ 30, 255, 256 = NJW 1959, 1635). Auf die Gutgläubigkeit des S hinsichtlich der Eigentumsverhältnisse kommt es daher nicht an. Das Grundbuch ist daher unrichtig.

Die Eintragung des S muss aber zusätzlich auf einer Gesetzesverletzung beruhen. Soweit das GBA das Gesetz auf den ihm bekannten Sachverhalt angewandt hat, liegt jedoch keine Verletzung des Grundbuchverfahrensrechts vor (BGHZ 30, 255 ff. = NJW 1959, 1635). Der Antrag ist daher abzulehnen.

b) T kann jedoch gem. §§ 1487 I, 1428 von S *Grundbuchberichtigung*, § 894 I, verlangen. Um den guten Glauben Dritter auszuschließen, kann T gem. § 899 die Eintragung eines Widerspruches gegen die Richtigkeit des Grundbuchs erreichen. Beantragt T hierzu den Erlass einer einstweiligen Verfügung, § 935 ZPO, so wird der Widerspruch auf Ersuchen des anordnenden Gerichts eingetragen, §§ 38 GBO, 941 ZPO.

c) Die Rechtshängigkeit der Klage auf Grundbuchberichtigung schließt Verfügungen des S über das Grundstück nicht aus, § 265 I ZPO. Ein Erwerber des Grundstücks muss ein gegen S ergangenes Urteil aber nach § 325 I ZPO gegen sich gelten lassen, wenn er die Rechtshängigkeit gekannt hat (vgl. § 325 II ZPO). Deshalb muss T den guten Glauben eines möglichen Erwerbers hinsichtlich der Rechtshängigkeit ausschließen können. Zu diesem Zweck kann daher auf ihren Antrag ein *Rechtshängigkeitsvermerk* wie eine Verfügungsbeschränkung im Grundbuch eingetragen werden kann (Palandt/*Bassenge,* § 899 Rn. 7).

Der Vermerk setzt eine Klage über ein eingetragenes Recht, das Eigentum, voraus. (Eine Klage aus einem schuldrechtlichen Anspruch auf Rückauflassung genügt nicht). Die übrigen Eintragungsvoraussetzungen sind umstritten. Teilweise wird angenommen, dieser Vermerk dürfe nur aufgrund einstweiliger Verfügung, § 935 ZPO, eingetragen werden. Da § 325 II ZPO aber bei jedem Rechtsstreit gilt, muss der Vermerk unabhängig von der Glaubhaftmachung des Anspruchs und der Erfolgsaussicht der Klage eingetragen werden. Streitgegenstand und Rechtshängigkeit können zudem durch Urkunden gem. § 29 GBO nachgewiesen werden (*OLG Zweibrücken* NJW 1989, 1098). Da der Rechtshängigkeitsvermerk die Wirkung des § 325 I ZPO sichern soll, für die bereits kraft Gesetzes durch den Eintritt der Rechtshängigkeit der Grund gelegt ist, kann er somit analog § 22 GBO auf einseitigen Antrag der T, § 13 GBO, im Grundbuch eingetragen werden (*OLG Stuttgart* DNotZ 1980, 106; Soergel/*Stürner,* § 899 Rn. 14). Auch wenn T ihren Anspruch (noch) nicht glaubhaft machen kann, kann sie sich praktisch gegen Veräußerungen des Grundstücks durch S schützen.

38. Widerspruch gegen Vormerkung

E hat sein Grundstück an K verkauft und ihm eine Auflassungsvormerkung bewilligt. Diese wird im Grundbuch eingetragen. Bald darauf ficht E den Kaufvertrag wegen arglistiger Täuschung an und beantragt den Erlass einer einstweiligen Verfügung zur Eintragung eines Widerspruchs gegen die Vormerkung.
Ist dem Antrag stattzugeben?

Ein Widerspruch, § 899, kann aufgrund einstweiliger Verfügung, § 935 ZPO, eingetragen werden.

Ein Widerspruch ist aber nur zulässig, soweit auf eine mögliche Unrichtigkeit des Grundbuchs hingewiesen werden soll, um einen gutgläubigen Erwerb gem. § 892 I 1 auszuschließen. Das Eigentum des E könnte allenfalls durch eine Abtretung des Auflassungsanspruchs an einen gutgläubigen Dritten gefährdet werden. Mit dieser Abtretung geht die Vormerkung als akzessorisches Nebenrecht kraft Gesetzes analog § 401 auf den Erwerber über (*BGH* NJW 1994, 2947 f.). Besteht jedoch tatsächlich kein Auflassungsanspruch, so besteht auch keine Vormerkung (Jauernig/*Jauernig,* § 883 Rn. 5 f., 25). Die eingetragene Vormerkung begründet mithin keine Vermutung für das Bestehen des Auflassungsanspruchs. Der Rechtsnachfolger des Vorgemerkten kann sich also nicht auf seinen guten Glauben an das Bestehen des Anspruchs berufen. Für einen Widerspruch gegen eine Vormerkung besteht daher kein Bedürfnis (BGHZ 25, 16, 23 = NJW 1957, 1229; MüKo/*Kohler,* § 883 Rn. 73, § 899 Rn. 4).

3. Kapitel. Eigentum

I. Umfang und Grenzen des Eigentums

39. Untersagung von Briefkastenwerbung

Elke Gröner (G) wohnt im Einzugsbereich mehrerer Supermärkte. Sie ärgert sich darüber, dass ihr Briefkasten am Wochenende regelmäßig mit den neuen Werbeprospekten vollgestopft wird. Deshalb befestigt sie auf ihrem Briefkasten einen Aufkleber: „Bitte keine Werbung einwerfen! Zuwiderhandlungen werden verfolgt."
Das vom M-Markt beauftragte Verteilerunternehmen V respektiert diesen Wunsch nicht. Daher verklagt Frau G beide (M und V) auf Unterlassung. Zu Recht?

Nach § 903 kann G im Rahmen der Gesetze andere von jeder Einwirkung auf ihr Eigentum ausschließen. Entsprechend stehen ihr Unterlassungsansprüche nach § 1004, nach §§ 823 I, 249 I sowie wegen Besitzstörung nach § 862 I 2 zu.

Da Frau G Werbung dieser Art ausdrücklich ablehnt, verletzt diese auch ihr Selbstbestimmungsrecht. Wegen Verletzung ihres gegenständlich-räumlichen Eigenbereichs steht ihr wegen Verletzung ihres allgemeinen Persönlichkeitsrechts ein Abwehranspruch aus § 1004 und §§ 823 I, 249 I zu.

Werbung dieser Art ist zwar üblich und beeinträchtigt Eigentum und Besitz nur geringfügig. Gleichwohl besteht keine Duldungspflicht nach § 906, vielmehr kann Frau G ihr Abwehrinteresse durch ausdrückliche Erklärung uneingeschränkt geltend machen (BGHZ 106, 229 = NJW 1989, 902, 903; *Brehm/Berger*, § 7 Rn. 32; zur Wahlwerbung dagegen *OLG Bremen* NJW 1990, 2140). Die Unterlassungspflicht trifft V als unmittelbaren Störer, aber auch M als weisungsbefugten Auftraggeber und damit mittelbaren Störer (BGHZ a. a. O.) (s. u. Fall 110).

40. Notstandshaftung

Der Kahn „Otto" des Schiffseigners E lag im Februar im Hamburger Hafen an Pfahlgruppen vertäut neben anderen Kähnen. Plötzlich setzte in der Nacht starker Eisgang ein. Durch ihn brachen die Pfähle, an denen der unbemannte Kahn „F 18" vertäut war. Er geriet ins Treiben, stieß an den Kahn „Otto" und riss ihn los. Dadurch kam auch dieser ins Treiben und lief Gefahr, das Schiff „Bayern" der Reederei R zu rammen und erheblich zu beschädigen. Um dies zu verhindern, warf der Schiffer S, der sich auf dem Kahn „Otto" befand, Anker bei einer überfluteten Anlage der Werft W. Er verhinderte dadurch das weitere Abtreiben, doch wurde die Werftanlage beschädigt.
Kann W von R, E und S nach BGB Ersatz ihres Schadens verlangen?

(1) *Haftung der Reederei R*

S hat die Werftanlage der W vorsätzlich (s. BGHZ 92, 357 = NJW 1985, 490) beschädigt, um einen unverhältnismäßig größeren Schaden für das Schiff „Bayern" zu verhindern. Eine andere Möglichkeit, die Gefahr abzuwenden bestand nicht. Nach § 904 S. 1 ist die Beschädigung der Werft daher nicht rechtswidrig, obgleich von ihr selbst keine Gefahr ausging. Nach § 904 S. 2 erhält W als Aufopferungsausgleich Schadensersatz. Von wem sagt das Gesetz nicht. Nach neuerer Auffassung soll bei Nothilfe unmittelbar nur der begünstigte Dritte, also R, haften (MüKo/ *Säcker,* § 904 Rn. 17 f.; *Horn,* JZ 1960, 350).

Teilweise wird angenommen, Einwirkender und Begünstigter hafteten als Gesamtschuldner (*Wolf/Wellenhofer,* § 24 Rn. 29).

Nach h. M. haftet dem Verletzten dagegen nur der Einwirkende. Die Ersatzpflicht ist Folge der Duldungspflicht gegenüber dem Handelnden und trifft daher diesen. Um den Verletzten die Rechtsverfolgung zu erleichtern, fallen Einwirkungsrecht und Ersatzpflicht stets zusammen (BGHZ 6, 102, 105 = NJW 1952, 1132; BGHZ 92, 357, 359 = NJW 1985, 490). R haftet der W daher nicht.

(2) *Haftung des Schiffseigners E*

Nach dieser Regel würde auch E nicht haften. Trifft der unmittelbar Handelnde jedoch eine Notstandsmaßnahme erkennbar in Ausübung abhängiger Dienstpflichten, so haftet sein Arbeitgeber für den Schaden (BGHZ 6, 102, 105 ff. = NJW 1952, 1132; Jauernig/*Jauernig,* § 904 Rn. 5). Dass die Gefahr durch den Kahn „F 18" ausgelöst wurde, ist irrelevant.

(3) *Haftung des S*

Zweifelhaft ist schließlich, ob nur der Schiffseigner E oder auch der Schiffer S haftet. Der Anspruch nach § 904 S. 2 ersetzt die Haftung aus §§ 823 I, 831. Wie dort haftet deshalb S neben E als Gesamtschuldner und hat nur intern einen Freistellungsanspruch gegen E.

Zur Haftung nach Schiffsrecht vgl. BGHZ 6, 102 = NJW 1952, 1132.

---

41. Abwehr von Immissionen

Bauer B betreibt auf seinem Hof am Ortsrand von Freising eine Schweinemästerei. Die Nachbargrundstücke werden verkauft und mit Wohnblöcken bebaut, so dass der Hof schließlich inmitten einer reinen Wohnsiedlung steht. Die Mieter beschweren sich ständig über den penetranten Geruch, der von den Stallungen ausgeht.
a) Die Eigentümerin der Wohnhäuser (E) klagt daher auf Einstellung des Schweinemastbetriebes.
Mit Erfolg?
b) B reißt den Schweinestall ab und beginnt mit einem Schrotthandel. Bald türmen sich auf seinem Hof große Haufen von Autowracks. Auch hierdurch fühlen sich die Mieter in ihren Rechten beeinträchtigt. Kann E Unterlassung verlangen?
c) Schließlich errichtet B des ständigen Streites müde ein Mietshochhaus, das jedoch die Funkwellen abschattet, so dass E auf einem ihrer Grundstücke kein

Fernsehprogramm empfangen kann. Kann E von B Anschluss an die Sammel-antenne des Hochhauses verlangen?
d) E erfährt, dass die Mieterin M in dem Mietshaus des B der Prostitution nachgeht. Kann E, der seine minderjährige Tochter sittlich gefährdet sieht, von B verlangen, einzuschreiten?

a) Nach §§ 903, 1004 kann E die Beseitigung einer Störung ihres Eigentums verlangen. Einwirkungen auf ihr Eigentum hat E nur im Rahmen des § 906 zu dulden, unwesentliche Beeinträchtigungen durch Geruchsbelästigung ohne Entschädigung, wesentliche Beeinträchtigungen nur gegen Entschädigung. Ob eine Beeinträchtigung wesentlich ist, richtet sich nach dem Empfinden eines verständigen Durchschnitts-benutzers und nach der Zweckbestimmung des betroffenen Grundstücks (BGHZ 140, 1 = NJW 1999, 356, 357; BGHZ 148, 261, 264 f. = NJW 2001, 3119). Eine Duldungspflicht gegenüber wesentlichen Beeinträchtigungen besteht, soweit diese ortsüblich sind (vgl. BGHZ 161, 323 = NJW 2005, 660 – Fluglärm) und durch wirtschaftlich zumutbare Aufwendungen nicht verhindert werden können (vgl. BGHZ 90, 255 = NJW 1984, 2207). In einer Wohnsiedlung ist die Geruchs-belästigung durch Schweinemast nicht ortsüblich. Auch eine behördliche Genehmigung begründet nicht automatisch Ortsüblichkeit. Für die Üblichkeit kommt es nach h. M. nur auf den gegenwärtigen Ortscharakter an; ein Bestandsschutz für eine ältere Nutzungsart besteht nicht. Kann die Störung nicht anders beseitigt werden, so kann nach § 1004 die vollständige Beseitigung durch Betriebseinstellung verlangt werden (BGHZ 48, 31 = NJW 1967, 1754; *BGH* NJW 1983, 751).

b) Inwieweit rein *negative* oder nur ästhetische *Einwirkungen* auf Eigentum stören können, ist zweifelhaft (vgl. *Hinz,* JR 1997, 137). Denn aus § 906 ergibt sich, dass das Gesetz primär an materielle Einwirkungen denkt, die das organische Wohl-befinden auf einem Grundstück beeinträchtigen. Selbst derartige Einwirkungen sind gem. § 906 bei Ortsüblichkeit zu dulden. Der *BGH* meint daher, ideelle Einwirkungen müssten – von Extremfällen abgesehen – hingenommen werden. Ein Recht auf Beibehaltung einer „schönen Aussicht" kann tatsächlich nicht aus dem Eigentum fließen, da sonst der Nachbar zu stark in der Nutzung seines Grundstücks einge-schränkt würde. Will man aber für Extremfälle eine Abwehrmöglichkeit eröffnen, so muss man jedenfalls im Grundsatz anerkennen, dass auch psychische Einwirkungen die Nutzung des Eigentums beeinträchtigen können (zur Abwehr nach Landesrecht vgl. BGHZ 73, 274 = NJW 1979, 1408; *BGH* NJW 1979, 1409). In einem reinen Wohngebiet muss danach ein offener „Autofriedhof" nicht hingenommen werden, sondern kann in analoger Anwendung von § 906 I gem. § 1004 I untersagt werden (vgl. *AG Münster* NJW 1983, 2887; *Prütting,* Rn. 330; *Wolf/Wellenhofer,* § 24 Rn. 10; a. A. BGHZ 51, 396 = NJW 1969, 942; BGHZ 54, 56, 59 ff. = NJW 1970, 1541).

c) Die Abschattung von Fernsehwellen ist ebenfalls eine von den §§ 906, 907 nicht erfasste negative Einwirkung. Nach Ansicht des BGH (BGHZ 88, 344 = JZ 1984, 848 m. krit. Anm. *Mühl*; BGHZ 113, 384 = NJW 1991, 1671, 1672) verbiete sich auch eine analoge Anwendung (a. A. *Prütting,* Rn. 331), denn der Nachbar dürfe sein Grundstück grds. nach Belieben benutzen. Aus dem *nachbarrechtlichen Gemein-schaftsverhältnis* (§ 242) (krit. zur Terminologie *Neuner,* JuS 2005, 385, 386) ergebe sich aber eine Pflicht zur Rücksichtnahme auf die Interessen des Nachbarn. Danach muss B dem E die Errichtung einer eigenen Antenne auf dem Hochhaus oder den Anschluss an die Sammelantenne, freilich auf Kosten des E, gestatten.

d) B hat unzulässige Einwirkungen seiner Mieter auf ein Nachbargrundstück im Rahmen des Möglichen zu unterbinden (s. Fall 108). In Betracht kommt hier allenfalls eine *ideelle Immission*. Diese setzt aber voraus, dass der störende Zustand vom Nachbargrundstück sinnlich wahrnehmbar ist. Hieran fehlt es, da E nur mittelbar durch die Kenntnis vom Tun der M gestört ist. Eine „moralische" Immission begründet daher keinen Abwehranspruch des Nachbarn (BGHZ 95, 307 = NJW 1985, 2823).

---

42. Nachbarrechtlicher Ausgleichsanspruch

a) Der Gärtner G kultiviert Rosen in einem Treibhaus. Der Landwirt L bringt an einem sonnigen Apriltag Gülle auf einem benachbarten Acker aus. Bis er diese am nächsten Tag in den Boden einarbeitete, entstanden giftige Ammoniakdämpfe, die zu Blattnekrosen der Rosen in dem geöffneten Treibhaus und zu einem Schaden des G in Höhe von 6.000 € führten. Nach landwirtschaftlichem Standard ist Gülle rasch einzuarbeiten; Schäden dieser Art waren zuvor aber unbekannt.
Muss L dem G Ersatz leisten?
b) Ein Schaden kommt selten allein. Wenige Wochen später brach nahe den Gewächshäusern des G die unter der Straße verlegte Hauptwasserleitung, die von der EW-AG, einer städtischen Gesellschaft unterhalten wurde. Das Wasser überflutete die Gewächshäuser des G und richtete an Pflanzen und Beeten einen Schaden von 500.000 € an.
Kann G von der EW-AG Ersatz verlangen?

---

a) Ein Ersatzanspruch nach § 823 I scheitert an der fehlenden Voraussehbarkeit der Schädigung und damit am Verschulden.

Analog § 906 II 2 kann G von L aber nachbarrechtlichen Ausgleich nach Enteignungsgrundsätzen für eine unzumutbare Beeinträchtigung seines Eigentums verlangen, sofern G tatsächlich (oder rechtlich) gehindert war, die Einwirkung nach § 1004 I BGB rechtzeitig zu verhindern (BGHZ 157, 33, 44 = NJW 2004, 1037; BGHZ 160, 232, 236 = NJW 2004, 3701; *BGH* NJW 2008, 992). Andere sprechen von einem bürgerlich-rechtlichen Aufopferungsanspruch (Staudinger/*H. Roth,* § 906 Rn. 66). Die Ammoniakimmission führte zu einer wesentlichen Beeinträchtigung. G hätte sie nicht dulden müssen; L sie durch rasches Einarbeiten der Gülle wirtschaftlich zumutbar verhindern können. Allerdings hätte G auf die Empfindlichkeit seiner Rosen hinweisen und auf rascheres Einarbeiten der Gülle drängen müssen. Diese (schuldlose) Mitverursachung hat er sich analog § 254 (Palandt/*Bassenge*, § 906 Rn. 29) zurechnen zu lassen. G erhält daher nur einen Teil seines Schadens ersetzt.

b) Für die entstandene Sachbeschädigung haftet die EW-AG nach §§ 2 I 1, 10 I HpflG nur in Höhe von 300.000 €. Für einen Haftungsausschluss wegen höherer Gewalt (§ 2 III Nr. 3 HpflG) besteht kein Anhaltspunkt.

Ob die EW-AG darüber hinaus nachbarrechtlichen Ausgleich schuldet, ist streitig. Teilweise wird eingewandt, § 906 II 2 dürfe nicht dazu dienen, eine Gefährdungshaftung für gefährliche Einrichtungen zwischen Nachbarn einzuführen. Der *BGH* gewährt aber einen verschuldensunabhängigen Ausgleich analog § 906 II 2 auch bei Schäden durch objektiv rechtswidrige *Grobimmissionen*, die aus faktischen Gründen nicht abgewehrt werden konnten, insb. bei Brand- und Wasserschäden (BGHZ 155, 99, 102 ff. = NJW 2003, 2377, 2378 f.; BGHZ 142, 66 = NJW 1999, 2896; *Wenzel,* NJW 2005, 246; für Vertiefungsschäden: BGHZ 147, 45, 49 ff. = NJW 2001, 1865; für Bodenverseuchung durch Schrotblei: BGHZ 111, 158 = NJW 1990, 1910; vgl. *Gursky,* Probleme, S. 24). Diese Haftung trifft nicht nur den Grundstückseigentümer, sondern auch die EW-AG als Nutzerin des Straßengrundstücks, von deren Anlage in der Straße die eigentliche Störung ausging. Der Schaden des G geht über das in zumutbarer Weise entschädigungslos Hinzunehmende hinaus. Anders als bei der vorrangigen Haftung nach § 22 WHG (BGHZ 142, 227 = NJW 1999, 3633) ist der Anspruch nicht durch die Anlagenhaftung nach § 2 HpflG ausgeschlossen oder begrenzt (BGHZ 155, 99, 107 ff. = NJW 2003, 2377, 2379).

43. Staatlich genehmigte Immissionen

E ist Eigentümer eines Siedlungshauses in einer ländlichen Kleinstadt, das an das Gelände der Fa. Skanda-Montagewerk GmbH angrenzt. Aus den Abgaskaminen der behördlich genehmigten Verzinkungsanlage des Werks tritt laufend Chromsäure aus, die sich auf Haus und Garten des E niederschlägt. Nach Ansicht des Landwirtschaftsamtes sind Obstbäume und Gemüse davon völlig verseucht; die Obst- und Gemüseernte ist ungenießbar. Da sich das Chrom im Boden kaum abbaut, meint das Amt, der Boden müsse bis zur Tiefe von 40 cm abgetragen und durch neuen ersetzt werden. E sieht sich um die Früchte seiner Ersparnisse gebracht.
Er möchte deshalb von Rechtsanwalt R wissen, ob er eine Einstellung des Betriebs, den Einbau ausreichender Filteranlagen in den Kaminen oder zumindest Schadensersatz verlangen kann.

Bäume und Pflanzen sind wesentliche Bestandteile des Grundstücks, § 94 I 2, so dass E durch die Verseuchung der Früchte in der Nutzung seines Grundstücks, §§ 100, 99 I, in anderer Weise als durch Entziehung oder Vorenthaltung des Besitzes beeinträchtigt wird. Ein Beseitigungs- und Unterlassungsanspruch des E gem. § 1004 I besteht aber nur, wenn er die Beeinträchtigung nicht zu dulden hat, § 1004 II.

Eine Verseuchung des Gartens ist keine nur unwesentliche Einwirkung auf ein Grundstück und deshalb nicht nach § 906 I zu dulden. Eine wesentliche Beeinträchtigung braucht E aber nicht hinzunehmen, sofern die Nutzung des Nachbargrundstücks durch die GmbH nicht ortsüblich ist. Dies ist jedoch Tatfrage und hängt von der Gesamtstruktur der näheren Umgebung ab. Dennoch kann E keinesfalls Einstellung des Betriebs verlangen, da § 14 S. 1 BImSchG zivilrechtliche

Beseitigungsansprüche gegenüber einer genehmigten Anlage (§§ 4 ff. BImSchG) ausdrücklich ausschließt.

Er kann daher nur auf dem Einbau von Filtern bestehen, sofern dieser technisch und wirtschaftlich zumutbar ist. Andernfalls bleibt ihm nur der Ersatzanspruch nach § 14 S. 2 BImSchG, §§ 1, 5 UmweltHG.

Ist der Betrieb auf dem Nachbargrundstück ortsüblich, so muss E die Einwirkung dulden, wenn sie die GmbH durch wirtschaftlich zumutbare Schutzeinrichtungen nicht verhindern kann, § 906 II 1. Dabei bemisst sich die Zumutbarkeit nicht nach den wirtschaftlichen Verhältnissen der GmbH, sondern nach der abstrakten Zumutbarkeit für einen Betreiber dieser Art (Palandt/*Bassenge,* § 906 Rn. 25, 33 ff.). Sind danach Filteranlagen unzumutbar, so kann E Ausgleich in Geld verlangen, § 906 II 2, §§ 1, 5 UmweltHG soweit die ortsübliche Benutzung seines Grundstücks durch die Immission unzumutbar beeinträchtigt wird (vgl. *BGH* JZ 1990, 978 m. Anm. *Gerlach*).

Sind Filteranlagen wirtschaftlich zumutbar, kann E ihren Einbau nach §§ 906, 1004, § 14 BImSchG verlangen. Für die Ernteausfälle der Vergangenheit hat er gemäß § 823 I einen verschuldensabhängigen Schadensersatzanspruch (§ 906 regelt, ob eine widerrechtliche Handlung i. S. des § 823 I vorliegt; vgl. *Roth,* JuS 2001, 1161). Daneben hat E Ansprüche analog § 906 II 2 (BGHZ 90, 255 = NJW 1984, 2207; vgl. *Wilhelm,* Rn. 754 ff.) und nach §§ 1, 5, 15, 18 I UmweltHG.

---

44. Widerspruch gegen Überbau

E errichtet auf seinem Grundstück ein Wohnhaus, dessen Giebelmauer auf dem Grund des Nachbarn N steht. Noch vor Errichtung dieser Mauer war der Bau längere Zeit unterbrochen. Damals hatte sich N in einem Gespräch mit E gegen die Errichtung der Giebelmauer gewandt, da sie die Lichtzufuhr zu seinem Grundstück beschränke.
a) N verlangt nun Beseitigung des Überbaus. E wendet ein, N habe nicht wirksam und rechtzeitig Widerspruch gegen den Überbau erhoben und sei daher zur Duldung verpflichtet.
Wie ist die Rechtslage?
b) Da F die Beseitigung trotz Nachfristsetzung verweigert, verzögert sich ein von N geplantes und genehmigtes Bauvorhaben. N begehrt daher die Feststellung, dass E verpflichtet ist, ihm jeden durch die Verzögerung entstehenden Schaden zu ersetzen.
Ist der Klage stattzugeben?

a) Nach § 1004 I kann N von E *Beseitigung des Überbaus* verlangen, sofern N nicht zu dessen Duldung verpflichtet ist (§ 1004 II). Eine Duldungspflicht kann sich aus § 912 I ergeben, wenn N dem Überbau nicht wirksam widersprochen hat. Der Widerspruch ist eine einseitige empfangsbedürftige Willenserklärung und bedarf keiner Begründung. Es genügte daher, dass N bekundete, die Giebelmauer nicht dulden zu wollen. Auf seine Gründe, insb. seine Kenntnis vom Überbau, kommt es nicht an.

Der Widerspruch erfolgte auch rechtzeitig. „Sofort nach der Grenzüberschreitung" erfolgt der Widerspruch nach dem Zweck des § 912 I, wenn eine Beseitigung des Überbaus noch ohne erhebliche Zerstörung möglich war. Da die Giebelmauer erst nach Bauunterbrechung hochgezogen wurde, genügte ein Widerspruch vor der Fortführung des Baus (BGHZ 59, 191, 196 = NJW 1972, 1750; *BGH* NJW 2004, 1798; *Gursky*, Rn. 167 ff.).

b) Nach § 256 I ZPO kann N auf *Feststellung* der Pflicht zum Ersatz eines noch nicht bezifferbaren Schadens klagen (*Rosenberg/Schwab/Gottwald*, § 90 Rn. 25).

Als Nutzer der Giebelmauer ist E insoweit Besitzer des Grundstücks des N. Da N der Errichtung der Giebelmauer wirksam widersprochen hatte, ist E bösgläubiger Besitzer und haftet daher nach §§ 990 II, 280 I, II, 286 I auf Ersatz des Verzögerungsschadens. Etwas anderes würde nur gelten, wenn N den Überbau nach § 912 I dulden müsste. Da eine Duldungspflicht aber nicht besteht, bleibt es bei der Haftung nach allgemeinen Regeln (BGHZ 156, 170, 171 = NJW 2003, 3621).

45. Eigentumsverhältnisse beim Überbau

Den Brüdern K und B gehören zwei benachbarte Grundstücke. Das Grundstück des B besteht aus zwei Flurstücken. 1957 einigten sich K und B, dass K sein Wohnhaus im Wesentlichen auf das an sein Grundstück angrenzende Flurstück des B bauen dürfe. Dies geschah. Das Haus steht in einer Tiefe von 8m auf dem Grundstück des B und nur in einer Tiefe von 2m (mit dem Hauseingang) auf dem Grundstück des K. B hatte K anfangs die Überschreibung des überbauten Flurstücks versprochen. Dazu kam es jedoch nicht. Die Brüder entzweiten sich vielmehr und gerieten in Streit, wer von ihnen Eigentümer des von K errichteten Hauses ist.
a) Wie ist zu entscheiden?
b) Wie wäre es, wenn K das Haus ohne Einwilligung des B und in bewusster Unkenntnis vom Grenzverlauf gebaut hätte?

a) Bei einem rechtswidrigen, aber entschuldigten Überbau wird der überbaute Gebäudeteil entgegen der Grundregel der §§ 946, 94 I nicht wesentlicher Bestandteil des Nachbargrundstücks. Nach § 95 I 2 (analog) i. V. m. §§ 93, 94 gehört das Gebäude vielmehr ganz dem Eigentümer des anderen Grundstücks ohne Rücksicht auf Größe und Verhältnis von Überbau und Gebäudeteil auf dem eigenen Grundstück (BGHZ 110, 298 = NJW 1990, 1791, 1792). Zweck dieser Regelung ist es, die wirtschaftliche Einheit von Gebäuden zu wahren (*BGH* NJW 1982, 756). Diese Rechtslage gilt erst recht, wenn der Eigentümer den Überbau gestattet hatte (BGHZ 157, 301 = NJW 2004, 1237).

b) Hat K in bewusster Unkenntnis vom Grenzverlauf gebaut, so fällt ihm grobe Fahrlässigkeit beim Überbau zur Last. Nach § 912 I hat B den Überbau nicht zu dulden. Dementsprechend ist § 95 I 2 nicht anwendbar. Es verbleibt vielmehr bei dem Grundsatz der §§ 946, 94 I: Jedem Grundstückseigentümer gehört der auf seinem Grundstück stehende Gebäudeteil entsprechend der Grenzlinie nach vertikaler Teilung (BGHZ 41, 177 = NJW 1964, 1221; *BGH* NJW 1985, 789, 790; krit. MüKo/*Säcker*, § 912 Rn. 33–44).

Die Zuordnung der Gebäudeteile zu dem jeweiligen Grundstück (*Prinzip der Bodenakzession*) geht dem Grundsatz der rechtlichen Einheit eines Gebäudes, § 93, vor.

46. Eigengrenzüberbau

E war Eigentümer zweier benachbarter Grundstücke. Darauf ließ er einen Wohnblock errichten, so dass dieser etwa zu 2/3 samt Hauszugang auf dem Grundstück a, zu 1/3 auf dem Grundstück b erstellt wurde. Nunmehr will E das Grundstück b an K veräußern. Wer ist nach der Veräußerung Eigentümer des Wohnblocks?

Nach § 93 kann ein einheitliches Gebäude nur im Eigentum einer Person stehen.

Nach § 94 I steht ein Gebäude aber im Eigentum des jeweiligen Grundeigentümers. Baut der Eigentümer zweier Grundstücke ein Gebäude ohne Rücksicht auf Grundstücksgrenzen oder wird ein bebautes Grundstück nachträglich geteilt (BGHZ 102, 311 = NJW 1988, 1078), so erweist sich diese Lösung als wenig sachgerecht, wenn später eines der Grundstücke veräußert wird.

Bereits bei einem rechtswidrigen, aber entschuldigten Überbau ergibt sich aus § 912 I sinngemäß, dass das Gebäude als einheitliches Ganzes Bestandteil des Grundstücks ist, von dem aus übergebaut wird.

Diese Lösung muss grundsätzlich auch für den Fall des rechtmäßigen Eigengrenzüberbaus gelten (vgl. Bamberger/Roth/*Fritzsche*, § 912 Rn. 15; MüKo/*Säcker* § 912 Rn. 50 ff.; ausführlich *Gursky*, Probleme, S. 36). Welchem Grundstück das Eigentum an dem Gebäude zuzurechnen ist, richtet sich nach der Absicht des Erbauers. Hatte dieser aber keine bestimmte Vorstellung, so entscheiden objektive Größe und wirtschaftliche Bedeutung der Gebäudeteile (*BGHZ* 110, 298 = NJW 1990, 1791). Da das Gebäude überwiegend auf dem Grundstück a errichtet ist und von dort aus auch wirtschaftlich genutzt wird, bleibt E nach Veräußerung des Grundstücks b analog § 912 Eigentümer des gesamten Wohnblocks.

Ist ein Stammgrundstück nicht bestimmbar, so bleibt es beim Teileigentum nach vertikaler Teilung (*BGH* JuS 1985, 479).

47. Aufstockung eines Überbaus

Die A-GmbH und die B-GmbH errichten jeweils Teile einer Wohnsiedlung durch beauftragte Bauunternehmen. Durch einen groben Fehler eines Baupoliers der für A tätigen C-Bau wird eine Tiefgarage für einen Wohnblock zur Hälfte auf dem Grundstück der B gebaut. Später möchte die A-GmbH auf dem Fundament der Tiefgarage einen Lebensmittelmarkt für die Siedlung errichten. Die B wehrt sich dagegen, dass der Markt auch auf ihrem bisher nur unterirdisch überbauten Grundstück errichtet wird.
Zu Recht?

Über die Grenze baut, in wessen Namen und wirtschaftlichem Interesse ein Gebäude errichtet wird (*BGH* NJW 1983, 2022). Geschäftsherr ist demnach die A-GmbH. Ihr ist zwar das Verschulden des Architekten am Überbau analog § 166 zuzurechnen, nicht aber ein Verschulden des Bauunternehmers oder von dessen Arbeitnehmern, und zwar weder nach § 166 noch nach den §§ 278 oder 831 (*BGH* NJW 1977, 375; a. A. für § 278: *Wieling,* S. 348; MüKo/*Säcker,* § 912 Rn. 20).

Einen für den Eigentümer schuldlosen Überbau hat der Nachbar zu dulden, sofern er nicht sofort nach der Grenzüberschreitung im Zuge der Bauarbeiten Widerspruch erhebt, § 912 I. Danach hat B die Tiefgarage zu dulden.

Dem Umfang nach bezieht sich die Duldungspflicht aber nur auf den konkreten Überbau. Der Überbauende ist nicht berechtigt, die überbaute Grundstücksfläche generell als Eigentümer zu nutzen und den Überbau aufzustocken. Die Errichtung eines überirdischen Geschäftsraumes ist somit ein neuer unzulässiger Eingriff in das Grundeigentum der B. Diese kann Unterlassung, ggf. Beseitigung nach § 1004 I verlangen (BGHZ 64, 273 = NJW 1975, 1313).

48. Gemeinsame Giebelmauer

In einem Gebiet geschlossener Bauweise kommen die Nachbarn A und B überein, zwischen ihren gleich groß geplanten Häusern eine gemeinsame Giebelmauer zu errichten. A beginnt mit dem Bau seines Wohnhauses und baut die Giebelmauer so, dass sie zur Hälfte auf dem Grundstück des B steht.
a) Ein Jahr später errichtet B sein Haus unter Verwendung der von A errichteten Giebelmauer. Kann A von B Ersatz der Hälfte der Baukosten der Mauer verlangen?
b) Entgegen der Vereinbarung errichtet B eine eigene Giebelmauer. Kann er nun von A Ausgleich für den Überbau verlangen?

a) Wird eine (halbscheidige) Giebelmauer vereinbarungsgemäß zur gemeinsamen Nutzung errichtet, so liegt ein rechtmäßiger Überbau vor. Gemäß §§ 93, 94 II, 946, 912 I blieb die gesamte Mauer Eigentum des Erbauers A (Palandt/*Bassenge,* § 921 Rn. 7). Erst mit dem Anbau des B verwandelte sich das Alleineigentum des A in Miteigentum beider Nachbarn je zur Hälfte (BGHZ 27, 197, 201 = NJW 1958, 1180; BGHZ 43, 127, 129 = NJW 1965, 811). Denn durch den Anbau wurde die Mauer auch wesentlicher Bestandteil des Gebäudes des B, § 94 II.

Haben A und B die Rechtsfolgen des Anbaus vertraglich geregelt, so erfolgt eine Entschädigung nach dem Vertrag (*BGH* NJW 1971, 426, 427). Haben A und B jedoch keine Regelung getroffen, so hat B das Miteigentum an der Mauer durch seinen Anbau, d. h. durch einen nicht gerechtfertigten Eingriff, erworben und hat nach §§ 951 I, 812 I 1, 2. Fall, 818 II Wertersatz in Höhe der Hälfte der Baukosten zu leisten (BGHZ 36, 46, 53 = NJW 1962, 149; BGHZ 53, 5, 8 = NJW 1970, 97).

b) Da B den Überbau durch A gestattet hatte, liegt ein berechtigter Überbau vor. Auf diesen ist § 912 II unmittelbar nicht anwendbar (*BGH* NJW 1971, 426, 427). Der geplante Anbau kam aber nicht zustande, so dass die Mauer im Alleineigentum des A blieb. Für diesen Fall besteht keine Vereinbarung zwischen A und B. Bei einem

Anbau des B hätte A für den Überbau kein Entgelt bezahlen müssen. Doch ist zweifelhaft, ob der Überbaugestattung durch B zugleich eine Anbaupflicht entsprach. Objektiv zieht B jedenfalls aus dem Überbau des A keinen Nutzen. Deshalb ist in Ergänzung des Vertrages auf § 912 II zurückzugreifen (Soergel/*Baur,* § 912 Rn. 28). A hat B daher Wertersatz für die überbaute Grundstücksfläche in Form einer angemessenen Überbaurente zu leisten.

---

49. Notwegrecht

K erwarb von D ein Grundstück mit neu errichtetem Lagerhaus, das als Hinterhofparzelle nur über die Toreinfahrt und den Hof des B zu erreichen ist. B verweigert K jedoch die Zufahrt. Die Verladerampe des Lagerhauses sei so nahe an die gemeinsame Grundstücksgrenze gebaut, dass die Lkw beim Ladegeschäft auf seinem Hof stünden. Dies müsse er nicht hinnehmen.
In welchem Umfang steht K ein Notweg zu?

Nach § 917 I 1 kann K verlangen, dass B die Benutzung seines Grundstücks „zur Herstellung der erforderlichen Verbindung" zur öffentlichen Straße duldet (vgl. *Säcker/Paschke,* NJW 1981, 1009). Darunter fällt auch das Zu- und Abfahren zum Lagerhaus des K mit Lkw. B muss aber nicht sein Grundstück darüber hinaus zur wirtschaftlichen Nutzung im Rahmen des Ladegeschäfts zur Verfügung stellen (BGHZ 31, 159 = NJW 1960, 93; Staudinger/*Roth,* § 917 Rn. 31).

II. Erwerb und Verlust von Grundeigentum

50. Inhalt der Auflassungserklärung

a) K erwirbt von K etwa 2/3 eines größeren Grundstücks; in einem Lageplan ist dieser Teil farbig gekennzeichnet. Kann dieser Teil verkauft, aufgelassen und in das Grundbuch eingetragen werden?
b) Die zu erwerbende Teilfläche besteht aus drei Grundstücken, den Flurstücken Nr. 10, 11 und 12. Aus Versehen werden in der notariellen Urkunde entgegen dem beigefügten Lageplan Kauf und Auflassung nur für die Flurstücke 10 und 12 erklärt. Erst anhand der Vollzugsmitteilung des Grundbuchamts wird der Fehler bemerkt.
Kann K Berichtigung des Grundbuchs von Flurstück 11 verlangen? Hat er zumindest einen Anspruch auf Auflassung?

a) Der Grundstückskauf ist wirksam, wenn die betroffene Teilfläche ausreichend bestimmt bezeichnet ist.

Unter der gleichen Voraussetzung kann auch eine noch nicht abgeschriebene Teilfläche aufgelassen werden (BGHZ 90, 323, 325 = NJW 1984, 1959; *BGH* NJW 1988, 415, 416). Ein Vollzug der Auflassung im Grundbuch ist aber erst möglich, sobald das Grundbuchblatt für das neue Teilgrundstück angelegt worden ist (vgl. § 28 S. 1 GBO; s. o. Fall 18).

b) Nach h. M. gilt für Grundstückskaufvertrag und Auflassung der Grundsatz *falsa demonstratio non nocet.* Wirksam verkauft und aufgelassen ist das wirklich Gewollte, also auch das Grundstück Flurstück 11. Eine Andeutung des Parteiwillens muss aus der notariellen Urkunde nicht hervorgehen (BGHZ 87, 150 = NJW 1983, 1610; *BGH* NJW 2002, 1038; NK-BGB/*Grziwotz,* § 925 Rn. 9; Staudinger/*Pfeifer,* § 925 Rn. 68).

Der übereinstimmende Parteiwille ersetzt aber nicht die für eine Rechtsänderung erforderliche Eintragung im Grundbuch (§ 873 I). Dieses ist nicht falsch, ein Berichtigungsanspruch besteht daher nicht.

Damit die Auflassung von Flurstück 11 vollzogen werden kann, bedarf es zwar keiner erneuten Auflassung, wohl aber einer deklaratorischen Identitätserklärung durch beide Parteien in der Form des § 29 GBO (MüKo/*Kanzleiter,* § 925 Rn. 24).

51. Auflassungsanwartschaft

E verkauft dem K ein Hausgrundstück und lässt es ihm auf. Beide Seiten beantragen beim Grundbuchamt den Vollzug der notariellen Urkunde. Nach Eingang des Eintragungsantrages findet K ein günstigeres Grundstück. Er will daher seine Rechte aus dem Kaufvertrag mit E an den an dem Grundstück interessierten D abtreten.
a) Ist dies gegen den Willen des E möglich?
b) Wie kann die Eintragung des D als Eigentümer im Grundbuch bewirkt werden?
c) Wie wäre es, wenn E die Auflassung erklärt und dem K eine Auflassungsvormerkung bewilligt hätte, die inzwischen im Grundbuch eingetragen ist?
d) Wie wäre es, wenn D nach Auflassung durch K, aber vor Stellung eines eigenen Eintragungsantrags erfährt, dass E in Wirklichkeit nicht Eigentümer des Grundstücks ist?
e) Wie kann K seine Rechte aus dem Vertrag mit E an D übertragen, wenn das Grundstück dem K bereits aufgelassen wurde, er aber noch keinen Eintragungsantrag beim Grundbuchamt gestellt hat?
f) Nach Eintragung einer Vormerkung und Eingang seines Auflassungsantrags beim Grundbuchamt treten an dem Haus als Folge von Sprengungen beim Ausheben der Baugrube auf dem Nachbargrundstück Rissschäden auf. Kann K Ersatz dieses vor seinem Eigentumserwerb eingetretenen Schadens verlangen?

a) Nach Ansicht des Reichsgerichts (RGZ 129, 150 ff.) liegt in der Auflassung durch E dessen Einwilligung, dass K dem D das Grundstück als Nichtberechtigter auflässt, § 185 I (so auch *Habersack,* JuS 2000, 1145, 1148 f.; *Mülbert,* AcP 202 (2002), 932). Nach heute h. M. erwirbt der Auflassungsempfänger dagegen mit Eintragung einer Auflassungsvormerkung zu seinen Gunsten oder mit Stellung eines eigenen Eintragungsantrags beim GBA eine durch widersprechende Verfügungen des Veräußerers nicht mehr entziehbare Rechtsposition und damit ein übertragbares Anwartschaftsrecht (BGHZ 45, 186 ff. = NJW 1966, 929; BGHZ 106, 108 ff. = NJW 1989, 1093; *Hager,* JuS 1991, 1 ff.; NK-BGB/*Grziwotz,* § 925 Rn. 35). Hiergegen wird eingewandt, diese Position sei nur formell durch § 17 GBO geschützt und erlösche, wenn der Antrag gem. § 18 GBO zurückgewiesen werde. Die Vorstellung eines Anwartschaftsrechts sei daher vor Eintragung einer Auflassungsvormerkung nicht sachgerecht (ganz abl. *Medicus,* DNotZ 1990, 275; *Habersack,* JuS 2000, 1145). Insoweit besteht tatsächlich ein Unterschied zum Anwartschaftsrecht aus der Übereignung beweglicher Sachen, das gem. § 161 durch Dritte nicht beeinträchtigt werden kann. Da die Erwerbsposition des Auflassungsempfängers aber unter gewöhnlichen Umständen ebenfalls unentziehbar ist, ist es berechtigt, den Begriff Anwartschaftsrecht auch bei der nicht durch Vormerkung gesicherten Auflassung zu verwenden. Über dieses Anwartschaftsrecht kann K nach allgemeiner Ansicht wie über Grundeigentum durch Auflassung, §§ 873, 925 (ohne Eintragung im Grundbuch) verfügen. Eine Mitwirkung des E ist insoweit unnötig. Eine zusätzliche Abtretung des Auflassungsanspruchs, § 398, ist nicht erforderlich, da E bereits die erforderliche Erfüllungshandlung vorgenommen hat.

b) Als Zessionar des Anwartschaftsrechts kann D beim GBA gem. §§ 13, 20 GBO die Eigentumsumschreibung auf sich beantragen. Mit dem Grundbuchvollzug erwirbt D das Eigentum unmittelbar von E ohne Zwischenerwerb des K und ohne dessen Zustimmung (BGHZ 49, 197, 205 = NJW 1968, 493).

c) Sobald für K eine Auflassungsvormerkung im Grundbuch eingetragen ist, kann E nicht mehr zu Lasten des K abweichend über das verkaufte Grundstück verfügen, § 883 II 1. Die Position des K ist damit wirtschaftlich in gleicher Weise geschützt wie nach Auflassung und Stellung des Eintragungsantrags durch K. Deshalb ist auch hier ein „Anwartschaftsrecht" des K anzuerkennen (BGHZ 83, 395 = NJW 1982, 1639; a. A. *Reinicke/Tiedtke,* NJW 1982, 2281, 2285; *Habersack,* JuS 2000, 1145, 1147). Der Eigentumserwerb des D erfolgt wie im Falle b. Der Auflassungsanspruch kann, muss aber nicht zusätzlich abgetreten werden (vgl. MüKo/*Kanzleiter,* § 925 Rn. 41).

d) Nach § 892 kann Grundeigentum kraft öffentlichen Glaubens des Grundbuchs gutgläubig erworben werden. Mit Stellung des Eintragungsantrags konnte K keine Auflassungsanwartschaft erwerben. Böser Glaube des K vor Stellung des Antrags schadet ihm, § 892 II.

e) Vor Stellung eines eigenen Eintragungsantrags bzw. Eintragung einer Vormerkung ist die Rechtsstellung des K nicht gesichert. Gleichwohl soll die Rechtsposition aus einer bindenden Auflassung nach verbreiteter Ansicht wie eine Auflassungsanwartschaft analog § 925 übertragbar sein (MüKo/*Kanzleiter,* § 925 Rn. 35). Der *BGH* hat diese Ansicht jedoch abgelehnt; ein übertragbares Recht liege erst vor, wenn die Eintragungsvoraussetzungen erfüllt seien (BGHZ 106, 108, 111 ff. = NJW 1989, 1093, 1094).

K kann daher nur seine Rechte aus dem Kaufvertrag an D abtreten, § 398; zusätzlich liegt in der Auflassung meist eine Einwilligung (§ 185) des E in eine weitere Auflassung durch K (*Hager,* JuS 1991, 1, 8).

f) Der Schadensersatz nach § 823 I bzw. § 823 II i. V. m. § 909 steht K als Inhaber des dinglichen Anwartschaftsrecht zu, soweit ihm der Schaden nach Eigentumserwerb verbleibt (BGHZ 114, 161 = NJW 1991, 2019; a. A. *Habersack,* JuS 2000, 1145, 1150).

52. Grenzen der Auflassungsanwartschaft

E verkauft dem K ein Baugrundstück und lässt es ihm auf. Beide Seiten beauftragen den beurkundenden Notar N, den Vollzug der Urkunde beim Grundbuchamt zu beantragen, sobald alle nötigen Genehmigungen vorliegen.
a) Alsbald nach Vertragsschluss findet K ein günstigeres Grundstück. Er tritt daher seine Rechte aus dem Vertrag mit E in notarieller Form an den an dem Grundstück interessierten D ab. Jetzt stellt sich heraus, dass Kaufvertrag und Auflassung E–K wegen eines Beurkundungsfehlers des Notars formnichtig sind. Kann D gegen den Willen des E Eigentümer des Grundstücks werden?
b) In dem notariellen Vertrag waren als Kaufpreis 200.000 € vereinbart worden. Tatsächlich sollte K aber 250.000 € für das Grundstück bezahlen. Nachdem N, der auch den Vertrag K–D beurkundet hatte, die Eintragung des D als Eigentümer beim Grundbuchamt beantragt hat, beruft sich E auf die Nichtigkeit des Kaufvertrages. Kann er noch einen Eigentumsverlust seines Grundstücks an D verhindern?

a) Bei Nichtigkeit von Kaufvertrag und Auflassung erwirbt D von K nur dessen angebliches Anwartschaftsrecht auf Auflassung. Dieses Recht ist im Grundbuch nicht eingetragen, so dass ein Erwerb kraft öffentlichen Glaubens aufgrund der §§ 892, 893 mit Wirkung gegenüber E nicht möglich ist (*Medicus/Petersen*, Rn. 476). Selbst wenn die Unwirksamkeit der Auflassung E–K erst nach Eintragung des D im Grundbuch bemerkt worden wäre, hätte D kein Eigentum erworben; das Grundbuch wäre vielmehr mit seiner Eintragung unrichtig geworden.

b) E hat sein Grundstück zunächst dem K verkauft. Da der beurkundete Kaufvertrag gem. § 117 I, der gewollte, aber nicht beurkundete Vertrag gem. §§ 311b I 1, 125 nichtig ist, kann E *von K* die unwiderrufliche Auflassung, §§ 925, 873 II, mittels Leistungskondition gem. § 812 I 1, 1. Fall, kondizieren und auf diese Weise seine Übereignungserklärung rückgängig machen.

Um aber eine Heilung des Vertrages durch Eintragung des Erwerbers nach § 311b I 2 auszuschließen, muss E zusätzlich den Vollzug der Auflassung verhindern. Dazu kann er zur Sicherung des Kondiktionsanspruchs mittels einstweiliger Verfügung gegenüber K den Erlass eines Erwerbsverbots erreichen. Ein derartiges *Erwerbsverbot* ist gesetzlich nicht vorgesehen, wird aber in der Praxis als Sicherungsmaßnahme nach den §§ 935, 938 I ZPO zugelassen (Palandt/*Bassenge*, § 888 Rn. 11; krit. MüKo/ *Kohler*, § 888 Rn. 30 ff.). Durch dieses Erwerbsverbot wird die Befugnis des Auflassungsempfängers, das Grundstückseigentum zu erwerben, beschränkt. Ab Zustellung an den Erwerber wirkt das Erwerbsverbot als Grundbuchsperre und ist vom GBA auch noch nach Stellung des Eintragungsantrags durch den Erwerber bzw. den Notar, § 15 BNotO, zu beachten (RGZ 117, 287, 291; 120, 118; Soergel/*Stürner*, § 888 Rn. 13). Ist das Erwerbsverbot wirksam erlassen, so setzt es praktisch die bereits erklärte Auflassung im Verhältnis der Parteien zueinander vorläufig außer Kraft (*Lange/Schiemann*, S. 27).

Zweifelhaft ist, ob diese Maßnahmen auch gegenüber D wirken. Denn mangels Eintragung des K im Grundbuch kann auch das Erwerbsverbot nicht im Grundbuch eingetragen werden. Andererseits beruht die Rechtsstellung des D nur auf einer

Abtretung der Rechte des K. Sie beruht nicht auf dem öffentlichen Glauben des Grundbuchs. Lehnt man einen gutgläubigen Zweiterwerb einer zugunsten des K eingetragenen Vormerkung bei einer Abtretung des Auflassungsanspruchs ab, so kann D erst recht keine unangreifbare Auflassungsanwartschaft erworben haben. Das GBA hat daher das Erwerbsverbot auch dann zu beachten, wenn ein Rechtsnachfolger des K als neuer Eigentümer eingetragen werden soll. Wird es versehentlich übersehen, so ist der Erwerb des D gem. §§ 136, 135 gegenüber E unwirksam.

53. Eigentumserwerb an Grundstückszubehör

V liefert an die Baustelle des K Heizkörper zur Montage unter Eigentumsvorbehalt. Noch vor dem Einbau und der Zahlung des Kaufpreises veräußert K das Baugrundstück samt allem Zubehör an E, der den Bau fortführt. V verlangt jetzt von E Herausgabe der auf der Baustelle lagernden Heizkörper. Zu Recht?

V kann Herausgabe verlangen, wenn er noch Eigentümer der Heizkörper ist, und K kein Recht zum Besitz hat, §§ 985, 986.

Bei der Lieferung an die Baustelle wurden die Heizkörper an K nur aufschiebend bedingt durch die Zahlung des Kaufpreises übereignet, §§ 929, 158 I, 449 I. Diese Bedingung ist nicht eingetreten.

E könnte aber mit dem Erwerb des Grundstücks gem. § 926 I 1 auch Eigentümer der Heizkörper geworden sein, wenn diese Zubehör waren und damit (selbst i. Zw., § 926 I 2) mit veräußert worden sind.

Mit dem Lagern auf der Baustelle wurden die Heizkörper *Zubehör* des Baugrundstücks, § 97 I. Für Baumaterial, das noch nicht eingebaut ist, sondern nur auf dem Baugrundstück lagert, war dies lange umstritten. Z. T. wird vertreten, Baumaterial werde zwar mit dem Einbau wesentlicher Bestandteil, § 94 II, zuvor sei es aber rechtlich völlig selbständig. Die Rspr. geht dagegen zu Recht davon aus, dass Baustoffe schon vor ihrem Einbau Zubehör werden, weil sie schon mit der Anlieferung auf dem Baugrundstück einen einheitlichen wirtschaftlichen Wert mit diesem bilden (vgl. BGHZ 58, 309 = JZ 1972, 658 m. abl. Anm. *Kuchinke*).

Auch ein Fall einer nur vorübergehenden Zweckverbindung nach § 97 II 1 liegt nicht vor. Denn trotz des Eigentumsvorbehalts sollten die Baumaterialien endgültig eingebaut werden. Gerade für den Erwerber eines in Bebauung befindlichen Grundstücks stellt sich die Baustelle in ihrem konkreten Zustand als wirtschaftliche Einheit dar, auf deren Zusammengehörigkeit er vertrauen muss.

Allerdings waren die Heizkörper nicht Eigentum des K. Nach § 926 II ist insoweit aber ein Erwerb gem. § 932 möglich, wenn E bei der Besitzerlangung gutgläubig war. Trotz der Verbreitetheit des Eigentumsvorbehalts muss der Erwerber eines Baugrundstücks nicht notwendig damit rechnen, dass Baumaterial als Grundstückszubehör im Eigentum Dritter steht. Mit dem gutgläubigen Erwerb des E ist das vorbehaltene Eigentum des V erloschen. Ein Herausgabeanspruch steht ihm nicht mehr zu.

III. Erwerb und Verlust des Eigentums an beweglichen Sachen

1. Eigentumsübertragung

54. Eigentum an Pfandflaschen

Fa. K vertreibt ein stilles Mineralwasser in Mehrwegglasflaschen, auf denen der Name K eingeprägt ist. K veräußert das Mineralwasser an Großhändler unter Vereinbarung ihrer AGBs. Darin schließt K einen Eigentumserwerb an den Flaschen aus. Jeder Abnehmer wird verpflichtet, Leergut zurückzugeben. Die Anschaffungskosten pro Flasche betragen 0,25 €, das Flaschenpfand beträgt 0,30 €. Das Wasser wird über den Einzelhandel an Endverbraucher verkauft.
Die Beklagte B ist ein Konkurrenzunternehmen. Sie erhält von ihren Abnehmern die Kästen mit den leeren Pfandflaschen zurück, in denen sich regelmäßig auch Fremdflaschen befinden. Sämtliche Flaschen lässt B schreddern und aus dem Material neue Flaschen herstellen.
K verlangt von B Herausgabe ihrer Flaschen, Unterlassung der künftigen Vernichtung und Schadensersatz für bereits vernichtete Pfandflaschen in Höhe von 100.000 €.
Zu Recht?

(1) *Herausgabe* der Flaschen nach §§ 985, 986 kann K nur verlangen, wenn sie noch *Eigentümerin* der Mehrwegpfandflaschen ist.

a) K hat ihr Eigentum nicht beim Verkauf an den Großhandel verloren, da sie in ihren wirksam einbezogenen AGBs (§ 305) eine Übereignung der Flaschen ausdrücklich ausgeschlossen hat. Dies war möglich, da die Flaschen nicht wesentlicher Bestandteil des Mineralwassers (§ 93), sondern nur Zubehör (§ 97 I 1) sind, und dies nur im Zweifel (§ 311c), nicht aber zwingend mit veräußert wird.

K hat ihr Eigentum auch nicht durch gutgläubigen Erwerb durch Einzelhändler oder Endverbraucher (§§ 929, 932) verloren. Bei der Veräußerung von Mineralwasser in Individualflaschen, die einem bestimmten Eigentümer zugeordnet werden können, ergibt eine Auslegung der Erklärungen (§§ 133, 157), dass der Käufer nur den Flascheninhalt, nicht aber Eigentum an den Flaschen selbst erwerben soll und will (BGHZ 173, 159 = NJW 2007, 2913). Ein Eigentumsübergang scheitert daher, weil es schon an einer entsprechenden konkludenten Einigung fehlt (*Martinek*, JuS 1989, 268, 269; a. A. *Faust*, JuS 2007, 1060, 1061).

Auch B hat bei Rücknahme des Leergutes von ihren Abnehmern nicht gutgläubig Eigentum erworben, da sie aufgrund des eingeprägten Namens wissen musste, dass ihre Abnehmer nicht zur Eigentumsübertragung berechtigt waren (BGHZ 173, 159 = NJW 2007, 2913 Rn. 16).

b) B hat auch *kein Recht zum Besitz* (§ 986). Da die Erstabnehmer der K aufgrund der vereinbarten Rückgabepflicht kein Recht zum Besitz am Leergut haben, konnten sie allen weiteren in der Vertriebskette stehenden Personen kein Recht zum Besitz verschaffen.

Ein Recht zum Besitz ergibt sich auch nicht aus der *Pfandabrede*. Aus dieser folgt nicht, dass der Besitzer die Flasche gegen Verfall des Pfandes behalten darf. Das Pfand soll vielmehr gerade die Rückgabe der Flaschen – auch durch Endverbraucher – sicherstellen (BGHZ 173, 159 = NJW 2007, 2913 (Rn. 19)).

(2) Da K Herausgabe ihrer Flaschen verlangen kann, muss sie auch deren Vernichtung nicht dulden (§§ 903 S. 1, 1004 II). Da weiteres Schreddern zu befürchten ist, steht K daher nach § 1004 I 2 ein *Unterlassungsanspruch* zu.

(3) *Schadensersatz* für die Zerstörung des Eigentums an ihren Flaschen, §§ 823 I, 249 I, II 1 steht K gegen B dagegen nicht zu. Durch die Zerstörung der Flaschen (Wert der Flasche 0,25 €) entsteht K wegen des verfallenen Flaschenpfandes (0,30 €) kein Schaden. Denn bei Rückgabe der Flaschen müsste K auch B das Pfand erstatten (BGHZ 173, 159 = NJW 2007, 2913 Rn. 24).

---

55. Abstraktheit der Übereignung

K verpachtete P sein Grundstück, auf dem seit Jahren ein Bordell betrieben wurde, zu unlauteren Bedingungen. P übernahm nach dem Vertrag das gesamte Mobiliar des Bordells zu Eigentum zum Preis von 50.000 €. Unter Berufung auf die Sittenwidrigkeit und Nichtigkeit des Vertrages verlangt K von P Rückgabe auch des veräußerten Mobiliars. Zu Recht?

(1) *Herausgabeanspruch, §§ 985, 986*

Das Mobiliar ist nur dann Eigentum des K, wenn die Sittenwidrigkeit des Pacht- und Kaufvertrages, § 138 I, die Nichtigkeit des dinglichen Erfüllungsgeschäfts zur Folge hat. Grundsätzlich ist die Übereignung von Möbeln aber wertneutral; das dingliche Rechtsgeschäft ist also abstrakt, d. h. unabhängig von Mängeln des Kausalgeschäfts gültig. Dieser *Abstraktionsgrundsatz* verbietet es, zwischen Kauf und Übereignung eine Geschäftseinheit gem. § 139 anzunehmen (*Prütting*, Rn. 32). Nur ausnahmsweise kann der Mangel des Kausalgeschäfts auch das dingliche Erfüllungsgeschäft erfassen *(Fehleridentität)*, so z. B. bei Wucher, § 138 II, oder arglistiger Täuschung (vgl. *Jauernig*, JuS 1994, 721, 724). Aber auch bei § 138 I wird die Nichtigkeit des Kausalgeschäfts auf das dingliche Geschäft ausgedehnt, wenn der Nichtigkeitsgrund nach Inhalt und Zweck des Geschäfts im Einzelfall auf das dingliche Geschäft ausstrahlt (vgl. *Baur/Stürner*, § 5 Rn. 51 f.). Dies ist hier jedoch nicht der Fall. Das Mobiliar ist deshalb wirksam gem. § 929 S. 1, 2 an P übereignet.

(2) *Rückübereignungsanspruch, § 812 I 1, 1. Fall*

Infolge der Nichtigkeit des Kausalgeschäfts fehlt der Übereignung jedoch der Rechtsgrund. Nach §§ 812 I 1, 818 I ist P deshalb zur Rückübereignung und Rückgabe verpflichtet, sofern dem nicht § 817 S. 2 entgegensteht (für Ausschluss: RGZ 109, 201, 203). § 817 S. 2 ist zwar auch anwendbar, wenn nur oder vor allem dem Leistenden ein Sittenverstoß vorzuwerfen ist. Nach h. M. soll § 817 S. 2 aber nur verhindern, dass der sittenwidrige Leistungszweck mittelbar doch erreicht wird, nicht aber den Fortbestand des sittenwidrigen Zustandes garantieren (Jauernig/*Stadler*, § 817 Rn. 13). Deshalb kann K das übereignete Mobiliar zurückfordern.

56. Übereignung an Stellvertreter/Besitzdiener

Im Auftrag seines Arbeitgebers, der Firma E, besorgte der Fahrer F bei Firma V ein neues Porzellanhandwaschbecken. Auf der Heimfahrt wurde der Lieferwagen des F vom Lkw des D fahrlässig angefahren und stark beschädigt. Dabei zerbrach auch das Waschbecken. Kann Firma E von D für das Waschbecken Schadensersatz verlangen?

D schuldet E nach §§ 823 I, 249 I, II 1 Schadensersatz, wenn E bereits Eigentümer des Waschbeckens war. Ein Eigentumserwerb nach § 929 S. 1 verlangt Einigung und Übergabe. Die Einigung ist ein auf den Eigentumsübergang gerichteter (dinglicher) Vertrag (*Prütting*, Rn. 372; *Brehm/Berger*, § 27 Rn. 1). Wie bei der Abgabe jeder Willenserklärung konnte F insoweit als Stellvertreter, § 164 I, der Firma E handeln.

Dagegen ist die Übergabe an einen Stellvertreter ausgeschlossen, da sie *Realakt* ist. Gleichwohl kann sie durch Dritte und an Dritte erfolgen, wenn diese *Besitzdiener* von Veräußerer und Erwerber sind (*BGH* JuS 1976, 396; Bamberger/Roth/*Fritzsche*, § 855 Rn. 20). Denn nach § 855 wird die tatsächliche Gewalt über Sachen, die der Besitzdiener ausübt, dem Besitzherrn zugerechnet; nur dieser ist Besitzer. Besitzdiener ist jeder äußerlich erkennbar in einem sozialen Abhängigkeitsverhältnis Tätige. F war daher Besitzdiener der Firma E. Mit der Übergabe der Sache an ihn erwarb Firma E als Besitzherr Besitz nach § 854 I, da F nach Sachlage nicht für sich selbst handelte (vgl. *Prütting*, Rn. 71 f.). Beim Unfall war E deshalb bereits Eigentümer des Waschbeckens.

57. Übereignung an den, den es angeht

Fall wie zuvor, K, ein Arbeitskollege des F, bat diesen, ihm bei Firma V zwei Kartons Dekorfliesen Modell „Lotos" gegen Barzahlung zu besorgen. Den Kaufpreis gab er ihm mit. F erwarb die Fliesen bei Firma V im eigenen Namen. Auch diese Fliesen zerbrachen bei dem Unfall.
Kann K deshalb von D Schadensersatz verlangen?

Der Anspruch aus §§ 823 I, 249 I, II 1 setzt wieder voraus, dass K *Eigentümer* der Fliesen war. F hat diese bei V im eigenen Namen gekauft. Da die Einigung sich grundsätzlich auf die Person des Erwerbers erstrecken muss, könnten die Fliesen gem. § 929 S. 1 von V zunächst an F übereignet worden sein. Bei Bargeschäften lässt die h. M. freilich einen unmittelbaren Eigentumserwerb des Auftraggebers durch *Übereignung an den, den es angeht*, zu (MüKo/*Oechsler*, § 930 Rn. 31). Denn bei ihnen ist es den Veräußerern gleichgültig, wer Eigentum erwirbt. Sein Eigentumsübertragungswille richtet sich nicht auf eine bestimmte Person. In Durchbrechung des Offenkundigkeitsprinzips des § 164 I kommt deshalb die Einigung mit dem

Geschäftsherrn K zustande, wenn der Vertreter F für diesen erwerben will (*Wieling,* S. 108 f.; *Brehm/Berger,* § 27 Rn. 5).

Zum Eigentumserwerb bedarf es zusätzlich der *Übergabe*. Ein Besitzerwerb des K nach den §§ 854, 855 scheidet aus. Der Auftrag zum Erwerb einer Sache für den Auftraggeber kann jedoch als *vorweggenommenes Besitzkonstitut*, § 868, ausgelegt werden (*Müller,* Rn. 2376). Mit der Übergabe an F wird dieser unmittelbarer Besitzer, § 854 I, K aber mittelbarer Besitzer, § 868. Dies genügt zur Übereignung nach § 929 S. 1 (*Baur/Stürner,* § 51 Rn. 16, 43).

Wer die Durchbrechung des § 164 nicht zulässt, bejaht einen Durchgangserwerb des F. Er sieht in dem Erwerbsauftrag neben dem Besitzkonstitut auch eine antizipierte Einigung, so dass das Eigentum mit dem Erwerb des F sogleich auf K übergeht (*Prütting,* Rn. 386 f.). Möglich wäre auch die Annahme eines Besitzkonstituts per In-sich-Geschäft (vgl. *Baur/Stürner,* § 51 Rn. 30), entspricht aber hier nicht dem Willen der Beteiligten. Nach jeder Ansicht war K somit zur Zeit des Unfalls bereits Eigentümer der Fliesen und kann daher unmittelbar von D Ersatz verlangen.

58. Übereignung durch Einräumung von Mitbesitz?

S schenkte seiner Nichte N kurz vor seinem Tode zwei Gemälde, die in seinem Büro hingen. Er gab der N einen von mehreren Büroschlüsseln, damit sie sich die Bilder abholen könne. Außerdem teilte er seiner Angestellten T mit, N sei jederzeit berechtigt, die Gemälde abzuholen. Noch bevor N dies tun konnte, starb S. Seine Witwe W brachte die Gemälde als Alleinerbin in ihre Wohnung. Kann N Herausgabe verlangen?

N könnte Eigentümerin der Gemälde durch Übereignung nach §§ 929 S. 1, 854 II geworden sein, da sie durch Übergabe des Schlüssels und Benachrichtigung der T in die Lage versetzt wurde, sich die Gemälde aus dem Büro abzuholen. Zu einer Übereignung nach § 929 S. 1 ist aber eine Übergabe erforderlich, die zum Alleinbesitz des Erwerbers führt (*BGH* NJW 1979, 714; *Wolff/Wellenhofer,* § 7 Rn. 7). Durch die Übergabe des Büroschlüssels hat N aber höchstens Mitbesitz an den Büroräumen erhalten. Da S selbst bzw. seine Angestellte, § 855, weitere Schlüssel besaßen, hat S seinen eigenen Besitz nicht vollständig aufgegeben. Ein Besitzkonstitut, §§ 930, 868, wurde nicht vereinbart. In dem Übergeben des Schlüssels liegt nur das Einverständnis mit einer einseitigen Besitzergreifung. Eine einverständliche einseitige Besitzergreifung ist zwar einer Übergabe nach § 929 S. 1 gleichzustellen (*Staudinger/Wiegand,* § 929 Rn. 67 ff.). N hat die Gemälde aber nicht mehr aus dem Büro abholen können. Mangels Eigentumserwerbs kann sie von W keine Herausgabe gem. § 985 verlangen. (Ein Anspruch auf Vollzug des Schenkungsversprechens besteht wegen Formnichtigkeit, § 518 I 1, nicht.)

59. Eigentumserwerb beim Streckengeschäft

Der Rundfunktechniker R verkauft ein Farbfernsehgerät an seinen Kunden K. Da er keine Geräte auf Lager hat, bestellt er es beim örtlichen Händler H, dieser bestellt es beim Bezirksgroßhändler B. B soll das Gerät unmittelbar an K ausliefern. B hat das Gerät unter Eigentumsvorbehalt an H verkauft, die Weiterveräußerung im ordentlichen Geschäftsverkehr aber gestattet. Nach Auslieferung des Gerätes an K wird gegen H ein Insolvenzverfahren eröffnet. Kann B von R Zahlung des Listenpreises für das Gerät verlangen?

Ein Zahlungsanspruch könnte sich aus § 816 I ergeben, wenn R das Fernsehgerät als Nichtberechtigter an den gutgläubigen K veräußert hat. Der Anspruch ist jedoch ausgeschlossen, wenn R selbst Eigentum erworben hatte.

Bei einer Lieferkette kann ein Zwischenmann, der keinen unmittelbaren Besitz erhält, gleichwohl nach § 929 Eigentum erwerben. Eine Einigung zwischen H und R kann unterstellt werden, sobald das Gerät vertragsgemäß von B an K übergeben wird. R erwirbt Eigentum nach § 929 S. 1 aber nur mit Übergabe durch H. Eine unmittelbare Übergabe ist nicht erfolgt, weder H noch R waren jemals unmittelbar Besitzer des Fernsehgeräts. Eine unmittelbare Übergabe ist aber nicht erforderlich. Es genügt vielmehr, wenn ein Dritter (B) als unmittelbarer Besitzer *auf Geheiß* des Veräußerers (H) an den Erwerber R übergibt. Zusätzlich ist nicht notwendig, dass der Veräußerer (H) seinen unmittelbaren Besitz auf den Erwerber R überträgt. Es genügt, dass H den Besitz auf Geheiß des Erwerbers R auf einen Dritten (K) überträgt. Beide Möglichkeiten können zudem kombiniert werden. Daher konnte H auf Geheiß des R den B anweisen, den unmittelbaren Besitz auf K zu übertragen. Kommt der Angewiesene der Anweisung nach, so gilt damit die Sache i. S. des § 929 S. 1 als vom Veräußerer H an den Erwerber R übergeben (*BGH* NJW 1986, 1166; *Brehm/Berger*, § 27 Rn. 22 ff.; *Wolf/Wellenhofer*, § 7 Rn. 15 f.).

H war bei der Übergabe jedoch nicht Eigentümer des Fernsehgerätes, da B sich das Eigentum bis zur vollständigen Bezahlung vorbehalten hatte. Ein gutgläubiger Erwerb des R gem. § 932 erscheint problematisch, da ein guter Glaube an das Eigentum des H bei der Üblichkeit des Eigentumsvorbehalts unter Händlern zweifelhaft erscheint.

Hierauf kommt es indes nicht an. Denn H veräußerte als Nichtberechtigter mit Zustimmung des Berechtigten gem. §§ 929, 185 I, war also zur Veräußerung befugt (*Wolf/Wellenhofer*, § 7 Rn. 21 f.). Damit erwarb R das Eigentum an dem Fernsehgerät und übertrug es gleichzeitig gem. § 929 S. 1 auf K. R hat somit als Berechtigter über das Gerät verfügt und braucht den erzielten Kaufpreis nicht an B herauszugeben.

60. Übereignung unter Mitbesitzern

Als sein Geschäft glänzend florierte, wollte Kaufmann A Vorsorge gegen das wechselnde Glück im Geschäftsleben treffen. Deshalb übereignete er 2000 seiner Ehefrau B schriftlich die gesamten von ihm angeschafften Einrichtungsgegenstände der gemeinsamen Wohnung unter Einschluss wertvoller Kunstwerke. 2003 fällt A in Insolvenz. Sein Insolvenzverwalter K möchte die Kunstwerke zur Insolvenzmasse ziehen.
a) Zu Recht?
b) Kann er auch für die eheliche Wohnung nach 2000 von A angeschafften Hausrat herausverlangen?

a) Nach § 148 I InsO hat K als Insolvenzverwalter das gesamte zur Insolvenzmasse gehörige Vermögen in Besitz und Verwaltung zu nehmen und zu verwerten. Zur Insolvenzmasse gehört nur Vermögen des A gem. § 35 InsO, also nicht die Wohnungseinrichtung, wenn diese wirksam an B übereignet wurde.

Ehegatten sind Mitbesitzer an der Wohnungseinrichtung. Eine Übergabe gem. § 929 S. 1 kommt deshalb nur in Betracht, wenn der übereignende Ehegatte seinen Mitbesitz aufgibt. Dies ist aber nicht geschehen.

Jedoch hat A den Hausrat wirksam gem. §§ 930, 868 übereignet. Die Ehe begründet ein *gesetzliches Besitzmittlungsverhältnis* (ähnliches Verhältnis) i. S. des § 868. Denn der Eigentümer der Einrichtungsgegenstände hat dem anderen Ehegatten deren Benutzung kraft der ehelichen Lebensgemeinschaft, § 1353, zu gestatten. Das aus der Ehe folgende Besitzmittlungsverhältnis ist ausreichend bestimmt, um eine Übertragung nach § 930 zu rechtfertigen. Ein besonderes vertragliches Verhältnis muss zwischen den Ehegatten nicht vereinbart werden. Bei fortbestehendem Mitbesitz des Übereignenden ist vielmehr mit der Einigung zu unterstellen, dass der Übereignende von nun an den Besitz für den Erwerbenden vermittelt (BGHZ 73, 253 = NJW 1979, 976; ebenso für das Eltern-Kind-Verhältnis: *BGH* NJW 1989, 2542).

B ist daher 1965 Eigentümerin der Kunstwerke geworden. Einer Anfechtung gem. §§ 129 I, 133 I, 134 I, 146 InsO ist der Erwerb mangels Benachteiligungsabsicht bzw. wegen Zeitablaufs nicht ausgesetzt.

K kann die Kunstwerke daher nicht verwerten.

b) Der neu angeschaffte Hausrat könnte von A nach § 929 erworben worden und damit, soweit pfändbar (§ 811 I Nr. 1 ZPO), Teil der Insolvenzmasse § 35 InsO sein. Aus § 1357 I folgt zunächst nichts anderes. Denn danach war zwar auch die Ehefrau B aus den Kaufverträgen berechtigt und verpflichtet; § 1357 entfaltet aber nach h. M. keine dingliche Wirkung (BGHZ 114, 74 = NJW 1991, 2283). Da der Veräußerer Hausrat i. d. R. an den übereignet, den es angeht (s. o. Fall 57), kommt es folglich darauf an, für wen A das Eigentum erwerben wollte. Da ehelicher Hausrat im Zweifel beiden Eheleuten gehören soll, war die Einigung des A dahin zu verstehen, dass er gemeinsam mit B Miteigentümer werden wollte (BGHZ 114, 74, 79 = NJW 1991, 2283 f.). K kann daher keine Herausgabe verlangen, sondern lediglich die Teilung der Miteigentümergemeinschaft betreiben (§§ 80 I, 84 I InsO i. V. m. §§ 752 f.).

61. Übereignung durch mittelbaren Besitzer

Die W-KG und A vereinbarten im Oktober 2005 den Kauf gebrauchter Omnibusse aus Frankreich. Deutsche Kfz-Papiere waren noch nicht ausgestellt. Im Vorgriff auf die einzelnen Kaufverträge wurden die Busse dem A bereits zu Ausstellungszwecken in Deutschland übergeben. Am 10.4.2006 stellt W dem A einen der Busse in Rechnung. Am 25.4.2006 bezahlt A diesen Bus und erhält gleichzeitig die französischen, bei der Einfuhr entwerteten Zulassungspapiere.

Schon am 17.4.2006 hatte W diesen Bus unter Übergabe des inzwischen ausgestellten deutschen Kfz-Briefs an die Sparkasse F zur Sicherung bestehender Forderungen übereignet. Nach dem Sicherungsvertrag durfte W den Bus leihweise weiterbenutzen. Am 2.10.2006 übertrug F ihre Rechte aus der Sicherungsübereignung auf K. Schon am 27.3.2006 hatte freilich A den Bus an B weiterveräußert. K verlangt nun Herausgabe des Busses von B. Zu Recht?

Ein *Herausgabeanspruch nach § 985* setzt voraus, dass *K Eigentümer* geworden ist. Eigentum könnte er am 2.10.2006 von F durch Einigung und Abtretung des Herausgabeanspruchs gegen W (§ 604) gemäß §§ 929 S. 1, 931 erlangt haben.

Fraglich ist aber, ob F selbst am 17. 4. durch Sicherungsübereignung gemäß §§ 929 S. 1, 930 Eigentum von W erlangt hatte. Denn zu diesem Zeitpunkt war W nur mittelbarer Besitzer (§ 868) des Busses. Nach h. M. genügt aber für eine Übereignung nach §§ 929 S. 1, 930, dass der Veräußerer nur mittelbarer Besitzer ist (MüKo/*Oechsler*, § 929 Rn. 66, § 930 Rn. 8). Ist er dies, so kann er die Übergabe der Sache entweder durch Abtretung des Herausgabeanspruchs oder durch Vereinbarung eines Besitzmittlungsverhältnisses ersetzen. Durch die Sicherungsübereignung nach § 930 wurde F erststufiger mittelbarer Fremdbesitzer und K zweitstufiger mittelbarer Eigenbesitzer. Die Übereignung war auch ohne Kenntnis des unmittelbaren Besitzers A wirksam (Palandt/*Bassenge*, § 930 Rn. 7). Erforderlich war also, dass W am 17. 4. mittelbare Besitzerin und Eigentümerin des Busses war. Nur dann konnte sie F durch Vereinbarung eines weiteren Besitzmittlungsverhältnisses nach § 930 den Besitz vermitteln. Aufgrund des Leihvertrages mit A (§§ 598 f.) war W mittelbarer Besitzer des Busses. Diesen mittelbaren Besitz hat W noch nicht am 10. 4. mit Abschluss des Kaufvertrages, sondern erst am 25. 4. mit Vollzug der dinglichen Einigung verloren. Denn den Willen, die Sache als ihm gehörend zu besitzen (§ 872) konnte A erst mit Erbringung der Gegenleistung haben.

W könnte ihr Eigentum aber schon am 27. 3. an B verloren haben. Vor dem 25. 4. war A freilich Nichtberechtigter. Der Erwerb des B vom Nichtberechtigten scheitert an seinem bösen Glauben (§ 932 II), da ihm bei der Übergabe des gebrauchten Busses kein Kfz-Brief (heute: Zulassungsbescheinigung Teil II) ausgehändigt wurde (*BGH* NJW 1996, 2226; *Wolff/Wellenhofer*, § 8 Rn. 17 f.).

Schließlich könnte A am 25. 4. von W Eigentum erworben haben, so dass der mittelbare Besitz von F als Grundlage für die Übereignung an K am 2. 10. entfallen wäre. Infolge der Sicherungsübereignung vom 17. 4. war W aber am 25. 4. nicht mehr Berechtigte. Vom Nichtberechtigten konnte A aus den gleichen Gründen wie B kein Eigentum erwerben. Im Ergebnis ist K damit Eigentümerin des Busses.

B könnte dem Herausgabeanspruch jedoch ein *Recht zum Besitz* entgegensetzen. Dieses kann sich nur aus dem Kaufvertrag mit A vom 27. 3. ergeben. Dieser gab B gegenüber A ein Recht zum Besitz. Fraglich ist, ob B dieses Recht auch K entgegenhalten kann (vgl. *BGH* NJW 2001, 2885). § 986 I 1 verlangt, dass das Recht zum Besitz gegenüber dem Eigentümer besteht. Weder A noch B hatten aber ein Recht zum Besitz mit K vereinbart.

In Betracht kommt aber eine analoge Anwendung von § 986 II. Danach soll sich die Rechtsstellung eines Besitzers durch eine Eigentumsübertragung ohne seine Mitwirkung nicht verschlechtern, er vielmehr gegenüber dem Rechtsnachfolger des Eigentümers die Herausgabe verweigern können. Dieses Recht muss auch bei einer Eigentumsverschaffung durch den mittelbaren Besitzer nach §§ 930, 868 gelten. § 986 II ist insoweit analog anzuwenden (BGHZ 111, 142 = NJW 1990, 1914; *Krüger*, JuS 1993, 12; *Waltermann*, Jura 1993, 521). Das Abstellen nur auf § 931 wird als reines Redaktionsversehen angesehen. B ist daher auch gegenüber K zum Besitz berechtigt und kann die Herausgabe des Busses verweigern.

---

62. Übereignung von Lagergut

K kaufte von E 100t Gerste, die bei der L-AG eingelagert waren. Die L-AG hatte E darüber einen Orderlagerschein ausgestellt. Zur Sicherung eines Kredits hatte E den Orderlagerschein der D-Bank durch Indossament übertragen. E verschwieg die Existenz des Orderlagerscheins und trat K seinen Herausgabeanspruch gegen L schriftlich ab. Auf Vorlage dieses Schreibens liefert L an K eine Teilmenge von 30t Gerste aus, verweigerte aber die weitere Auslieferung, nachdem ein Indossatar der D-Bank den Orderlagerschein vorgelegt hatte. Zu Recht?

L kann die weitere Auslieferung verweigern, wenn K nicht Eigentümer der Gerste ist. Nach den §§ 363 II, 364, 475g HGB kann Lagergut durch Übergabe des indossierten Orderlagerscheins übereignet werden. Der Orderlagerschein ist also Traditionspapier. Mit Übergabe des indossierten Orderlagerscheins erwarb daher die D-Bank (Sicherungs-)Eigentum an dem Lagergut.

Das Lagergut kann aber auch nach den allgemeinen Regeln der §§ 929 ff. übereignet werden. Eine „Übergabe" i. S. des § 929 S. 1 ist möglich, indem der Veräußerer E den unmittelbaren Besitzer anweist, das Besitzmittlungsverhältnis mit ihm zu beenden und mit dem Erwerber K ein neues Besitzmittlungsverhältnis zu begründen (BGHZ 92, 280, 287 f. = NJW 1985, 3761; BGHZ 161, 90 = NJW 2005, 359 Tz. 61). Dies ist hier nicht geschehen.

Wahlweise kann der Veräußerer auch seinen Herausgabeanspruch gegen den Besitzer nach § 931 abtreten. Eine Übereignung nach § 931 ohne Übergabe des Orderlagerscheins war jedoch nicht möglich. Eine Abtretung des Anspruchs aus § 985 schied aus, da dieser selbst nicht abtretbar ist, sondern dem jeweiligen Eigentümer zusteht (s. MüKo/*Oechsler*, § 931 Rn. 11). Eine Abtretung des Herausgabeanspruchs aus dem Besitzmittlungsverhältnis (§ 870) ist zwar nach den §§ 413, 398 an sich formlos möglich. Ist der Anspruch auf Herausgabe der Ware aber in einem Traditionspapier verkörpert, so kann er nicht ohne Übergabe der Urkunde abgetreten werden. Ausreichend ist eine Abtretung unter Übergabe der Urkunde ohne Indossament (BGHZ 49, 160, 162 = NJW 1968, 591; MüKo/*Oechsler*, § 931 Rn. 24). Ohne Aushändigung des Orderlagerscheins konnte K kein Eigentum erwerben. Aus dem gleichen Grund scheidet auch ein gutgläubiger Erwerb nach § 934, 1. Fall, aus. Der gute Glaube daran, dass der Herausgabeanspruch nicht in einem Orderlagerschein verbrieft ist, wird nicht geschützt (vgl. *BGH* NJW 1979, 2037). Schon die erste Teilmenge hätte L nicht an K, sondern gem. § 475f HGB nur an den legitimierten Besitzer des Lagerscheins gegen Abschreibung auf dem Schein ausliefern dürfen.

2. Gutgläubiger Erwerb

63. Veräußerung durch einen Dritten mit Zustimmung des Besitzers

Fa. V verkaufte eine Planierraupe unter Eigentumsvorbehalt an Fa. K. Diese übertrug ihr Anwartschaftsrecht auf D; zugleich übereignete sie die Raupe zur Sicherheit an die Bank B, ohne die Übertragung des Anwartschaftsrechts aufzudecken. B zahlte den Restkaufpreis an V und erhielt sodann auf ihr ausdrückliches Verlangen das Eigentum an der Raupe von V übertragen.
Wer ist jetzt Eigentümer der Planierraupe?

D erwarb gem. §§ 930, 868 die Eigentumsanwartschaft der K. Mit der Zahlung des Restkaufpreises durch B erstarkte diese zum Volleigentum.

D könnte das Eigentum jedoch durch gutgläubigen Eigentumserwerb der B verloren haben. Mit der Zahlung des Restkaufpreises verlor V gem. §§ 929 S. 1, 158 I ihr Eigentum, konnte also nur noch als Nichtberechtigte verfügen. Eine Einigung über den Eigentumsübergang kam zwischen V und B zustande. B erhielt aber nicht den unmittelbaren Besitz an der Planierraupe. Außerdem hielt B nicht V, sondern K für den Eigentümer.

Ein gutgläubiger Erwerb ist aber auch möglich, wenn die Veräußerung durch einen Dritten mit Zustimmung des Besitzers erfolgt. Denn auch dann beruht der Rechtsschein für das Eigentum des Veräußerers auf dessen Besitz. Dazu muss der Erwerber den zustimmenden Besitzer für den Eigentümer halten und halten dürfen. Zusätzlich muss ihm der Besitz übertragen werden *(Traditionsprinzip)*.

Hier war B aufgrund der Sicherungsübereignung durch K bereits mittelbarer (Neben-)Besitzer der Planierraupe (vgl. zum Nebenbesitz *Weber,* JuS 1999, 1, 4 ff.). B könnte daher bereits mit der Einigung gem. §§ 929 S. 2, 932 Eigentümer geworden sein. B hat aber nicht den Besitz der K übertragen erhalten. Hätte K die Raupe nach dem angeblichen Eigentumserwerb an B gem. §§ 930, 868 zur Sicherheit übereignet, so wäre B gem. § 933 erst Eigentümer geworden, wenn sie den unmittelbaren Besitz von K erhalten hätte. Für eine Übereignung nach § 929 S. 2 gilt nichts anderes. Denn § 929 S. 2 stellt lediglich klar, dass die Übergabe vor der Einigung stattfinden kann. Soweit aber keine reale Übergabe stattgefunden hat, kann ein gutgläubiger Erwerb nur gemäß §§ 933, 934 eintreten (BGHZ 56, 123, 127 ff. = NJW 1971, 1453; *Zeranski,* JuS 2002, 340, 347). D ist deshalb noch Eigentümer der Planierraupe.

64. Erwerb kraft Rechtsscheins eines Geheißes?

Der Hemdenfabrikant E bat seinen Freund F, ihm Aufträge zu vermitteln, um die Firma zu sanieren. F schließt daraufhin mit D im eigenen Namen einen

Kaufvertrag über 10 000 Hemden unter Eigentumsvorbehalt bis zur vollständigen Bezahlung, Lieferung ab Fabrik des E, ab. E gibt die Ware heraus, weil er glaubt, F habe die Hemden in seinem Namen an D verkauft. D zahlt alsbald an F. Als E keine Zahlung erhält, verlangt er Rückgabe der noch vorhandenen Hemden.
Zu Recht?

Der *Herausgabeanspruch*, §§ 985, 986, besteht nur, wenn E noch Eigentümer ist. Da F mit D einen Eigentumsvorbehalt vereinbarte, ist davon auszugehen, dass D die Hemden von F erwerben wollte. Da F nicht Eigentümer war, könnte E sein Eigentum nur durch gutgläubigen Erwerb des D verloren haben.

Ein gutgläubiger Erwerb nach §§ 929 S. 1, 932 setzt voraus, dass F die Hemden an D übergeben hat. Aus Gründen der Vereinfachung steht der Übertragung eigenen Besitzes gleich, dass ein Dritter auf Geheiß des Veräußerers den Besitz überträgt (BGHZ 36, 56, 60 = NJW 1962, 299). E hat aber nicht auf Geheiß des F gehandelt. Lediglich aus der Sicht des D konnte der Anschein entstehen, E handle auf Geheiß des F. Ob bereits dieser Anschein einen gutgläubigen Erwerb rechtfertigt, ist streitig.

Ein Teil der Literatur meint, § 932 schütze nur den guten Glauben an das Eigentum des F auf der Grundlage eines wirklich vorhandenen Rechtsscheinstatbestandes (vgl. BGHZ 10, 81 = NJW 1953, 1506). Daher genüge es nicht, dass der Erwerber irgendwie den Sachbesitz erhalte. Dem Rechtsscheinstatbestand des Besitzes stehe für § 932 vielmehr nur die wirkliche Befolgung des Geheißes gleich. Der gute Glaube des D an eine Unterordnung des E unter ein Geheiß des F reiche nicht aus (*Medicus/Petersen*, Rn. 564; Palandt/*Bassenge*, § 932 Rn. 4). Wie § 935 zeige, genüge der gute Glaube des Erwerbers allein nicht; dem verlierenden Teil müsse der Vertrauenstatbestand vielmehr zuzurechnen sein.

Der *BGH* (NJW 1974, 1132 = JZ 1975, 27 m. krit. Anm. *v. Olshausen*) bejaht dagegen die Frage, weil D in seinem Vertrauen schützenswert sei, Rechtsscheinstatbestände und Willenserklärungen seien grundsätzlich aus der Sicht des Empfängers auszulegen (zustim. *Gursky*, Rn. 118 ff.; *Wolff/Wellenhofer*, § 8 Rn. 7; *Musielak*, JuS 1992, 713, 716 ff.; Bamberger/Roth/*Kindl*, § 932 Rn. 9; MüKo/*Oechsler*, § 932 Rn. 16 f.). Da D danach annehmen durfte, E habe auf Geheiß des F gehandelt, hat D gutgläubig Eigentum erworben. Ein Rückgabeanspruch besteht daher nicht.

65. Guter Glaube an die Verfügungsbefugnis

E beauftragte den Gebrauchtwagenhändler B, seinen gebrauchten Mercedes nicht unter 5.000 € zu veräußern und übergab ihm Fahrzeug und Kraftfahrzeugpapiere.
a) B veräußerte den Wagen alsbald für 3.500 € an K. Kann E von K Herausgabe verlangen?
b) E veräußert den Wagen selbst an K. Dieser veräußert ihn weiter an X. Kann E von X Herausgabe verlangen, wenn E Kaufvertrag und Verfügungsgeschäft wegen arglistiger Täuschung durch K berechtigt anficht?

a) Wer einen Gebrauchtwagen beim Händler kauft, kann rechtsgeschäftlich Eigentum nur erwerben, wenn dieser Eigentümer oder verfügungsbefugt ist. Beides scheidet hier aus, da die Veräußerungsermächtigung nur begrenzt erteilt wurde.

Ein Käufer handelt nur dann nicht grob fahrlässig, wenn er sich den Kfz-Brief (Zulassungsbescheinigung Teil II) vorlegen lässt (*OLG Schleswig* NJW 2007, 3007).

Gutgläubiger Erwerb nach § 932 scheidet aus, da B zwar den Kfz-Brief vorlegen konnte, dadurch aber nicht als Eigentümer ausgewiesen wurde (vgl. MüKo/*Oechsler*, § 932 Rn. 53 ff.; *Frahm/Würdinger*, JuS 2008, 14, 16).

Jedoch darf ein Käufer i. d. R. auf die Verfügungsbefugnis des Händlers vertrauen, § 366 I HGB; sein guter Glaube wird vermutet (vgl. BGHZ 2, 37, 53 = NJW 1952, 219; *Petersen,* Jura 2004, 247). Ohne besondere Verdachtsmomente ist ein Privatkunde nicht verpflichtet zu überprüfen, auf welche Weise der Händler in den Besitz von Wagen und Papieren gelangt ist, und ob er sich an den erteilten Verkaufsauftrag hält (vgl. *BGH* NJW-RR 1987, 1456; *Schreiber,* Rn. 170). K wurde daher nach §§ 929, 932 BGB, 366 I HGB Eigentümer.

Jedoch könnte K dem E zur Herausgabe und Rückübereignung nach §§ 812 I, 1. Fall, 818 I verpflichtet sein, wenn der von B im Namen des E geschlossene Kaufvertrag mangels Vertretungsmacht (§ 177) unwirksam ist (so *Lettl*, § 13 Rn. 11 ff.; Oetker/*Maultzsch*, HGB, 3. Aufl., 2013, § 366 Rn. 28). Freilich muss man annehmen, dass auch der Kaufvertrag nach den Regeln über die Rechtsscheinvollmacht (*Oetker*, § 7 Rn. 101) oder in Anwendung des § 366 I HGB auch auf das Verpflichtungsgeschäft (Brox/*Henssler*, Handelsrecht, 21. Aufl., 2011, Rn. 313; Roth/*Weller*, Handels- u. Gesellschaftsrecht, 7. Aufl., 2010, Rn. 894; MüKo-HGB/*Welter*, 3. Aufl., 2013, § 366 Rn. 42 ff.) wirksam ist und K daher mit Rechtsgrund Eigentümer wurde.

b) Das wirksam angefochtene Verfügungsgeschäft zwischen E und K steht einem von Anfang an nichtigen Rechtsgeschäft gleich, § 142 I. K verliert sein Eigentum rückwirkend. X konnte daher nur nach § 932 gutgläubig vom Nichtberechtigten erwerben. Nach § 142 II war dazu zusätzlich erforderlich, dass X die Anfechtbarkeit des Eigentumserwerbs des K weder kannte noch kennen musste (*BGH* NJW 1988, 482). Ist dies der Fall, hat E keinen Herausgabeanspruch gegen X.

66. Rückerwerb des Nichtberechtigten?

Der Baugeschäftsinhaber K erwarb von E eine Planierraupe unter Eigentumsvorbehalt. Da er dringend Geld benötigte, veräußerte K die Raupe alsbald an seinen Geschäftsfreund D gegen Barzahlung. Da sich die Raupe bereits im ersten Monat nach Veräußerung als stark reparaturanfällig erwies, trat D vom Kaufvertrag zurück und übergab das Gerät wieder an K. Inzwischen war K gegenüber E in Zahlungsverzug geraten. Nach erfolgloser Nachfristsetzung trat E vom Kaufvertrag mit K zurück. Kann E jetzt Rückgabe der Planierraupe von K verlangen?

K schuldet dem E Herausgabe der Planierraupe gem. § 985, wenn E noch deren Eigentümer ist und K kein Recht zum Besitz, § 986, hat.

E hatte die Raupe zunächst aufschiebend bedingt an K übereignet, §§ 929 S. 1, 158 I. Die Bedingung ist noch nicht eingetreten. Das Eigentum des E erlosch aber zunächst durch gutgläubigen Erwerb des D gem. §§ 929, 932. Eine Planierraupe ist kein im Straßenverkehr zugelassenes Kraftfahrzeug. D musste sich beim Erwerb daher keine „Legitimationspapiere" vorlegen lassen (vgl. *BGH* WM 1969, 175, 176).

Der von D erklärte Rücktritt, §§ 434, 437 Nr. 2, 440, 323, 326 V, 346 ff., führte zur schuldrechtlichen Rückabwicklung des Kaufvertrages. Doch ist zweifelhaft, wer bei der Rückübereignung durch den gutgläubigen Erwerber neu Eigentum erwirbt.

Nach verbreiteter Ansicht führt der gutgläubige Erwerb zu einem uneingeschränkten Eigentumserwerb. Da die Rückübereignung gemäß § 929 an K erfolgt, komme deshalb nur ein sog. Rückerwerb des Nichtberechtigten K in Betracht. Billigkeitsgründe rechtfertigten es nicht, von dieser durch das Abstraktionsprinzip vorgegebenen Lösung abzuweichen. E hat danach keinen Herausgabeanspruch aus § 985, wohl aber einen schuldrechtlichen Rückübereignungsanspruch nach den §§ 323, 449, 346, den §§ 823 I, 826, 249 I sowie §§ 812 ff. (*Musielak*, JuS 2010, 377; Staudinger/*Wiegand*, § 932 Rn. 120 ff.; *Habersack*, Rn. 165).

Nach h. M. sollen die §§ 932 ff. aber nur den gutgläubigen Erwerber, nicht den nichtberechtigten Veräußerer und dessen Gläubiger schützen. Erfolge daher eine Rückübereignung an den Nichtberechtigten in Rückabwicklung der ersten Übereignung, so liege ein sog. Innenverkehrsgeschäft vor (vgl. hierzu *Weber*, JuS 1999, 1, 8 ff.). Wie beim Eintritt einer auflösenden Bedingung trete dann ex tunc ein Rückerwerb des ursprünglich Berechtigten ein (vgl. *Neuner*, Rn. 295 ff.; *Wieling*, S. 132; auch *Prütting*, Rn. 438). Mit Rückgewähr der Planierraupe von D an K wurde danach E wieder Eigentümer und kann Herausgabe nach §§ 985, 986 verlangen. Mit dem Rücktritt des E vom Kaufvertrag (§§ 449 II, 323 I) ist das Besitzrecht des K entfallen.

67. Gutgläubiger Erwerb unter Wegnahme?

Die Schussel KG übereignete Baumaschinen an die D-Bank zur Sicherung eines Betriebskredits. Später übereignete sie diese der Meier KG, die auf eine Sicherung für die Baumateriallieferungen drängte, ebenfalls unter Vereinbarung eines Besitzmittlungsverhältnisses. Es wurde vereinbart, dass die Meier KG berechtigt sein sollte, die Maschinen bei Zahlungsverzug der S-KG in Besitz zu nehmen. Bald darauf stellte die Schussel KG die Zahlungen ein.
a) Die M-KG holte die Baumaschinen von der Baustelle und nahm sie in Besitz. Die D-Bank verlangt von ihr Herausgabe. Zu Recht?
b) Wie wäre es, wenn die S-KG der Wegnahme nach Benachrichtigung seitens der M-KG nochmals ausdrücklich zugestimmt hätte, bevor die D-Bank Herausgabe verlangte?

a) Als Sicherungseigentümerin kann die D-Bank Herausgabe verlangen, sofern ihr Eigentum nicht durch einen Eigentumserwerb der M-KG erloschen ist. Diese konnte allenfalls nach § 933 gutgläubig Eigentum erwerben, weil die S-KG bei der Sicherungsübereignung nicht Eigentümer war. § 933 verlangt aber eine Übergabe der übereigneten Sachen. Es genügt nicht, dass der Erwerber irgendwie in den Besitz der Sachen gelangt, er muss den Besitz vielmehr mit Übergabewillen des Veräußerers erhalten. Streitig ist, ob andere Formen der Besitzverschaffung der einverständlichen Übergabe gleichzustellen sind. Um die „Selbstbedienung" von Kreditgebern einzudämmen, genügt nach Ansicht des *BGH* (BGHZ 67, 207 ff. = NJW 1977, 42) zu Recht kein Besitzerwerb durch einseitige Wegnahme, auch wenn zuvor eine Ermächtigung zur Wegnahme erteilt worden war (*Damrau,* JuS 1978, 519; a. A. *Musielak,* JuS 1992, 713, 718).

b) Da eine Genehmigung Rückwirkung hat, § 184 I, könnte der Mangel der einverständlichen Besitzverschaffung nachträglich geheilt worden sein (dafür *Deutsch,* JZ 1978, 388). Die nachträgliche Zustimmung zur Wegnahme ändert aber nichts an der faktischen Besitzverschaffung und kann daher nicht nachträglich die Wirkungen einer einverständlichen Besitzübergabe herbeiführen (*BGH* JZ 1978, 104, 106; a. A. MüKo/*Oechsler,* § 933 Rn. 8). Die Maschinen sind daher der D-Bank herauszugeben.

68. Übereignung durch Übergabe des Kfz-Briefes?

Der Gläubiger Sichler (S) ließ sich 2002 zwei Lkw von Krebs (K) zur Sicherung eines Darlehens übereignen. Krebs übergab die Kfz-Briefe an Sichler. Ohne Rückzahlung des Darlehens gab Sichler die Kfz-Briefe 2003 an Krebs zurück. Dieser ließ sich alsbald ein weiteres Darlehen von Dumke (D) gewähren und übereignete ihm die zwei Lkw zur Sicherheit, indem er ihm die Kfz-Briefe übergab. Als Krebs mit Darlehensraten in Verzug gerät, verlangt Sichler von Dumke Herausgabe der Kfz-Briefe aufgrund seines Sicherungseigentums. Zu Recht?

Durch Abschluss des Sicherungsvertrages und sinngemäßer Vereinbarung eines Besitzmittlungsverhältnisses war S nach §§ 930, 868 Sicherungseigentümer der Lkw geworden. In der Rückgabe der Kfz-Briefe (Zulassungsbescheinigung Teil II) lag keine Rückübereignung der Lkw.

Da K bei der Übereignung an D gemäß §§ 930, 868 nicht Eigentümer war, könnte D nur nach § 933 gutgläubig Eigentum erworben haben. Dazu hätte ihm K die Lkw tatsächlich übergeben müssen, was nicht geschehen ist.

Eine Übergabe der Kfz-Briefe genügte nicht. Denn der Kfz-Brief verbrieft nicht das Eigentum und ist kein Traditionspapier, dessen Übergabe die Sachübergabe ersetzt (*Frahm/Würdinger,* JuS 2008, 14). Er ist vielmehr analog Schuldurkunden gem. § 952 zu behandeln. Das Eigentum sichert der Kfz-Brief nur dadurch, dass die fehlende Vorlage des Briefes bei einer Veräußerung in der Regel den guten Glauben des Erwerbers ausschließt (*BGH* NJW 1996, 2226). Eine rechtsfortbildende Ausgestaltung des Kraftfahrzeugbriefs zum Traditionspapier würde dem Schutz des wahren Eigentümers widersprechen. Die Regel des § 933, wonach der besitzende Eigentümer sein Recht nicht mittels Besitzkonstitut an einen Dritten verliert, würde im Kraftfahrzeughandel weitgehend ausgehöhlt; unlautere Geschäfte würden begünstigt (*BGH* NJW 1978, 1854). Daher ist S noch Eigentümer und kann Herausgabe der Briefe nach §§ 985, 952 verlangen.

69. Weggabe oder Wegnahme?

Der Gebrauchtwagenhändler D erscheint bei E in Begleitung eines Polizeibeamten, legt eine gefälschte Beschlagnahmeverfügung vor, und verlangt von E nachdrücklich Herausgabe des Pkw. Nach einigem Hin und Her gibt E den Pkw samt Kfz-Brief heraus. D veräußert ihn an den gutgläubigen B. Kann E von B Herausgabe des Pkw verlangen?

Ein *Herausgabeanspruch gem. §§ 985, 986* besteht nur, wenn das Eigentum des E nicht durch gutgläubigen Erwerb des B gem. §§ 929, 932 untergegangen ist. Trotz guten Glaubens hat B kein Eigentum erworben, wenn E der Pkw abhanden gekommen ist, § 935 I 1 (s. aber *Neuner*, JuS 2007, 401).

Dies ist der Fall, wenn der unmittelbare Besitzer E den Besitz *ohne* seinen Willen verloren hat. Liegt eine hoheitliche Besitzentziehung vor, so wird der fehlende Wille durch die staatliche Beschlagnahme ersetzt. Ein staatlicher Eingriff liegt aber tatsächlich nicht vor.

In Vortäuschung eines staatlichen Hoheitsakts und unter sinngemäßer Androhung der Anwendung tatsächlicher Gewalt (Polizeibeamter) hat D den E zur Aufgabe des Besitzes veranlasst. Weitgehend Einigkeit besteht, dass unter dem Willen des Eigentümers nicht ein rechtlicher, sondern ein rein tatsächlicher Wille zu verstehen ist. Ein beschränkt Geschäftsfähiger (nicht aber ein Geschäftsunfähiger) kann deshalb den Besitz aufgeben (*Wolff/Wellenhofer*, § 8 Rn. 31). Auch bei rechtswidriger Einwirkung auf den Willen des Aufgebenden durch Betrug oder Drohung erfolge der Besitzverlust „mit Willen" (*Wieling*, S. 128 f.). Streitig ist aber, wo die Grenze zwischen erpresster Übergabe und Wegnahme zu ziehen ist. Nach Ansicht des *BGH* schließt auch die Drohung mit Gewaltanwendung eine willentliche Herausgabe nicht aus (E hätte eine Gewaltanwendung abwarten können.) Erst unwiderstehlicher seelischer Zwang schließe die natürliche Willensbildung aus (BGHZ 4, 10, 33 ff. = NJW 1952, 738). Sachgerechter erscheint es, eine Weggabe unter ernstlicher Androhung von Gewaltanwendung einer Wegnahme gleichzustellen (vgl. *Kollhosser*, JuS 1992, 215, 217; *Baur/Stürner*, § 52 Rn. 43). Folgt man dieser Ansicht, so war der Pkw dem E abhanden gekommen. Der Herausgabeanspruch ist begründet.

70. Erwerb vom Ehegatten

Die Eheleute Viebig leben im gesetzlichen Güterstand. Während eines Kuraufenthalts ihres Mannes veräußert Frau V ein (a) ihrem Mann, (b) ihr gehörendes Gemälde an K, das bisher in einem Zimmer der Wohnung hing. K hält Frau V für die verwitwete Eigentümerin. Kann Herr V von K Rückgabe des Gemäldes verlangen?

a) Nach § 985 kann Herr V Rückgabe verlangen, wenn er noch Eigentümer des Bildes ist. Da es in der ehelichen Wohnung hing, hatte Herr V daran Mitbesitz. Ein Mitbesitzer hat gegenüber Dritten die volle Rechtsstellung eines Besitzers (Palandt/ *Bassenge*, § 866 Rn. 4.). Da Herr V seinen Mitbesitz ohne seinen Willen verloren hat, ist ihm das Bild abhanden gekommen (vgl. RGZ 101, 224, 225). Trotz guten Glaubens hat K daher nach den §§ 929, 932, 935 kein Eigentum erworben und muss das Gemälde zurückgeben.

Dagegen besteht kein Rückgabeanspruch wegen Besitzentziehung nach § 861 I. Denn die Entziehung des Mitbesitzes und damit die verbotene Eigenmacht, § 858 I, wurde nicht von K, sondern bei der Veräußerung von Frau V begangen. Im Augenblick der Veräußerung besaß Frau V ihrem Mann gegenüber fehlerhaft, § 858 II 1. Da K bei der Übergabe des Bildes an die Berechtigung von Frau V glaubte, muss er als Sondernachfolger die Fehlerhaftigkeit des Besitzes von Frau V gem. § 858 II 2 nicht gegen sich gelten lassen.

b) Auch über Hausratsgegenstände, die in seinem Alleineigentum stehen, kann ein Ehegatte nur mit Zustimmung des anderen wirksam verfügen, § 1369 I. Ein guter Glaube hinsichtlich des Familien- und Güterstandes wird nicht geschützt. Eine Verfügung ohne Zustimmung ist daher absolut unwirksam. Eigentümer des Bildes ist daher noch Frau V. Deren Herausgabeanspruch nach § 985 kann Herr V gem. §§ 1369 III, 1368 als Rechtsfremder im eigenen Namen gegenüber K geltend machen. Dabei muss Herr V primär Herausgabe an seine Frau verlangen (vgl. Bamberger/Roth/*J. Mayer*, § 1368 Rn. 4).

71. Gutgläubiger Erwerb in öffentlicher Versteigerung

Sammler A erwarb auf einer Auktion des Kunsthauses B ein Handsiegel zum Siegeln von Urkunden, das im Auktionskatalog wie folgt beschrieben war: „Nr. 2024 Familiensiegel des Fürsten T. u. T, 14 ct Gold, Regensburg 18. Jh., 9.000 €." Auftraggeber des öffentlich bestellten und vereidigten Auktionators war ein Kunsthändler, der das Siegel seinerseits auf einem Trödelmarkt erworben hatte. Sammler A bot das Siegel im Juli auf einer Kunstmesse zum Verkauf an. Fürst T. u. T. erkannte dort das seiner Familie im Krieg entwendete Siegel und verlangt Herausgabe?
a) Zu Recht?
b) A wusste bei der Versteigerung, dass das Siegel dem Fürsten T & T gestohlen worden war. Dennoch ersteigert er es und veräußert es alsbald an den gutgläubigen D. Ist dieser zur Herausgabe verpflichtet?

a) Herausgabeansprüche nach §§ 985, 986 und § 1007 setzen voraus, dass der Sammler A nicht Eigentümer des Siegels geworden ist (§§ 985, 1007 II). Von den Vorbesitzern konnte A das Siegel nicht nach §§ 929 S. 1, 932 erwerben, da es dem Fürsten abhanden gekommen war. Auch für eine Ersitzung (§ 937) ergeben sich keine Anhaltspunkte. An abhanden gekommenen Sachen findet grundsätzlich kein gutgläubiger Erwerb statt (§ 935 I). Eine Ausnahme gilt jedoch für Geld (vgl. *K. Schmidt*, JuS 2014, 169), für Inhaberpapiere und für Sachen, die im Wege der öffentlichen Versteigerung gem. § 383 III veräußert werden (§ 935 II, 3. Fall). Die

Versteigerung erfolgte hier durch einen dazu bestellten und vereidigten Auktionator; sie war für jedermann zugänglich und damit öffentlich. A erwarb demnach gutgläubig Eigentum an dem Siegel (*BGH* NJW 1990, 899; *Schreiber,* Jura 2004, 238, 240). Ein Herausgabeanspruch besteht nicht.

b) Bei einer Versteigerung ist nur § 935 I ausgeschaltet. Da A bösgläubig war, konnte er nach §§ 929, 932 kein Eigentum erwerben. Streitig ist, ob das Siegel nach der Versteigerung von einem gutgläubigen Dritten erworben werden kann (dafür *Prütting,* Rn. 437). Sinngemäß soll aber nur ein Erwerb bei einer Versteigerung privilegiert werden; es gilt daher wieder § 935 (*Wieling,* S. 130 f.). D muss das Siegel herausgeben.

72. Gutgläubig lastenfreier Erwerb

K ist Kommanditist der E-KG und Vermieter von deren Werkhalle. Die Geschäfte gehen schlecht. Daher ist der Mietzins bereits für 3 Monate rückständig. Um weitere Schulden tilgen zu können, veräußert der Komplementär eine Maschine an B und liefert sie ihm. K erfährt erst nachträglich von der Veräußerung. Er verlangt als Besitzer, § 861, und kraft seines Vermieterpfandrechts, § 562b II, Rückgabe der Maschine.
Zu Recht?

Der Mitbesitz des Kommanditisten ist der Verfügungsmacht des Komplementärs untergeordnet (s. o. Fall 2). Ein Anspruch aus Besitzentziehung, § 861, steht K daher nicht zu.

Als Vermieter könnte K aber gem. § 562b II 1 Herausgabe der Maschine zum Zwecke der Zurückschaffung auf das Grundstück verlangen. Denn die Maschine wurde ohne Wissen des K vom Grundstück entfernt. Nach § 562a S. 1 erlosch daher das Vermieterpfandrecht nicht. Dieser Herausgabeanspruch besteht jedoch nicht, wenn B gutgläubig lastenfreies Eigentum erworben hat, § 936 (vgl. hierzu *Weber,* JuS 1999, 1, 10). Nach §§ 936 I 1, II, 929 S. 1 ist dazu erforderlich, dass B das Vermieterpfandrecht weder kannte noch kennen musste. Nach der Beweislastregel, die sich aus § 936 II ergibt, ist von der Gutgläubigkeit des B auszugehen.

Der gutgläubige Erwerb ist auch nicht nach § 935 BGB ausgeschlossen. Denn aufgrund seiner Vertretungsmacht, §§ 161 II, 125 I, 126 HGB, konnte der vertretungsbefugte Komplementär Gegenstände des Gesamthandsvermögens veräußern, ohne dass diese dadurch den nicht einverstandenen oder nicht informierten Gesamthändern abhanden gekommen sind (Palandt/*Bassenge,* § 854 Rn. 10, 12).

Zum gutgläubigen Erwerb s. auch Fälle 193–196.

3. Ersitzung

73. „Schwabinger Kunstfund"

Der Kunsthändler H. G. war im Dritten Reich als „Art Dealer to the Führer" damit beauftragt, von Verfolgten des NS-Regimes geraubte oder abgezwunge-

ne Kunstwerke (sog. Raubkunst) zu verwerten. Einen Teil der Gemälde erwarb er selbst oder kaufte sie aus dem Ausland zurück. Bei seinem Unfalltod 1956 hinterließ er seinem Sohn C. G. (*1932) eine umfangreiche Gemäldesammlung der klassischen Moderne. Als dessen Schwabinger Wohnung 2011 wegen des Verdachts eines Steuerdelikts durchsucht wird, wird der dort gelagerte Teil der Sammlung gem. §§ 94, 98 StPO beschlagnahmt. Obwohl die Gemälde kaum Beweismittel sind, möchte sie der Freistaat Bayern nach Möglichkeit nicht C. G. zurückgeben, sondern die Herkunft der Raubkunstwerke aufklären und, soweit möglich, den ursprünglichen Eigentümern bzw. deren Erben zurückgeben. Zur Ermittlung der Herkunft hat er eine „Taskforce" eingesetzt. Zusätzlich hat er einen Gesetzentwurf im Bundesrat eingebracht, der die Verjährung von Herausgabeansprüchen bei Raubkunst rückwirkend ausschließen soll.
Sind die Kunstwerke C. G. zurückzugeben?

C. G. könnte Herausgabeansprüche gem. §§ 985, 986 haben, wenn er Eigentümer der Gemälde ist und diese nicht als Beweismittel für ein etwaiges Strafverfahren gegen ihn benötigt werden (Nr. 75 I RiStBV).

Grundsätzlich wird nach § 1006 I, II zugunsten von C. G. vermutet, dass er Eigentümer aller Gemälde ist, die in seiner Wohnung beschlagnahmt wurden, genauer, dass sein Vater H. G. beim Besitzerwerb Eigentümer geworden ist (vgl. MüKo/*Baldus*, § 1006 Rn. 42). Nach § 1006 I 2 gilt die Vermutung nicht gegenüber jedem, dem ein Gemälde abhandengekommen ist. Für das Abhandenkommen trägt der Betroffene aber die Beweislast (MüKo/*Baldus*, § 1006 Rn. 48). Kann der Beweis nicht geführt werden, ist C. G. als Eigentümer zu behandeln; die Gemälde sind ihm zurückzugeben.

Soweit ein Fall von „Raubkunst" nachgewiesen werden kann, spricht allerdings gegen sein Eigentum, dass an gestohlenen oder sonst abhandengekommenen Gegenständen nach § 935 I 1 rechtsgeschäftlich kein Eigentum erworben werden kann. Sein Vater H. G. wurde dann beim Besitzerwerb nicht Eigentümer. Auch durch Ersitzung konnte der Vater nicht Eigentümer werden, da er genau wusste, dass es sich um „geraubte" Kunstwerke handelte und er daher bei Erwerb des Eigenbesitzes bösgläubig war (§ 937 II).

Nach einer Ansicht konnte auch C. G. das Eigentum in keinem Fall ersitzen, da er sich als Erbe seines Vaters dessen Wissen zurechnen lassen müsse (so *Krämer*, NJW 1977, 2581). Nach h. M. spricht die Befriedungsfunktion der Ersitzung aber gegen eine derartige Wissenszurechnung. Auf § 857 lasse sie sich nicht stützen, da diese Norm nur den fiktiven Erbenbesitz regele (*Finkenauer*, NJW 1998, 961; MüKo/ *Baldus,* § 943 Rn. 10). C. G. war nun zwar nach dem Erbfall mehr als 10 Jahre Eigenbesitzer, doch ist zweifelhaft, ob er beim Erbfall (Besitzerwerb) gutgläubig war oder nicht doch von seinem Vater soviel über den Erwerb erfahren hatte, dass er als bösgläubig anzusehen ist. Dies ist nicht ganz sicher, da Eltern in den 50iger Jahren vielfach alles Negative aus der Zeit des Dritten Reiches tot schwiegen. Freilich war C. G. beim Tod seines Vaters bereits 24 Jahre alt war, so dass eine hinreichende Kenntnis eher wahrscheinlich ist. Unterstellt man daher eine Bösgläubigkeit von

C. G., so wurde auch er nicht nach § 937 I Eigentümer. Ein Herausgabeanspruch nach § 985 steht ihm daher nicht zu.

C. G. war aber vor der Beschlagnahme Gewahrsamsinhaber der Gemälde und Besitzer, so dass diese ihm nach Nr. 75 II 1 RiStBV (nach Aufhebung der Beschlagnahme), aber auch nach § 1007 I, III zurückzugeben sind, wenn sie für ein etwaiges Strafverfahren nicht mehr benötigt werden (vgl. *Löwe/Rosenberg/Menges*, StPO, 26. Aufl., 2014, § 98 Rn 63 ff.). Herausgabeansprüche Verletzter oder anderer Dritter (s. § 111k StPO) stehen dem nicht entgegen, da diese nach § 197 I Nr. 2 dreißig Jahre nach dem Kunstraub verjährten und gegen den Besitzer, der die Verjährungseinrede (§ 214 I) erhebt, nicht mehr durchgesetzt werden können.

(Die Washingtoner Erklärung vom 3.12.1958 hat an dieser Rechtslage nichts geändert. Darin hat sich Deutschland lediglich unverbindlich bereit erklärt, die Eigentümer geraubter Kunstwerke zu ermitteln und für die Rückgabe eine faire Lösung zu finden.)

Um die Rückgabe an C. G. zu vermeiden, hat Bayern am 7.1.2014 den Entwurf eines „Kulturgut-Rückgewähr-Gesetzes" im Bundesrat eingebracht (BR-Drs. 2/14). Ziel des Gesetzes ist es, dem bösgläubigen Besitzer die Berufung auf die Verjährungseinrede gegenüber Herausgabeansprüchen der Eigentümer rückwirkend abzuschneiden (E § 214 II). Sollte dieses Gesetz verabschiedet werden und sich als trotz der grundsätzlichen Unzulässigkeit echter gesetzlicher Rückwirkungen (vgl. *BVerfG* WM 2014, 502) als verfassungsgemäß erweisen, dürfte aber nur die Rückgabe solcher Kunstwerke verweigert werden, deren wahrer Eigentümer festgestellt werden kann. Soweit ein solcher nicht ermittelt werden kann, sind die Bilder C. G. als dem letzten Gewahrsamsinhaber zurückzugeben; eine Versteigerung durch den Freistaat gem. Nr. 75 IV RiStBV i. V. m. § 983 scheidet aus, da C. G. den Gewahrsam nicht durch strafbare Handlung erworben hat.

(Der reale Fall C. G. endet mit einem „Deal": C. G. erklärte sich bereit, Gemälde an „bestohlene" Eigentümer bzw. deren Erben zurückzugeben. Die „Taskforce" erhält ein Jahr Zeit, Berechtigte zu ermitteln. Soweit dies nicht möglich ist, gibt der Freistaat Bayern die Gemälde an C. G. zurück. Wenige Tage später stirbt C. G., so dass die Rückgabeansprüche jetzt seinen Erben (§ 1922) zustehen.)

74. Bereicherungsausgleich nach Ersitzung

Der Kunstliebhaber K erwarb im August 1992 einen, wie er wusste, dem E gestohlenen „Kandinsky". Nach seinem Tod im Juli 1998 fand sein Sohn S das Gemälde auf dem Dachboden. Im März 2009 erfuhr S von der Herkunft des Werkes, als E sich an ihn wandte und Herausgabeklage erhob. E selbst hatte erst im Januar 2008 zufällig Kenntnis vom Besitz des S erlangt, war aber alsbald im Februar 2008 während einer Sahara-Reise verschleppt und erst im März 2009 freigelassen worden. Im Prozess beruft sich S auf Ersitzung, hilfsweise auf Verjährung.
a) Muss S das Gemälde an E herausgeben?
b) S schenkte das Bild als „Familienerbstück" im Mai 2003 seiner Tochter T. Ist T zur Herausgabe an E verpflichtet?

a) Herausgabeanspruch gegen S

(1) *Herausgabeanspruch gem. §§ 985, 986*

E kann keine Herausgabe des Bildes nach *§§ 985, 986* verlangen, da er sein Eigentum durch Ersitzung durch den gutgläubigen S nach § 937 verloren hat (vgl. o. Fall 73).

(2) *Anspruch auf Rückübereignung nach § 812 I 1, 2. Fall*

Die Verjährung eines möglichen Anspruchs war wegen höherer Gewalt gehemmt. Verjährung wäre daher nach den §§ 195, 199 I, IV, 206 erst nach Eintritt der Ersitzung im Juni 2009 eingetreten. Durch die Klageerhebung wurde der Ablauf der Verjährung erneut gehemmt (§ 204 I Nr. 1).

Ob ersessenes Eigentum der Kondiktion unterliegt, ist streitig. Eine Leistung des früheren Eigentümers an den Ersitzer liegt hier nicht vor (anders im Menzel-Fall, RGZ 130, 69; vgl. *Neuner*, Rn. 303). Die Ersitzung führt zwar zu einem Eigentumserwerb kraft Gesetzes, ist aber nicht als Eingriff in das Eigentum i. S. des § 812 anzusehen (*Wieling*, S. 136 f.). E kann das Bild daher nicht kondizieren.

b) Herausgabeanspruch gegen T

(1) Von T kann E das Bild ebenfalls nicht nach den §§ 985, 986 herausverlangen.

T wurde durch Ersitzung Eigentümerin, da ihr die Besitzzeit ihres Vaters S gemäß § 943 angerechnet wird.

(2) Jedoch könnte E das Bild nach § 816 I 2 kondizieren, da es T durch eine unentgeltliche Verfügung erlangt hat. Diese war allerdings zunächst nach § 935 unwirksam. Erworben hat T erst mit Ersitzung.

Nach einer Ansicht bezweckt § 937 die Schaffung endgültigen Rechtsfriedens. Würde man nach Ersitzung eine Rückgewähr zulassen, so würde die Ersitzung nur zu einem vorläufigen, praktisch wertlosen Erwerb führen. Nach dieser Ansicht ist auch der nach § 816 I 2 prinzipiell Rückgewährpflichtige durch die Ersitzung gerechtfertigt (*Prütting*, Rn. 450; *Wolf/Wellenhofer*, § 12 Rn. 3).

Nach h. M. ist der unentgeltlich Erwerbende dagegen auch in diesem Fall nicht schützenswert. Da § 816 I 2 dazu diene, einen gutgläubigen Erwerb nach §§ 932 ff. wieder zu korrigieren, müsse der Ersitzende in gleicher Lage ebenfalls der Kondiktion ausgesetzt sein (Bamberger/Roth/*Kindl*, § 937 Rn. 9 a. E.).

4. Verbindung, Vermischung, Verarbeitung

75. Wesentliche Bestandteile eines Grundstücks

Die Baufirma K errichtete auf dem Grundstück der Fa. E eine Bauhütte als Aufenthaltsraum für die Bauarbeiter.
a) Kann K die Bauhütte gegen den Willen der E wieder beseitigen?
b) K liefert E außerdem fünf Fertiggaragen unter Eigentumsvorbehalt. Diese werden am vorgesehenen Platz ohne Verbindung mit dem Boden aufgestellt. E bleibt den Kaufpreis schuldig.
Kann K die Garagen in der Insolvenz der Fa. E wieder entfernen?

a) Als Eigentümer könnte K die Bauhütte beseitigen, § 903. Ist E dagegen Eigentümer, kann sie der Beseitigung nach § 1004 I widersprechen. Mangels Übereignung kommt nur ein Eigentumserwerb der E kraft Gesetzes gem. §§ 946, 94 I in Betracht (vgl. BGHZ 53, 324 = NJW 1970, 895). Nur vorübergehend mit dem Grundstück verbundene Gebäude gehören aber nicht zu dessen wesentlichen Bestandteilen, § 95 I 1. Da die Bauhütte nach Abschluss der Bauarbeiten wieder abgebaut werden soll, wird sie unabhängig von der Art der Verbindung mit dem Boden kein wesentlicher Bestandteil des Grundstücks. K kann sie daher entfernen.

b) Aussondern kann K die Garagen nur, wenn sie noch Eigentümerin ist, §§ 47 InsO, 985 BGB. Da E den Kaufpreis nicht bezahlt hat, ist das Eigentum rechtsgeschäftlich gem. §§ 929 S. 1, 158 I noch nicht übergegangen. Mit dem Abschluss des Aufstellens wurden die Garagen aber gem. § 94 wesentlicher Bestandteil des Grundstücks der E. § 94 I verlangt zwar eine feste Verbindung mit dem Grund und Boden. Diese liegt aber nicht erst vor, wenn die Sache ohne Beschädigung oder Zerstörung nicht mehr entfernt werden könnte. Es genügt eine offenkundige dauerhafte Verbindung nach wirtschaftlichen Gesichtspunkten. Hierfür reicht das Eigengewicht der Garagen aus. Dieses schließt ein Entfernen oder Verschieben der Garagen ohne schweren Kran aus. Gem. §§ 946, 94 I wurde E somit Eigentümer der Garagen (*BGH* JZ 1979, 526; vgl. auch *BGH* NJW 1978, 1311; *Moritz,* JR 1980, 55). K kann daher nicht aussondern.

76. Wesentlicher Bestandteil eines Gebäudes

E errichtete ein privates vierstöckiges Parkhaus. Zu ihm gehörte eine in der Nähe der Einfahrt erstellte Tankstelle. Die Tankstelleneinrichtungen (Zapfsäulen mit Pumpen, Luftkompressoren etc.) lieferte K gegen Eigentumsvorbehalt. In dem Kaufvertrag verpflichtete sich E, bei Zahlungsverzug eine Wegnahme der Einrichtungen zu dulden. Bald nach Fertigstellung der Gesamtanlage beantragte der Hypothekar B die Zwangsversteigerung des Grundstücks.
Sind die von K gelieferten Einrichtungen von der Beschlagnahme des Grundstücks miterfasst?

Durch die Anordnung der Zwangsversteigerung wird das Grundstück beschlagnahmt, § 20 I ZVG. Diese Wirkung erfasst notwendig alle wesentlichen Bestandteile des Grundstücks, da diese gem. § 946 Eigentum des Grundstückseigentümers sind. Gem. § 93 sind nur solche Teile wesentliche Bestandteile *einer* Sache, die ohne Zerstörung oder wesentliche Veränderung nicht voneinander getrennt werden können. Dementsprechend ist die Bestandteileigenschaft eines Austauschmotors eines Serien-Pkw verneint worden (s. u. Fall 78). Wie ein Motor können aber auch die Tankstelleneinrichtungen ohne Zerstörung wieder abgebaut werden.

§ 94 erweitert bei Grundstücken aber den Kreis der wesentlichen Bestandteile. Eine feste Verbindung gem. § 94 I liegt nicht vor, da die Trennung ohne Beschädigung oder unverhältnismäßige Aufwendungen möglich ist (Palandt/*Ellenberger,* § 94 Rn. 2).

Nach § 94 II genügt aber, wenn bewegliche Sachen zur Herstellung des Gebäudes eingefügt sind. Nicht entscheidend ist dabei, dass das Parkhaus auch ohne Tankstelle benützt werden kann. Ausschlaggebend ist vielmehr die wirtschaftliche Planung bei der Herstellung des Gebäudes. Soll danach ein Parkhaus *mit* Tankstelle errichtet werden, so wird die eingefügte Tankeinrichtung notwendiger Bestandteil (*BGH* NJW 1987, 3178; *BGH* MDR 2013, 329 – Öltank im Erdboden als Gebäudebestandteil). Das vorbehaltene Eigentum der K erlosch daher mit dem Einbau; die Tankstelleneinrichtungen sind mit beschlagnahmt.

---

77. Gebäude auf fremdem Grundstück

Firma K mietete 1991 vom Bezirksamt T ein Grundstück im Eigentum des Landes Berlin. Sie errichtete darauf eine Lagerhalle sowie einen Verkaufsladen und betrieb auf dem Grundstück einen Baumarkt. 2001 kündigte sie das Mietverhältnis. Das Bezirksamt T vermietete das Grundstück daraufhin an die Firma B, die dort ein Gartencenter eröffnete. K übergab der B dazu die Schlüssel für die Lagerhalle und den Verkaufsladen und wollte ihr beide Gebäude veräußern; K und B konnten sich aber letztlich nicht über den Kaufpreis einigen. Als B den Betrieb des Gartencenters 2004 einstellt, verlangt K von B Herausgabe der Lagerhalle nebst Verkaufsladen sowie Nutzungsersatz.

a) Zu Recht?

b) Im Mietvertrag von 1991 hatte sich K verpflichtet, das Grundstück bei Vertragsbeendigung mit allen Gebäuden an das Bezirksamt T zurückzugeben. Als B den Betrieb 2004 einstellte, übergab sie zudem alle Schlüssel zum Grundstück und den Gebäuden an das Bezirksamt T. Unter Hinweis auf den Vertrag von 1991 weigert sich das Bezirksamt, K die Schlüssel zu den Gebäuden wieder auszuhändigen.

Wie ist jetzt über die Ansprüche von K gegen B zu entscheiden?

a) Gebäude des Mieters

(1) K könnte *Herausgabe* der Gebäude §§ 985, 986 verlangen, wenn sie deren Eigentümerin ist.

Im Regelfall sind Gebäude wesentliche Bestandteile eines Grundstücks und stehen mit ihrer Errichtung im Eigentum des Grundstückseigentümers (§ 946, 93, 94 I). Ein Gebäude, das in Ausübung eines Rechts an einem fremden Grundstück errichtet wird, ist dagegen Scheinbestandteil und Eigentum des Errichtenden (§ 95 I). Errichtet ein Mieter für seine eigenen Bedürfnisse ein Gebäude auf fremden Grund, so ist bei Fehlen anderweitiger Absprachen anzunehmen, dass er das Gebäude nur für seine eigenen Zwecke errichtet. Auf die Dauer des Mietvertrages und die Bauweise kommt es dabei nicht an. Auch wenn das Gebäude ohne Zerstörung nicht entfernt werden kann, ist im Zweifel anzunehmen, dass der Berechtigte über seine Investition auch nach Ablauf des Mietvertrages selbst verfügen möchte. Anders als bei Erlöschen eines Erbbaurechts (§ 12 III ErbbauRG) fielen die Gebäude bei Ablauf des Besitzrechts der K daher nicht ipso iure in das Eigentum des Grundstückseigentümers. Sie blieben Scheinbestandteile und hätten von K wie bewegliche Sachen veräußert werden können (*BGH* NJW 2000, 1031). Mangels Einigung über den Kaufpreis wurden die Gebäude aber nicht an B verkauft und damit im Zweifel auch nicht übereignet. Da ein Recht zum Besitz nicht ersichtlich ist, hat B die Gebäude an K herauszugeben.

Der Herausgabeanspruch kann auch auf § 1007 sowie auf § 812 I 1, 1. Fall, gestützt werden, da K der B den *Besitz* an den Gebäuden mit Schlüsselübergabe ohne Rechtsgrund geleistet hat.

(2) Da zwischen K und B stets eine Vindikationslage bestand und B an K für den Besitz kein Entgelt bezahlt hat, könnte eine *Ersatzpflicht* nach § 988 bestehen (so der *BGH*; s. u. Fall 96). Damit B eventuelle Aufwendungen absetzen kann, gibt aber die wohl überwiegende Literatur in Reduktion des § 993 I a. E. eine Leistungskondiktion (§§ 812 I 1, 1. Fall, 818 II). K kann also nach beiden Ansichten angemessenen Nutzungsersatz verlangen.

b) Rechtslage bei Herausgabepflicht

Hat B die Gebäude mit der Vereinbarung errichtet, sie bei Vertragsbeendigung an das Bezirksamt herauszugeben, so ergibt eine sachgerechte Auslegung des Vertrages den Willen des K, das Eigentum an den Bauwerken bei Vertragsbeendigung (2001) auf den Vermieter, das Land Berlin, übergehen zu lassen (*BGH* NJW 2000, 1031, Rn. 13). Bei Übergabe der Schlüssel von K an B waren die Gebäude daher Eigentum des Landes Berlin. Dies änderte aber nichts an der Besitzübertragung an den Gebäuden von K an B, da Besitz an Grundstück und an Gebäuden auch bei einheitlichem Eigentum getrennt übertragen werden können (*BGH* NJW 2000, 1031, Rn. 17). Da K danach seit 2001 nicht mehr Eigentümer ist, scheidet ein Herausgabeanspruch nach §§ 985, 986 aus.

In Betracht kommt aber eine *Besitzkondiktion* nach §§ 812 I 1, 1. Fall, 818 II. Die danach geschuldete Besitzrückgabe an den Gebäuden ist B aber unmöglich; der Anspruch scheidet daher aus (§ 275 I).

Ersatz für die *Nutzung* der Gebäude von 2001 bis 2004 ist nach § 818 I, II geschuldet.

Da B die Gebäude nicht mehr herausgeben kann, müsste sie nach § 818 II der K zudem den *Wert ersetzen*. Da die Gebäude aber bereits im Eigentum des Landes Berlin stehen und K daran kein Recht zum Besitz mehr hat, hat der Besitz an den Gebäuden für K keinen Wert mehr. B schuldet K daher insoweit keinen Wertersatz.

78. Wesentlicher Bestandteil beweglicher Sachen

E lässt beim Kfz-Mechaniker W in seinen Pkw einen Austauschmotor unter Eigentumsvorbehalt bis zur vollständigen Bezahlung einbauen. Gegen Hingabe eines ungedeckten Schecks erhält er den Pkw ausgehändigt. Schon am nächsten Tag veräußert E den Pkw an K. Da sich E als zahlungsunfähig erweist, droht W dem K bei der nächsten Inspektion des Pkw an, er werde den Motor wieder ausbauen, wenn er nicht bezahle.
Zu Recht?

Eine Wegnahme (Ausbau) des Motors zum Zwecke der Selbsthilfe gem. §§ 229, 230 I ist nur zulässig, wenn W als Eigentümer Herausgabe des Austauschmotors gem. § 985 verlangen kann.

W hat den Motor an E nur aufschiebend bedingt, §§ 929 S. 1, 158 I, übereignet. Die Bedingung ist nicht eingetreten. W könnte sein Eigentum aber kraft Gesetzes verloren haben, wenn der Motor mit dem Einbau oder der Ingebrauchnahme wesentlicher Bestandteil des Pkw geworden wäre, §§ 947, 93. Bei einer zusammengesetzten Sache verlieren die Eigentümer der Bestandteile ihre Rechte gem. § 93 nur, wenn eine Trennung nicht möglich ist, ohne die Einzelteile zu zerstören oder ihre wirtschaftliche Funktionsfähigkeit zu verändern (vgl. *Rehm/Lerach*, JuS 2008, 613, 614). Da der Motor mit verhältnismäßig geringen Aufwendungen ausgebaut und in ein anderes Fahrzeug wieder eingebaut werden kann, ist er kein wesentlicher Bestandteil des Pkw. Der Eigentumsvorbehalt des W war also zunächst wirksam (BGHZ 61, 80 = NJW 1973, 1454; vgl. auch BGHZ 20, 154, 158 = NJW 1956, 945; bei einem Schiffsmotor gilt dagegen § 94 II, BGHZ 26, 225 = NJW 1958, 457).

Das Eigentum des W ist aber durch die Veräußerung des Pkw an den gutgläubigen K gem. §§ 929 S. 1, 932 erloschen. W hat daher keinen Herausgabeanspruch mehr. Ein Ausbau im Wege der Selbsthilfe ist unzulässig.

79. Ausgleich für Eigentumsverlust bei Vertragsbeziehungen

E beauftragt den Bauunternehmer B, auf seinem Grundstück ein Haus nach Plänen des Architekten A schlüsselfertig zu erstellen. B beauftragt den Dachdecker D, das Hausdach mit Dachziegeln zu decken. Ohne die abgeschlossene Arbeit des D bezahlt zu haben, wird gegen B ein Insolvenzverfahren eröffnet.
a) Kann sich D jetzt an E halten?
b) Darf D dem E die Dachpfannen wegnehmen?

a) Den *Werklohn*, §§ 631 I, (632), kann D nur von B verlangen.

E könnte dem D aber *Ausgleich gem. § 951 I 1* schulden. Die Dachpfannen wurden zur Herstellung des Gebäudes verwendet. Gem. § 94 II wurden sie wesentliche Bestandteile des Gebäudes, mit diesem wesentliche Bestandteile des Grundstücks, § 94 I, und damit kraft Gesetzes Eigentum des E, § 946. § 951 enthält aber keine selbständige Anspruchsgrundlage, sondern lediglich eine Rechtsgrundverweisung auf das Bereicherungsrecht. Da der bereicherte E den Gegenstand durch Leistung des B erlangt hat, wäre er nach ganz h. M. bei Unwirksamkeit des Vertrages gem. § 812 I 1 1. Fall, nur seinem Vertragspartner B gegenüber zur Herausgabe bzw. zum Wertersatz verpflichtet (Leistungskondiktion); die Eingriffskondiktion gem. § 812 I 1, 2. Fall, ist gegenüber der Leistungskondiktion subsidiär. D kann daher von E keinen Ersatz verlangen (BGHZ 40, 272 ff. = NJW 1964, 399; *Prütting*, Rn. 469 f.; vgl. auch *Stürner/Heggen,* JuS 2000, 328).

b) Ein *Wegnahmerecht* könnte sich aus § 951 II 2 i. V. m. § 997 ergeben. Dann müsste § 951 II 2 allerdings eine bloße Rechtsfolgenverweisung enthalten, da D Nichtbesitzer ist und daher die für § 997 erforderliche Vindikationslage nicht besteht. Die Frage ist streitig (abl. BGHZ 40, 272, 280 = NJW 1964, 399). Wer von einer Rechtsfolgenverweisung ausgeht, gibt das Wegnahmerecht nur als Alternative zu einem bestehenden Wertersatzanspruch nach §§ 951 I 1, 812; es besteht also nicht, wenn kein solcher Anspruch besteht (Palandt/*Bassenge,* § 951 Rn. 24; *Medicus/Petersen*, Rn. 904).

80. Ausgleich für Eigentumsverlust aufgrund Eingriffs

Viehdiebe (V) drangen in die Ställe der Agrargenossenschaft (A) bei Potsdam ein, entwendeten 25 Kühe und verkauften sie für 35.000 € an die gutgläubige Fleischfabrik F. Dort wurden die Tiere geschlachtet und zu verschiedenen Fleischwaren verarbeitet. Kann A von F Ersatz verlangen?

F könnte der A Ausgleich gem. §§ 951 I, 812 I 1, 2. Fall, schulden, wenn F durch Verarbeitung der Kühe Eigentümerin der Fleischwaren wurde.

Da die Tiere gestohlen waren, konnte F daran trotz guten Glaubens kein Eigentum erwerben, § 935 I. Durch Schlachten und Verarbeiten der Tiere hat F aber neue Sachen hergestellt. Die Neuheit ist wirtschaftlich und nach der Verkehrsanschauung (neuer Name) zu beurteilen (vgl. *OLG Köln* NJW 1997, 2187). Dass der Wert der Verarbeitung dem Wert der Kühe mindestens gleichkam, kann unterstellt werden. F hat daher gem. § 950 I 1 Eigentum an den hergestellten Produkten erworben.

Die §§ 946 ff. enthalten keinen Rechtsgrund für diese Vermögensverschiebung. A könnte daher eine Eingriffskondiktion gegen F zustehen. § 951 I 1 enthält aber nur eine Rechtsgrundverweisung (BGHZ 55, 176, 177 = NJW 1971, 612), so dass die Voraussetzungen von § 812 I 1, 2. Fall, voll erfüllt sein müssen.

Nach neuerer Lehre besteht eine Eingriffskondiktion nur, wenn der Bereicherungsgegenstand dem Empfänger von niemand geleistet worden ist (BGHZ 56, 228, 240 = NJW 1971, 1750). Der Vorrang der Leistungskondiktion im Verhältnis V–F kann aber nur insoweit gelten, als V tatsächlich geleistet hat. Da das Veräußerungsgeschäft V–F wegen § 935 nicht wirksam wurde, hat F nur den Besitz der Kühe durch Leistung erlangt. Der Eigentumserwerb war erst Folge der Verarbeitung, erfolgte also „in sonstiger Weise" (BGHZ 55, 176, 178 = NJW 1971, 612). Die §§ 987 ff. schließen den Anspruch nicht aus, da sie einen Ausgleich hinsichtlich des Sachwertes nicht regeln (*Prütting*, Rn. 473).

Nach § 818 II hat F den Wert des verlorenen Eigentums zu ersetzen, d. h. im Zweifel den gegenüber V entrichteten Ankaufspreis zu zahlen. Die Zahlung gegenüber V kann F nicht gem. § 818 III als Entreicherung absetzen. Denn gegenüber dem vor der Verarbeitung bestehenden Herausgabeanspruch, § 985, stand ihm ebenfalls kein Einwand zu (BGHZ 55, 176 = NJW 1971, 612).

81. Abwehr einer aufgedrängten Bereicherung

P pachtete von E ein großes Grundstück, um darauf eine Hühnerfarm zu betreiben. Nach dem Vertrag war er berechtigt, zum Zweck der Geflügelzucht

Gebäude auf dem Grundstück zu errichten. Diese sollten nach Ablauf der Pachtzeit auf dem Grundstück verbleiben und von E abgelöst werden. Noch im ersten Pachtjahr begann P vertragswidrig, ein massives Wohngebäude auf dem Grundstück zu erstellen. Er ging dabei davon aus, dass E den Bau letztlich billigen würde. E kündigte jedoch im Gegenteil das Pachtverhältnis und verlangte Abbruch des Rohbaus. P gab das Grundstück zurück, klagt aber gegen E auf Ersatz der Wertsteigerung des Grundstücks infolge der Errichtung des Bauwerks.
Zu Recht?

Nach h. M. sind die §§ 994 ff. nicht anwendbar, soweit ein berechtigter Fremd-besitzer sein Besitzrecht überschreitet (*nicht so berechtigter Besitzer*, vgl. *Huber,* JuS 1970, 515, 517).

Nach Ansicht des *BGH* kann P von E aber Wertersatz gem. §§ 951 I 1, 812 I 1, 2. Fall, 818 II verlangen. Da P das Wohnhaus nicht im Rahmen seines Pachtrechts mit dem Grundstück verbunden hat, wurde es nicht Scheinbestandteil (vgl. § 95 I 2), sondern gem. § 94 I 1 dessen wesentlicher Bestandteil und damit Eigentum des E, § 946.

Der Wertersatz ist aber ausgeschlossen, soweit E von P gem. § 1004 I Beseitigung des Bauwerks verlangen kann. § 95 I 2 schließt lediglich aus, dass P selbst den Abbruch des Gebäudes und damit die Wiederherstellung des alten Zustands verlangt (BGHZ 23, 61 = NJW 1957, 460).

Dem Ausgleich nach den §§ 951, 812 geht jedoch richtigerweise eine Rück-abwicklung nach Vertragsrecht vor. Nach §§ 581 II, 539 I sind *nützliche Ver-wendungen* nur nach den Regeln der GoA zu ersetzen. Da das errichtete Gebäude Eigentum des E wurde, hat P durch die Errichtung auch ein Geschäft des E geführt. Der Hausbau entsprach jedoch nicht dem Interesse und dem Willen des E. P kann daher keinen Aufwendungsersatz gem. §§ 683, 670, sondern nach §§ 684, 818 II (als aufgedrängte Bereicherung) nur Ersatz für die (subjektive) Wertsteigerung des Grundstücks verlangen. Diesen Bereicherungsanspruch kann E abwehren, indem er Beseitigung des Bauwerks nach § 1004 I, aus vertraglicher Pflichtverletzung (§ 280 I) oder aus Delikt und dessen Abbruch analog § 1001 S. 2 verlangt (*Huber,* JuS 1970, 515, 571 f.; *Wolf/Wellenhofer,* § 10 Rn. 8 a. E.; krit. *Schreiber,* Rn. 190). Eine Beeinträchtigung gem. § 1004 I besteht nicht nur bei objektiver Wertminderung des Grundstücks, sondern auch bei Veränderungen entgegen den Vorstellungen des Eigentümers (vgl. § 903). Da das Gebäude noch nicht fertiggestellt ist, ist ein Beseitigungsverlangen auch nicht rechtsmissbräuch-lich.

5. Erwerb von Erzeugnissen und Bestandteilen einer Sache

82. Aneignungsgestattung des Pächters

Landwirt L hatte große Flächen Ackerland zugepachtet. Zur Bewirtschaftung des Pachtlandes erhielt er von B erhebliche Kredite. Zu deren Sicherung gestattete L dem B die Aneignung der Ernte auf dem Pachtland. L bewirt-

schaftete das Pachtland unter der Aufsicht und Kontrolle des B mit eigenen Maschinen und Arbeitskräften. Unmittelbar nach der Ernte fiel L in Insolvenz. B ließ daraufhin die Ernte aufgrund der vorherigen Gestattung vom Hof des L abholen und veräußerte sie. Der Insolvenzverwalter K verlangt nun von B Herausgabe des dabei erzielten Erlöses.
Zu Recht?

B hat den Erlös gem. §§ 816 I 1, 818 herauszugeben, wenn er die Ernte als Nichtberechtigter veräußert hat.

Aufgrund der Aneignungsgestattung durch den als Pächter zur Fruchtziehung berechtigten L (§§ 581 I 1; 956 I 1, 1. Fall) könnte B gem. § 956 II Eigentümer der Ernte geworden sein. War B Besitzer des Pachtlandes, so erwarb er Eigentum an den Feldfrüchten mit deren Trennung vom Boden (§ 956 I 1, 1. Fall); war er nicht Besitzer der Äcker, so erst mit Besitzergreifung der Ernte (§ 956 I 1, 2. Fall).

Solange L das Pachtland für eigene Rechnung und mit eigenen Geräten und Arbeitskräften bewirtschaftete, blieb er dessen Besitzer. Die wirtschaftliche Abhängigkeit allein machte ihn nicht zum bloßen Besitzdiener des B (§ 855).

Ob B durch die eingeräumte Weisungsbefugnis wenigstens mittelbarer Besitzer (§ 868) des Pachtlandes wurde, mag dahinstehen. Denn nach dem Zweck des § 956 I 1, 1. Fall, kann der mittelbare Besitz dem unmittelbaren dann nicht gleichgestellt werden, wenn der Gestattende selbst unmittelbarer Besitzer der Hauptsache bleibt. Nur wenn der Gestattungsempfänger selbst unmittelbarer Besitzer der Hauptsache ist, soll er mit Trennung der Früchte deren Eigentümer werden; andernfalls findet ein Erwerb wie bei einer Übereignung nach § 929 S. 1 erst mit Erwerb des unmittelbaren Besitzes statt. Mit der Ernte durch L wurde B daher noch nicht Eigentümer der Früchte.

Nach § 956 I 1, 2. Fall, II könnte B Eigentümer mit dem Abholen und Besitzergreifen geworden sein. Zu dieser Zeit war L aber in Insolvenz gefallen und gem. §§ 35, 80 I InsO nicht mehr befugt, über sein Vermögen (die Insolvenzmasse) zu verfügen. Damit eine Verfügung wirksam werden kann, muss die Verfügungsbefugnis noch im Zeitpunkt des Wirkungseintritts vorhanden sein; bei Verfügungen über Fahrnis bei der Übergabe, bei Forderungen z. Z. der Entstehung oder Abtretung. Dies gilt auch beim Eigentumserwerb aufgrund einer Aneignungsgestattung (Palandt/*Bassenge*, § 956 Rn. 5). Nur für Grundstücksverfügungen machen die §§ 878 BGB, § 91 III InsO eine wichtige Ausnahme (s. o. Fall 13).

B war bei Insolvenzeröffnung auch noch nicht Inhaber eines analog § 161 unentziehbaren Anwartschaftsrechts. Denn aus der Fallunterscheidung in § 956 I 1 ergibt sich, dass der Gestattende im zweiten Fall die Aneignungsgestattung bis zur Besitzerlangung frei widerrufen kann (BGHZ 27, 360 ff. = NJW 1958, 186; dazu *Gursky*, Rn. 184 ff.).

B erwarb daher mit Besitzergreifung der Ernte kein Eigentum und muss den Erlös herausgeben.

83. Gutgläubiger Fruchterwerb

Landwirt E ist Eigentümer einer Erdbeerplantage. Wie inzwischen üblich, lässt E seine Kunden selbst pflücken. Ein Angestellter A wiegt die Körbe am Rande des Erdbeerfeldes ab und kassiert. Als A während der Erntezeit an einem Tag verhindert ist, nimmt D unbefugt dessen Stelle ein. Er lässt die Kunden Erdbeeren pflücken, wiegt diese ab und kassiert. Durch Zufall erfährt E, dass auch K an diesem Tag eine Steige Erdbeeren auf seinem Feld gepflückt hat. Kann er von K nochmals Zahlung verlangen?

K ist verpflichtet, dem E gem. §§ 812 I 1, 2. Fall, 818 II (Eingriffskondiktion) Wertersatz für die Erdbeeren zu leisten, sofern er nicht durch das Pflücken aufgrund der Gestattung durch D gem. § 957 Eigentum erworben hat. Danach kann ein Gutgläubiger auch aufgrund einer Aneignungsgestattung durch einen Nichtberechtigten mit Rechtsgrund Eigentum erwerben. Entsprechend § 932 kommt ein gutgläubiger Erwerb aber nur in Betracht, wenn der Gestattende spätestens bei der Besitzergreifung an den Früchten im Besitz der Hauptsache, d. h. des Erdbeerfeldes war (vgl. RGZ 108, 269, 271; Bamberger/Roth/*Kindl*, § 957 Rn. 2). Deshalb wird meist angenommen, dass auch ein Gutgläubiger kein Eigentum erwirbt, wenn sich ein Unbefugter als Eigentümer eines Obstgartens ausgibt und das Obstpflücken gestattet. Dies gilt aber nur, wenn der Unbefugte tatsächlich keinen Besitz hatte. Nach § 854 I wird der Besitz einer Sache durch die Erlangung der tatsächlichen Gewalt ohne Rücksicht auf die Rechtmäßigkeit der Besitzergreifung erworben. Die tatsächliche Gewalt über ein erntereifes Erdbeerfeld wird nun gerade dadurch ausgeübt, dass eine Aufsicht über das Selbsternten ausgeübt, das Gepflückte abgewogen und abkassiert wird. Durfte K den D daher ohne grobe Fahrlässigkeit (§ 932 II) für den Eigentümer oder seinen Beauftragten halten, so hat er gem. § 957 wirksam Eigentum erworben (Gegenbeispiel: *Prütting*, Rn. 483; *Schultheiß*, JuS 2013, 679, 682). K braucht keinen Wertersatz zu leisten.

6. Aneignung, Fund

84. Eigentumsaufgabe an Sperrmüll

Der Maler E stellt etliche alte Gegenstände, einschließlich dreier bemalter Leinwände, vor seinem Haus zur Sperrmüllabfuhr am nächsten Morgen bereit.
Sein Nachbar N inspiziert die Leinwände beim Abendspaziergang und nimmt eines der Bilder, ein Aktgemälde von Frau E an sich. Die Müllmänner M1 und M2 prüfen die verbliebenen Bilder am nächsten Morgen. Das Bild „Röhrender Hirsch" werfen sie mit anderem Gerümpel auf den Müllwagen. Das Bild „Die schöne Zigeunerin" möchte dagegen jeder für sich behalten. Darüber kommt es zu einer lauten Auseinandersetzung. E läuft vor das Haus und will sein Bild zurückhaben. Die Müllmänner kümmern sich jedoch nicht um ihn. Sie einigen sich, dass M1 das Bild bekommt und fahren mit dem Müllwagen weiter.

> Über einen Bekannten erfährt E, dass N das Aktgemälde seiner Frau an sich genommen hat. Er verklagt nun N und M1 auf Herausgabe der Bilder. Mit Erfolg?

Beide schulden *Herausgabe nach §§ 985, 986*, wenn E sein Eigentum an den Bildern nicht verloren hat.

In der Bereitstellung zur Sperrmüllabfuhr liegt kein Übereignungsangebot gegenüber beliebigen Dritten. Zum Teil wird darin vielmehr die konkludent erklärte Aufgabe des Eigentums (Dereliktion) an den betreffenden Sachen gesehen, § 959 (*Baur/Stürner*, § 53 Rn. 69). Der Müll werde herrenlos. Mit dem Verladen auf das Müllfahrzeug würde sich die einsammelnde Körperschaft den Abfall aneignen, § 958 I. Zuvor könne dies auch jeder Dritte tun. Auch der frühere Eigentümer selbst sei nicht gehindert, sich die Sachen wieder anzueignen; seine Aufgabeerklärung brauche er dazu nicht nach den §§ 119 ff. anzufechten (*Weber,* JZ 1978, 691). Danach hätte E das Eigentum an allen Bildern endgültig verloren.

Eine neuerdings vertretene Ansicht leugnet die Zulässigkeit der Dereliktion und damit auch die Möglichkeit der Aneignung von Sperrmüll vollständig. Denn § 13 I 1 KrW-/AbfG verpflichte den Besitzer, Abfälle nur dem Beseitigungspflichtigen zu überlassen; ergänzend sieht etwa Art. 6 BayAbfALG ein Aneignungsverbot an zur Müllabfuhr bereitgestellten Gegenständen für Dritte vor. Der Eigentümer könne daher den Müll nur an den Träger der Müllabfuhr übereignen; eine Dereliktionserklärung sei nach § 134 nichtig (MüKo/*Oechsler,* § 959 Rn. 6). Danach wäre E weiterhin Eigentümer der in den Besitz von N und M 1 gelangten Bilder.

Zu folgen ist einer weiteren Ansicht, die den Willen des bisherigen Eigentümers konkreter berücksichtigt. Soweit der Eigentümer Gegenstände, zu denen er eine besondere Beziehung hat, wie Briefe, Dokumente, Bilder etc. zum Sperrmüll stellt, will er, dass der Träger der Müllabfuhr diese vernichtet, nicht aber Dritten den Zugriff gestattet. Im Bereitstellen zur Müllabfuhr liegt daher keine Eigentumsaufgabe, sondern nur die konkludente Erklärung eines Übereignungsangebots an den Träger der Müllabfuhr zum Zwecke der Beseitigung (*LG Ravensburg* NJW 1987, 3142; *Prütting,* Rn. 487 a. E.; *Grziwotz,* MDR 2008, 726). E ist danach weiterhin Eigentümer der beiden Bilder und kann von N und M 1 Herausgabe verlangen.

85. Aneignung von Jagdwild

> Gutsbesitzer E ist Inhaber einer Eigenjagd, zu deren Betreuung er den Jagdaufseher A eingestellt hat. A versteht sein Handwerk. Doch erlegt er ab und zu unbefugt ein Reh und veräußert das Tier auf eigene Rechnung an Bekannte. Diese gehen davon aus, dass A das Wild von E als Entlohnung erhält. Eines Tages kommt E dem A zufällig auf die Spur. Er verlangt von dem Käufer K Herausgabe des von A erworbenen Rehs.
> Zu Recht?

(1) *Herausgabeanspruch, § 985*

Das Reh im Wald ist herrenlos, § 960 I 1, unterliegt aber dem Jagdrecht des E als ausschließlichem Aneignungsrecht, §§ 1 I 1, 2 I Nr. 1, 3 I BJagdG. Mit dem Besitzerwerb durch A könnte auch E Besitz und damit Eigentum erworben haben (dafür *Westermann/Gursky/Eickmann*, § 58 Rn. 9. Hierfür spricht, dass das Reh nach der Inbesitznahme durch A eine beherrschbare Sache geworden ist. Einen Besitzerwerb durch einen Dritten sieht das Gesetz aber nur beim Tätigwerden eines Besitzdieners, § 855, vor. Wild, das A als Jagdaufseher an sich nimmt, wird daher gem. §§ 958 I, 855 Eigentum des E (Jauernig/*Jauernig*, § 958 Rn. 1 f.). A ist hier äußerlich erkennbar nicht für seinen Besitzherrn tätig geworden. Da eine Zurechnung des Besitzes außerhalb von § 855 nicht stattfindet, erwarb E kein Eigentum (MüKo/*Oechsler*, § 958 Rn. 6). Das Reh blieb in der Hand des A zunächst „herrenlos".

(2) *Herausgabeanspruch, § 1 I 1 BJagdG*

E könnte aber von K Herausgabe aufgrund seines Aneignungsrechts verlangen (*Prütting*, Rn. 488). Lehnt man einen Eigentumserwerb des E ab, so muss sein fortbestehendes Aneignungsrecht dem Eigentum gleichgestellt werden; es kann aber nicht stärker als dieses geschützt werden. Deshalb ist zugunsten eines gutgläubigen Erwerbers § 932 anzuwenden. Ein Eigentumserwerb des K scheitert auch nicht an § 935 I 1. Denn E hatte noch keinen Besitz am Reh. Das unbefugte Handeln des A hat deshalb zwar sein Jagdrecht verletzt, das Wild ist E aber nicht abhanden gekommen (Palandt/*Bassenge*, § 958 Rn. 4; MüKo/*Oechsler*, § 958 Rn. 9). K hat damit unangreifbar Eigentum erworben.

86. Verlorene Sache

D entwendete einen Lkw des E und stellte ihn nach einigen Tagen auf einem Großparkplatz der gleichen Stadt wieder ab. Dort entdeckte ihn F, ein Bekannter des E, nach vier Wochen. F verständigt E und die Polizei und veranlasst eine Bewachung, bis der Lkw wieder abgeholt wird. F beansprucht dafür Finderlohn. Zu Recht?

Nach § 971 I kann F Finderlohn verlangen, wenn er *Finder* des Lkw ist. Gefunden werden kann jede besitzlose Sache, die nicht herrenlos ist. Durch den Diebstahl des D war E der Lkw abhanden gekommen, so dass ein gutgläubiger Eigentumserwerb gem. § 935 I 1 ausgeschlossen war. Als D den Lkw endgültig stehen ließ, wurde dieser gleichwohl besitzlos, da eine tatsächliche Sachherrschaft des E nicht neu begründet wurde. F konnte den Lkw daher finden. Dazu ist erforderlich, dass der Finder die Fundsache an sich nimmt, § 965 I (s. BGHZ 8, 130, 133 = NJW 1953, 419). Ist dies wegen der Größe der Fundsache nicht möglich, so genügt eine anderweitige Sicherstellung, bis die Sache dem Eigentümer wieder übergeben wird. Da F seine Finderpflicht (Anzeigepflicht) erfüllt hat, ist der Anspruch nicht nach § 971 II ausgeschlossen (*OLG Hamm* NJW 1979, 725; dazu *Gottwald*, JuS 1979, 247).

87. Fund im Kaufhaus

Beim Einkauf in der Lebensmittelabteilung des Selbstbedienungs-Großmarktes der K-AG entdeckte F unter einem Regal zwischen aufgestellten Waren einen 500-€-Schein und lieferte ihn dem Betriebsleiter als Fund ab. Der Geldschein wurde mit anderem Geld der K-AG vermengt.

a) Da sich ein Verlierer nicht meldet, verlangt F 8 Monate später die Herausgabe des Geldscheins, hilfsweise Zahlung von 500 €. Zu Recht?

b) E hat sich bei der K-AG als Verlierer gemeldet und seinen Geldschein abgeholt. Steht F Finderlohn zu?

a) Mangels Anzeige beim Fundamt konnte F kein Eigentum am Geldschein (§ 973) und damit keinen Anspruch auf Herausgabe nach § 985 erwerben. Mit der Vermischung wurde die K-AG vielmehr Eigentümerin, §§ 948 I, 947. Ein Herausgabeanspruch aus § 695 (Verwahrung) oder § 812 I 2, 2. Fall (Bereicherung wegen gemeinsam angestrebten, aber nicht eingetretenen Erfolges der Rückgabe an den Verlierer) würde voraussetzen, dass F der K-AG den Besitz am Geldschein verschafft hat. Daran fehlt es, wenn die K-AG bereits vor der Entdeckung des Scheins durch F dessen Besitzerin war.

Nach h. M. soll der Inhaber eines Kaufhauses auch an den in seinen Geschäftsräumen verlorenen Sachen einen generellen Willen zum Besitzerwerb und damit die tatsächliche Sachherrschaft haben (BGHZ 101, 186 = JZ 1988, 357 m. abl. Anm. *Ernst*). Danach war die K-AG bereits Besitzerin; F konnte ihr keinen Besitz am Geldschein mehr verschaffen und hat daher keinen Herausgabeanspruch. Ein derart weiter Besitzwille ist aber weder mit § 978 vereinbar, noch fördert er die Ehrlichkeit eines faktischen Entdeckers (zu Recht abl. *Dubischar,* JuS 1989, 703; *Schreiber,* Rn. 52; *Wilhelm,* Rn. 1143 ff.).

b) Nach § 971 I 1 kann der Finder vom Berechtigten Finderlohn verlangen. Nach Ansicht des *BGH* war der Geldschein rechtlich aber gar nicht „verloren", so dass der Anspruch ausscheidet. Nach der Gegenmeinung konnte der Geldschein zwar im Kaufhaus gefunden werden; der Anspruch auf Finderlohn ist aber nach § 971 II ausgeschlossen, da F die Anzeigepflicht des § 965 verletzt hat. Die Ablieferung des Geldscheins an den Betriebsleiter der K-AG war nicht ausreichend, da dieser weder Empfangsberechtigter noch zuständige Behörde war.

88. Eigentumserwerb des Finders und Bereicherungsausgleich

Hasso, Schäferhund des Ulrich Nagel, lief seinem Herrn davon und streunte wochenlang. Als er ausgehungert war, lief er Gerhard Retter zu. Dieser nahm ihn zu sich und meldete den Fund dem Fundamt. Nachdem N als Halter ermittelt war, forderte ihn R auf, Hasso binnen zwei Wochen gegen Zahlung von Finderlohn und Futterkosten abzuholen. N antwortete nicht. Als Nagels Sohn dies erfuhr, bettelte er seinen Vater an, bis dieser nach weiteren zwei Wochen zu R fuhr, um Hasso doch noch „auszulösen". R will „seinen" Hund jetzt nicht mehr herausgeben.
Zu Recht?

Ein streunender Hund ist eine besitzlose Sache. Er ist aber nicht herrenlos, da N den Besitz daran nicht mit Absicht aufgegeben hatte. Als der Hund Retter zulief und dieser ihn an sich nahm, hat er ihn gefunden, § 965 I. R erwarb damit einen Anspruch auf Finderlohn, § 971, und auf Ersatz der Futterkosten, § 970. Für diese Ansprüche hatte R ein Zurückbehaltungsrecht gem. §§ 972, 1000 an Hasso. Da N als Empfangsberechtigter die von R gem. § 974, 1003 I gesetzte angemessene Frist von zwei Wochen zur Befriedigung der ihm zustehenden Ansprüche ungenützt verstreichen ließ, erwarb R nach § 974 S. 2 das Eigentum an dem Hund.

Trotzdem kann N gem. §§ 977 S. 1, 812 Rückübereignung und Herausgabe des Hundes innerhalb von drei Jahren verlangen. Da der Eigentumserwerb nach § 974 ausschließlich Folge der Verschweigung durch N ist, ist diese Rechtsfolge eigenartig, aber vom Gesetz so gewollt.

89. Schatzfund

Bei Abbrucharbeiten wurden auf einem im Eigentum des Landes E stehenden Grundstück 23 000 Gold- und Silbermünzen aus dem 14. Jh. entdeckt, deren Eigentümer nicht mehr zu ermitteln ist. E hatte die Fa. A und diese wiederum die Baufirma B mit den Abbrucharbeiten beauftragt. Der Baggerführer F der Fa. B hat bei Arbeiten am Fundament des Hauses einen Teil der dort verborgenen Münzen freigelegt. Er teilte dies über Funk seinem Arbeitgeber mit. Die Fa. A konnte das Gespräch mithören und veranlasste die Bergung der Münzen durch das Amt für Vor- und Frühgeschichte. Die Münzen befinden sich seither im Besitz des Landes E. Sämtliche Beteiligten streiten sich um das Eigentum am Schatz.

Gemäß § 984 steht nach Entdeckung und Inbesitznahme eines Schatzes das Eigentum daran zur Hälfte dem Entdecker (Entdeckeranteil) und zur anderen Hälfte dem Eigentümer der verbergenden Sache zu (Eigentümeranteil). F hat den Schatz rein zufällig als erster bloßgelegt und wahrgenommen und ist damit als Entdecker des ganzen Schatzes anzusehen. Nach Inbesitznahme durch das Amt für Frühgeschichte (nicht notwendig durch den Entdecker, Palandt/*Bassenge*, § 984 Rn. 1) sind in der Person des F die Voraussetzungen für den Erwerb des hälftigen Miteigentumsanteils am Münzschatz gegeben. Ein Eigentumserwerb der Firmen A und B und des Landes E am Entdeckeranteil käme nur unter besonderen Umständen in Betracht.

Wird der Schatz bei konkret in Auftrag gegebenen Arbeiten gefunden, ist der Arbeitgeber B als Geschäftsherr „Entdecker" i. S. des § 984 (*Wieling*, S. 160 f.).

Hätte sich die Fa. B gegenüber der Fa. A verpflichtet, den Schatz abzuliefern, so hätte diese einen vertraglichen Veräußerungsanspruch.

Der bloße Umstand, dass das Land E die Arbeiten und damit den Schatzfund veranlasst hat, macht es nicht zum Entdecker. Ein Veräußerungsanspruch könnte sich wiederum nur aufgrund einer vertraglichen Vereinbarung mit A, einen gefundenen Schatz herauszugeben, ergeben.

Der Eigentümeranteil steht dem Land E zu. Sohle und Fundament des Hauses standen in seinem Eigentum. Sollte die Fa. B eine Aneignungsbefugnis bezüglich der abgebrochenen Teile vereinbart haben, so gehört der Schatz nicht dazu. Auch eine Trennung des Schatzes in Teile auf der Baggerschaufel und solche im Fundament wäre lebensfremd (BGHZ 103, 101 = NJW 1988, 1204; dazu *Gursky,* Rn. 277 ff.).

IV. Schutz des Eigentums

1. Herausgabeanspruch

---

90. Herausgabe des Eigentumsersatzes

K handelte mit Holzfurnieren. Sein Angestellter D verschob eine Lkw-Ladung mit Furnieren, die K gehörten, und veräußerte sie an B, der sie weiterveräußerte.
a) Kann K von B Schadensersatz verlangen?
b) Kann K Herausgabe des an B geleisteten Schadensersatzes verlangen, wenn die Furniere auf dem Weg zum Abnehmer A des B bei einem Verkehrsunfall durch Drittverschulden verbrannten?

---

a) Pflicht zur Herausgabe?

(1) *Ersatz wegen unmöglicher Herausgabe, § 285 I*

D war Besitzdiener, § 855, des K. Verfügt ein Besitzdiener unberechtigt über Sachen des Geschäftsherrn, so sind sie diesem abhanden gekommen (Jauernig/*Jauernig,* § 935 Rn. 8; *Witt,* AcP 201 (2001), 165, 172 ff.). Nach § 935 I konnte B daran kein Eigentum erwerben. Er hätte die Furniere deshalb nach § 985 herausgeben müssen. Durch die Weiterveräußerung ist B die Herausgabe aber unmöglich geworden.

Ob B als Folge davon nach § 285 I Herausgabe des als Ersatz Empfangenen schuldet, ist streitig (dafür *Harder,* JuS 1972, 395, 397). Die ganz h. M. lehnt dies ab. Denn durch die Weiterveräußerung hat K sein Eigentum nicht verloren. Als „gleitender Anspruch" richtet sich der Herausgabeanspruch jetzt gegen den Abnehmer. Zugleich könnte K von B Herausgabe des Erlöses verlangen, obwohl B selbst seinem Abnehmer wegen des Rechtsmangels (fortbestehendes Eigentum des K) haften würde. Dies alles schließt aus, dass K von B gleichzeitig Herausgabe des Erlöses verlangen kann. Außerdem enthalten die §§ 989, 990 eine einschränkende Sonderregelung (vgl. BGHZ 75, 203, 208 = NJW 1980, 178; Bamberger/Roth/*Fritzsche,* § 985 Rn. 28).

(2) *Herausgabe des Erlangten, § 816 I 1*

K kann aber die Verfügung des B genehmigen, § 185, und nach §§ 816 I 1, 818 II Herausgabe des erlangten Kaufpreises bzw. Wertersatz verlangen.

(3) *Schadensersatz nach § 990 I* schuldet B nur, wenn er beim Besitzerwerb bösgläubig war.

b) Herausgabepflicht bei zufälligem Untergang

Durch den Brand ist das Eigentum des K durch Zufall untergegangen. Weder besteht ein Herausgabeanspruch K–B, noch ein Anspruch A–B wegen Nichterfüllung. Die Gründe, die sonst gegen eine Anwendbarkeit des § 285 auf § 985 sprechen, gelten also beim zufälligen Sachuntergang nicht. Deshalb wollen manche hier gem. § 285 einen Anspruch auf die Ersatzleistung geben (so *Wolff/Wellenhofer*, § 21 Rn. 17). § 985 gewährt aber einen reinen Herausgabeanspruch; sein Zweck besteht nicht darin, Wertersatz zu garantieren (MüKo/*Baldus*, § 985 Rn. 83 ff.).

Wird der dem Eigentümer nach § 823 I zustehende Ersatz irrtümlich an B geleistet, so kann K Herausgabe dieser Ersatzleistung von B nach § 816 II verlangen. Zwar kann die Leistung des Verpflichteten an B diesen nicht gegenüber dem berechtigten K befreien. Doch kann K die Ersatzleistung genehmigen, § 185 (Jauernig/*Stadler*, § 816 Rn. 14).

91. Herausgabeanspruch gegen den mittelbaren Besitzer

E hat dem Hotelpächter P einige Einrichtungsgegen-stände unter Eigentums-vorbehalt geliefert. Bald darauf kündigt der Verpächter V den Pachtvertrag und verpachtet das Hotel für zehn Jahre neu an N. P übergibt das Hotel an N, ohne den Eigentumsvorbehalt des E offenzulegen. E tritt nach Eintritt des Zahlungsverzugs gegenüber P vom Kaufvertrag zurück und verlangt von V Herausgabe der gelieferten Einrichtungsgegenstände binnen einer Frist von drei Wochen. Nach Ablauf der Frist möchte E Schadensersatz wegen Nicht-erfüllung; hilfsweise begehrt E Abtretung des Herausgabeanspruchs gegen N. Wie ist die Rechtslage?

Ein Herausgabeanspruch gem. § 985 setzt voraus, dass E noch Eigentümer ist. Die Einrichtungsgegenstände wurden nur Grundstückszubehör, § 97 I, so dass V nicht durch Verbindung mit dem Grundstück gem. §§ 946, 93, 94 Eigentum erwarb. Herausgabe kann der Eigentümer nicht nur vom unmittelbaren, sondern auch vom mittelbaren Besitzer verlangen. Der Anspruch ist dabei nicht auf Herausgabe des mittelbaren Besitzes, d. h. nicht auf Abtretung des Herausgabeanspruchs gegen den unmittelbaren Besitzer beschränkt, sondern er geht unmittelbar auf Herausgabe (Staudinger/*Gursky*, § 985 Rn. 58 f., 71 f.). Die Vollstreckung kann dann gem. § 886 ZPO durch Einziehung des Rückgabeanspruchs des mittelbaren Besitzers oder durch Wegnahme bei diesem, § 883 ZPO, erfolgen, wenn dieser inzwischen wieder unmittelbarer Besitzer geworden ist.

Nach den §§ 281 I 1, 283 S. 1, 280 I kann der Gläubiger Schadenersatz statt der Leistung nach erfolgloser Nachfristsetzung nur bei Verschulden des Schuldners verlangen, so dass ein Widerspruch zu den §§ 989, 990 nicht besteht (s. aber *Gursky*, Jura 2004, 433, 436).

Um zu vermeiden, dass N die Sache an V herausgeben und den auf Abtretung des Herausgabeanspruchs lautenden Titel gegen V auf diese Weise gegenstandslos ma-chen kann, sollte weiterhin die unmittelbare Herausgabeklage gegen V zugelassen werden (*Petersen*, Jura 2002, 255; Bamberger/Roth/*Fritzsche*, § 985 Rn. 18, 29; vgl. *Vieweg/Werner*, § 7 Rn. 30; a. A. *Lüke*, Rn. 275).

92. Rechte an Ehewohnung und Hausrat

M hatte 1980 ein Einfamilienhaus erworben und alsbald seiner Ehefrau F geschenkt. Da M ein Verhältnis mit der D hatte, verließ F 2009 die eheliche Wohnung, lebte von M getrennt und stellte 2010 den Scheidungsantrag.
a) F verlangt jetzt die Räumung des Hauses und Zahlung einer Nutzungsentschädigung seit Beginn des Getrenntlebens. Zu Recht?
b) Außerdem möchte F Herausgabe der Hälfte des Hausrats bzw. entsprechende Zuteilung. M bestreitet die Berechtigung der F und meint, nach § 1006 I 1 sei von seinem Alleineigentum auszugehen. Wie ist zu entscheiden?

a) Ehewohnung

(1) *Herausgabeanspruch, §§ 985, 986*

Aufgrund der ehelichen Lebensgemeinschaft, § 1353 I, sind die Ehegatten verpflichtet, einander die Benutzung der ehelichen Wohnung unabhängig von der Eigentumslage zu gestatten. Die eheliche Lebensgemeinschaft begründet daher ein Recht zum Besitz nach § 986 (BGHZ 71, 216, 222 = NJW 1978, 1529). Dieses Recht zum Besitz endete spätestens mit Rechtskraft des Scheidungsbeschlusses. M muss daher das Haus räumen, sofern er die Wohnung nicht ausnahmsweise nach § 1568a durch Richterspruch zugeteilt erhält.

(2) *Anspruch auf Nutzungsentschädigung, § 988*

Nutzungsentschädigung schuldet M vom Zeitpunkt des Erlöschens seines Besitzrechts und dem Eintritt der Vindikationslage an. Teilweise wurde angenommen, das Besitzrecht erlösche, sobald die Ehegatten gem. § 1567 I getrennt lebten. Ab diesem Zeitpunkt gestattet § 1361b eine Zuweisung der Ehewohnung zur alleinigen Nutzung im Verfahren gem. §§ 49 ff., 200 ff. FamFG durch einstweilige Anordnung oder Endentscheidung des Familiengerichts. Wird eine Entscheidung während des Scheidungsverfahrens nicht beantragt, so bleibt das Besitzrecht des Ehegatten bis zur rechtskräftigen Scheidung bestehen (BGHZ 71, 216, 223 = NJW 1978, 1529). Da die §§ 987 ff. nur Ansprüche gegen den unrechtmäßigen Besitzer regeln (Bamberger/Roth/*Fritzsche*, § 987 Rn. 3), schuldet M bis zur Rechtskraft des Scheidungsbeschlusses keine Nutzungsentschädigung.

Erst für die Zeit nach Scheidung schuldet M zweifellos Ersatz des Mietwerts. Die Rechtsprechung wendet § 988 erweiternd an (BGHZ 71, 216, 225 = NJW 1978, 1529), während das Schrifttum überwiegend eine Leistungskondiktion, hier gem. § 812 I 2, 1. Fall, gewährt (s. u. Fall 92).

b) Hausrat

Nach § 1361a I 1 (lex specialis zu § 985) kann F von M *Herausgabe* der ihr gehörenden *Haushaltsgegenstände* fordern. Soweit Haushaltsgegenstände F und M gemeinsam gehören, kann F abweichend von §§ 752, 753 nach § 1361a II Zuteilung nach Billigkeit verlangen.

Etwas anderes würde gelten, wenn aufgrund der Vermutung des § 1006 I 1 „feststehen" würde, dass M Alleineigentümer des Hausrats ist. Aus § 1361a IV folgt aber sinngemäß, dass § 1006 I 1 nicht zu Lasten eines Ehegatten nach dessen Auszug aus der Ehewohnung gilt (*Krebs,* FamRZ 1994, 281 f.).

93. Zurückbehaltungsrecht als Recht zum Besitz

Mehrere Baufirmen, u. a. die K-KG, haben sich zur „ARGE Brunnthal", einer BGB-Gesellschaft zusammengeschlossen. Die K-KG stellte der ARGE einen Kran für ein Bauprojekt mietweise zur Verfügung. Sodann machte die ARGE eine vertraglich vereinbarte Nachschussforderung geltend. Die K-KG blieb diese schuldig.
Nach Abschluss des Bauprojekts verlangt sie Herausgabe des nicht mehr benötigten Krans. Die ARGE verweigert diese und beruft sich auf ein Zurückbehaltungsrecht wegen der rückständigen Nachschussforderung.
Zu Recht?

Als Eigentümerin kann die K-KG Herausgabe des Krans gem. § 985 verlangen, sofern der ARGE nicht ein Recht zum Besitz zusteht, § 986 I 1.

Nach Beendigung des Mietvertrages wegen Zweckerreichung könnte sich ein Besitzrecht nur aus einem Zurückbehaltungsrecht, § 273, wegen der offenen Nachschussforderung, § 705, ergeben. Ob das Zurückbehaltungsrecht ein Recht zum Besitz gibt, ist streitig (vgl. *Vieweg/Werner,* § 7 Rn. 23). Verneint wird dies mit der Begründung, das Zurückbehaltungsrecht sei bloße Einrede und schließe eine Verurteilung zur Herausgabe nicht aus, sondern führe nur zu einem Zug-um-Zug-Urteil, § 274 I (*Wolf/Wellenhofer,* § 21 Rn. 28; *Schreiber,* Jura 2005, 30, 33). Die Gegenmeinung stimmt hierin im Ergebnis überein, nimmt aber gleichwohl an, das Zurückbehaltungsrecht begründe ein Recht zum Besitz (BGHZ 64, 122, 124 = NJW 1975, 1121). Dies würde dazu führen, dass der Besitzer (auf Einrede) nicht nach §§ 987 ff. haftet, da keine Vindikationslage besteht. Der *BGH* wendet die §§ 987 ff., 994 f. daher ausnahmsweise auch gegenüber dem berechtigten Besitzer an (*BGH* JZ 1996, 151 m. Anm. *Medicus*; vgl. Bamberger/Roth/*Fritzsche,* § 987 Rn. 12).

2. Eigentümer-Besitzer-Verhältnis

94. Herausgabe von Nutzungen

K verpachtete das „Palais d'Amour" 2001 für einen monatlichen Pachtzins von 20.000 € an P. Dieser schloss 2002 einen Unterpachtvertrag mit D über einen monatlichen Pachtzins von 25.000 €. K ist mit der Unterverpachtung nicht einverstanden und verlangt Abführung des Mehrerlöses aus der unbefugten Unterverpachtung an sich.
a) Zu Recht?
b) Nach einigem Streit schlossen K und P 2004 einen neuen Pachtvertrag, jetzt zu einem monatlichen Pachtzins von 30.000 €. 2005 geriet P mit der

Zahlung in Rückstand, weil der Zins nur bei äußerster Anstrengung zu verdienen war. K kündigte das Pachtverhältnis und verlangt Zahlung des rückständigen Pachtzinses für sechs Monate. P wendet ein, seit dieser Zeit habe er erkannt, dass der Pachtvertrag wegen wucherisch überhöhten Pachtzinses nichtig sei. Wie ist über die Klage zu entscheiden?

c) Nach Kündigung des Pachtvertrages und Rückgabe des Hauses von P an K verpachtet K das Haus weiter an D. Dieser baut es zu einem Gastarbeiterwohnheim um und verwendet dabei wissentlich durch P eingefügte Einrichtungsgegenstände. Kann P von D noch nach Ablauf eines Jahres Ersatz für die gezogenen Nutzungen verlangen?

a) Nach §§ 581 II, 540 I 1 darf der Pächter die Pachtsache ohne Erlaubnis nicht unterverpachten. Der Verpächter kann Unterlassung verlangen (§§ 581 II, 541) oder fristlos kündigen (§§ 581 II, 543 I 1, II Nr. 2). Dagegen besteht nach Pachtrecht kein Anspruch auf Herausgabe des Mehrerlöses aus der Unterverpachtung. In der Literatur wurde ein solcher Anspruch zum Teil auf § 816 I 1, auf § 812 I 1, Alt. 2 (Eingriffskondiktion) oder auf § 687 II gestützt. Der BGH hat diese Lösungen zu Recht verworfen. Denn die Unterverpachtung ist keine Verfügung über das Eigentum des Verpächters. Der Unterpachtzins wird auch nicht anstelle des Verpächters/Eigentümers oder auf dessen Kosten erzielt. Schließlich ist die Unterverpachtung kein objektiv fremdes Geschäft i. S. des § 687 II 1.

Auch ein Anspruch auf Nutzungsherausgabe nach §§ 987, 990, 99 III scheitert, da zwischen K und P ein Pachtvertrag bestand und daher keine Vindikationslage vorlag (BGHZ 131, 297 = NJW 1996, 838 Rn. 50).

b) Ein Anspruch auf Zahlung des *Pachtzinses,* § 581 I 2, besteht nicht, da der Pachtvertrag wegen Wucher nach § 138 II (nicht nach § 138 I) nichtig ist.

Als unberechtigter Besitzer hat P dem K aber die *gezogenen Nutzungen* gem. §§ 990 I 2, 987 I ab dem Zeitpunkt der Bösgläubigkeit herauszugeben (vgl. *Ebenroth/Zeppernick,* JuS 1999, 209, 210). Zu den Nutzungen gehören nach den §§ 100, 99 auch die sog. Sach- und Rechtsfrüchte (vgl. *Brehm/Berger,* § 1 Rn. 64 ff.). Der Ertrag eines Wirtschaftsunternehmens ist zwar keine Sachfrucht, wohl aber als bestimmungsgemäßer Ertrag des Unternehmens analog § 99 I, II zu behandeln (vgl. Palandt/*Ellenberger,* § 99 Rn. 3). Etwas anderes würde nur gelten, wenn der Gewinn ausschließlich auf persönlichen Leistungen des P beruhen würde.

Der Nutzungsanspruch erfasst aber nur den objektiven Ertragswert des Bordells, nicht den sittenwidrigen Gewinn. Ob § 817 S. 2 auch auf Ansprüche aus §§ 987, 990 anwendbar ist, ist zwar streitig (vgl. Palandt/*Bassenge,* Einl. v. § 854 Rn. 11). Das Verbot der Rückforderung gilt aber nach h. M. jedenfalls nicht für den objektiven (verkehrsüblichen), nicht wucherisch überhöhten Pachtwert (BGHZ 63, 365 = JR 1975, 324 m. Anm. *Bassenge*). Diesen Nutzungswert hat P deshalb zu bezahlen.

c) Ein Anspruch auf *Nutzungsersatz* nach den §§ 990 I 1, 987 I setzt eine Vindikationslage voraus (s. o zu a). Nach Herausgabe des Hauses durch P wurde K jedoch dessen berechtigter Besitzer und konnte den gesamten Besitz auf D übertragen. Ein Besitzrecht des D entfiele nur, wenn P seinen Anspruch auf Wegnahme gem. §§ 581 II, 539 II, 258 rechtzeitig geltend gemacht hätte. Dieser Anspruch verjährte aber nach § 548 I sechs Monate nach der Herausgabe. K und D können deshalb dem P ihr Recht zum Besitz als dauernde Einrede (vgl. § 214 I) entgegenhalten. Beruft sich D darauf, so entfällt mit der Vindikationslage auch der Ersatzanspruch (BGHZ 81, 146, 151 = NJW 1981, 2564).

95. Nutzungsanspruch des Vormerkungsberechtigten

Karl Kehrer übertrug seiner Tochter Beate Borchert sein mit einem Miethaus bebautes Grundstück. Der notarielle Vertrag enthielt u. a. die Klausel, dass die Erwerberin das Grundstück zu Lebzeiten des Veräußerers weder belasten noch veräußern dürfe, widrigenfalls es zurück zu übertragen sei. Zur Sicherung des Rückauflassungsanspruchs wurde eine Vormerkung im Grundbuch eingetragen.
Fünf Jahre später übertrug Beate Borchert das Grundstück auf ihren Sohn Bruno Borchert. Karl Kehrer war damit nicht einverstanden. Mit seiner am 21.1.2007 erhobenen Klage machte er seinen Rückauflassungsanspruch geltend und wurde am 8.9.2009 wieder als Eigentümer im Grundbuch eingetragen.
Karl Kehrer verlangt nun (a) von Beate und (b) von Bruno Borchert Herausgabe der Mieterträge des Hausgrundstücks für die Zeit vom Februar 2006 bis August 2009.
Zu Recht?

a) Herausgabeansrüche gegen Beate

(1) Ein Anspruch auf *Herausgabe der Nutzungen nach § 446 S. 2* scheidet aus, da Beate das Grundstück K nicht übergeben hatte.

(2) K kann *Herausgabe der Mieterträge* jedoch *nach §§ 292 II, 987 I* ab Rechtshängigkeit verlangen.

(3) Da durch Klageerhebung Verzug eingetreten ist, kann er die Mieterträge gem. *§§ 280 I, II, 286 I 2, 252* auch als *Verzögerungsschaden* ersetzt verlangen.

b) Herausgabeansprüche gegen Bruno

(1) Auch von Bruno kann K die *Mieterträge aus §§ 987 ff. analog* fordern. Zwar ist der Dritterwerber Eigentümer geworden, jedoch ist dieser Erwerb gegenüber dem Vormerkungsberechtigten gem. § 883 II 1 unwirksam. Diesem gegenüber ist er somit wie ein Bucheigentümer zu behandeln. Dafür spricht, dass der Vormerkungsberechtigte gem. § 292 auch gegenüber der Auflassungsschuldnerin besser berechtigt ist (BGHZ 144, 323, 328 = NJW 2000, 2899).

Aufgrund der Eintragung der Vormerkung war B auch bösgläubig.

(2) Nach *§ 292 analog* hat der Vormerkungsberechtigte keinen Anspruch gegen den Dritterwerber. Das vorliegende Drei-Personen-Verhältnis stellt keine vergleichbare Interessenlage dar, da gegenüber dem Vormerkungsberechtigten keine Rechtshängigkeit eingetreten ist (BGHZ 144, 323, 328 = NJW 2000, 2899).

96. Nutzungsentschädigung bei rechtsgrundlosem Besitz

Im Zwangsversteigerungsverfahren gegen den Schuldner E erhielt B am 19.6.2007 den Zuschlag für das Grundstück. Auf Beschwerde des K wurde dieser Beschluss jedoch aufgehoben und K der Zuschlag erteilt. Die Entscheidung des Beschwerdegerichts wurde K am 10.10.2007 zugestellt. Die Rechtsbeschwerde des B wies der BGH mit sofort rechtskräftigem Beschluss vom 15.5.2008 zurück. B hatte das Grundstück auf Grund des Beschlusses vom 19.6.2007 bereits in Besitz genommen und es erst nach der BGH-Entscheidung am 31.5.2008 geräumt. K verlangt nun für die Zeit vom 19.6.2007 bis 31.5.2008 Nutzungsersatz von B.
Zu Recht?

Mit Verkündung des Zuschlagbeschlusses vom 19.6.2007 wurde B nach §§ 89, 90 I ZVG Eigentümer des Grundstücks – freilich nur vorläufig: Mit rechtskräftiger Aufhebung dieses Beschlusses verlor B das Eigentum rückwirkend zum 19.6.2007, war also nie Eigentümer und (mangels eines sonstigen Rechtsgrundes) nie berechtigter Besitzer (vgl. *J. Kaiser*, NJW 2007, 2823). Umgekehrt wurde K erst mit Zustellung der Beschwerdeentscheidung an ihn am 10.10.2007 neuer Eigentümer (§ 104 ZVG). In der Zwischenzeit verblieb das Eigentum beim Schuldner E.

Hieraus folgt, dass zwischen K und B vom 10.10.2007 bis zum 31.5.2008 ein Eigentümer-Besitzer-Verhältnis bestand (s. BGHZ 184, 358 = NJW 2010, 2664). B schuldet dem K daher Nutzungsersatz nach §§ 987 ff.

a) § 987 I ist nach seinem Wortlaut nicht erfüllt, da B das Grundstück vor Erhebung einer Herausgabeklage genutzt hat. Jedoch ist der Zuschlag zugunsten des K in der Beschwerdeentscheidung nach § 93 I 1 ZVG bereits Vollstreckungstitel zugunsten des K auf Räumung und Herausgabe des Grundstücks durch B, so dass eine Herausgabeklage insoweit kraft Gesetzes entbehrlich ist. Daraus folgt sinngemäß, dass B dem K ab Zustellung der Beschwerdeentscheidung am 10.10.2007 (analog) § 987 I haftet (BGHZ 184, 358 = NJW 2010, 2664 Rn. 17 ff.). B hat K insoweit die gezogenen Nutzungen herauszugeben. Nach § 100 sind dies alle Vorteile, die der Sachgebrauch des Grundstücks gewährt hat. Soweit eine reale Herausgabe nicht möglich ist, ist nach § 818 II Wertersatz zu leisten.

b) B haftet K grundsätzlich auch nach § 988. Nach h. M. hat danach nicht nur der Besitzer, der den Besitz rechtsgeschäftlich unentgeltlich erworben hat, sondern auch der, der den Besitz ohne Rechtsgrund erlangt hat, die erlangten Nutzungen herauszugeben (BGHZ 10, 350, 357; BGHZ 71, 216, 225 = NJW 1978, 1529). Ein Besitzerwerb ohne Rechtsgrund liegt auch vor, wenn der Ersteher ein Grundstück in Besitz nimmt, der Zuschlagbeschluss aber danach auf Beschwerde rückwirkend aufgehoben wird (BGHZ 184, 358 = NJW 2010, 2664 Rn. 21; Palandt/*Bassenge*, § 988 Rn. 3; a. A. MüKo/*Baldus*, § 988 Rn. 10). § 988 greift freilich nach seinem Wortlaut nur für den Zeitraum ein, in dem die Voraussetzungen des § 987 I (Rechtshängigkeit bzw. hier Existenz eines Herausgabetitels) noch nicht vorliegen. Bis zum 10.10.2007 blieb aber E Eigentümer des Grundstücks, so dass dieser Anspruch für die Zeit vom 19.6.2007 bis zum 10.10.2007 E, nicht aber K zusteht.

97. Schadenshaftung des bösgläubigen Besitzers

Lagerhalter L entnahm dem Lager der Elektrogroßhandlung E 2 Jahre lang elektrische Haushaltsgeräte und verkaufte sie an die Elektrohandlung B-GmbH über deren Einkaufsleiter F, dem die Herkunft der Geräte bekannt war, ohne dass deren Geschäftsführer C von alledem Kenntnis hatte. B veräußerte die Waren an verschiedene Kunden.
a) Kann E von B Herausgabe des Verkaufserlöses und Ersatz weiteren entgangenen Gewinns verlangen?
b) Könnte E von C Schadensersatz verlangen, wenn C die Machenschaften des F bekannt gewesen wären?
c) Ein Teil der Elektrogeräte wird in einer auswärtigen Niederlassung der B-GmbH gefunden. Schuldet B bei der Herausgabe eine Rückbeförderung auf ihre Kosten?

a) Herausgabe des Verkauferlöses und des entgangenen Gewinns

(1) Den *Verkaufserlös* hat B gem. §§ 816 I 1, 818 II nach Genehmigung der Veräußerung, § 185 II, der der E abhanden gekommenen Waren, § 935, herauszugeben. Dieser Anspruch bleibt bei nachträglicher Genehmigung gem. § 993 I von der Regelung der §§ 987 ff. unberührt (BGHZ 55, 176, 178 = NJW 1971, 612; *BGH* JZ 1961, 24 m. Anm. *Raiser*).

(2) Nach §§ 990 I 1, 989 haftet B der E weiter auf *Schadensersatz,* soweit sie die Waren nicht herausgeben kann. Voraussetzung ist freilich die Bösgläubigkeit der B beim Besitzerwerb. Da der Geschäftsführer der B gutgläubig war, haftet die B nur, wenn ihr die Bösgläubigkeit ihres Angestellten F zugerechnet werden kann.

§ 278 gilt nur innerhalb bestehender Schuldverhältnisse, nicht aber beim Besitzerwerb, (BGHZ 16, 259, 262 = NJW 1955, 866) und scheidet damit aus. Die Zurechnung kann aber analog § 831 oder analog § 166 erfolgen. Konnte der Angestellte beim Erwerb frei handeln, wendet die Rspr. § 166 an (vgl. BGHZ 135, 202 = NJW 1997, 1917); war er im wesentlichen weisungsgebunden tätig, stellt sie auf § 831 ab (BGHZ 41, 17, 21 = NJW 1964, 1277; *H. Roth,* JuS 1997, 710, 711; *S. Lorenz,* JZ 1994, 549, 550 ff.; *Vieweg/Werner,* § 8 Rn. 13; vgl. auch BGHZ 117, 104, 106 = NJW 1992, 1099, 1100). Der Meinungsstreit kann hier aber auf sich beruhen. Denn ein hehlerischer Erwerb durch F ist über den Zeitraum von zwei Jahren nur bei mangelnder Aufsicht des C möglich. Fa. B kann sich daher in keinem Fall entlasten. Nach §§ 990, 989, 249, 252 S. 2 hat sie daher auch den entgangenen Gewinn zu ersetzen.

b) Schadensersatz

Eine Haftung des C nach §§ 990 I 1, 989 scheidet aus, weil C nicht selbst Besitzer der gestohlenen Waren wurde. Denn der durch F oder C begründete Besitz wird ausschließlich der B-GmbH als juristischer Person zugerechnet.

C haftet E aber nach §§ 823 I, 249 I wegen Eigentumsverletzung durch faktischen Entzug der Geräte. Denn soweit ein Nichtbesitzer in vorwerfbarer Weise dabei mitwirkt, einem Dritten das Eigentum zu entziehen, haftet er dem Eigentümer nach § 823 I auf Schadensersatz (BGHZ 56, 73, 77 = NJW 1971, 1358).

c) Rückbeförderungskosten

Die Kosten der Rückbeförderung trägt der bösgläubige Besitzer, also die B. Denn nach h. M. hat der Besitzer die Sache an den Eigentümer dort herauszugeben, wo sie sich bei Eintritt der Rechtshängigkeit oder seiner Bösgläubigkeit befand (BGHZ 79, 211 = NJW 1981, 752). Nach einer Mindermeinung ist Leistungsort der Vindikation dagegen stets der Ort, an dem sich die Sache befindet. Der bösgläubige Besitzer schuldet dann aber Ersatz der Transportkosten analog den §§ 989, 990 (*Gursky*, JZ 1984, 609; MüKo/*Baldus*, § 985 Rn. 55 ff.).

98. Ergreifen von Eigenbesitz

Die Bauunternehmer A und B waren auf einer gemeinsamen Baustelle tätig. Als B überraschend starb, nahm A dessen Baumaschinen einstweilen in Verwahrung. Nach einiger Zeit veräußerte der neue Werksleiter W des A diese Maschinen in grob fahrlässiger Unkenntnis der Vorgänge, weil sie nicht gebraucht wurden und Platz wegnahmen. Der für den noch unbekannten Erben bestellte Nachlasspfleger, § 1960, erhielt davon Kenntnis, unternahm jedoch nichts. Fünf Jahre später verlangt der endlich ermittelte Erbe E des B deshalb von A Schadensersatz. Zu Recht?

(1) *Anspruch aus GoA*

Die Veräußerung erfolgte nicht für E, so dass ein Schadensersatzanspruch aus § 678 ausscheidet. Z. T. wird aber ein Ersatzanspruch wegen Pflichtverletzung des GoA-Verhältnisses bejaht (*Schiemann*, Jura 1981, 631, 640). Mit der Vorbereitung der Veräußerung ergriff A durch W als Besitzdiener, § 855, aber Eigenbesitz, § 872, an den Maschinen. Damit endete an sich die GoA. Durch Aufgabe des Fremdgeschäftsführungswillens konnte sich A aber nicht bereits entstandenen Ansprüchen, wie dem Herausgabeanspruch gem. §§ 681 S. 1, 667 entziehen. Wird ihm die Herausgabe schuldhaft, § 278, unmöglich, so muss A deshalb gem. §§ 280 I, III, 281 Schadensersatz leisten (Palandt/*Bassenge*, Vorb. zu § 987 Rn. 11; MüKo/*Seiler*, § 681 Rn. 10).

(2) *Anspruch gem. §§ 823 I, 831*

Ein Anspruch aus Eigentumsverletzung, §§ 823 I, 831, ist gegeben, aber bereits verjährt, §§ 195, 199 II, 214 I. Nach §§ 1915, 1794, 166 I ist dem Erben die Kenntnis des Nachlasspflegers von der Eigentumsverletzung zuzurechnen.

(3) *Schadensersatz nach § 990*

Als Verwahrer war A rechtmäßiger Fremdbesitzer. Mit der Veräußerung handelte er durch W als Besitzdiener, § 855, wie ein Eigentümer, mithin als Eigenbesitzer, § 872. Das Ergreifen des Eigenbesitzes erfolgte grob fahrlässig (Bösgläubigkeit von A und W) und daher nicht im guten Glauben (§ 932 II). Ob die Umwandlung von berechtigtem Fremdbesitz in unberechtigten Eigenbesitz als Besitzerwerb i. S. von

§ 990 I 1 anzusehen ist, ist streitig. Der *BGH* hat die Frage bejaht, weil Fremd- und Eigenbesitz unterschiedlicher Natur und Regelungslücken auszuschließen seien. Die *Ergreifung von Eigenbesitz* sei daher *als* neuer *Besitzerwerb* anzusehen (*BGHZ* 31, 129 = NJW 1960, 192; vgl. *Vieweg/Werner*, § 8 Rn. 15).

In der Literatur wird diese Entscheidung überwiegend abgelehnt. Denn § 990 I 1 stellt nur auf den Erwerb der Sachherrschaft, § 854 I, ab. Eine Veränderung des Besitzwillens ist daher einer neuen Besitzergreifung nicht gleichzustellen (*Baur/Stürner*, § 11 Rn. 27; *Prütting*, Rn. 540). Die nachträgliche Anmaßung einer Eigentümerstellung wird von § 990 nicht erfasst, sondern ist ausschließlich Vertragsverletzung und Delikt (*Roth*, JuS 2003, 937, 939).

(4) Anspruch gem. §§ 816 I, 818 II

Ein Anspruch auf Herausgabe des Veräußerungserlöses gem. §§ 816 I, 818 II wird durch §§ 987 ff. nicht ausgeschlossen (*Medicus/Petersen*, Rn. 597). Er ist hier aber subsidiär gegenüber dem Anspruch aus GoA.

99. Haftung für unbestellt zugesandte Ware

Ohne Bestellung erhält B eines Tages einen Bildband vom Verlag E per Post übersandt. Nach dem Begleitschreiben offeriert der Verlag den Band dem B als treuem Kunden und ausgesuchtem Kunstkenner zum Sonderpreis von 130 €. Nach 14 Tagen Prüfzeit bittet er um Bar- oder Ratenzahlung. Bei Nichtgefallen werde er den Band abholen lassen. B legt die Sendung verärgert zur Seite. Seine vierjährige Tochter findet das Buch und malt die Aufrisse einiger Kirchen mit Ölkreide schön farbig an. Das verschmierte Buch will B erst recht nicht behalten. Als der Verlagsangestellte beim Abholen die Beschädigung entdeckt, verweigert er die Rücknahme und verlangt von B Zahlung des Kaufpreises.
a) Zu Recht?
b) Der Postbote übergibt dem Nachbarn N des B das Paket mit dem Kunstband mit der Bitte, es dem B auszuhändigen. N vergisst dies jedoch. Als er einige Wochen später beim Aufräumen wieder auf das Paket stößt, ist es ihm peinlich, dem B das Buch noch zu überbringen und er wirft es in die Papiertonne. Der Verlag fordert nun von N Schadensersatz. Zu Recht?

a) B hat das Kaufvertragsangebot des Verlages E nicht angenommen. Eine Zahlungsverpflichtung aus § 433 II besteht daher nicht.

B könnte aber zur Leistung von *Schadensersatz* wegen Verschlechterung des Buches *nach §§ 990 I, 989* verpflichtet sein.

Aus § 241a folgt jedoch, dass nicht nur Ansprüche aus vertraglichen Schuldverhältnissen, sondern auch gesetzliche Ansprüche aus §§ 987 ff., 812, 985 ausgeschlossen sind (Palandt/*Grüneberg*, § 241a Rn. 6 ff.; *Lorenz*, JuS 2000, 831, 841; *Berger*, JuS 2001, 649, 652 f.). Ein Schadensersatzanspruch aus §§ 990 I, 989 wegen Verschlechterung des Buches steht dem Verlag E daher nicht zu.

Schließlich könnte E einen Anspruch auf *Schadensersatz aus § 823 I* haben. Entgegen der bisherigen Rechtslage bei der Zusendung unbestellter Waren, schließt § 241a auch den deliktischen Anspruch aus. Zwar wird der Verbraucher nicht Eigentümer, er kann aber mit der Sache nach seinem Belieben verfahren und macht sich bei deren Zerstörung nicht schadensersatzpflichtig (*Caspar*, ZIP 2000, 1602, 1605).

E kann daher von B nicht die Zahlung des Kaufpreises verlangen.

b) Dem Verlag könnte ein Schadensersatzanspruch aus §§ 990 I, 989 gegen N zustehen, wenn § 241a I in diesem Fall nicht eingreift. Hier könnte die Ausnahmevorschrift des § 241a II einschlägig sein. Dafür müsste ein sogenannter „Irrläufer" vorliegen (vgl. *Caspar*, ZIP 2000, 1602, 1608; *Lorenz*, JuS 2000, 833, 841), d. h. die Leistung dürfte nicht für den Empfänger bestimmt gewesen sein. So lag es hier, da B Adressat der Sendung war und N als Verbraucher wusste, dass die Ware für einen anderen bestimmt war (Palandt/*Grüneberg*, § 241a Rn. 8).

§ 241a II schließt gesetzliche Ansprüche gegen den falschen Empfänger ausdrücklich nicht aus.

Da dem N die Herausgabe des Buches schuldhaft unmöglich geworden ist, kann E von ihm Schadensersatz gem. §§ 990 I, 989 verlangen.

100. Haftung des redlichen Besitzers

V veräußert einen gestohlenen Kipplader (Lkw) mit gut gefälschten Papieren an K. Infolge unvorsichtigen Abladens durch K kippt der Lkw um und wird stark beschädigt. Die herbeigerufene Polizei stellt fest, dass der Lkw gestohlen ist.
a) Kann der Eigentümer E von K Schadensersatz verlangen?
b) K hat den Kipper für einen Tag dem M für einen besonderen Transport zur Verfügung gestellt. Bei Eisglätte gerät M fahrlässig ins Schleudern. Der Kipper erleidet Totalschaden. Kann E von M Schadensersatz verlangen?
c) Wie wäre es, wenn F, der sorgfältig ausgewählte und überwachte Fahrer des M, den Unfall verschuldet hätte?
d) Kann E im Fall c) von F Schadensersatz verlangen?

a) Ansprüche gegen K

(1) *Schadensersatz nach §§ 990, 989*

K hat den Besitz des Kippers gutgläubig erworben (vgl. § 932 II), aber nach § 935 I kein Eigentum. Da er zur Zeit des Unfalls weder verklagt war (§ 989), noch von seiner fehlenden Berechtigung Kenntnis hatte (§ 990 I 2), entfällt eine Haftung.

(2) *Schadensersatz nach § 823 I*

K hat gleichwohl fahrlässig den Kipper beschädigt. Beschädigt ein *redlicher Eigenbesitzer* (§ 872) eine Sache, so handelt er nicht vorwerfbar gegenüber dem Eigentümer. Selbst wenn man anders entscheidet, schließt § 993 I, 2. Hs. für den redlichen, unverklagten Besitzer eine weitergehende Deliktshaftung sogar bei mutwilligen Beschädigungen aus (*H. Roth*, JuS 1997, 518, 519 f.; *Schapp/Schur*, Rn. 111).

b) Anspruch gegen M bei dessen Verschulden

Als Mieter oder Entleiher ist M nur Fremdbesitzer des Lkw. Da K gegenüber E nicht zum Besitz berechtigt ist, ist auch M gegenüber E nicht berechtigter Besitzer. M ist E daher nach den §§ 987 ff. verantwortlich. Da er an sein Besitzrecht geglaubt hat, haftet M dem E nicht nach §§ 989, 990 und wäre damit gem. § 993 I, 2. Hs. überhaupt nicht ersatzpflichtig. Durch das Verursachen des verschuldeten Unfalls hat sich M aber nicht im Rahmen seiner vermeintlichen Besitzberechtigung gehalten. Hätte er den Lkw durch nichtigen Vertrag von E gemietet, so müsste der diesem für den schuldhaften *Fremdbesitzer-Exzess* unmittelbar nach § 823 I haften (*Schapp/ Schur,* Rn. 116 f.; *Wolf/Wellenhofer,* § 22 Rn. 42). Hieran kann sich nichts ändern, wenn M sein vermeintliches Besitzrecht nicht mit E, sondern mit K vereinbart hat (*Baur/Stürner,* § 11 Rn. 32, 35, 48). Dieses Ergebnis wird durch § 991 II bestätigt. Dieser erweitert die Haftung des Fremdbesitzers gegenüber dem Eigentümer (vgl. *J. Wilhelm,* JZ 2004, 650, 651; *St. Lorenz,* JuS 2013, 495, 497). M ist danach dem E ebenso verantwortlich wie dem K. Diesem schuldet er aber Schadensersatz aus Pflichtverletzung des Miet- bzw. Leihvertrages gem. § 280 I, da er den Unfall verschuldet hat (*Roth,* JuS 2003, 937, 940; vgl. auch *OLG Koblenz* NJW 2002, 617). Allerdings ist die Sachlage dabei ähnlich wie bei einer Drittschadensliquidation. Denn K ist zwar Vertragspartner, hat aber keinen Schaden, da nur Eigentum des E beschädigt wurde.

c) Anspruch gegen M bei Verschulden des F

Inwieweit der Besitzer im Rahmen der §§ 987 ff. für Dritte einzustehen hat, ist streitig. Anders als im Fall 97 handelt es sich hier um das Verschulden einer Hilfsperson im Rahmen eines bestehenden gesetzlichen Schuldverhältnisses. Nach § 831 könnte sich M exkulpieren. Die Haftung nach § 991 II soll aber auch nach Vertragsregeln eintreten. Da M für F gegenüber K nach § 278 haften müsste, hat er auch gegenüber E für das Verhalten des F einzustehen (vgl. MüKo/*Baldus,* § 991 Rn. 11; *BGH* NJW 1996, 321, 323).

d) Anspruch gegen F

Teilweise wird die Ansicht vertreten, § 991 II greife zugunsten des Arbeitnehmers F ein. Da dieser gegenüber seinem Arbeitgeber für Schäden bei betrieblich veranlasster Tätigkeit nur nach Verschuldensgraden gestuft privilegiert hafte (s. MüKo/*Henssler,* § 619a Rn. 8), könne er diese Haftungsbeschränkung auch gegen dritte Sacheigentümer (hier E) einwenden (*Baumann,* BB 1990, 1833, 1838). Nach h. M. rechtfertigt die Berufung auf § 991 II dagegen keine direkte Haftungsbeschränkung zu Lasten des Eigentümers (*Katzenstein,* AcP 204 (2004), 1, 3, 23). Doch steht dem Arbeitnehmer u. U. ein Freistellungsanspruch gegen seinen Arbeitgeber zu (MüKo/ *Henssler,* § 619a Rn. 25).

101. Haftung des deliktischen Besitzers

E hat in seinem Haus ein Kino eingerichtet und alsbald an K verpachtet. Dabei wurde eine Inventarliste erstellt und K verpflichtete sich, abgängiges Inventar zu ergänzen. Als K nach einigen Jahren wegen Mordverdachts ver-

haftet wurde, kündigte E den Pachtvertrag und verpachtete das Kino unter Veräußerung des Inventars an B. Dieser setzte sich in Abwesenheit des K in den Besitz der Räume. Nach einiger Zeit gab B den unrentablen Lichtspielbetrieb auf und veräußerte das gesamte Inventar an X. Erst jetzt erhielt er von E die Inventarliste. K verlangt nun von B Schadensersatz für das von ihm zusätzlich (über die vertragsmäßige Ergänzung hinaus) angeschaffte Inventar. B bestreitet das Eigentum des K. Außerdem wendet er ein, er habe an das Eigentum des E und damit seine eigene Berechtigung geglaubt.
Wie ist zu entscheiden?

B könnte nach den §§ 992, 823 I für eine Verletzung des Eigentums haften (vgl. hierzu *Ebenroth/Zeppernick,* JuS 1999, 209, 213).

Bei Streit über das Eigentum gilt § 1006. K ist sein Zusatzinventar abhanden gekommen. Daher gilt nach § 1006 I 2 keine Eigentumsvermutung zugunsten des B. Im Gegenteil wird nach § 1006 II vermutet, dass K Eigentümer war. Diese Vermutung kann B nicht widerlegen.

B hat den Besitz des Kinos ohne Willen des K erworben und damit gegenüber diesem verbotene Eigenmacht, § 858 I, begangen. Nach § 935 I konnte B trotz Gutgläubigkeit kein Eigentum an Sachen des K erwerben.

Es ist jedoch streitig, ob der Besitzer nach den §§ 992, 823 I haftet, wenn er bei Besitzerwerb gutgläubig ist und die verbotene Eigenmacht schuldlos begeht.

Nach Ansicht des *BGH* bezieht sich das für eine Ersatzpflicht erforderliche Verschulden nicht auf das Recht zum Besitz. Ausreichend sei, wenn die spätere Eigentumsverletzung schuldhaft erfolge (*BGH* WM 1960, 1148; *H. Roth,* JuS 1997, 710, 712). An ein Eigentum des E und damit an seine eigene Berechtigung durfte B nur glauben, soweit die veräußerten Gegenstände in der Inventarliste aufgeführt waren. Im Übrigen musste B an seiner Berechtigung zweifeln. Die Veräußerung war deshalb fahrlässig und führt zur Ersatzpflicht nach den §§ 992, 823 I, 251 I.

Die h. L. wendet § 992 dagegen nur bei schuldhafter verbotener Eigenmacht an; die Besitzverschaffung muss selbst die schuldhafte Eigentumsverletzung enthalten (*Wolf/ Wellenhofer,* § 22 Rn. 33 f.). Glaubt der Täter dagegen, er sei Eigentümer, so werde der Besitz ohne schuldhafte Eigentumsverletzung erworben. Für die nachfolgende fahrlässige Weiterveräußerung haftet B dann nur nach § 990 (Soergel/*Stadler,* § 992 Rn. 2, 4). B war aber auch bei Veräußerung noch redlicher Eigenbesitzer. Nach § 993 I, 2. Hs. entfällt folglich die Schadensersatzpflicht. Nach §§ 816 I 1, 185 muss B aber den tatsächlich erzielten Veräußerungserlös an K herausgeben.

102. Aufwendungsersatz beim Rücktritt vom Kreditvertrag

K kaufte bei V einen gebrauchten Pkw auf Abzahlung unter Eigentumsvorbehalt. V trat vom Kreditvertrag zurück, weil K drei aufeinander folgende Raten, die 20 % des Kaufpreises ausmachten, nicht bezahlte und nahm den Pkw wieder an sich. In der Zwischenzeit hatte K einen Austauschmotor für

2.000 € einbauen sowie die Bremsbeläge für 250 € erneuern lassen. K begehrt Ersatz für diese Aufwendungen.
Zu Recht?

Nach §§ 508 II 1, 498 S. 1 ist V verpflichtet, K die empfangenen Leistungen zurückzugewähren. K erhält danach die geleisteten Raten einschließlich Teilzahlungszuschlägen zurück.

Für den Aufwendungsersatz durch den Kreditgeber gelten die §§ 508 II 3, 347 II 1. Nach § 347 II 1 kann K als Verbraucher stets vollen Ersatz notwendiger Aufwendungen verlangen; die Einschränkung nach § 994 I 2 gilt nicht (MüKo/*Gaier,* § 347 Rn. 18 f.; MüKo/*Schürnbrand,* § 508 Rn. 39; Jauernig/*Stadler,* § 347 Rn. 2).

Da ein Austauschmotor nicht wesentlicher Bestandteil des Pkw wird (s. o. Fall 78), wurde V nicht Eigentümer des Motors. Deshalb ist zweifelhaft, ob K bei der Rückgabe gleichwohl hierfür Verwendungsersatz verlangen kann oder auf sein Wegnahmerecht als Eigentümer beschränkt ist. Da der wirtschaftlich ausgerichtete Verwendungsbegriff nicht auf den Eigentumserwerb abstellt, hat die Rspr. den sachlich gebotenen Einbau eines Austauschmotors ohne weiteres als notwendige Verwendung behandelt (*Schmid,* JuS 1988, 289, 292; *Wieling,* S. 184).

Auch die Kosten für die Instandsetzung der Bremsen sind notwendige Verwendungen, weil sie zur Erhaltung des Lkw objektiv erforderlich sind.

Da § 994 I 2 hier nicht gilt, sind auch diese Kosten zu ersetzen. Allerdings muss K dem V nach §§ 346 I, II vollen Wertersatz für die gezogenen Nutzungen bezahlen.

103. Bauwerk als Verwendung

Die Siedlungsgesellschaft S errichtete 1952 einen Wohnblock. Infolge grober Fahrlässigkeit der S wurde ein Flügel des achtstöckigen Gebäudes auf einer Länge von 20m und in einer Tiefe von 10m über die Grundstücksgrenze auf ein anliegendes Grundstück des E gebaut. Alle Versuche von S, die überbauten Grundstücksteile käuflich oder durch Enteignung zu erwerben, schlugen fehl. E verlangt jetzt Herausgabe seines Grundstücks. S macht dagegen ein Zurückbehaltungsrecht für ihre anteiligen Bauaufwendungen in Höhe von 400.000 € geltend.
Wie ist über die Ansprüche zu entscheiden?

Hinweis: Ein Abbruch des Gebäudes ist nach öffentlichem Recht ausgeschlossen.

S hat kein Recht zum Besitz des überbauten Grundstücks, § 986. Die Voraussetzungen des § 912 I liegen nicht vor, vielmehr ist E gem. § 946 Eigentümer des Überbaus geworden (vgl. Fall 45). Deshalb ist S zur Herausgabe samt übergebautem Gebäudeteil verpflichtet, § 985.

Wegen ihrer Bauaufwendungen könnte S aber ein Zurückbehaltungsrecht aufgrund der §§ 994, 996, 1000 zustehen, da S von Anfang an unberechtigter Besitzer des Grundstücks war.

Die §§ 994 ff. unterscheiden zwischen notwendigen und nützlichen Verwendungen. Die Bebauung war zur Erhaltung bzw. Bewirtschaftung des Grundstücks sicher nicht erforderlich und damit nicht notwendig, §§ 994, 995. Zum Schutz des Eigentümers vor einer aufgedrängten Bereicherung verneint der *BGH* aber auch das Vorliegen einer nützlichen Verwendung, § 996, da man nicht von einer Verwendung sprechen könne, wenn ein Grundstück durch Bebauung grundlegend verändert werde (*enger Verwendungsbegriff*, BGHZ 41, 157, 160 = NJW 1964, 1125).

Auch einen Ausgleich gem. § 951 I 1 lehnt der *BGH* ab, weil die Regeln des Eigentümer-Besitzer-Verhältnisses gegenüber dem Bereicherungsrecht *Ausschließlichkeit* besäßen. Der *BGH* gewährt lediglich einen Aufopferungsanspruch, § 242, weil S sein nach § 997 I begründetes Wegnahmerecht nach öffentlichem Recht nicht ausüben darf (BGHZ 41, 157, 164 = NJW 1964, 1125; ablehnend *Müller*, Rn. 670).

In der Literatur wird diese Lösung als unbillig kritisiert, wenn eine Wegnahme möglich sei. Denn das Wegnahmerecht des § 997 I regle gerade den Fall, dass Verwendungen nicht zu ersetzen seien. Deshalb könne bei gesetzlichem Ausschluss des Wegnahmerechts nicht wieder Geld als Ersatz zu leisten sein. Scheitere eine Wegnahme aber bereits an § 997 II, 2. Fall (Abtrennung ohne Nutzen für Besitzer), so müsse S den Überbau ohne Zurückbehaltungsrecht herausgeben (*Gursky*, Rn. 170 ff.). Um den besitzenden Verwender dem nicht besitzenden gleichzustellen, wollen manche § 951 I 1 stets neben den §§ 987 ff. anwenden (so *Medicus/Petersen*, Rn. 897; *Lange/Schiemann*, S. 85). Aber damit würde die Beschränkung des Ersatzes durch § 996 unterlaufen. Deshalb ist § 951 I nur anwendbar, soweit die Aufwendungen des Besitzers keine Verwendung nach §§ 994 ff. bilden (Palandt/*Bassenge*, § 951 Rn. 23). Nach beiden Ansichten hat E hier gem. §§ 951 I 1, 812 I 1, 2. Fall, den Wert des in seinem Eigentum befindlichen Teils des Wohnblocks zu ersetzen. Insoweit hat S ein Zurückbehaltungsrecht gem. § 273.

Eine dritte Ansicht schützt den Besitzer vor einem ersatzlosen Verlust seiner Aufwendungen durch einen *weiten Verwendungsbegriff*. Verwendungen sind danach alle Vermögensaufwendungen, die der Sache (ohne Verarbeitung) zugute kommen sollen und ihren wirtschaftlichen Wert erhöhen (RGZ 152, 100; *Prütting*, Rn. 555; Bamberger/Roth/*Fritzsche*, § 994 Rn. 21). Diese Ansicht knüpft an die §§ 994 ff. an. Sie gelangt zu einem sachgerechten Interessenausgleich zwischen Eigentümer (Schutz vor aufgedrängter Bereicherung) und Besitzer (Aufwendungsersatz) ohne Rückgriff auf das allgemeine Bereicherungsrecht. Gem. § 996 hat E zudem nicht die vollen Aufwendungen der S zu ersetzen. Der Umfang der Ersatzpflicht richtet sich vielmehr nach der Werterhöhung des Grundstücks zur Zeit der Rückgabe. Nach h. M. hat E die objektive Wertsteigerung (des Verkaufswerts), nach anderen nur die Ertragssteigerung für die künftige Eigennutzung zu ersetzen (vgl. BGHZ 17, 236 = NJW 1955, 1106; *H. Roth*, JuS 2003, 937, 942).

104. Parkgebühr als Verwendung

D entwendet den Pkw des E, stellt ihn nach einigen Tagen in einem städtischen Parkhaus ab und lässt ihn dort stehen. 30 Tage später wird der Pkw bei einem Kontrollgang vom Parkwächter entdeckt. Nach zwei weiteren Tagen wird E als Eigentümer und Halter von der Polizei ermittelt. Die Stadt will den Pkw nur gegen Zahlung der Parkgebühren für die gesamte Zeit herausgeben. Zu Recht?

Mangels vertraglicher Bindung könnte E der Stadt nur als Eigentümer verpflichtet sein.

(1) Ein *Anspruch aus § 994* setzt voraus, dass die Stadt notwendige Verwendungen auf den Pkw gemacht hat. Verwendungen sind Aufwendungen, die die Sache wiederherstellen, erhalten oder verbessern. Die Aufbewahrung einer Sache ist zumindest dann eine erhaltende Verwendung, wenn der Platz sonst anderweitig genützt worden wäre. Entgeltliche Aufbewahrung im Parkhaus ist aber keine notwendige Verwendung (Palandt/*Bassenge,* § 994 Rn. 5), da ein Pkw auch auf der Straße abgestellt werden kann.

(2) Der Schutz im Parkhaus ist lediglich nützlich und führt damit allenfalls zu einem *Anspruch nach § 996.* Vor Entdeckung des Pkw war die Stadt aber nur Vermieterin des Stellplatzes, nicht Verwahrerin des Pkw. Denn an den eigenen eingebrachten Sachen mittelt der Mieter dem Vermieter keinen Besitz (MüKo/*Joost,* § 868 Rn. 64; Bamberger/Roth/*Fritzsche,* § 868 Rn. 18). Die Stadt war daher nicht (mittelbare) Besitzerin des Pkw. Nach der Entdeckung und Inbesitznahme war sie dagegen bösgläubig, weil sie wusste, dass ihr an einem gestohlenen Pkw kein Besitzrecht zukam. Deshalb entfällt auch ein Anspruch gem. § 996.

(3) Ein Anspruch auf *Aufwendungsersatz aus GoA* entfällt vor der Entdeckung, weil die Stadt mit dem Dieb einen Mietvertrag abgeschlossen hatte, nach Entdeckung, weil Aufwendungen für Parken nicht im Interesse des E liegen, §§ 677, 683 S. 1.

(4) Eine *Verwendungskondiktion* nach § 812 I 1, 2. Fall, scheitert, weil E weder einen Vermögensvorteil erlangt noch eigene Aufwendungen erspart hat.

(5) Ein Besitzrecht wegen eines *Vermieterpfandrechts,* §§ 562, 562b, besteht nicht, da der Pkw nicht Eigentum des D ist.

105. Vertraglicher Ausschluss des Aufwendungsersatzes

Sohn S ließ auf seinem Grundstück für 45.000 € aus Mitteln seiner Mutter M einen Anbau errichten, den M seither bewohnt. Als Gegenleistung versprach S der M formlos, ihr zeitlebens unentgeltlich Wohnung in dem Anbau zu gewähren. Auf eine dingliche Sicherung wurde verzichtet. Später schenkte S das Grundstück seiner Ehefrau F. Nach ihrer Scheidung von S verlangt F von M Räumung des Anbaus. M meint, F müsse ihr wenigstens Zug um Zug ihre Aufwendungen für den Anbau ersetzen. Zu Recht?

M hat gegenüber F kein Recht zum Besitz, § 986 I 1. Die Vereinbarung mit S hat anders als ein dingliches Wohnungsrecht, § 1093, keine Wirkung gegenüber F. § 566 I ist nach h. M. auf andere Verträge als Miete oder Pacht nicht anwendbar, die

die Gebrauchsüberlassung einer Wohnung zum Inhalt haben (Palandt/*Weidenkaff*, § 566 Rn. 2). (Legt man die Vereinbarung zwischen M und S dagegen als Miet- verhältnis aus, so war dieses mangels Schriftform nach § 550 auf unbestimmte Zeit geschlossen und nach Ablauf des ersten Jahres kündbar.)

Dem Räumungsanspruch, § 985, könnte M einen Anspruch auf Verwendungsersatz entgegenhalten, §§ 996, 999 II, 1000. Da ein Anbau ein Hausgrundstück nicht wesentlich verändert, sind die Aufwendungen hierfür auch nach Ansicht des *BGH* (s. o. Fall 103) Verwendungen, freilich lediglich nützliche, nicht notwendige. Da der Grundstückswert durch den Anbau z. Zt. des Herausgabeverlangens der F noch erhöht ist, liegen die Voraussetzungen von § 996 an sich vor.

Die §§ 994 ff. gelten jedoch nur subsidiär, soweit zwischen Eigentümer und Besitzer nichts anderes vereinbart wird. Mit der Vereinbarung eines lebenslangen Wohnrechts hatten S und M aber einen anderen Ausgleich als über §§ 994 ff. vereinbart. Nach § 999 II würde F nur in einen bereits zuvor gegenüber S bestehenden Anspruch eintreten: der Besitzer soll durch den Eigentumswechsel weder besser noch schlechter gestellt werden. Da ein Verwendungsersatzanspruch kraft Sondervereinbarung aber nicht entstanden ist, ändert der Eigentumswechsel daran nichts. M hat den Anbau daher ohne Einschränkung zu räumen (vgl. *BGH* NJW 1979, 716). Das Fehlen einer dinglichen Sicherung des Wohnrechts lässt sich nicht korrigieren.

106. Aufwendungsersatz bei nichtigem Werkvertrag

Josef Eigl hat seinen Pkw bei der Kfz-Werkstatt W mit Nebelscheinwerfern ausstatten lassen. Als alter Kunde erhält er den Pkw ohne Zahlung ausgehändigt. Drei Tage später gerät er in ein Nebelloch auf der Autobahn; es kommt ohne sein Verschulden zum Totalschaden an seinem Pkw. Nun meldet sich sein Vermögensbetreuer RA Bräu. Er deckt auf, dass Josef Eigl seit längerem geisteskrank ist und verweigert die Zahlung der Reparaturrechnung. Zu Recht?

Als Geisteskranker konnte Josef Eigl keinen Reparaturvertrag abschließen (§ 104 Nr. 2). Da sein Betreuer (§ 1902) eine Bestätigung (§ 141 I) sinngemäß verweigert, hat W keinen Werklohnanspruch (§ 631).

Ein Anspruch auf Wertersatz aus Leistungskondiktion (§§ 812 I 1, 1. Fall, 818 II) wäre mit Wegfall der Bereicherung entfallen. Zweifelhaft ist aber, ob Bereicherungs- recht hier überhaupt anwendbar ist. Da der Werkvertrag unwirksam war, hat W den Pkw als Fremdbesitzer ohne Recht zum Besitz repariert und könnte nach §§ 996, 1001 S. 1, 1002 I Verwendungsersatz verlangen. Auf einen Wegfall der Bereicherung kann sich E insoweit nicht berufen.

Nach h. M. sollen die §§ 987 ff., insb. §§ 994 ff., als abschließende Sonderregeln Bereicherungsansprüche verdrängen (BGHZ 41, 157 = NJW 1964, 1125; *BGH* JZ 1996, 366). Andere meinen dagegen, die Abwicklung gescheiterter Verträge müsse stets über die Leistungskondiktion erfolgen (*Prütting*, Rn. 556). Wieder andere wollen von einer Anspruchskonkurrenz ausgehen (so *Canaris*, JZ 1996, 344; *Medi-*

cus/Petersen, Rn. 894). Nach dem Schutzzweck erscheint hier ein Vorrang der Leistungskondiktion jedoch angemessen zu sein.

107. Zurückbehaltungsrecht für Verwendungsersatz an bestellerfremden Sachen

E erhielt von S einen Lkw zur Sicherung eines Darlehens übereignet. S verpflichtete sich, den Lkw instand zu halten.
a) Nach einem Verkehrsunfall lässt S den Lkw bei B reparieren. Nach Abschluss der Reparatur kündigt E den Sicherungsvertrag wegen erheblicher Tilgungsrückstände des S und verlangt von B Herausgabe des Lkw. B ist dazu nur gegen Zahlung der Reparaturkosten von 1.500 € bereit. Zu Recht?
b) S ließ die laufenden Wartungen und kleineren Reparaturen bei B auf Kredit ausführen. Bei der letzten Reparatur mit Kosten von 300 € war S dem B insgesamt 1.500 € Werklohn schuldig. B behielt nun den Lkw zurück. Kann er sich nach Eintritt des Sicherungsfalles gegenüber dem Herausgabeanspruch des E auf die offenen Werklohnforderungen berufen?

a) Nach der Rspr. erwirbt der Werkunternehmer B an Sachen, die dem Besteller nicht gehören, kein gesetzliches Unternehmerpfandrecht, § 647, und zwar weder kraft guten Glaubens noch aufgrund einer Einwilligung des Eigentümers in die Reparatur (s. u. Fall 206). Es erscheint aber als unbillig, dass B seine faktische Sicherheit ohne Gegenleistung herausgeben müsste und er sich nur an seinen Vertragspartner S halten könnte, obwohl seine Werkleistung den Wert des Lkw erhöht hat. Der *BGH* billigt deshalb B einen Verwendungsersatzanspruch gem. § 994 zu, obgleich zur Zeit der Reparatur noch keine Vindikationslage E-S bestand und B somit gegenüber E zum Besitz berechtigt war. Denn nach Eintritt der Vindikationslage soll der zuvor besitzberechtigte Fremdbesitzer nicht schlechter gestellt sein als ein gutgläubiger, von Anfang an nicht berechtigter Fremdbesitzer (BGHZ 34, 122 = NJW 1961, 499; BGHZ 131, 220 = NJW 1996, 921). Gegen diese Lösung sprechen sicher Wortlaut und Systematik der §§ 987 ff., die eine Vindikationslage z. Z. der Verwendung voraussetzen (*H. Roth,* JuS 1997, 518, 521 u. JuS 2003, 937, 939; Bamberger/Roth/*Fritzsche,* § 994 Rn. 4 f.). Auch könnte man einwenden, S veranlasse die Reparatur des Lkw auf eigene Rechnung. Deshalb sei er und nicht B Verwender i. S. des § 994 (*Medicus/Petersen,* Rn. 591). Da der Eigentümer mit der Besitzüberlassung an einen Vertragspartner den Herausgabeanspruch nicht gegenüber Dritten verliert, lässt sich B nur durch eine analoge Anwendung der §§ 994 ff. ausreichend schützen (*Prütting,* Rn. 557; s. u. Fall 206). Da Reparaturkosten notwendige Verwendungen sind, braucht B den Lkw somit gem. §§ 994 I 1, 1000 S. 1 nur gegen Befriedigung seiner Werklohnforderung herauszugeben.

b) Das Zurückbehaltungsrecht nach § 1000 S. 1 ist nur ein Leistungsverweigerungsrecht gegenüber dem Herausgabeanspruch des Eigentümers gem. § 985 wegen der Verwendungen, deren Ersatz aus dem konkreten Anlass vom Eigentümer verlangt werden kann. Denn gem. § 1002 I erlischt der Anspruch nach § 994 I gegenüber dem Eigentümer, sobald die Sache vorbehaltlos herausgegeben wird. Auch aus § 1001 ergibt sich mittelbar, dass für die Verwendungen vor Rückgabe der Sache allenfalls noch ein Zahlungsanspruch besteht. Ein Zurückbehaltungsrecht kann daher nur wegen der letzten Reparaturforderung in Höhe von 300 € geltend gemacht werden (BGHZ 87, 274 = NJW 1983, 2140; aber s. u. Fall 202).

3. Abwehransprüche

108. Haftung des Handlungsstörers

K erwarb von V ein Grundstück zur Errichtung eines Bürohochhauses. Beim Ausheben der Baugrube stößt die beauftragte Baufirma auf durch Tetrachlorethyl konterminierten Boden; die Schadstoffe waren jahrelang vom benachbarten Betriebsgelände des B aus in den Boden gesickert.
a) K verlangt, dass B das verseuchte Erdreich ausbaggern und entsorgen lässt. B meint, da er seinen Betrieb seit Jahren eingestellt habe, schulde er nichts. Ein Verschulden sei ihm nach damaligem Wissensstand nicht vorzuwerfen. Wer hat Recht?
b) K lässt das Erdreich für 700.000 € beseitigen. Kann er von B Ersatz dieser Aufwendungen verlangen?

a) Nach § 1004 I 1 kann K von B *Beseitigung der Beeinträchtigung* verlangen. Diese hält an, solange die Schadstoffe im Boden sind. B hört nicht auf, Handlungsstörer zu sein, nur weil er seinen Betrieb eingestellt hat (*BGH* NJW 1996, 845, 846 = JZ 1996, 682 m. krit. Anm. *Gursky*).

Auf eine deliktische Haftung (§§ 823 I, 249) kommt es daher nicht an (krit. *Lohse*, AcP 201 (2001), 902).

b) Beseitigt K die Störung selbst, so besorgt er ein B obliegendes *Geschäft ohne* dessen *Auftrag.* Nach §§ 677, 683 S. 1, 670 kann er Ersatz seiner Aufwendungen verlangen, sofern nicht der Wille des B entgegenstand (BGHZ 110, 313, 315 = NJW 1990, 2058 f.; BGHZ 142, 227 = NJW 1999, 3633, 3635).

Zumindest hat K den B von einer Verpflichtung befreit und ihn dadurch in sonstiger Weise bereichert *(Aufwendungskondiktion)*, §§ 812 I 1, 2. Fall, 818 II (BGHZ 97, 231 = NJW 1986, 2640). B muss also die Beseitigungskosten ersetzen. Ein Übergriff in das Schadenersatzrecht liegt darin nicht.

109. Beseitigungsanspruch des Rechtsnachfolgers

Mit Einverständnis des damaligen Eigentümers E errichtete die Elektrizitäts-AG auf dem Grundstück des E einen Leitungsmast zur Verlegung einer Freileitung in 10m Höhe. E bezog seinen Strom nicht von dieser Leitung. Eine Grunddienstbarkeit wurde nicht vereinbart. Einige Jahre später veräußerte E das Grundstück an K. Dieser verlangt nun von der AG die Beseitigung des Mastes und der Freileitung über seinem Grundstück.
Zu Recht?

Nach § 1004 I 1 kann K Beseitigung verlangen, sofern er die Beeinträchtigung nicht zu dulden hat (vgl. *E. Herrmann*, JuS 1994, 273). Da eine Grunddienstbarkeit, § 1018, nicht bestellt wurde, besteht für K keine Duldungspflicht. Die lediglich schuldrechtliche Gestattung durch E bindet ihn als Sonderrechtsnachfolger nicht. K muss daher den Mast, aber auch die Leitung selbst, § 905 S. 2, nicht dulden, § 903. Mit der Veräußerung des Grundstücks wurde somit der bis dahin legale Zustand rechtswidrig. Schwierigkeiten bereitet diese Vorstellung, wenn man den negatorischen Anspruch des § 1004 auf ein rechtswidriges Verhalten zurückführen will. Problemloser erklärt sich die Haftung dagegen als Pflicht, eine nicht (mehr) berechtigte tatsächliche Inanspruchnahme fremden Eigentums wieder zu beseitigen.

Eine Duldungspflicht folgt auch nicht aus dem allgemeinen öffentlichen Interesse an einer geregelten Stromversorgung. Denn die AG kann vertraglich dingliche Nutzungsrechte vereinbaren und sich notfalls eine Dienstbarkeit durch Enteignung, § 45 EnWG, beschaffen.

Nach § 906 muss K Mast und Leitung ohne Bestellung eines dinglichen Rechts allenfalls dann dulden, wenn die Beseitigung im konkreten Einzelfall wirtschaftlich unzumutbar ist (BGHZ 66, 37 = JZ 1976, 369 m. Anm. *Picker*).

110. Haftung des mittelbaren Störers

N ist Nachbar der Fleischwarenfabrik des E. Durch den Einbau größerer Kühlaggregate und Ventilatoren entsteht Tag und Nacht eine für N unzumutbare Lärmbelästigung. Auf Abmahnung durch N behauptet E zu Unrecht, der Lärm sei ortsüblich und deshalb zu dulden. Während beide Seiten noch über die Ortsüblichkeit streiten, verpachtet E die Fabrik an P, der den Betrieb unverändert fortführt.
Wen kann N jetzt auf Unterlassung in Anspruch nehmen?

Nach § 1004 I 2 kann N von P *Unterlassung* der weiteren Lärmbelästigung verlangen, da er diese nicht nach § 906 II zu dulden hat (§ 1004 II).

Zweifelhaft ist dagegen, ob N die Unterlassung auch von E als mittelbarem Störer verlangen kann. Da E den störenden Betrieb verpachtet und damit eine Fortsetzung der Störung ermöglicht hat, ist er weiterhin Veranlasser des Lärms und damit Störer (BGHZ 41, 393, 397 = NJW 1964, 1794; *Medicus/Petersen*, Rn. 447; *Brehm/Berger*, § 7 Rn. 23).

Allerdings kann E entsprechend § 275 nur dann verurteilt werden, wenn er in der Lage ist, die Lärmbelästigung zu beenden (vgl. *BGH* NJW 1982, 440). Hat E dem P den Besitz des Fabrikgebäudes überlassen, so ist er durch § 858 I gehindert, die Störung unmittelbar zu beseitigen. Auch ein Unterlassungsanspruch gem. §§ 581 II, 541 besteht nicht, da P die Fabrik vertragsgemäß wie übernommen fortführen darf. E kann aber den Pachtvertrag (aus wichtigem Grund) kündigen, wenn P die Störung fortsetzt. Eine Abhilfe durch E ist deshalb möglich (str., vgl. *Lutter/Overrath*, JZ 1968, 345, 353 f.); die Unterlassungsklage ist auch ihm gegenüber begründet.

111. Zustandsstörung

Ein Orkan entwurzelt eine große alte Fichte im Garten des Eyk, wirbelt sie durch die Luft und wirft sie auf das Hausdach des Neff, das erheblich beschädigt wird. Muss Eyk die Fichte beseitigen und die Reparaturkosten bezahlen?

(1) *Beseitigungsanspruch, § 1004 I 1*

Das Wüten des Orkans hat zu einer Beeinträchtigung des Eigentums des Neff geführt. Ob diese Störung dem Eyk zugerechnet werden kann, ist streitig.

Überwiegend wird angenommen, die Störung müsse sich entweder aus menschlichem Handeln ergeben *(Handlungsstörer)* oder ein störender Zustand müsse auf pflichtwidriges menschliches Handeln zurückzuführen sein *(Zustandsstörer)*. Beeinträchtigungen, die ausschließlich auf Naturkräfte zurückgehen, erfüllten den Tatbestand des § 1004 nicht. Dies ergebe die Parallele zu den §§ 907, 908 (BGHZ 122, 283 = JR 1994, 65 m. Anm. *Littbarski*; *BGH* NJW 1995, 2633; eingehend *Neuner*, JuS 2005, 385, 387 ff. u. 487 ff.; *Lettl*, JuS 2005, 871, 872 ff.). Der bloße Umstand des Eigentums an einem Grundstück soll die Störereigenschaft nicht begründen. Die Beeinträchtigung muss wenigstens mittelbar auf den Willen des Eigentümers zurückgehen (vgl. BGHZ 142, 66, 69 = NJW 1999, 2896; s. auch BGHZ 157, 33 = NJW 2004, 1037).

Andere wollen die Grenzen der Zustandshaftung für Störungen, die vom Eigentum ausgehen, weiter ziehen. Aus dem Eigentum selbst ergebe sich eine Garantenstellung *(Eigentumstheorie)*, die zur Beseitigung der Beeinträchtigung in den Grenzen des Zumutbaren verpflichte (*Prütting*, Rn. 574). Dem ist zuzustimmen. Denn wäre der Baum auf die öffentliche Straße gefallen, so müsste ihn Eyk nach Ordnungs- bzw. Polizeirecht beseitigen oder doch die Beseitigungskosten tragen. Soweit nach öffentlichem Recht höhere Gewalt zugerechnet wird, sollte dies auch im Zivilrecht gelten (vgl. *Stickelbrock*, AcP 197 (1997), 456).

Wer den Tatbestand des § 1004 ablehnt, kommt oft zu dem gleichen Ergebnis, indem er eine Beseitigungspflicht aus dem *nachbarrechtlichen Gemeinschaftsverhältnis*, § 242, herleitet (BGHZ JZ 1959, 165 m. Anm. *Pleyer*). Danach hat Eyk die Fichte auf seine Kosten zu beseitigen.

(2) *Ersatz der Reparaturkosten, §§ 823 I, 249 II 1*

§ 1004 verpflichtet nur zur Beseitigung der Störung, nicht zur Folgenbeseitigung durch Herstellung des früheren Zustandes (vgl. *BGH* JZ 1996, 682 m. Anm. *Gursky*). Die Reparaturkosten könnte Neff daher nur als Schadensersatz nach Deliktsrecht ersetzt verlangen. Der Anspruch scheitert aber am fehlenden Verschulden des Eyk.

4. Eigentumsvermutung

112. Eigentumsvermutung

Graf E bewohnte Schloss „Hohenegg", sein Sohn S ein Nebengebäude. Als S heiratete, übereignete ihm E im Wege vorweggenommener Erbfolge Teile des Familienbesitzes, darunter Möbel des Schlosses. Von einer Übergabe sah man

ab, die Einrichtung des Schlosses blieb unverändert. Jahre später überließ E das Schloss dem S und zog in ein Jagdhaus in Bayern. Als S sich anschickte, Gemälde aus der Eingangshalle des Schlosses zu verkaufen, klagte E gegen ihn auf deren Herausgabe. Im Prozess machte S geltend, auch diese Gemälde seien ihm anlässlich seiner Heirat übereignet worden.
a) Wer obsiegt, wenn die Einbeziehung der Gemälde in den seinerzeitigen Vertrag nicht geklärt werden kann?
b) Als S noch bei E wohnte, hatte E einen Flügel aus dem Schloss in das Haus des S schaffen lassen. Auch ihn verlangt er jetzt heraus. E behauptet Leihe, S Schenkung.
Erhält E den Flügel, wenn weder er noch S ihre Ansicht beweisen können?

a) Steht weder das Eigentum des E noch das des S fest, so kommt es für den Erfolg der Herausgabeklage, § 985, auf die Verteilung der Beweislast an. Nach allgemeinen Grundsätzen hätte E sein derzeitiges Eigentum nachzuweisen, da er daraus Rechte ableitet. Davon ist er jedoch befreit, wenn zu seinen Gunsten die Eigentumsvermutung des § 1006 spricht.

Nach dessen Wortlaut ist allerdings der frühere Besitzer nur für die Dauer seines Besitzes als Eigentümer zu vermuten, § 1006 II, der gegenwärtige Besitzer dagegen als Eigentümer, § 1006 I. Der Wortlaut des § 1006 ist aber mehrfach missverständlich.

Zunächst ist E als früherer Eigenbesitzer auch für die Zeit nach seinem Besitzverlust als Eigentümer zu vermuten. § 1006 II enthält keine Verlustvermutung zu Lasten des früheren Besitzers, sondern stellt nur klar, dass die Vermutung für den früheren Besitzer durchbrochen ist, wenn für den gegenwärtigen § 1006 I spricht (Staudinger/*Gursky,* § 1006 Rn. 19).

Ferner gilt § 1006 I zugunsten des gegenwärtigen Besitzers (S) nur insoweit, als sein Eigentumserwerb *bei Eigenbesitzerwerb* zu vermuten ist. Denn die Vermutung des § 1006 baut darauf auf, dass nach §§ 929 ff. der Besitz grundsätzlich zusammen mit dem Eigentum erworben wird. Ist dies nicht der Fall, so gilt auch die Eigentumsvermutung nicht (§ 1006 I 2). Sie greift also nicht ein, wenn der Besitzer geltend macht, schon vor oder erst nach dem Erwerb des Besitzes Eigentümer geworden zu sein (Brehm/Berger, § 7 Rn. 81). Da S anlässlich der Heirat Eigentümer geworden sein will, unmittelbarer Besitzer der Gemälde jedoch erst beim Wegzug des E wurde, kann er sich nicht auf § 1006 I stützen (*Wieling,* S. 196).

§ 1006 III (s. hierzu *BGH* JZ 1969, 433) kann zugunsten des S nicht angewendet werden weil sein mittelbarer Besitz (§ 868) nicht feststeht. Besitzmittler wäre E nur gewesen, wenn er die Gemälde an S übereignet hätte. Dies ist aber gerade offen geblieben.

Es bleibt mithin bei der Vermutung für das Eigentum des E aus § 1006 II. Die Herausgabeklage hat Erfolg (*BGH* NJW 1984, 1456; a. A. *Wolf/Wellenhofer,* § 21 Rn. 12).

b) Wie im Fall a) ist ungeklärt, ob E an S Eigentum übertragen hat. S macht jetzt aber geltend, das Eigentum zusammen mit dem Besitz erworben zu haben. § 1006 I greift daher zu seinen Gunsten ein. Das „non-liquet" geht hier zu Lasten des E. Wenn er den Abschluss eines Leihvertrages nicht beweisen kann, ist seine Klage auf Herausgabe unbegründet (*BGH* FamRZ 1970, 586; dazu *Hadding,* JuS 1972, 183 ff.). Der Leihe haftet, wenn man so will, ein gewisses „Schenkungsrisiko" an.

V. Sonderformen des Eigentums

1. Miteigentum

---

113. Belastung von Miteigentum

Die Brüder A und B sind Miteigentümer eines Eigenheims. A möchte das Haus beziehen und nach seinem Geschmack leicht umbauen. B ist damit einverstanden. Er möchte aber Miteigentümer bleiben.
a) Kann für A eine Wohnberechtigung auf Lebenszeit dinglich gesichert werden?
b) B möchte monatlich ein Entgelt für die Gebrauchsgewährung erhalten. Kann auch dieses dinglich gesichert werden?
c) Für den Umbau benötigt A einen Immobiliarkredit der D-Bank. Kann er dieser eine Hypothek bestellen?

---

a) Erbbaurecht, § 1 ErbbauRG, und Dauerwohnrecht gem. §§ 31 ff. WEG sind veräußerlich und vererblich. Sie gehen deshalb zu weit. Ein Erbbaurecht muss zudem für eine fest bestimmte Zeit bestellt werden. In Betracht kommt auch ein Nießbrauch am Miteigentumsanteil des B gem. §§ 1030, 1066. Dieser gewährt aber ein umfassendes Nutzungsrecht, einschließlich des Rechts zur Vermietung, und geht deshalb ebenfalls über das Gewollte hinaus.

Auf Lebenszeit des A und nur für ihn und seine Familie kann dagegen nach § 1093, 1061 als beschränkte persönliche Dienstbarkeit für A ein *dingliches Wohnungsrecht* bestellt werden. Diese Dienstbarkeit belastet das gesamte Grundstück; nur am Anteil des B kann sie nicht bestellt werden. Um die Belastung der gesamten Sache zu ermöglichen, lässt § 1009 I als Ausnahme von § 181 die Belastung auch des Anteils des A zu seinen eigenen Gunsten ausdrücklich zu.

b) Zur *dinglichen Sicherung der Gegenleistung* des A kann der Bestand bzw. die Ausübung des Wohnungsrechts von der fristgerechten Zahlung abhängig gemacht werden, § 158 II. Die Bedingung bedarf der Eintragung im Grundbuch, eine Bezugnahme auf die Eintragungsbewilligung genügt nicht (str., vgl. Palandt/*Bassenge,* § 874 Rn. 5).

c) Nach § 1114 kann ein Miteigentumsanteil nach Bruchteilen mit einer *Hypothek* belastet werden. Einer Zustimmung des B bedarf es nicht, § 747 S. 1, sofern die D-Bank mit dieser Sicherheit zufrieden ist.

---

114. Rechte aus Miteigentum und Wohnungseigentum

Die Geschwister A und B sind Miteigentümer eines Hausgrundstücks. M, der Mieter einer der Erdgeschosswohnungen, lässt eines Tages auf dem Grund-

stück eine hohe Buche fällen, weil der Baum ihm im Sommer das Licht raubt. A ist damit nicht einverstanden und klagt gegen M auf Ersatz des den Eigentümern entstandenen Schadens.
a) Zu Recht?
b) A und B erheben eine entsprechende Klage gemeinsam. In der mündlichen Verhandlung erscheint nur A. Ergeht auf Antrag des M gegen B ein Versäumnisurteil?
c) Das Haus besteht aus Eigentumswohnungen. A beklagt, dass die Buche seiner eigenen Wohnung im ersten Stock Sicht- und Lärmschutz geboten habe. Auf einer Eigentümerversammlung findet sein Antrag, M auf Schadenersatz und Anpflanzung eines neuen Baumes zu verklagen keine Mehrheit, weil B die Aktion seines Mieters billigt. Dennoch klagt A gegen M auf Schadenersatz an die Wohnungseigentümer, hilfsweise an sich selbst, weil nur er durch das Fällen der Buche geschädigt sei. Mit Erfolg?

a) *Schadenersatz* wegen Verletzung des gemeinschaftlichen Eigentums (§§ 823 I, 93, 94 I 2) steht allen Miteigentümern gemeinschaftlich zu. Nach § 1011 kann aber jeder Miteigentümer Ansprüche aus dem gemeinschaftlichen Eigentum Dritten gegenüber ohne Ermächtigung der anderen Miteigentümer geltend machen. Diese Befugnis ist materielles Sonderrecht jedes Miteigentümers und begründet zugleich eine gesetzliche Prozessführungsbefugnis auf Leistung an alle Miteigentümer (BGHZ 121, 22, 24 = NJW 1993, 727 f.).

b) Gemäß § 330 ZPO ergeht gegen B Versäumnisurteil, sofern er nicht gemäß § 62 I ZPO durch A als vertreten gilt. Ob Miteigentümer *notwendige Streitgenossen* sind, ist streitig. Da jeder von ihnen nach § 1011 eine Einzelprozessführungsbefugnis hat, müssen sie nicht notwendig gemeinsam klagen. Jedoch könnte die Notwendigkeit bestehen, die Ansprüche der Miteigentümer einheitlich festzustellen und die Streitgenossenschaft deshalb eine notwendige sein (so Thomas/Putzo/*Hüßtege*, § 62 Rn. 8; Zöller/*Vollkommer*, § 62 Rn. 16; Soergel/*Stürner*, § 1011 Rn. 2). Hiergegen spricht freilich, dass ein klageabweisendes Urteil auf Einzelklage keine Rechtskrafterstreckung zu Lasten anderer Miteigentümer hat. Kann danach in nacheinander stattfindenden Prozessen unterschiedlich entschieden werden, so muss auch in einem gleichzeitigen Verfahren nicht einheitlich entschieden werden. Die Miteigentümer sind daher stets nur einfache Streitgenossen (BGHZ 92, 351 = JZ 1985, 633 m. abl. Anm. *Waldner;* Musielak/*Weth*, § 62 Rn. 7). Gegen B ergeht daher Versäumnisurteil.

c) Die Buche war gemeinschaftliches Eigentum der Wohnungseigentümer (§ 1 V WEG). Nach §§ 10 I 1 WEG, 1011 BGB könnte A wieder das Recht haben, den gemeinschaftlichen Anspruch auf Schadensersatz geltend zu machen. § 21 I WEG enthält jedoch eine Sonderregelung. Danach steht die Verwaltung des gemeinschaftlichen Eigentums nur allen Wohnungseigentümern gemeinsam zu. Hierzu gehören auch der Anspruch auf Naturalrestitution (Wiederanpflanzen, § 249 I) wie der auf Geldersatz (§ 249 II 1). Der einzelne Wohnungseigentümer kann diese Ansprüche nicht ohne Ermächtigung durch einen Beschluss der Wohnungseigentümerversammlung geltend machen. Der Hauptantrag ist daher unzulässig (BGHZ 121, 22, 25 ff. = NJW 1993, 727).

Soweit A dagegen eine Verletzung seines Sondereigentums behauptet, könnte ihm ein eigener Individualanspruch zustehen. Mit dem Wegfall des Sicht- und Lärmschutzes macht A jedoch nur Folgen der Verletzung des gemeinschaftlichen Eigentums, nicht aber einen Eingriff in sein Sondereigentum geltend (*BGHZ* 121, 22, 29 = NJW 1993, 727, 729). Der Hilfsantrag ist daher unbegründet.

2. Wohnungseigentum

115. Vertragliche Begründung von Wohnungseigentum

Auf Inserate der Baubetreuungs-GmbH A haben sich zwölf Interessenten gefunden, die gemeinsam als Bauherren ein äußerlich schönes Altbaugebäude von A erwerben, es modernisieren und dabei Eigentumswohnungen, Büros und Läden errichten wollen.
Wie ist dieses Ziel sachenrechtlich zu erreichen?

Die Interessenten können das Hausgrundstück durch notariellen Kaufvertrag, § 311b, und durch Auflassung und Eintragung im Grundbuch, §§ 873, 925, zu Miteigentum nach Bruchteilen (i. d. R. entsprechend dem Wertverhältnis ihres künftigen Sondereigentums) erwerben.

Nach den §§ 2, 3 WEG können sie dann durch gemeinsamen Vertrag Wohnungseigentum an einer abgeschlossenen Wohnung, § 1 II WEG, und Teileigentum an Büros und Läden, § 1 III WEG, als Sondereigentum abweichend von § 93 BGB begründen (vgl. *Armbrüster,* JuS 2002, 141, 142). Gemäß § 5 WEG bleiben wesentliche Bestandteile des Gebäudes aber zwingend gemeinschaftliches Eigentum aller Wohnungseigentümer (vgl. *BGH* DNotZ 2013, 522; dazu *Hügel/Elzer,* DNotZ 2013, 487). Die Abgrenzung von Sondereigentum von anderem Sondereigentum oder Gemeinschaftseigentum richtet sich nach dem Aufteilungsplan; eine Abgrenzung durch reale Mauern ist nicht erforderlich (BGHZ 177, 345 = NJW 2008, 2982). Nach § 4 I, II WEG bedarf die dingliche Einigung über die Einräumung des Sondereigentums der Form der Auflassung und der Eintragung im Grundbuch. Für jedes Sondereigentum ist ein besonderes Wohnungs- bzw. Teileigentumsgrundbuch anzulegen, § 7 I WEG. (Auch der entsprechende schuldrechtliche Vertrag bedarf notarieller Form, § 4 III WEG.)

Die Auflassung von A an die Interessenten und die Einräumung des Sondereigentums können in einem Vertrag erfolgen und gleichzeitig vollzogen werden (Soergel/ *Stürner,* § 4 WEG Rn. 2).

116. Vorratsteilung

Bauunternehmer B ist Eigentümer eines größeren Baugrundstücks. Er möchte darauf zehn exklusive Eigentumswohnungen errichten.
a) Wie kann B die Wohnungen – nach Möglichkeit vor Beginn der Bauarbeiten – an Interessenten veräußern?

b) Das Grundstück ist noch mit einer Restkaufpreishypothek der D-Bank belastet. Bedarf B deren Zustimmung, um sein Vorhaben verwirklichen zu können?
c) Kann sich B selbst für die ersten Jahre zum Verwalter bestellen?

a) In der Praxis entsteht Wohnungseigentum meist durch *Vorratsteilung* des Eigentümers des Grundstücks, §§ 2, 8 WEG. B hat dazu gegenüber dem Grundbuchamt in mindestens öffentlich beglaubigter Form, § 29 GBO, eine Teilungserklärung abzugeben und einen Aufteilungsplan sowie eine Bescheinigung der Baubehörde vorzulegen, dass jeder Teil in sich abgeschlossen ist, §§ 7 IV, 3 II WEG. Diese Teilungserklärung kann auch auf Vorrat noch vor Errichtung des Gebäudes im Grundbuch vollzogen werden (BGHZ 110, 36 = NJW 1990, 1111; BGHZ 177, 345 = NJW 2008, 2982; *Brehm/Berger,* § 25 Rn. 18).

Zum Vollzug der Teilungserklärung legt das GBA für jeden Miteigentumsanteil ein besonderes Wohnungsgrundbuchblatt an, §§ 8 II 1, 7 I WEG. Mit dessen Erstellung wird die Teilung wirksam, § 8 II 2 WEG. Der bisherige Eigentümer des Grundstücks wird Inhaber sämtlicher Wohnungseigentümerrechte. Von diesem Augenblick an kann die Veräußerung des Wohnungseigentums durch Auflassung im Grundbuch vollzogen und eine Vormerkung für die Käufer eingetragen werden.

B kann Wohnungseigentum freilich schon vor Anlegung der Wohnungsgrundbücher veräußern, sobald ein Aufteilungs- bzw. Bauplan vorliegt und die Miteigentumsanteile, § 1 II WEG, bestimmt sind. Zur Sicherung des Käufers auf Übertragung eines Miteigentumsanteils und Einräumung von Sondereigentum an einer Wohnung kann B bereits vor Bildung des Wohnungsgrundbuchs eine Vormerkung im Grundbuch des Gesamtgrundstücks eintragen lassen (vgl. Palandt/*Bassenge,* § 8 WEG Rn. 4, 5). Auf eine derartige Vormerkung wird aber meist verzichtet.

b) Die Belastung des Grundstücks mit einem Grundpfandrecht hindert nicht die Aufteilung in Wohnungseigentum. Da das Haftungsobjekt insgesamt nicht verändert wird, bedarf es keiner Zustimmung der D-Bank (Palandt/*Bassenge,* § 3 WEG Rn. 1). Die Hypothek am Grundstück wird aber Gesamthypothek, § 1132, an allen neu entstehenden Miteigentumsteilen (*BGH* NJW 1976, 2340; s. o. Fall 18).

c) Nach § 26 I WEG wird der Verwalter für höchstens fünf Jahre durch Vereinbarung der Wohnungseigentümer bestellt. Nach den §§ 8 II 1, 5 VI WEG kann diese Vereinbarung aber durch den Eigentümer in der Teilungserklärung vorweggenommen und zum Inhalt des Sondereigentums gemacht werden. Auf diese Weise kann er sich selbst mit Wirkung für die Erwerber der Eigentumswohnungen zum Verwalter bestellen. Aufgrund dieses Bestellungsaktes in der Teilungserklärung muss aber noch ein Verwaltervertrag abgeschlossen werden (vgl. Palandt/*Bassenge,* § 26 WEG Rn. 12 ff.). Die vorherige Abberufung durch die Wohnungseigentümer kann auf den Fall des wichtigen Grundes beschränkt werden, § 26 I 3 WEG.

117. Veräußerung eines Kfz-Stellplatzes in der Wohnungseigentumsanlage

Frau E ist Eigentümerin einer Zweizimmerwohnung in einer Eigentumswohnanlage. Zur Wohnung gehört ein Kfz-Stellplatz in einer Tiefgarage. Da Frau E

keinen Pkw besitzt, hat sie den Stellplatz an ihren Wohnungsnachbarn N vermietet, der darauf seinen Zweitwagen abstellt. N möchte den Stellplatz auf Dauer erwerben. Wie kann dies geschehen, wenn der Stellplatz
a) als Teil des Sondereigentums der E im Grundbuch eingetragen ist?
b) im gemeinschaftlichen Eigentum steht, aber ein Sondernutzungsrecht an dem Stellplatz aufgrund Vereinbarung der Wohnungseigentümer für Frau E im Grundbuch eingetragen ist?

a) Kfz-Stellplätze können nach § 3 II 2 WEG in Sondereigentum stehen. Nach § 6 I WEG kann Sondereigentum nicht ohne den Miteigentumsanteil, zu dem es gehört, veräußert werden. Sondereigentum ist daher unselbständiger Bestandteil des Miteigentumsanteils am Grundstück. Wird für den Stellplatz ein eigenes Teileigentum (§ 1 III WEG) begründet, so ist er frei veräußerlich. Ist dem Stellplatz dagegen ein Miteigentumsanteil nur zusammen mit einer Wohnung zugewiesen, so lässt die Rspr. aus praktischen Gründen innerhalb einer Wohnungseigentümergemeinschaft die Übertragung des Stellplatzes als Teil des Sondereigentums ohne Änderung des Miteigentumsanteils zu, und zwar ohne Zustimmung der anderen Wohnungseigentümer. Die Veräußerung bedarf nach §§ 4 WEG, 311b BGB der notariellen Beurkundung und der Eintragung ins Grundbuch (Bamberger/Roth/*Hügel*, § 6 WEG Rn. 4).

b) Am gemeinschaftlichen Eigentum können gem. § 15 I WEG Sondernutzungsrechte durch Beschluss aller Wohnungseigentümer (oder durch Vorratsteilung des Eigentümers des Gesamtgrundstücks) begründet werden. Das Sondernutzungsrecht ist zwar kein Sondereigentum, hat aber dingliche Wirkung, wenn es gem. § 10 II WEG im Grundbuch eingetragen ist. Ein Entzug durch die übrigen Wohnungseigentümer ist dann nicht mehr möglich. Besteht kein besonderes Interesse der Gemeinschaft, dass der Stellplatz einer bestimmten Wohnung zugeordnet ist, so kann das Sondernutzungsrecht wie Sondereigentum durch notariellen Vertrag der beteiligten Wohnungseigentümer, § 4 WEG (BGHZ 73, 145 = NJW 1979, 548; s. aber *BGH* NJW 1984, 2409) auf N übertragen werden. Besteht dieses Interesse dagegen, ist ein Beschluss aller Wohnungseigentümer gem. § 15 I WEG und gem. §§ 877, 876, 873 die Zustimmung der Wohnungseigentümer und aller dinglich berechtigten Dritten am Wohnungseigentum erforderlich.

118. Inhaltsbeschränkung des Wohnungseigentums

Die Baubetreuungs-GmbH B errichtet ein Haus mit acht großzügigen Eigentumswohnungen. Sie möchte sicherstellen, dass der gehobene Charakter des Hauses auch künftig gewahrt bleibt und die Wohnungen nicht durch Vermietung an Wohngemeinschaften, Untervermietung oder Hundehaltung übermäßig genutzt werden. Ist dies möglich?

Nach § 13 I WEG kann Wohnungseigentum wie anderes Eigentum beliebig genutzt, also auch vermietet werden. Da die Vermietung keine Veräußerung ist, kann sie nicht gemäß § 12 I WEG beschränkt werden.

Jedoch können die Wohnungseigentümer den Gebrauch des Sondereigentums durch Vereinbarung regeln, § 15 I WEG, und ihr Verhältnis untereinander auch sonst abweichend vom Gesetz ausgestalten, § 10 I 2 WEG. Werden solche Vereinbarungen als Inhalt des Sondereigentums im Grundbuch eingetragen, so wirken sie gegen Rechtsnachfolger, § 10 II WEG. Inhalt einer solchen Vereinbarung kann auch sein, dass eine Vermietung oder sonstige Gebrauchsüberlassung an einen Dritten der Zustimmung der übrigen Wohnungseigentümer oder des Verwalters bedarf (BGHZ 37, 203 = NJW 1962, 1613). Auch ein Verbot der Hundehaltung kann durch Vereinbarung festgelegt werden (BGHZ 129, 329 = NJW 1995, 2036). Entsprechende Bindungen kann B bereits bei der Vorratsteilung (s. Fall 116) festlegen.

Eine vereinbarungswidrige Vermietung ist zwar wirksam. Die anderen Wohnungseigentümer können aber vom Vermieter Unterlassung und Schadensersatz verlangen (Palandt/*Bassenge,* § 15 WEG Rn. 25).

119. Fertigstellung eines Gebäudes durch die Eigentümergemeinschaft

Die Neubau- und Betreuungs-GmbH & Co KG (N) errichtet in Karlsfeld eine Eigentumswohnanlage mit 30 Wohneinheiten. Mit allen Erwerbern sind notarielle Verträge geschlossen; für jeden Erwerber ist eine Auflassungsvormerkung im Grundbuch eingetragen. Kurz vor Fertigstellung des Gebäudes wird gegen N ein Insolvenzverfahren eröffnet. Die Lieferung der Haustüren sowie der Einbauküchen steht noch aus. Der Insolvenzverwalter lehnt eine Fertigstellung des Bauvorhabens ab.
a) Karl Wenig hat eine Dreizimmerwohnung in der Anlage erworben und möchte möglichst bald einziehen. Wie kann er eine Fertigstellung des Hauses erreichen?
b) Anna Zwick hat eine Zweizimmerwohnung gekauft, aber nur eine kleine Anzahlung geleistet. Sie möchte lieber vom Vertrag zurücktreten. Kann sie gezwungen werden, bei der Fertigstellung des Hauses mitzuwirken?

a) Vertragliche Ansprüche haben die Käufer nur gegenüber dem Bauträger N, nicht gegenüber den von diesem beauftragten Lieferanten. Kann N insolvenzbedingt nicht weiterbauen, so kommt nur eine Fertigstellung durch den Käufer auf eigene Rechnung aufgrund neuer Verträge in Betracht.

Zwischen den Käufern bestehen aber keine vertraglichen Beziehungen. Die Frage ist deshalb, ob nach dem WEG eine gesetzliche Pflicht zur Fertigstellung der Wohnanlage besteht. Eine ausdrückliche Regelung fehlt. Die §§ 16, 20 ff. WEG beziehen sich nur auf die Verwaltung fertiger Wohnanlagen. Eine analoge Anwendung auf die Bauphase ist jedoch möglich. Ist eine Wohnanlage weitgehend fertig, so liegt es im Interesse der Gesamtheit der Eigentümer und einer ordnungsgemäßen Verwaltung, die restlichen Arbeiten ausführen zu lassen. Bereits vor dem Eigentumsübergang kann die faktische Eigentümergemeinschaft die Fertigstellung bei anteiliger Kostentragung, § 16 II WEG, beschließen, §§ 20 I, 21 III WEG (str.; vgl. Palandt/ *Bassenge,* § 2 WEG Rn. 12 – nur, wenn Gebäude bereits zu über 50 % fertig sind).

W hat einen Anspruch auf eine entsprechende Beschlussfassung, § 21 IV WEG, und kann sie notfalls gerichtlich erzwingen, § 43 I Nr. 1, 4 WEG.

Jedoch bezieht sich § 21 III WEG nur auf das gemeinschaftliche Eigentum. Nach §§ 1 V, 5 WEG sind nur die Haustüren gemeinschaftliches Eigentum, die Einbauküchen sind dagegen Sondereigentum der Eigentümer. Die Kosten der Einbauküche muss Wenig daher alleine tragen.

b) Der Mitwirkungspflicht bei der Fertigstellung der Wohnanlage kann sich Anna Zwick durch Rücktritt vom Gesamtvertrag gegenüber dem Insolvenzverwalter des Bauträgers gem. § 323 entziehen. Mit Rückabwicklung auch des Kaufvertrages scheidet Anna Zwick aus der Gemeinschaft der Wohnungseigentümer aus.

---

120. Wohngeld

Der Wohnungseigentümer E weigert sich, das Wohngeld (Beitrag zu den Kosten und Lasten) zu zahlen, weil der Verwalter der Wohnanlage einen Beschluss der Wohnungseigentümer über die Neugestaltung der Garagenzufahrt nicht ausführt.
a) Zu Recht?
b) E veräußert aus Verärgerung seine Eigentumswohnung an K. Muss dieser die Wohngeldrückstände des E bezahlen? Schuldet K eine „Abrechnungsspitze" für das Vorjahr, die in einer Versammlung wenige Tage nach dem Erwerb der Wohnung beschlossen wurde?

a) Nach § 16 II WEG schuldet E den anderen Wohnungseigentümern das Wohngeld als Vorschuss, § 28 II WEG (i. d. R. monatlich im Voraus). Andererseits hat E nach § 21 IV WEG gegen den Verwalter und die Wohnungseigentümer einen Anspruch darauf, dass Beschlüsse der Wohnungseigentümer ausgeführt werden. Ein Zurückbehaltungsrecht gem. § 273 BGB besteht aber nur, soweit sich aus dem Schuldverhältnis nicht etwas anderes ergibt. Da die Zurückbehaltung des Wohngeldes den ordnungsgemäßen Betrieb der Wohnanlage gefährden könnte, schließt die Rspr. ein Zurückbehaltungsrecht weitgehend aus (vgl. Palandt/*Bassenge,* § 16 WEG Rn. 32).

b) Ob K rückständiges Wohngeld schuldet, ist streitig. Rechtsgrundlage für die Zahlung der Vorschüsse ist der von der Wohnungseigentümerversammlung beschlossene Wirtschaftsplan (§ 28 II WEG). Er bindet die jeweiligen Wohnungseigentümer. Für Rückstände des ausgeschiedenen Wohnungseigentümers haftet der Erwerber nur aufgrund einer Schuldübernahme unter seiner Mitwirkung (BGHZ 142, 290 = NJW 1999, 3713, 3715; *Armbrüster,* JuS 2002, 665), sofern die Haftung nicht als Inhalt des Sondereigentums in der Gemeinschaftsordnung festgelegt ist (*BGH* NJW 1994, 2950). Ergibt die Abrechnung des Verwalters (§ 28 III WEG) eine endgültige Beitragshöhe, die die Vorschüsse übersteigt, so begründet der Beschluss der Wohnungseigentümerversammlung die Beitragsschuld des einzelnen Wohnungseigentümers über die „Abrechnungsspitze" neu. Für diesen Betrag haftet K, weil er bei der Beschlussfassung bereits Wohnungseigentümer war (BGHZ 142, 290 = NJW 1999, 3713, 3714; *Armbrüster,* JuS 2002, 348, 349).

121. Vertretungsmacht des Verwalters

Eine Bauherrengemeinschaft errichtete eine Gebäudeanlage mit 32 Einheiten aus Wohnungen und Teileigentum. In dem Gemeinschaftsvertrag hatte sich das Baubetreuungsunternehmen V zugleich für fünf Jahre zum Verwalter bestellen lassen. V wirtschaftete aber schlecht, so dass verschiedene Rechnungen nur teilweise bezahlt wurden. Die Lieferanten verklagten deshalb zwei „Bauherren" und Eigentümer je einer Eigentumswohnung, die Fachärzte A und B, als Gesamtschuldner auf Zahlung der noch offenen Beträge. Es handelt sich

a) um die Restschuld von 30.000 € aus einer Heizöllieferung der Firma H und
b) um die Forderung der Firma W aus dem schon nach einem Jahr nötigen Einbau eines neuen Warmwasserspeichers in Höhe von 18.000 €.
Beide Aufträge hatte V im Namen der Wohnungseigentümergemeinschaft vergeben. A und B meinen, sie schuldeten persönlich gar nichts, allenfalls Teilbeträge entsprechend ihren Wohnungseigentumsanteilen.
Wie ist über die Klage zu entscheiden?

a) Der Kauf von Heizöl gehört zu den voraussichtlichen Ausgaben bei der Verwaltung des gemeinschaftlichen Eigentums und ist daher mit dem geschätzten Betrag in den Wirtschaftsplan aufzunehmen (§ 28 I 2 Nr. 1 WEG). Über den Wirtschaftsplan beschließt die Wohnungseigentümerversammlung (§ 28 V WEG). Nach § 27 I Nr. 1 WEG hat der Verwalter die Beschlüsse der Wohnungseigentümer durchzuführen. Soweit zur Durchführung Rechtsgeschäfte abzuschließen sind, enthält der Beschluss konkludent die erforderliche Bevollmächtigung (vgl. § 27 III Nr. 7 WEG) (*OLG Hamm* ZMR 1997, 377; *Gruber,* NZM 2000, 263, 267). Bei einer Bestellung von Heizöl im Rahmen der Ansätze des Wirtschaftsplans handelte V daher mit Vertretungsmacht der Wohnungseigentümer (MüKo/*Engelhardt,* § 27 WEG Rn. 4, 36). Bestellt V im Namen der Wohnungseigentümer ist Käufer die Wohnungseigentümergemeinschaft als solche. Die Gemeinschaft der Eigentümer ist gemäß § 10 VI WEG (seit 1.7.2007) eine teilrechtsfähige Gemeinschaft und damit selbst Inhaberin von Rechten und Pflichten. Eine persönliche Verpflichtung von A und B besteht im Außenverhältnis nicht.

b) Die Erneuerung des Warmwasserspeichers ist eine Instandsetzungsmaßnahme nach § 27 I Nr. 2 WEG, freilich eine ungewöhnliche, da es nahe lag, zuerst Gewährleistungsansprüche geltend zu machen.

Ob ihm § 27 I Nr. 2 WEG nicht nur eine interne Verwaltungszuständigkeit verleiht, sondern darüber hinaus auch eine gesetzliche Vertretungsmacht für die Wohnungseigentümer einräumt, war lange streitig. Nach der Neufassung von § 27 III Nr. 3 WEG darf der Verwalter nur laufende Maßnahmen zur ordnungsgemäßen Instandsetzung in Auftrag geben. Darüber hinaus bedarf es einer besonderen Ermächtigung durch Beschluss der Wohnungseigentümer (§ 27 III Nr. 7 WEG). Der Verwalter war danach nicht kraft Gesetzes befugt, größere außergewöhnliche Reparaturen im Namen der Wohnungseigentümer zu vergeben (vgl. BGHZ 67, 232 = NJW 1977, 44; *Armbrüster,* JuS 2002, 564, 565 f.). V hat folglich als Vertreter ohne Vertretungsmacht gehandelt. Hat die Wohnungseigentümergemeinschaft das Handeln des V nicht gem. § 177 I genehmigt, so besteht kein Anspruch auf Zahlung nach § 631 I.

Soweit der Verwalter Rechtsgeschäfte außerhalb seiner gesetzlichen Vertretungs-macht eingeht, dürfen die Wohnungseigentümer von Eigengeschäften des Verwalters ausgehen. Aus ihrer Sicht hat W deshalb an V und nicht an sie geleistet. Deshalb scheidet auch eine Eingriffskondiktion nach den §§ 951 I 1, 812 I 1, 2. Fall, 818 II aus (vgl. Jauernig/*Jauernig,* § 951 Rn. 9 f.). Die Klage ist daher abzuweisen.

4. Kapitel. Nutzungsrechte

I. Erbbaurecht

122. Inhalt des Erbbaurechts

Die Stadt G hat zur Industrieansiedlung ein größeres Gelände im Erbbaurecht für 40 Jahre an Firma E, einen Computerhersteller, vergeben.
a) Wie ist das Erbbaurecht für E zu bestellen?
b) In dem Bestellungsvertrag verpflichtet sich E, auf dem Gelände ein Zweigwerk mit etwa 300 Arbeitsplätzen zu errichten. Wer wird Eigentümer der Werksgebäude?
c) Firma E benötigt Bankkredite zum Aufbau des Werks und für die Sicherung des allgemeinen Betriebs. Kann sie hierfür dingliche Sicherheiten an dem Zweigwerk bestellen?
d) Kann für Firma E ein Recht und eine Pflicht zum Ankauf des Betriebsgrundstücks mit dinglicher Wirkung vereinbart werden?

a) Das Erbbaurecht ist ein dingliches Recht zur Nutzung fremden Baugrunds, § 1 I ErbbauRG. Dieses Recht ist vererblich und heißt daher Erbbaurecht (*Brehm/Berger*, § 24 Rn. 1 ff.). Nach § 11 I ErbbauRG finden auf das Erbbaurecht weitgehend die Regeln über Grundstücke Anwendung. Der schuldrechtliche Verpflichtungsvertrag (Rechtskauf gem. § 453; vgl. BGHZ 96, 385 = NJW 1986, 1605) bedarf notarieller Beurkundung, § 11 II ErbbauRG, 311b I BGB. Das Erbbaurecht selbst ist durch Einigung und Eintragung im Grundbuch, § 873, zu bestellen. § 925 findet keine Anwendung, doch muss die Einigung dem Grundbuchamt förmlich gem. §§ 20, 29 GBO nachgewiesen werden (MüKo/*v. Oefele*, § 11 ErbbauRG Rn. 29).

b) Ein Bauwerk, das der Erbbauberechtigte errichtet, wird nach § 95 I 2 (§ 12 II ErbbauRG) nicht Bestandteil des Grundstücks, sondern ist gem. § 12 I 1 ErbbauRG wesentlicher Bestandteil des Erbbaurechts. E wird deshalb Eigentümer der Werksgebäude.

c) Nach § 11 I ErbbauRG gilt das Erbbaurecht rechtlich als Grundstück und kann deshalb mit Grundpfandrechten belastet werden (Staudinger/*Rapp*, § 11 ErbbauRG Rn. 9). Da der Erbbauzins, § 9 ErbbauRG, das Erbbaurecht wie eine Reallast idR erstrangig belastet, ist die Beleihungsfähigkeit aber eingeschränkt. Für Kredite der Hypothekenbanken enthält § 21 ErbbauRG außerdem eine Beleihungsgrenze.

d) Nach § 2 Nr. 7 ErbbauRG kann als Inhalt des Erbbaurechts eine Verpflichtung des Grundstückseigentümers, das Grundstück an den Erbbauberechtigten zu verkaufen, vereinbart werden. Dazu müssen die wesentlichen Kaufbedingungen festgelegt werden. Dagegen kann eine Kaufpflicht des Erbbauberechtigten nur schuldrechtlich, nicht aber mit dinglicher Wirkung begründet werden. Eine Kaufzwangklausel ist nach h. M. nur ausnahmsweise gem. § 138 als sittenwidrige Knebelung nichtig (BGHZ 68, 1 = NJW 1977, 761; BGHZ 75, 15 = NJW 1979, 2387).

123. Beendigung des Erbbaurechts und Heimfall

Fall wie zuvor. Das Zweigwerk wird errichtet und floriert. Der Verkehrswert seiner Gebäude beträgt 3 Mio. €. Kurz vor Ablauf der vereinbarten Zeit ist das Erbbaurecht noch mit einer Resthypothek der D-Bank in Höhe von 25.000 € belastet.

a) Firma E verlangt nun von der Stadt G eine Verlängerung des Erbbaurechts. Zu Recht?

b) Welche Rechtsfolgen treten nach Zeitablauf ein, wenn die Verhandlungen über eine Verlängerung scheitern?

c) Die Geschäfte der Firma E entwickeln sich bald nach Bestellung des Erbbaurechts nicht wie erwartet. Nach Errichtung einer Werkhalle wird der weitere Ausbau des Zweigwerks eingestellt; seine Inbetriebnahme unterbleibt. Die Stadt G macht deshalb das für diesen Fall vereinbarte Heimfallrecht geltend. Welche Rechtsfolgen treten dadurch ein?

d) Welche Rechte hat die Stadt G, wenn Firma E die Werkhallen nur noch als Ausstellungs- und Lagerraum für andern Orts hergestellte Waren benützt?

a) Einen Anspruch auf Erneuerung des Erbbaurechts hat E nur, wenn ihr als Inhalt des Erbbaurechts ein entsprechendes Vorrecht eingeräumt worden war, §§ 2 Nr. 6, 31 ErbbauRG. Andernfalls ist G in ihrer Entscheidung frei.

b) Erlischt das Erbbaurecht durch Zeitablauf, so hat G die E für die errichteten Gebäude nach dem Verkehrswert zu entschädigen, sofern nicht als Inhalt des Erbbaurechts Abweichendes vereinbart ist, § 27 I ErbbauRG. (Durch eine Verlängerung des Erbbaurechts kann G ihre Entschädigungspflicht abwenden, § 27 III ErbbauRG.)

Mit dem Erlöschen des Erbbaurechts werden dessen Bestandteile (§§ 93, 94, 96) Bestandteile des Grundstücks (§ 12 III ErbbauRG) (BGHZ 192, 335, 338 = MDR 2012, 839). Das Grundbuch wird unrichtig. G kann seine Berichtigung nach § 894 BGB verlangen bzw. einseitig nach §§ 24, 22 GBO beantragen (vgl. MüKo/*v. Oefele*, § 27 ErbbauRG Rn. 1).

Mit dem Erlöschen des Erbbaurechtsgeht auch die Hypothek, die darauf lastet, unter. Nach § 29 ErbbauRG erwirbt die D-Bank aber ein Pfandrecht an der Entschädigungsforderung der E gegen G; die §§ 1277, 1282 ff. sind darauf anwendbar.

c) Nach § 2 Nr. 4 ErbbauRG kann als Inhalt des Erbbaurechts in freier Weise ein *Heimfallrecht* vereinbart werden. Ein Heimfall bei Nichterrichtung des Werks war daher zulässig (vgl. *BGH* DB 1984, 2455). Dieser Anspruch geht auf Übertragung des Erbbaurechts auf den Eigentümer und ist in der Frist des § 4 ErbbauRG geltend zu machen. Nach § 32 ErbbauRG hat G der E eine angemessene Vergütung für das Erbbaurecht im Zeitpunkt der Erfüllung des Heimfallanspruchs zu bezahlen (vgl. BGHZ 116, 161 = NJW 1992, 1454), sofern vertraglich nichts Abweichendes vereinbart oder die Entschädigungspflicht ausgeschlossen wurde. Eine von E bestellte Hypothek bleibt nach dem Heimfall bestehen, § 33 I 1 ErbbauRG. Eine Konsolidation tritt nicht ein, § 889.

d) E darf das Bauwerk nur im Rahmen des vereinbarten Erbbaurechts verwenden (§ 2 Nr. 1 ErbbauRG). Nach § 1004 I 1 kann die Stadt G Unterlassung der rechtswidrigen Verwendung (BGHZ 59, 205 = NJW 1972, 1464, 1465) und nach § 823 I Schadensersatz verlangen.

124. Gleitender Erbbauzins

E bestellt dem K ein Erbbaurecht an seinem Grundstück für 99 Jahre zur Errichtung eines Wohnhauses. E möchte erreichen, dass der Erbbauzins laufend an die wirtschaftlichen Verhältnisse angepasst wird.
Kann vereinbart werden, dass der Erbbauzins laufend an die Entwicklung des Lebenshaltungskostenindexes angepasst werden soll?

Der Erbbauzins kann durch eine auf dem Erbbaurecht lastende Reallast zugunsten des jeweiligen Grundstückseigentümers dinglich gesichert werden, §§ 9 I 1 ErbbauRG, 1105 I 1 BGB.

Bei Erbbaurechten, die Wohnzwecken dienen, sieht § 9a I, III ErbbauRG vor, dass ein Anspruch auf Erhöhung des Erbbauzinses vereinbart und durch Vormerkung gesichert werden kann.

Das SachRÄndG 1994 hatte in § 9 II ErbbauRG zudem generell dingliche Anpassungsklauseln zugelassen. Doch blieb streitig, ob nur eine Verpflichtung zur Anpassung oder eine automatisch wirkende Wertsicherungsklausel zulässig ist (für letzteres *BayObLG* NJW 1997, 468). Durch Gesetz vom 9.6.1998 wurde § 9 ErbbauRG erneut geändert. § 9 I 1 ErbbauRG unterstellt heute den Erbbauzins generell den Regeln der Reallast. Aus dem neuen § 1105 I 2 BGB ergibt sich nun eindeutig, dass automatische Gleitklauseln zulässig sind, wenn die Voraussetzungen der Anpassung bestimmt werden können. Bei einer Anknüpfung an den amtlichen Lebenshaltungskostenindex ist dies der Fall (vgl. NK-BGB/*Heller*, § 9 ErbbauRG Rn. 16). Da das Erbbaurecht eine Laufzeit von über 30 Jahren hat, besteht auch keine Genehmigungspflicht nach § 4 PreisKlG i. V. m. der Preisklauselverordnung (MüKo/*v. Oefele*, § 9 ErbbauRG Rn. 53).

II. Grunddienstbarkeit

125. Abtretung eines Wegerechts

E schenkte seiner Tochter T 1977 das Grundstück Fl. Nr. 16. 1978 verkaufte E das benachbarte Grundstück Fl. Nr. 11 an B. Im notariell beurkundeten Kaufvertrag heißt es u. a.: „E hat B zur Erleichterung seiner innerbetrieblichen Transporte bereits 1973 privatschriftlich ein Wegerecht zu seinem Grundstück Fl. Nr. 148 eingeräumt. Beide Parteien sind mit der Grundbucheintragung dieses Wegerechts am Grundstück Fl. Nr. 16 in einer Breite von 1,5m einverstanden. E bewilligt die Eintragung dieses Wegerechts." T stimmte der Bestellung dieses Wegerechts in notarieller Erklärung ausdrücklich zu. B wurde als neuer Eigentümer des Grundstücks Fl. Nr. 11 alsbald eingetragen. Von dem Wegerecht machte er jedoch keinen Gebrauch; der Vertrag wurde

insoweit nicht vollzogen. 2006 verkaufte B das Grundstück Fl. Nr. 11 an K und trat ihm in dem notariellen Kaufvertrag zugleich alle Rechte aus dem Vertrag mit E von 1978 ab. K verlangt nun (2006) von T, die E inzwischen beerbt hat, Bewilligung des Wegerechts und Eintragung im Grundbuch zugunsten des Grundstücks Fl. Nr. 11 und zulasten des Grundstücks Fl. Nr. 16.
a) Zu Recht?
b) Wie wäre es, wenn das Wegerecht ausdrücklich zugunsten des Grundstücks Fl. Nr. 11 bestellt worden wäre?

a) Eine Bewilligung (§ 19 GBO) zur Berichtigung des Grundbuchs (§ 894 BGB; § 22 GBO) scheidet aus, da ein Wegerecht ohne Eintragung im Grundbuch nicht entstehen kann (§ 873).

K könnte aber durch Abtretung (§ 398) einen schuldrechtlichen Anspruch gegen T (§§ 1922, 1967) auf Bestellung eines Wegerechts erworben haben. Da T der Bestellung des Wegerechts zugestimmt hatte (§ 185), konnte E den Anspruch erfüllen, obwohl er bei Vertragsschluss nicht mehr Eigentümer des Grundstücks Fl. Nr. 16 war.

Fraglich ist dagegen, ob B den Anspruch auf Bestellung des Wegerechts abtreten konnte oder ob die Abtretung zu einer Veränderung des Inhalts des Rechts führt und daher nach § 399, 1. Fall, unwirksam ist.

Ein Wegerecht kann nach § 1018 als Grunddienstbarkeit oder nach § 1090 I als beschränkte persönliche Dienstbarkeit bestellt werden. Eine Grunddienstbarkeit soll dem „jeweiligen Eigentümer" eines Nachbargrundstücks nützen (§ 1018), also nicht einer bestimmten Person dienen; ein Anspruch auf Bestellung ist daher abtretbar (*BGH* NJW 2010, 1074 Rn. 14). Dagegen kann Inhaber einer beschränkten persönlichen Dienstbarkeit nur eine bestimmte Person sein, so dass der Anspruch auf Bestellung nicht abtretbar ist (*BGH* NJW 2010, 1074 Rn. 26 f.). Was 1978 gewollt war, ist durch Auslegung (§§ 133, 157) zu ermitteln. Da das Wegerecht zur Erleichterung des innerbetrieblichen Transportverkehrs des B bestellt wurde, ist es an die Person des B gebunden und damit als beschränkte persönliche Dienstbarkeit (§ 1090) anzusehen und konnte nicht abgetreten werden. K hat daher keinen Anspruch gegen T.

b) Ist das Wegerecht dagegen ausdrücklich zugunsten des Grundstücks Fl. Nr. 11 bestellt worden, ist eine Bestellung als Grunddienstbarkeit (§ 1018) gewollt. Diesen Anspruch konnte B an K abtreten. Der Anspruch auf Bestellung könnte aber inzwischen verwirkt oder verjährt sein.

Verwirkung tritt nur ein, wenn der Berechtigte sich über die bloße Untätigkeit hinaus so verhalten hat, dass der Schuldner darauf vertrauen konnte, der Anspruch werde nicht mehr geltend gemacht (*BGH* NJW 2010, 1074 Rn. 19). Dafür bestehen jedoch keine Anhaltspunkte.

Nach § 196 verjähren Ansprüche auf Begründung des Rechts an einem Grundstück jedoch in zehn Jahren ab der Entstehung (§ 200 S. 1). Vor der Schuldrechtsreform galt jedoch eine dreißigjährige Verjährungsfrist (§ 195 a. F.). Deshalb beginnt die kürzere Zehnjahresfrist am 1.1.2002, läuft jedoch nicht länger als die ursprüngliche dreißigjährige Frist (Art. 229 § 6 IV EGBGB). Da 2006 bereits 32 Jahre vergangen sind, kann T den Anspruch daher mit Hilfe auf die Verjährungseinrede (§ 214 I) abwehren.

126. Anpassung an wirtschaftliche Veränderungen

E hat dem B 1910 als Grunddienstbarkeit ein Wegerecht an der vorhandenen Zufahrt zu dessen Grundstück bestellt. B und seine Besucher sollten danach freie Zufahrt mit „Wagen und Gespannen aller Art" haben. Die Erben des B haben 1960 einen Pkw angeschafft und die Zufahrt damit unter Duldung der Erben des E befahren. Als der Fremdenverkehr im Ort zunahm, richteten die Erben des B in ihrem Haus einen Pensionsbetrieb ein. Die zahlreichen Gäste parken auch in der Zufahrt auf dem Grundstück des E. Können E's Erben verlangen, dass die Zufahrt mit Kraftfahrzeugen und das Parken auf ihrem Grundstück unterbleibt?

Es ist anerkannt, dass Grunddienstbarkeiten gem. § 1018 inhaltlich an die veränderten wirtschaftlichen und technischen Verhältnisse angepasst werden müssen (*BGH* WM 1964, 1027, 1030). Maßgebend ist ein der jetzigen Verkehrsauffassung entsprechendes und für jedermann ersichtliches Bedürfnis, von einem Wegerecht Gebrauch zu machen. Der Umfang der Dienstbarkeit kann daher mit einer Bedarfssteigerung wachsen, sofern sich daraus nicht eine willkürliche, in keiner Weise vorhersehbare Benutzungsänderung ergibt (vgl. *Ricken*, WM 2001, 979). Die Zufahrt mit Pkw für die Erben des B und deren Gäste liegt damit im Rahmen einer sinnvollen Anpassung des Wegerechts an die veränderten Verkehrsverhältnisse. Auch die Verkehrssteigerung durch die Eröffnung eines Pensionsbetriebes haben E's Erben hinzunehmen, sofern diese Verwendung nach dem Ortscharakter nicht ungewöhnlich ist (*BGH* DB 1975, 1165; vgl. Palandt/*Bassenge*, § 1018 Rn. 9, 17).

Dagegen umfasst die Grunddienstbarkeit nur ein Zufahrtsrecht, nicht auch ein Recht, auf dem dienenden Grundstück zu parken. Insoweit können E's Erben nach § 1004 Unterlassung verlangen.

127. Schutz der Dienstbarkeit

Fall wie zuvor. Um die störende Zufahrt zum Pensionsbetrieb zu verhindern, errichten die Erben des E einen Zaun auf der Zufahrt, so dass die Pension nur noch zu Fuß erreicht werden kann. In welcher Weise können die Erben des B ihr Zufahrtsrecht durchsetzen?

Unter Nachweis des tatsächlichen Umfangs des Wegerechts können die Erben des B gem. §§ 1027, 1004 I Beseitigung des Zauns und Unterlassung weiterer Beeinträchtigungen verlangen. Der Anspruch des Berechtigten auf Beseitigung oder Unterlassung der Beeinträchtigung unterliegt nicht der Verjährung, § 902 I 1 (BGHZ 187, 185 = NJW 2011, 518).

Ein Rechtsstreit über den Umfang des Wegerechts kann aber viel Zeit beanspruchen. Deshalb gewährt das Gesetz dem Besitzer eines herrschenden Grundstücks auch Besitzschutz (vgl. *Brehm/Berger*, § 21 Rn. 27 f.). Dazu wird der Besitzer eines herrschenden Grundstücks als Besitzer der Dienstbarkeit angesehen (sog. *Rechtsbesitz*). Ohne Rücksicht auf den tatsächlichen Umfang der Grunddienstbarkeit, vgl. § 863, können die Erben des B folglich nach den §§ 1029, 862 I Beseitigung der Besitzstörung durch den Zaun und Unterlassung weiterer Störungen verlangen. Auch dieser possessorische Anspruch muss aber im Klageweg, ggf. durch Antrag auf einstweilige Verfügung verfolgt werden.

Bemerken die Erben des B die Besitzstörung sogleich, so dürfen sie den Zaun nach den §§ 1029, 858 I, 859 I, III auch selbst mit Gewalt beseitigen, da er ohne ihren Willen, d. h. mittels verbotener Eigenmacht errichtet wurde (Bamberger/Roth/*Wegmann*, § 1029 Rn. 4).

128. Lastenfreie Abschreibung eines Grundstücksteils

Das Grundstück des E ist mit einem Wegerecht zugunsten des Nachbarn N belastet. Als E in Geldnöte gerät, verkauft er einen Teil seines großen Gartens, der von dem Wegerecht nicht betroffen ist, an K. N ist gleichwohl nicht bereit, auf die Belastung an dem verkauften Grundstück zu verzichten. Wie kann E dem K lastenfreies Eigentum verschaffen?

Nach § 1026 kann E bei einer Grundstücksteilung die lastenfreie Abschreibung des Grundstückteils verlangen, wenn der betroffene Grundstücksteil rechtlich außerhalb des Bereichs der Ausübung des Rechts liegt; eine Zustimmung des N ist nicht erforderlich. Ein Wegerecht ist nicht nur faktisch, sondern auch rechtlich auf die festgelegte Wegfläche beschränkt.

Zur Durchführung der lastenfreien Abschreibung genügt der Antrag des E beim Grundbuchamt, § 13 GBO. Allerdings muss sich aus den Grundakten oder einer Bescheinigung des Vermessungsamts ergeben, dass die abzuschreibende Teilfläche von dem Wegerecht nicht berührt wird.

III. Nießbrauch

129. Grundstückslasten beim Nießbrauch

E kauft ein Einfamilienhaus und finanziert es in üblicher Weise unter Aufnahme von zwei Grundschulden. Ins Rentenalter gekommen schenkt er das Grundstück seiner Tochter T unter Vorbehalt eines unentgeltlichen Nießbrauchs auf Lebenszeit an dem Grundstück.
a) Nach einiger Zeit streiten sich E und T, wer von ihnen die Kredit- und Grundschuldzinsen zu tragen hat. Wie ist die Rechtslage?
b) Wie wäre es, wenn T die Grundschulden übernommen und E dem Kreditgeber hiervon schriftlich Mitteilung gemacht hätte?
c) Wie wäre es, wenn sich E ein dingliches Wohnungsrecht an einer der beiden Wohnungen im Haus vorbehalten hätte?

a) Die Darlehenszinsen schuldet der Kreditnehmer E, solange T nicht mit Zustimmung der Kreditgeber die persönliche Schuld übernommen hat, § 415.

Die Grundschulden lasten dagegen auf dem Eigentum. Zur Zahlung der Grundschuldzinsen, § 1192 II, ist daher im Außenverhältnis T verpflichtet. Anders ist die Rechtslage im Innenverhältnis. Nach § 1047 ist der Nießbraucher im Verhältnis zum Eigentümer verpflichtet, die privatrechtlichen Lasten zu tragen, die bei der Bestellung des Nießbrauchs auf der Sache ruhen. Hierzu zählen vor allem die Zinsen von Grundpfandrechten (*Baur/Stürner*, § 32 Rn. 23). § 1047 ist aber dispositives Recht. Mit der Bestellung eines „unentgeltlichen" Nießbrauchs könnte daher § 1047 sinngemäß abbedungen sein. Ein unentgeltlicher Nießbrauch ist aber lediglich ein Nießbrauch, der ohne Gegenleistung für das Nutzungsrecht bestellt wird. § 1047 regelt keine Gegenleistung, sondern eine gesetzliche Beschränkung des Nießbrauchs (*BGH* NJW 1974, 641). E hat daher im Innenverhältnis die Grundschuldzinsen zu bezahlen (vgl. Soergel/*Stürner*, § 1047 Rn. 2, 9).

b) Bei einer Hypothek ergäbe sich aus § 416 eine befreiende Schuldübernahme auch der persönlichen Schuld durch T. E müsste keine Darlehenszinsen bezahlen.

Sinn und Zweck des § 416, die Schuldübernahme bei Hypotheken zu erleichtern, gebieten es, diese Regel auch auf Grundschulden, denen eine persönliche Haftung des Eigentümers zugrunde liegt (Sicherungsgrundschulden), entsprechend anzuwenden (Jauernig/*Stürner*, § 416 Rn. 3; MüKo/*Bydlinski,* § 416 Rn. 4). Diese Wertung hat der Gesetzgeber für die Zwangsversteigerung in § 53 II ZVG ausdrücklich anerkannt. Danach haftet nur T für die Darlehenszinsen.

c) Das dingliche Wohnungsrecht ist eine beschränkte persönliche Dienstbarkeit, § 1093, auf die weitgehend die Regeln über den Nießbrauch Anwendung finden. § 1093 I 2 verweist jedoch nicht auf § 1047. Danach muss T auch im Innenverhältnis die Grundschuldzinsen tragen.

---

130. Pfändung eines Nießbrauchs

S übereignet sein Grundstück 1998 an seine Tochter T und behält sich gleichzeitig ein lebenslanges Nießbrauchsrecht vor. Übereignung und Nießbrauch werden im Grundbuch eingetragen. 2009 pfändet G aufgrund eines rechtskräftigen Urteils über 15.000 € den Nießbrauch des S und lässt ihn sich zur Einziehung überweisen. Dieser Beschluss wird S und T zugestellt. Auf Antrag bestellt das Gericht einen Verwalter, der die Erträge des Nießbrauchs an G abliefern soll, § 857 IV ZPO. Kurz darauf verzichtet S auf den Nießbrauch und beantragt dessen Löschung beim GBA. Welche Folgen hat dies für G?

Der Nießbrauch ist – von § 1059a abgesehen – nicht übertragbar, sondern kann einem anderen nur schuldrechtlich zur Ausübung überlassen werden, § 1059. Deshalb verneint eine verbreitete Meinung in der Literatur, dass der Nießbrauch selbst pfändbar sei (Soergel/*Stürner*, § 1059 Rn. 9a). Nach § 857 III ZPO ist ein unveräußerliches Recht der Pfändung „insoweit" unterworfen, als die Ausübung Dritten überlassen werden kann. Nach Ansicht des *BGH* ist der Nießbrauch danach selbst bei Ausschluss der Überlasbarkeit pfändbar (BGHZ 95, 99 = NJW 1985, 2827).

4. Kapitel. Nutzungsrechte

Wäre nur das Ausübungsüberlassungsrecht pfändbar, so wäre S zwar gehindert, den Nießbrauch an einen Dritten, etwa seine Ehefrau, zu übertragen, §§ 136, 135, er könnte aber über den Nießbrauch selbst wirksam verfügen und auf ihn verzichten, § 875. Dieses Ergebnis scheint dem *BGH* unerwünscht. Er meint, die Einschränkung in § 857 III ZPO („insoweit") solle nur klarstellen, dass zur Ausübung überlassbare Rechte mittels Zwangsvollstreckung nur ausgeübt, nicht aber veräußert werden dürften. Andernfalls könne der Nießbrauch in der Person des Nießbrauchers überhaupt nicht gepfändet werden. Denn dieser sei nicht Inhaber eines pfändbaren obligatorischen Ausübungsrechts; die Nutzung der Sache sei vielmehr Inhalt des Nießbrauchs. Das obligatorische Ausübungsrecht entstehe nur in der Person eines Dritten, dem der Nießbraucher die Ausübung nach § 1059 S. 2 überlasse. Da die §§ 857 VI, 830 ZPO auf den Nießbrauch nicht anwendbar sind, war die Pfändung des Nießbrauchs ohne Eintragung im Grundbuch wirksam. Der nachträgliche Verzicht des S ist daher gem. §§ 136, 135 gegenüber G unwirksam (BGHZ 62, 133 = NJW 1974, 796; Palandt/*Bassenge*, § 1059 Rn. 5).

131. Nießbrauch an Gesellschaftsanteilen

Der Unternehmer U möchte seine Nachfolge regeln, sich allmählich aus dem aktiven Geschäft zurückziehen, bei wichtigen Entscheidungen aber mitbestimmen und seine Einkünfte sichern. Er möchte daher seinem Sohn S seinen Anteil (1) an der U-OHG (2) an der U-GmbH sowie (3) sein Aktienpaket an der U-AG übertragen, sich aber einen Nießbrauch an den jeweiligen Anteilen einräumen lassen.
Ist dieses Ziel erreichbar?

Inzwischen besteht Einigkeit, dass die Mitgliedschaft in einer Gesellschaft ein einheitliches Recht ist und nach Sachenrecht und Gesellschaftsrecht mit einem Nießbrauch belastet werden kann (*BGH* NJW 1999, 571, 572; MüKo/*Pohlmann*, § 1068 Rn. 23 ff.).

(1) Dem *Nießbrauch am OHG-Anteil* steht das Abspaltungsverbot der §§ 105 III HGB, 717 S. 1 BGB nicht entgegen. Denn der Nießbrauch belastet den Anteil, so dass Nießbraucher und Besteller gemeinsam an dem Gesellschaftsanteil berechtigt sind (BGHZ 108, 187, 199 = NJW 1989, 3152, 3155; MüKo/*Ulmer/Schäfer*, § 705 Rn. 96). Da dem Anteilsnießbraucher Rechte aus dem Nießbrauch dementsprechend nicht nur gegen den Besteller, sondern auch gegen die Mitgesellschafter zustehen, ist zur Bestellung des Anteilsnießbrauchs nicht nur nach §§ 1069 I, 398, 413 die Einigung zwischen Besteller und Nießbraucher erforderlich. Zusätzlich erforderlich ist vielmehr, dass der Anteil gemäß Vereinbarung der Gesellschafter (entgegen §§ 105 III HGB, 719 I BGB) übertragbar und belastbar ist (MüKo/*Pohlmann*, § 1068 Rn. 32 ff.). Diese Zustimmung kann vorab im Gesellschaftsvertrag oder ad hoc erteilt werden.

Nach wirksamer Bestellung stehen U als Nießbraucher die Nutzungen des Gesellschaftsanteils (§§ 1068 II, 1030 I, 99, 100), also der auf den Anteil entfallende *entnahmefähige Gewinn* (BGHZ 58, 316, 320 = NJW 1972, 1755) sowie ein etwaiger Mitgebrauch von Gesellschaftseinrichtungen, nicht aber außerordentliche

Erträge aus der Auflösung stiller Reserven durch Veräußerung von Anlagevermögen (MüKo/*Pohlmann*, § 1068 Rn. 53 ff.) zu.

U möchte bei wichtigen Entscheidungen zusätzlich weiter mitbestimmen. Ob das *Stimmrecht* in der Gesellschaft und entsprechend das Recht zur Geschäftsführung dem Gesellschafter S oder dem Nießbraucher U zustehen, ist streitig. Teilweise wird es dem Nießbraucher zugesprochen, weil das Stimmrecht ein Gebrauchmachen des Anteilsrechts sei (*Wolf/Wellenhofer*, § 30 Rn. 11). Hiergegen wird zu Recht eingeräumt, dass § 100 nur vermögensrechtliche Vorteile, nicht gesellschaftsrechtliche Einflussmöglichkeiten erfasse (MüKo/*Pohlmann*, § 1068 Rn. 72). Ein (beschränktes) Stimmrecht des K oder ein Zustimmungsvorbehalt für bestimmte Geschäfte muss deshalb wieder mit allen Beteiligten ausdrücklich vereinbart werden. In Betracht kommt auch die Erteilung einer Stimmrechtsvollmacht von S an U oder die interne Vereinbarung einer Stimmrechtsbindung (MüKo/*Pohlmann*, § 1068 Rn. 90).

(2) Der *GmbH-Anteil* ist nach § 15 I GmbHG veräußerlich und daher nach h. M. (vorbehaltlich vertraglicher Beschränkungen) ohne Zustimmung der anderen Gesellschafter auch mit einem Nießbrauch belastbar (MüKo/*Pohlmann*, § 1068 Rn. 35).

Nach § 1069 I BGB i. V. m. § 15 III GmbHG muss der Nießbrauch durch notariellen Vertrag bestellt werden. Durch den Nießbrauch wird der Gesellschaftsanteil belastet; er steht aber nicht Gesellschafter und Nießbraucher gemeinschaftlich zu. Aus § 18 I GmbHG folgt deshalb kein teilweiser Übergang des Stimmrechts auf den Nießbraucher. Mitwirkungsrechte des U in der U-GmbH müssen deshalb ebenfalls besonders vereinbart werden.

(3) Die in den *Aktien* verkörperte Mitgliedschaft in der U-AG ist grundsätzlich frei übertragbar; eine Belastung mit einem Nießbrauch ist daher zulässig. Etwas anderes gilt nur für vinkulierte Namensaktien (§ 68 II AktG; MüKo/*Pohlmann*, § 1068 Rn. 37). Zur Nießbrauchbestellung bedarf es nach §§ 1069 I, 1081 II der Einigung und der Übergabe der Aktien, zumindest der Einräumung von Mitbesitz. Ein Stimmrecht des Nießbrauchers U in der Hauptversammlung folgt nicht aus § 69 I AktG.

132. Aufhebung eines nießbrauchbelasteten Rechts

A ist Inhaber eines Anteils der G-GmbH. An diesem Anteil hat A seiner geschiedenen Frau F einen Nießbrauch bestellt. Nach Auseinandersetzungen mit den Mitgesellschaftern kündigt er die G-GmbH in Übereinstimmung mit dem Gesellschaftsvertrag (§ 60 II GmbHG) ohne Mitwirkung der F. Diese hält die Auflösung der G-GmbH für unwirksam. Zu Recht? Welche Rechte hat F?

Die Kündigung der Gesellschaft führt nach Liquidation zum Untergang des belasteten Geschäftsanteils und beeinträchtigt daher die Rechte der F. Nach § 1071 bedarf die Kündigung daher der Zustimmung der F. Ohne seine Zustimmung ist das Rechtsgeschäft zugunsten des Nießbrauchers relativ unwirksam (Soergel/*Stürner*, § 1071 Rn. 1). § 1071 verändert jedoch nicht die Willensbildung in der GmbH. Da an ihr nur Gesellschafter, dagegen nicht außenstehende Dritte beteiligt sein können, berührt die fehlende Zustimmung nicht die Wirksamkeit der von A ausgesprochenen Kündigung. Wie ein Stimmrecht unterliegt ein satzungsmäßiges Kündigungsrecht damit gesellschaftsrechtlich nicht der Bindung durch den Nießbraucher (vgl. MüKo/ *Pohlmann,* § 1071 Rn. 13 m. w. N.).

Eine Kündigung unter Verstoß gegen § 1071 begründet nur eine Schadensersatzpflicht des A nach § 280 I wegen Verletzung des Bestellungsvertrages. Der Ersatzanspruch ist aber nicht dinglich gesichert.

133. Unternehmensnießbrauch

M leitete die Baustoff-Großhandlung seiner Ehefrau E als Geschäftsführer. E starb. Durch Testament hatte sie ihren Sohn S zum Erben eingesetzt und ihrem Ehemann M auf Lebenszeit den Nießbrauch an dem Unternehmen vermacht. Weitere Nachlasswerte sind nicht vorhanden.
a) Wie ist vorzugehen, damit M die Großhandlung als Nießbraucher und Unternehmer weiterführen kann?
b) Einige Zeit nach Bestellung des Nießbrauchs am Unternehmen möchte M die Baustoff-Großhandlung insgesamt veräußern und mit dem Erlös eine Sanitär-Großhandlung erwerben. Kann dieses Ziel erreicht werden?
c) M gibt die Veräußerungspläne auf. Er möchte aber die vorhandenen Vorräte an Baustahl veräußern und das Sortiment gegen den Willen des S auf Bau- und Sanitärkeramik erweitern. Ist dies zulässig?
d) Ferner möchte M die vorhandenen Lkw veräußern und durch modernere Fahrzeuge ersetzen. Ist er dazu befugt?
e) Schließlich möchte M die Liquidität des Unternehmens erhöhen. Kann er dazu noch nicht fällige Darlehensforderungen der B an die D-Bank veräußern?
f) Als M älter wird und S keine Neigung zeigt, das Geschäft zu übernehmen, möchte M den Betrieb allmählich stilllegen. Ist dies zulässig?

a) Durch testamentarisches Vermächtnis, §§ 1939, 2147 S. 1 konnte E dem M einen Nießbrauch an der Großhandlung vermachen. Nach § 2174 hat M daraus einen Anspruch auf Bestellung des Nießbrauchs. Nach §§ 1089, 1085 ist der Nießbrauch an sämtlichen zur Großhandlung gehörenden Gegenständen gesondert nach den jeweiligen Regeln zu bestellen (vgl. Soergel/*Stürner,* § 1085 Rn. 6): an Grundstücken gem. § 873 durch Einigung und Grundbucheintragung; an beweglichen Sachen durch Vereinbarung des Nießbrauchs und Übergabe, § 1032; an Rechten des Unternehmens durch Vereinbarung in der Form der Abtretung, § 1069. Hierin zeigt sich der *sachenrechtliche Spezialitätsgrundsatz* (vgl. *Habersack,* Rn. 7, 16 f.). Obgleich ein Nießbrauch nach §§ 1085 S. 1, 1069 II an nichtübertragbaren Rechten nicht bestellt werden kann, besteht Einigkeit, dass er sich an einem Handelsgeschäft nach Einweisung in den Geschäftsbetrieb unmittelbar auch auf den good will (Ruf, Geschäftsbeziehungen usw.) erstreckt (Jauernig/*Jauernig,* § 1085 Rn. 7), so dass der Nießbraucher eine echte Unternehmerstellung erhält (Bamberger/Roth/ *Wegmann,* § 1085 Rn. 17 ff.).

b) Auch nach Bestellung des Nießbrauchs bleibt S grundsätzlich Inhaber des belasteten Vermögens. Nur er kann es veräußern. Damit der Erwerber lastenfrei erwirbt, muss jedoch M gleichzeitig den Nießbrauch aufgeben: An Betriebsgrundstücken gem. § 875 durch Erklärung gegenüber dem GBA, an Fahrnis und Rechten durch Erklärung gegenüber S, §§ 1064, 1068 II, 1072.

c) Nach § 1067 erwirbt der Nießbraucher Eigentum an *verbrauchbaren Sachen.* Nach § 92 gehören hierzu alle beweglichen Sachen, die bestimmungsgemäß im Ganzen oder einzeln veräußert werden sollen. Diese Regel gilt auch beim Unternehmensnießbrauch. Mit dessen Bestellung wurde M daher Eigentümer des *Umlaufvermögens* der Baustoff-Großhandlung (vgl. *BGH* NJW 2002, 434, 435). Als Eigentümer kann M die vorhandenen Baustoffe also veräußern.

Nach § 1037 I darf der Nießbraucher eine Sache nicht wesentlich verändern, sondern hat nach § 1036 II deren bisherige wirtschaftliche Bestimmung nach den Regeln einer ordnungsgemäßen Wirtschaft aufrechtzuerhalten. Diese Grundsätze gestatten beim Unternehmensnießbrauch durchaus eine Veränderung des Warensortiments und eine Anpassung des Unternehmens an die laufenden wirtschaftlichen Bedürfnisse.

d) Der Fuhrpark ist dagegen als *gewerbliches Inventar* Zubehör des Betriebsgrundstücks (§§ 97 I 1, 98 Nr. 1) und damit Teil des *Anlagevermögens,* das im Eigentum des S verblieben ist (*BGH* NJW 2002, 434, 435; MüKo/*Pohlmann,* § 1085 Rn. 21). Eine allgemeine Verfügungsbefugnis des Nießbrauchers über die belasteten Gegenstände (sog. *Verfügungsnießbrauch*) besteht auch beim Unternehmensnießbrauch nicht. Da gewerbliches Inventar aber regelmäßiger Erneuerung bedarf, kann M insoweit kraft Gesetzes gem. § 1048 I 1 über Eigentum des S verfügen, und zwar über einzelne Inventarstücke innerhalb der Grenzen einer ordnungsgemäßen Wirtschaft. Die erworbenen Ersatzstücke werden kraft *dinglicher Surrogation,* § 1048 I 2 (2. Hs.), mit Einfügung in das Inventar Eigentum des S.

e) Nach § 1074 darf der Nießbraucher einer Forderung diese kündigen und einziehen, nicht aber anderweitig darüber verfügen. Bei verzinslichen Forderungen muss das Kapital nach Einziehung erneut mündelsicher verzinslich gegen Nießbrauchbestellung angelegt werden, § 1079. Diese generelle Regelung ist bei der Führung eines Handelsgeschäfts nicht praktikabel. Deshalb muss dem Unternehmensnießbraucher eine weitergehende Verfügungsbefugnis über Forderungen im Rahmen ordnungsgemäßer Wirtschaft zustehen (Soergel/*Stürner,* § 1085 Rn. 8). M kann deshalb die Darlehensforderungen veräußern.

f) Zweck des Nießbrauchs ist die wirtschaftliche Versorgung des M anstelle einer Einsetzung als Vorerbe *(Versorgungsnießbrauch).* Nach § 1030 I darf M daher die Nutzungen des Unternehmens ziehen, hat es aber zugleich nach §§ 1036 II, 1041 S. 1 in seinem Bestand und seiner wirtschaftlichen Bestimmung zu erhalten. Eine willkürliche Betriebsstilllegung verletzt danach schuldhaft das gesetzliche Schuldverhältnis zwischen Eigentümer und Nießbraucher und macht M gegenüber S schadensersatzpflichtig.

134. Schuldenhaftung beim Unternehmensnießbrauch

Fall wie zuvor. Als Vertreter der E hatte M bei der G-Bank einen Betriebskredit in Höhe von 100.000 € zu 9 % Zinsen aufgenommen und zu dessen Sicherung eine entsprechende Hypothek an dem Betriebsgrundstück bestellt.
a) Welche Folgen hat die Bestellung des Nießbrauchs für M und dessen Fortführung der bisherigen Firma für die Rechte der G-Bank?
b) Inwieweit darf und muss M im Innenverhältnis zu S die Forderung der G-Bank erfüllen? Darf M zur Tilgung des Kredits ggf. auch Betriebsvermögen veräußern?

a) Schuldner des verzinslichen Darlehens war E, §§ 488 I 2, 164; nach ihrem Tod ist es ihr Erbe S, § 1967. Die Bestellung des Nießbrauchs als solche begründet keine persönliche Haftung des M für das Darlehen. Hinsichtlich des Zinsanspruchs haftet M dagegen als Nießbraucher neben S nach § 1088 I 1 persönlich. Da M jedoch die Firma als Nießbraucher fortführt (§ 22 II HGB), haftet er gem. § 25 I HGB auch für die Hauptforderung persönlich.

Erhält die G-Bank keine freiwillige Erfüllung, so kann sie wegen der persönlichen Forderung gegen S in das Anlagevermögen des nießbrauchbelasteten Unternehmens ohne Rücksicht auf den Nießbrauch vollstrecken, § 1086 S. 1. Sie bedarf dazu aber neben dem Leistungstitel gegen S eines Duldungstitels gegen M, §§ 737, 738 ZPO. In die Gegenstände des Umlaufvermögens des Unternehmens kann die G-Bank wegen der persönlichen Forderung *gegen* S nicht mehr vollstrecken, da sie gem. § 1067 Eigentum des M wurden. Sie kann aber insoweit gem. §§ 829, 835 ZPO den zu ihren Gunsten sofort fälligen Ersatzanspruch des Bestellers S gegen M, §§ 1067 I 1, 2. Hs., 1086 S. 2, pfänden und sich überweisen lassen.

Da M durch Übernahme der Firma persönlicher Schuldner wurde, § 25 HGB, kann die G-Bank aber einfacher aus einem Titel gegen M unmittelbar in die Gegenstände des Umlaufvermögens vollstrecken. Gem. § 879 I 2 hat die zeitlich früher eingetragene Hypothek Vorrang vor dem Nießbrauch. Zur Vollstreckung aus der Hypothek kann die Zwangsvollstreckung gem. § 1147 daher gegen S als Eigentümer ohne Rücksicht auf den Nießbrauch des M betrieben werden.

b) Nach § 1088 III 1 schuldet M dem S die Befriedigung der G-Bank wegen der laufenden Zinsen. Bei Fälligkeit des Darlehenskapitals ist M bei einem echten Unternehmensnießbrauch im Zweifel gegenüber S verpflichtet, es zurückzuzahlen (Soergel/*Stürner*, § 1085 Rn. 8). Nach § 1087 I kann S freilich von M Rückgabe nießbrauchbelasteter Gegenstände (unter Aufgabe des Nießbrauchs) verlangen, um die G-Bank selbst zu befriedigen. Stattdessen kann M das Darlehen der G-Bank gem. § 1087 II 1 auch direkt zurückzahlen. Da er Umlaufvermögen übereignet erhielt, § 1067, und zu dessen Ersatz verpflichtet ist, hat er zunächst dessen Wert zur Tilgung heranzuziehen, vgl. § 1087 II 4 (Soergel/*Stürner*, § 1087 Rn. 4). Nur soweit dieser Wert nicht ausreicht, darf M unter den weiteren Voraussetzungen des § 1087 II 2 Anlagevermögen, das im Eigentum des S steht, veräußern, um die Forderung der G-Bank zu erfüllen.

IV. Beschränkte persönliche Dienstbarkeit

135. Wohnungsbesetzungsrecht als beschränkte persönliche Dienstbarkeit

Die Gemeinde K verkaufte dem Bauunternehmer B ein größeres Grundstück zur Errichtung einer Seniorenwohnanlage mit teils öffentlich, teils frei finanzierten Wohngebäuden. Für die frei finanzierten Gebäude wurde ein Wohnungsbesetzungsrecht der Gemeinde vereinbart. Die entsprechenden Wohnungen sollten nur an Personen von über 60 Jahren zur Nutzung überlassen werden dürfen, die von der Gemeinde K benannt wurden. Diese Benennung sollte als erfolgt gelten, wenn der Nutzer einen Betreuungsvertrag mit dem Verein Betreutes Wohnen K e. V. abschloss. Dieses Recht wurde durch beschränkte persönliche Dienstbarkeit gesichert und beim Vollzug des Kaufvertrages in das Grundbuch eingetragen. Bald darauf veräußerte B eine mit der Dienstbarkeit belastete Teilfläche unter Übernahme des Wohnungsbesetzungsrechts an D zur Errichtung eines seniorengerechten Eigenheims. D schloss mit dem Verein zunächst einen entsprechenden Betreuungsvertrag, kündigte ihn aber nach Ablauf von zwei Jahren. Die Gemeinde K verlangt nun von D die Unterlassung der Nutzung seines eigenen Hausgrundstücks.
a) Zu Recht?
b) Hätte sich die Gemeinde K das Wohnungsbesetzungsrecht bereits vor der Veräußerung des Grundstücks an B bestellen können?

a) Gem. §§ 1090 II, 1027, 1004 I kann die Gemeinde K Unterlassung der Benutzung von D verlangen, wenn das Wohnungsbesetzungsrecht als beschränkte persönliche Dienstbarkeit wirksam bestellt wurde und sich dessen Ausübung nicht als unzulässige Rechtsausübung (§ 242) erweist. Nach den §§ 1090 I, 1018 Alt. 2 können Pflichten zur Unterlassung einer bestimmten Grundstücksnutzung Inhalt einer Dienstbarkeit sein, da sie auch Inhalt einer Grunddienstbarkeit sein können. Ein typischer, weit verbreiteter Fall einer solchen Dienstbarkeit ist ein Wohnungsbesetzungsrecht einer Gemeinde (NK-BGB/*Otto*, § 1090 Rn. 6 f.). Obwohl ein Kontrahierungszwang nicht dinglich gesichert werden könnte, bilden das Recht zur Benennung eines Berechtigten und die Pflicht zur Unterlassung einer anderweitigen Nutzung einen einheitlichen, zulässigen Inhalt einer Dienstbarkeit (*BGH* NJW 2013, 1963, Rn. 13, 17 f. = ZfIR 2013, 292 m. Anm. *Grziwotz*). Da dieses Wohnungsbesetzungsrecht ohne Einschränkung bestellt wurde, gilt es nicht nur bei Vermietung oder Verpachtung an Dritte, sondern auch bei der Eigennutzung des Grundstücks durch den Eigentümer D (*BGH* NJW 2013, 1963 Rn. 14 ff.). Als dingliche Belastung ist das Belegungsrecht wirksam, auch wenn D dann sein eigenes Grundstück ohne den Abschluss eines Betreuungsvertrages nicht sinnvoll nutzen kann (*BGH* a. a. O. Rn. 20 ff.).

Mit dem Abschluss eines Betreuungsvertrages war D freilich zunächst Ausübungsberechtigter (§ 1092 I 2) geworden. Diese Ausübungsüberlassung wirkte nach § 1004 II als Einrede gegenüber dem Verlangen der Gemeinde K als Berechtigter der Dienstbarkeit auf Unterlassung der Grundstücksnutzung (*BGH* a. a. O. Rn. 24; Palandt/*Bassenge*, § 1092 Rn. 7). Da D diesen Vertrag aber gekündigt hatte, könnte der Gemeinde K der Unterlassungsanspruch nach Ablauf der Kündigungsfrist wieder zustehen. Jedoch sieht § 309 Nr. 9a BGB vor, dass ein Dienstberechtigter (hier D) durch einen AGB-Vertrag höchstens für zwei Jahre gebunden werden kann (vgl. Palandt/*Grüneberg*, § 309 Rn. 88). Diese Regel schlägt nach Ansicht des BGH auf die Dienstbarkeit durch. Danach ist die Geltendmachung der Dienstbarkeit eine nach § 242 BGB unzulässige Rechtsausübung, wenn damit praktisch der Abschluss eines nach § 309 BGB inhaltlich unzulässigen Betreuungsvertrages erreicht werden soll (*BGH* a. a. O. Rn. 27 ff.). Die Gemeinde K muss also dulden, dass D sein Grundstück auch ohne Abschluss eines Betreuungsvertrages mit dem Verein Betreutes Wohnen weiter nutzt.

b) Eine Dienstbarkeit am eigenen Grundstück kann wie eine Eigentümergrundschuld gem. § 1196 II durch einseitige Erklärung bestellt werden (Palandt/*Bassenge*, § 1090 Rn. 7). Nach der Rspr. ist dies zulässig, wenn der Eigentümer infolge des beabsichtigten Verkaufs ein schutzwürdiges Interesse an der Bestellung hat. Es genügt dabei sogar ein ideelles Interesse, ein wirtschaftliches Interesse ist nicht erforderlich (BGHZ 41, 209 = NJW 1964, 1226). Ein ideelles Interesse liegt hier im Vorhalten einer Seniorenwohnanlage, ein mittelbares wirtschaftliches Interesse darin, die Rentabilität des Betriebs sicherzustellen.

136. Dingliche Sicherung eines Wettbewerbsverbots

E schließt mit der A Petrol-AG (A) einen Vertriebsvertrag. Als Gegenleistung für ein Aufbaudarlehen verlangt A eine Belastung des Betriebsgrundstücks des E. Danach soll A das ausschließliche Recht haben, auf dem Grundstück eine öffentliche Tankstelle zu errichten und zu betreiben. Konkurrenzunternehmen der A sollen auf dem Grundstück keine Tankstelle errichten oder betreiben dürfen; Motorenbetriebsstoffe, Fette und Öle anderer Hersteller als der A sollen auf dem Grundstück nicht verkauft oder vertrieben werden dürfen.
a) Kann dieses Recht im Grundbuch eingetragen werden?
b) Kann sich A statt dessen ein dingliches Recht ausbedingen, dass auf dem Grundstück des E überhaupt keine Tankstelle betrieben werden darf, gleichzeitig aber obligatorisch gegen Abschluss eines Bezugsvertrages auf ihr Recht gegenüber E verzichten?

a) Gegenstand einer beschränkten persönlichen Dienstbarkeit, § 1090 I, kann jede Befugnis sein, die den Inhalt einer Grunddienstbarkeit, § 1018, bilden kann. Danach kann E dem Berechtigten Befugnisse einräumen, die ihm aufgrund seines Eigentums positiv oder negativ zustehen. Eine Benutzungserlaubnis mit Ausschließlichkeitsklausel (*Konkurrenzverbot*) zur Errichtung und zum Betrieb einer Tankstelle ist daher zulässig und weit verbreitet. Es handelt sich dabei um ein einheitliches Recht, in dem Duldungs- und Unterlassungspflichten miteinander verbunden sind (BGHZ 35, 378, 381 = NJW 1961, 2157; *Brehm/Berger*, § 22 Rn. 4 ff.).

Das Verbot, Treibstoffe und Öle anderer Hersteller auf dem Grundstück zu verkaufen, ist dagegen *in dieser Form* unzulässig. Als Unterlassungspflichten können Wettbewerbsverbote grds. dinglich gesichert werden, § 1018. Jedoch muss sich die Unterlassungspflicht auf die Grundstücksnutzung beziehen und darf nicht lediglich die persönliche oder die Gewerbefreiheit des E unmittelbar einschränken. Das Recht zur Auswahl eines Warenlieferanten ist kein Ausfluss des Eigentums am Grundstück. Zulässiger Inhalt der Dienstbarkeit kann daher nur die Verpflichtung sein, auf dem Grundstück eine Tankstelle ausschließlich des Berechtigten zu dulden (BGHZ 29, 244 = NJW 1959, 670; *BGH* NJW 1985, 2474).

b) Zulässig ist dagegen eine beschränkte persönliche Dienstbarkeit, die den Betrieb einer Tankstelle und alle damit zusammenhängenden Geschäfte zugunsten der A verbietet. Dieses Recht beeinträchtigt nur mittelbar das Recht der freien Lieferantenauswahl. Als dinglich Berechtigter kann A nach Ansicht des *BGH* schuldrechtlich zu seinen eigenen Gunsten auf sein Untersagungsrecht verzichten (BGHZ 74, 293 = NJW 1979, 2149, 2150; *BGH* NJW 1981, 343). Freilich hat A gar kein Interesse daran, tatsächlich den Betrieb der Tankstelle zu untersagen. Diese Vertragsgestaltung soll lediglich ausschließen, dass sich E einen günstigeren Lieferanten sucht. Ob das generelle Betriebsverbot unter diesen Umständen nicht nach § 117 bzw. § 138 oder wegen Umgehung des § 1018 nichtig ist, hat der *BGH* verneint (a. A. MüKo/*Joost*, § 1090 Rn. 21 f.; krit. auch *Prütting*, Rn. 893 ff.). Auch eine zeitlich unbefristete Dienstbarkeit wird vom *BGH* nunmehr akzeptiert (*BGH* NJW 1988, 2364).

137. Photovoltaikdienstbarkeit

Landwirt Eigenstetter (E) auf der Sonnenalp (Oberbayern) vermietet dem Unternehmer Ulli Ulmer (U) die nach Süden geneigten Dachflächen der Gebäude seines Hofes für 30 Jahre zum Betrieb einer Photovoltaikanlage.
a) Ulmer möchte sicherstellen, dass er die Anlage auch bei einer Veräußerung des Hofes weiterbetreiben kann. Das Betriebsrecht soll auch seiner Tochter Thea (T) zustehen, wenn er ihr sein Unternehmen in einigen Jahren übergeben wird.
b) Die Anschaffung der Anlage finanziert Ulmer durch einen Kredit der FiBa-Bank. Diese besteht nicht nur auf einer dinglichen Sicherung des Kredits. Sie möchte zusätzlich die Anlage selbst weiter betreiben oder, auch mehrfach, einen neuen Anlagenbetreiber bestellen können, wenn Ulmer oder dessen Tochter vor Rückzahlung des Kredits aus irgendeinem Grund nicht mehr in der Lage sein sollten, die Anlage zu betreiben.
Kann das Anliegen der Beteiligten verwirklicht werden?

a) Betriebsrecht bei möglicher Weiterveräußerung des Hofes und Übergabe des Unternehmens an T

(1) Der Mietvertrag zwischen E und U bindet zwar auch einen Erwerber des Hofes (§§ 578 I, 566 I), wird der Hof aber zwangsversteigert, so könnte der Ersteher den Mietvertrag nach § 57a ZVG kündigen. Gleiches gilt, wenn E insolvent wird und der Insolvenzverwalter den Hof veräußert (§ 111 InsO). Um U auch für solche Fälle zu sichern, kann E ihm für den Betrieb der Photovoltaikanlage eine beschränkte persönliche Dienstbarkeit an den betroffenen Hofgrundstücken bestellen (§§ 1090 I, 1018). Das dingliche Nutzungsrecht kann in keinem Fall gekündigt werden. Verbindet U die Anlage in Ausübung dieser Dienstbarkeit mit den Hofgrundstücken, so bleibt sie gemäß § 95 I 2 sein Eigentum, ist also nur Scheinbestandteil der

Grundstücke, selbst wenn tatsächlich eine massive Verbindung vorliegen sollte (*Reymann*, ZIP 2013, 605).

(2) Die eigene beschränkte persönliche Dienstbarkeit kann U der T nicht übertragen, da es sich um ein nicht abtretbares, nicht vererbliches Recht handelt (§ 1092 I 1). Etwas anderes würde nur gelten, wenn die Dienstbarkeit etwa der Einmann-GmbH des U bestellt wurde. U könnte dann einfach seine Gesellschafterstellung auf T übertragen. Im Rahmen der §§ 1092 II, 1059a Nr. 2 könnte auch die GmbH das Recht auf T übertragen. Ist U aber persönlich Dienstberechtigter, so scheidet dies aus. Unzulässig wäre auch eine Bestellung zugunsten des jeweiligen Inhabers der Firma des U (MüKo/*Joost*, § 1092 Rn. 2). Denkbar wäre die Bestellung einer zweiten, aufschiebend bedingten Dienstbarkeit für T, doch wäre U dann ebenfalls bereits gebunden. Die Praxis löst das Problem daher in folgender Weise: E verspricht dem U im Wege eines unechten Vertrages zugunsten Dritter (§ 335) der T im Falle der Unternehmensnachfolge eine beschränkte persönliche Dienstbarkeit zu bestellen; dieser Anspruch kann zulässigerweise bereits jetzt durch Vormerkung (mit den Wirkungen des § 883 II, III) gesichert werden (*Reymann*, ZIP 2013, 605, 610).

b) Sicherung des Kredites bei der FiBa-Bank

(1) Als Scheinbestandteil bleibt die Anlage rechtlich eine bewegliche Sache, kann also der Bank nach den §§ 929, 930, 868 zur Sicherheit bis zur Rückzahlung des Kredits übereignet werden (*Reymann*, DNotZ 2010, 84, 111) (s. u. Fall 195).

(2) Das Sicherungseigentum gibt der Bank aber noch nicht die Befugnis, die Anlage selbst zu betreiben. Doch kann E der Bank eine (mit der für U) inhaltsgleiche, nachrangige beschränkte persönliche Dienstbarkeit bestellen, die ihre Wirkung erst entfaltet, wenn U sein Nutzungsrecht nicht mehr ausübt oder ausüben kann. Wegen des vereinbarten Nachrangs sind die §§ 1090 II, 1024 nicht anwendbar (*Reymann*, DNotZ 2010, 84, 86).

Will die FiBa-Bank die Anlage aber nicht selbst betreiben, so muss auch ein Recht zur Bestimmung eines neuen Betreibers vereinbart werden. Da auch ein schuldrechtlicher Anspruch auf Bestellung einer Dienstbarkeit (wie das dingliche Recht selbst) nach § 399, 1. Fall, nicht abtretbar ist, ist wie bei der Sicherung der Nachfolge durch T vorzugehen. E muss der FiBa-Bank daher ebenfalls eine entsprechende Vormerkung bestellen. Da die Bank aber berechtigt sein soll, ggf. nacheinander mehrere Anlagenbetreiber zu bestellen, stellt sich die Frage, ob es dazu mehrerer Vormerkungen bedarf oder die Sicherung durch eine Vormerkung genügt. Parallel zum „Aufladen" einer Vormerkung (s. o. Fall 26) soll es zulässig sein, diese Vormerkung ohne erneute Bewilligung und Eintragung zur Benennung weiterer Anlagenbetreiber zu verwenden (sog. *revolvierende Vormerkung*) (*Reymann*, ZIP 2013, 605, 611 ff.; *Klühs*, RNotZ 2012, 28).

---

138. Wohnungsrecht als höchstpersönliches Recht

Tochter T erwarb von ihrer Mutter M ein Hausgrundstück im Wert von 400.000 € zum Preis von 100.000 € und gegen zusätzliche Bestellung eines

Wohnungsrechts auf Lebenszeit an der Erdgeschosswohnung des Hauses. Das Wohnungsrecht wurde bestellt.

Zwölf Jahre später wird M pflegebedürftig und muss endgültig in ein Pflegeheim umziehen. T vermietet die bisherige Wohnung der M für eine monatliche Kaltmiete von 400 € an D. Da die Heimpflegekosten durch die Einkünfte der M nicht gedeckt sind, verlangt K als Träger der Sozialhilfe als Ausgleich für das nicht in Anspruch genommene Wohnungsrecht gemäß § 93 SGB XII Abführung der monatlichen Kaltmiete an sich.

Zu Recht?

Nach § 93 I 1 SGB XII kann der Sozialhilfeträger durch schriftliche Anzeige bewirken, dass ein Anspruch des Leistungsempfängers gegen einen Dritten bis zur Höhe seiner Aufwendungen auf ihn übergeht. Das Wohnungsrecht der M selbst gibt nach § 1093 I 1 nur ein Recht zur Nutzung der Wohnung, nicht aber zur Herausgabe eines durch anderweitige Vermietung erzielten Entgelts. Selbst wenn T der M die Überlassung des Wohnungsrechts an einen Dritten gestattet hätte (§ 1092 I 2), wäre T als Eigentümerin nur zur Duldung der Nutzung aufgrund des Wohnungsrechts, aber nicht zur Zahlung von Geldersatz oder zur Abführung eines eingenommenen Entgelts für eine anderweitige Vermietung verpflichtet (*BGH* NJW 2009, 1348).

Ein Anspruch der M könnte sich allenfalls aus einer *ergänzenden Vertragsauslegung* des schuldrechtlichen Bestellungsvertrags ergeben. Sicherlich hätten vernünftige Parteien vereinbart, dass T nach einem endgültigen Umzug der M in ein Pflegeheim berechtigt sein soll, die Wohnung der M zu vermieten. Damit ist aber noch offen, wem der dabei erzielte Mietzins letztlich zustehen soll. Einerseits sollte das Wohnungsrecht der Altersvorsorge der M dienen, so dass T nach einem Umzug der M ins Pflegeheim wirtschaftlich nicht besser stehen soll. Andererseits begründet das Wohnungsrecht eben nur ein höchstpersönliches Nutzungsrecht, so dass eine ergänzende Vertragsauslegung aus dem Wohnungsrecht keinen Nießbrauch machen darf, bei welchem dem Berechtigten in jedem Fall der Wert der Nutzungen zustehen soll (*BGH* NJW 2009, 1348).

Hiergegen spricht auch nicht, dass M das Grundstück der T teilweise durch gemischte Schenkung zugewandt hat. Denn eine Rückforderung einer Schenkung ist nach § 529 I nur zehn Jahre lang möglich; hier sind aber bereits 12 Jahre vergangen (vgl. *BGH* NJW 2009, 1346).

Würde der Fall in Bayern spielen, so ergäbe sich freilich aus Art. 18 BayAGBGB ein Anspruch der M auf Zahlung einer Geldrente als Ausgleich für die Befreiung der T und der Pflicht zur Wohnungsräumung. Diesen Anspruch könnte der Sozialhilfeträger auf sich überleiten.

139. Grenzen des dinglichen Wohnungsrechts

E bestellte seiner Tochter T in der Wohnung im ersten Stock seines Hauses ein unentgeltliches Wohnungsrecht auf Lebenszeit. Das Hausgrundstück selbst übereignet er seinem Sohn S.

> a) S lässt nach einigen Jahren die veraltete Zentralheizung des Hauses für 15.000 € erneuern. War er hierzu verpflichtet? Kann er von T anteiligen Kostenersatz verlangen? Zu Recht?
>
> b) Als die Heizung ausfällt, verweigert S deren Instandsetzung. Er lässt aber zu, dass T die Arbeiten in Auftrag gibt. Kann T von S Erstattung der gesamten Aufwendungen verlangen?
>
> c) T nimmt den ledigen M in ihre Wohnung auf und lebt mit ihm in nichtehelicher Lebensgemeinschaft zusammen. Muss S den M im Hause dulden? Darf T die Wohnung an M weitervermieten?
>
> d) Durch die Explosion eines vorbeifahrenden Tankwagens wird das Haus bis auf die Grundmauern zerstört. Mit Hilfe des erhaltenen Schadensersatzes will S das Haus in anderer Form wieder aufbauen, ohne die Wohnung für T vorzusehen. Kann sich T dagegen wehren?

a) Der Wohnungsberechtigte hat die Reparatur zu dulden, §§ 1093 I 2, 1044. Streitig ist, ob der Eigentümer ihm gegenüber zu außergewöhnlichen Reparaturen verpflichtet ist. Während dies im Verhältnis Nießbraucher–Eigentümer allgemein verneint wird, hat der *BGH* angenommen, dass der Eigentümer verpflichtet ist, Einrichtungen i. S. des § 1093 III, z. B. eine gemeinsame Heizungsanlage, die in seinem alleinigen Einwirkungsbereich liegt, instand zu setzen (*BGH* JZ 1970, 70 m. abl. Anm. *Baur*).

Selbst wenn man aber eine Pflicht zu außergewöhnlichen Reparaturen ablehnt, fehlt es an einer Rechtsgrundlage für den von S begehrten Aufwendungsersatz.

b) Nach § 1093 III umfasst das Wohnungsrecht auch die Mitbenutzung gemeinschaftlicher Anlagen. Hierzu gehört eine Hauszentralheizung. Nach §§ 1093 I 2, 1041 hat der Wohnungsberechtigte wie ein Nießbraucher die Wohnung zu erhalten. Jedoch obliegt ihm gem. § 1041 S. 2 nur die gewöhnliche Instandhaltung. Zu einer außergewöhnlichen Maßnahme, wie der Instandsetzung der Zentralheizung, ist der Wohnungsberechtigte nicht verpflichtet. Für eine freiwillig übernommene außergewöhnliche Reparatur kann T somit gem. §§ 1093 I 2, 1049, 677, 683 S. 1, 670 Ersatz von S als dem Eigentümer verlangen. Die Reparatur ist eine Verwendung auf das Grundstück, § 1049 I. Da S die Übernahme der Geschäftsführung zuließ, ist auch § 683 S. 1 erfüllt.

c) Nach § 1093 II darf T „ihre Familie" in die Wohnung aufnehmen. Nach Ansicht des *BGH* soll der Wohnungsberechtigte eine stärkere dingliche Stellung haben als ein Mieter. § 1093 II sei deshalb nach seinen persönlichen Bedürfnissen analog auf den Partner einer nichtehelichen Lebensgemeinschaft anzuwenden, wenn beide Partner unverheiratet sind und die Gemeinschaft auf Dauer angelegt ist (BGHZ 84, 36 = NJW 1982, 1868). S muss daher die Benutzung der Wohnung durch M dulden.

T darf die Wohnung nur vermieten, wenn die Überlassung an Dritte besonders gestattet ist. S könnte daher gem. § 1004 Unterlassung verlangen.

d) Gemäß §§ 1090 II, 1027, 1004 kann T von S Unterlassung einer Beeinträchtigung ihres Wohnrechts verlangen. Das Wohnrecht ist ein Recht auf Nutzung einer bestimmten Wohnung. Wird das Gebäude mit der Wohnung ohne Verschulden des Verpflichteten zerstört, so kann das Wohnrecht analog § 275 I nicht mehr ausgeübt werden. Eine Pflicht zum Wiederaufbau des Hauses gegenüber T besteht nicht Staudinger/*Mayer*, § 1093 Rn. 57). Deshalb muss S keinen Zustand herstellen, bei dem T ihr Wohnrecht wieder ausüben kann. Als Folge davon erlischt das Wohnrecht bei völliger Zerstörung des Hauses, obgleich es das Grundstück als solches belastet (BGHZ 7, 268, 272 f. = NJW 1952, 1375).

V. Vorkaufsrecht

140. Rechtswirkungen des dinglichen Vorkaufsrechts

Der Grundstückseigentümer E hat dem Kaufmann N ein dingliches Vorkaufsrecht an einem gewerblichen Baugrundstück bestellt. Ein Jahr später erwirbt D das Grundstück nach Grundbucheinsicht für 500.000 € und beantragt den Vollzug der Auflassung im Grundbuch.
a) Ist dem Antrag stattzugeben?
b) Noch vor Abschluss des Vertrages mit D bestellt sich E eine Grundschuld in Höhe von 50.000 € an dem Grundstück, die er bei Abschluss des Kaufvertrages mit an D abtritt. D wird als Eigentümer im Grundbuch eingetragen. Erst danach zeigt E dem N den Vertragsschluss an. N übt daraufhin sein Vorkaufsrecht fristgerecht aus. Kann N das Grundstück zu lastenfreiem Eigentum erwerben?
c) Kann D die Herausgabe des Grundstücks von der Erstattung des an E gezahlten Kaufpreises und vom Ersatz von Aufwendungen für die Bepflanzung der Blumenbeete des Grundstücks vor Ausübung des Vorkaufsrechts abhängig machen?
d) Zwischen E und D wird zunächst nur ein Kaufvertrag abgeschlossen und eine Auflassungsvormerkung für D bestellt. Sodann tritt D seine Rechte aus dem Kaufvertrag mit E an F ab. Kann N sein Vorkaufsrecht auch gegenüber F ausüben?

a) Das dingliche Vorkaufsrecht hat zugunsten des Vorkaufsberechtigten nach § 1098 II die Wirkung einer Vormerkung. Wie diese bewirkt es jedoch *keine Grundbuchsperre* für vorkaufswidrige Verfügungen (vgl. *Habersack,* Rn. 342 f.).

b) Durch Ausübung des Vorkaufsrechts kommt zwischen E und N kraft Gesetzes ein Kauf zu den zwischen E und D vereinbarten Bedingungen zustande, §§ 1098 I 1, 464 II. Gegenüber dem Ersterwerber D wirkt das Vorkaufsrecht gem. § 1098 II. N kann daher von seinem Vertragspartner E Auflassung, § 433, und von dem Erwerber D gem. §§ 1098 II, 883 II 1, 888 I Zustimmung zu seiner Eintragung als Eigentümer verlangen.

Der Vormerkungsschutz des § 1098 II beginnt jedoch erst mit Eintritt der Vorkaufslage, d. h. erst nach Wirksamkeit des Kaufvertrages E–D. N hat daher zwar gem. §§ 433 I 2, 435 gegen E einen Anspruch auf Befreiung von der Grundschuld. Dagegen hat D die Grundschuld unangreifbar erworben.

c) Nach § 1100 S. 1 kann D als neuer Eigentümer die Zustimmung zur Eintragung des N und die Herausgabe verweigern, bis ihm der mit E vereinbarte und entrichtete Kaufpreis erstattet wird (vgl. § 274). Im Übrigen besteht zwischen N und D kein

Vertragsverhältnis. Wird N als Eigentümer im Grundbuch eingetragen, so wird D nichtberechtigter Besitzer. Aufwendungen, die D nach Verlust des Eigentums tätigt, sind deshalb nach §§ 994 ff. auszugleichen. Nach h. M. sind die §§ 994 ff. wegen der durch § 1098 II angeordneten Vorwirkung nach Eigentumserwerb des N auch für vorher getätigte Verwendungen entsprechend anzuwenden (BGHZ 87, 296 = NJW 1983, 2024). Da D bei Besitzerwerb das Bestehen des dinglichen Vorkaufsrechts kannte, ist er wie ein bösgläubiger Besitzer zu behandeln und erhält nur notwendige Verwendungen gem. § 994 II ersetzt. Blumen pflanzen ist jedoch i. d. R. nur eine nützliche Verwendung (§ 996). D erhält daher keinen Ersatz und hat kein Zurückbehaltungsrecht.

d) Die nach §§ 398, 401 erworbene Vormerkung schützt F zwar vor verbotswidrigen Verfügungen des E. Da der Erwerb der Vormerkung durch D aber gegenüber N bereits ab Entstehung des Vorkaufsrechts gem. §§ 1098 II, 883 II unwirksam ist (vgl. BGHZ 60, 275, 294 = NJW 1973, 1278; Palandt/*Bassenge,* § 1098 Rn. 5), muss auch der Erwerb durch den Rechtsnachfolger des D gegenüber dem Vorkaufsberechtigten unwirksam sein.

VI. Reallast

141. Bezugsverpflichtung

Die Wohnungsbau-GmbH (W) hat eine große Eigentums-Wohnanlage mit mehreren selbständigen Gebäuden errichtet. Zur Beheizung und Belieferung mit Warmwasser sind diese sämtlich an eine Heizzentrale angeschlossen, die die W in der Wohnanlage auf einem selbständigen Grundstück betreibt. Die W möchte zu ihren Gunsten das Eigentum aller Wohngrundstücke der Anlage dinglich mit dem Recht belasten, dass der jeweilige Eigentümer Wärme oder Energie zur Wärmeerzeugung für die Raumheizung und für die Bereitung von Gebrauchswarmwasser nur von der auf dem Grundstück der W befindlichen Fernheizungsanlage zu einem angemessenen Preis zu beziehen hat. Kann dieses Recht im Grundbuch eingetragen werden?

Die Bezugsverpflichtung könnte Gegenstand einer Reallast, § 1105, sein. Inhalt einer Reallast kann jede Verpflichtung zu einem regelmäßig wiederkehrenden Tun sein (vgl. *Brehm/Berger,* § 19 Rn. 1 ff.). Dieses Tun ist hier sogar auf die zu belastenden Grundstücke bezogen. Erforderlich wäre dies aber nicht. Es genügt, dass die Grundstücke für die Erfüllung der Handlungspflicht dinglich haften sollen.

Durch eine Reallast dieses Inhalts könnte aber die wirtschaftliche Freiheit der Wohnungseigentümer so stark beschränkt werden, dass hierin eine sittenwidrige Knebelung liegen könnte, § 138 I. Jedoch ist die Reallast nur rechtliche Konsequenz einer tatsächlichen wirtschaftlichen Abhängigkeit. Da der Bezugspflicht eine Lieferpflicht zu angemessenem Preis gegenübersteht, fehlt es zudem an einer anstößigen Ausnutzung der faktischen Übermachtstellung (*OLG Celle* JZ 1979, 268 m. Anm. *Joost,* S. 467).

Zweifelhaft ist, ob zusätzlich eine Grunddienstbarkeit, § 1018, zu bestellen ist, da die Wohnungseigentümer zugleich einen anderweitigen Bezug von Heizenergie und

Warmwasser *unterlassen* sollen. Die Unterlassungspflicht ist aber nur Reflex der Bezugsverpflichtung; neben ihr hat sie keinen selbständigen wirtschaftlichen Sinn. Eine Grunddienstbarkeit könnte daher nicht zur (zusätzlichen) Sicherung der Bezugspflicht bestellt werden (BayObLGZ 1976, 218).

---

142. Altenteil

Die Landwirtseheleute A und B wollen ihren Hof ihrem Sohn S übergeben. Als Gegenleistung soll S für den gesamten standesgemäßen Lebensbedarf von A und B aufkommen. A und B möchten ihre Rechte vollständig dinglich absichern. Vor allem legen sie Wert
a) auf eine Sicherung persönlicher Pflege bei Krankheit oder Schwäche bis zum Tode sowie
b) einer angemessenen Wohnung für den Fall, dass ihr jetziges Wohnhaus, an dem für sie ein Wohnungsrecht besteht, für den Ausbau der örtlichen Durchgangsstraße abgerissen werden muss. Künftige Teuerungen sollten mitberücksichtigt werden. Wie ist dieses Ziel zu erreichen?
Außerdem möchten sie wissen,
c) ob sie S wegen der durch Reallast gesicherten monatlichen Rente auch persönlich in Anspruch nehmen können?

a) Als einheitliches dingliches Recht kennt das BGB das Altenteil nicht. Jede Pflicht des S ist deshalb durch ein besonderes Nutzungs- oder Leistungsrecht zu sichern (Palandt/*Bassenge,* Art. 96 EGBGB Rn. 7).

Die persönliche Pflegepflicht als unvertretbare Leistung kann nach § 1105 I durch Reallast gesichert werden. Denn es genügt, dass die Berechtigten die belasteten Hofgrundstücke wegen des Geldwerts der Pflegeleistung verwerten können und die Höhe dieses Werts bestimmbar ist (BGHZ 130, 342, 345 = NJW 1995, 2780). Der Begriff „wiederkehrende Leistungen aus dem Grundstücke" wird dazu weit ausgelegt. Es genügt, dass die Leistung erfahrungsgemäß mehrfach zu entrichten sein wird.

b) Als Dienstbarkeit sichert ein dingliches Wohnungsrecht, § 1093, die Nutzung nur an der bestehenden Wohnung. Es erlischt dagegen mit Abbruch des Hauses (s. o. Fall 139). Eine Pflicht zur Wohnungsgewährung für diesen Fall und damit zur Ersatzbeschaffung kann wiederum durch Reallast gesichert werden. Die Reallast verpflichtet insoweit zur Gewährung von bestimmten Sachleistungen ohne Rücksicht auf deren Geldwert (vgl. Jauernig/*Jauernig,* §§ 1105–1108 Rn. 1). Eine besondere Wertsicherungsklausel ist daher entbehrlich.

c) Die Rentenreallast sichert als dingliches Recht die persönliche Leibrentenschuld, § 759 I. Diese Verpflichtung geht S im Übergabevertrag ein. Daneben haftet S nach § 1108 I auch als neuer Eigentümer der belasteten Grundstücke persönlich.

5. Kapitel. Immobiliarsicherheiten

I. Entstehung der Grundpfandrechte

143. Bestimmtheit des Grundpfandrechts

Die D-Bank gewährte dem Grundstückseigentümer E einen Baukredit in Höhe von 45.000 € gegen Bestellung einer erstrangigen Brief-Hypothek. Nach der Eintragung sollte die Hypothek „bis zu 12 % jährlich verzinslich" sein. Eine Bezugnahme auf die genaue Gleitklausel der Eintragungsbewilligung unterblieb. Als E in Zahlungsverzug gerät, beantragt die D-Bank als Hypothekengläubigerin die Zwangsversteigerung des Grundstücks.
a) Nach der Versteigerung weigert sich das Vollstreckungsgericht, die D-Bank aus dem Erlös auch wegen der rückständigen Zinsen zu befriedigen. Zu Recht?
b) Bei Prüfung des Versteigerungsantrags stellt sich zufällig heraus, dass E bei Kreditaufnahme ein Betreuer mit Einwilligungsvorbehalt beigeordnet war. Eine Genehmigung des Darlehensvertrages lehnt E jetzt ab. Kann die D-Bank die Hypothek gleichwohl gegen E durchsetzen?
c) In Kenntnis seiner finanziellen Notlage gewährt die D-Bank dem E einen Kredit zum Zinssatz von 5 % monatlich. E kommt mit der Rückzahlung in Verzug. Ein Jahr nach der Gewährung des Kredits bestellt er der D-Bank eine Grundschuld über 25.000 € „zur Sicherung aller gegenwärtigen und künftigen Forderungen aus allen Schuldgründen". Als die D-Bank aus der Grundschuld gegen ihn vorgehen will, wendet E ein, die Bestellung sei wegen der zugrunde liegenden wucherischen Forderung nichtig.
Zu Recht?

a) Nach § 1113 I haftet das Grundstück bei einer Hypothek für eine bestimmte Geldsumme. Nach § 1115 I ist nicht nur der Geldbetrag der Hauptforderung, sondern auch der Zinssatz im Grundbuch einzutragen. Schwierigkeiten hinsichtlich des *Bestimmtheitsgrundsatzes* bereitet die häufige Vereinbarung eines gleitenden Zinssatzes. Damit die Belastung des Grundstücks eindeutig festgestellt werden kann, bedarf es hier der Eintragung eines Mindest- und eines Höchstzinssatzes (MüKo/ *Eickmann,* § 1115 Rn. 24 ff.). Aus dem Höchstzinssatz allein lässt sich nicht bestimmen, in welcher Höhe das Grundstück gegenwärtig haftet. Da Grundstückseintragungen nur aus sich oder der in Bezug genommenen Eintragungsbewilligung ausgelegt werden dürfen, ist die Zinsbelastung nicht bestimmbar (vgl. *BGH* NJW 1975, 1314; Palandt/*Bassenge,* § 1115 Rn. 10). Die Hypothek ist daher insoweit (§ 139) unwirksam. Zinsen sind bei der Erlösverteilung nicht zu berücksichtigen.

b) Nach § 1147 muss E die Zwangsvollstreckung nur dulden, wenn die D-Bank eine Hypothek erworben hat. Mit der Verweigerung der Genehmigung ist der Darlehensvertrag endgültig unwirksam, vgl. §§ 1903 I 2, 108 III. Der D-Bank steht daher nur ein Bereicherungsanspruch gem. § 812 I 1, 1. Fall, zu. Ob die Hypothek auch für die Bereicherungsforderung haftet, ist streitig. Teilweise wird vertreten, die Hypothek sichere im Zweifel auch diese „Ersatzforderung" (MüKo/*Eickmann,* § 1113 Rn. 72). Ausdrücklich kann dies sicher vereinbart werden. Ohne besondere

Vereinbarung verstößt eine solche Forderungsauswechslung aber gegen den Grundsatz der Bestimmtheit. Dieser verlangt, dass die gesicherte Forderung nach Gläubiger, Schuldner und Schuldgrund eindeutig festgelegt ist (Jauernig/*Jauernig,* § 1113 Rn. 8). Die Hypothek haftet deshalb nicht für den Bereicherungsanspruch (*OLG Frankfurt* NJW 1980, 2201). Mangels Forderung steht die Hypothek E als Eigentümergrundschuld zu, §§ 1163, 1177 (str.).

c) Ein Darlehen zu 60 % Jahreszins ist nach § 138 II wegen Wucher nichtig. E braucht deshalb bei Fälligkeit nur das erhaltene Kapital zurückzubezahlen.

Grundpfandrechte, die eine wucherische Forderung sichern, sind ebenfalls unwirksam (*BGH* NJW 1982, 2767). Da die Grundschuld aber erst nach Fälligkeit des Darlehens bestellt wurde, sicherte sie nicht die vereinbarten wucherischen Abreden, wohl aber alle Forderungen der D-Bank gegen E und damit auch ihren Anspruch auf Rückzahlung des Darlehensbetrages gem. § 812 (*BGH* WM 1982, 1050). Die Grundschuld ist daher wirksam bestellt.

144. Haftung für alle künftigen Fremdschulden

Die D-Bank gewährte N, dem Ehemann der F, einen Unternehmenskredit über 200.000 € gegen Bestellung einer Grundschuld am Grundstück der F. Nach Ziff. 1 des formularmäßigen Bestellungsvertrages (vgl. *Baur/Stürner,* Anh. 4a) sollte die Grundschuld „als Sicherheit für alle gegenwärtigen und künftigen Ansprüche" zwischen der Bank und M „aus jeglichem Rechtsgrund" dienen. Nach Rückzahlung des Kredits durch M gewährte die Bank dem M einen neuen Kredit über 100.000 €. Da M mit dessen Tilgung in Verzug gerät, will die D-Bank die Grundschuld geltend machen.
a) Muss F die Zwangsvollstreckung dulden?
b) Wie wäre es, wenn F nach einer Klausel des Grundschuldbestellungsformulars auch die persönliche Haftung für die gesicherte Forderung übernommen hätte?
c) Wie wäre es, wenn sich F als vermögenslose Hausfrau für alle gegenwärtigen und künftigen Kredite des M selbstschuldnerisch verbürgt hätte, nachdem der Bankangestellte ihre Unterschrift als „bloße Formalie" bezeichnet hatte?

a) F muss die Zwangsvollstreckung gemäß den §§ 1192, 1147 dulden, wenn der Grundschuldbestellungsvertrag wirksam ist. Bedenken gegen Ziff. 1 ergeben sich aus den §§ 305c I, 307. Trotz notarieller Beurkundung handelt es sich um einen Formularvertrag gem. § 305 I, der der AGB-Kontrolle unterliegt (*BGH* NJW 2002, 138, 139). Zwar können grundsätzlich alle künftigen Forderungen gegen einen Besteller in den Haftungsbereich einer Grundschuld einbezogen werden (BGHZ 101, 29 = NJW 1987, 2228). Wird eine Grundschuld aber aus einem konkreten Anlass bestellt, so ist die formularmäßige Ausdehnung der dinglichen Haftung auf alle bestehenden und künftigen Verbindlichkeiten *eines Dritten* überraschend (§ 305c I) und damit unwirksam (BGHZ 131, 55, 58 = NJW 1996, 191; BGHZ 109, 197 = NJW 1990, 576; Lwowski/Fischer/Langenbucher/*Schoppmeyer,* § 15 Rn. 205; Bamberger/Roth/*Rohe,* § 1192 Rn. 108 ff.). Dies gilt auch, wenn der

Dritte der Ehegatte ist (BGHZ 106, 19, 24 = NJW 1989, 831). Die Grundschuld sichert dann nur die Anlassverbindlichkeit.

Wurde eine Grundschuld dagegen vom Ehegatten im Zusammenhang mit der Gründung bzw. Erweiterung eines Geschäftsbetriebes des anderen Ehegatten bestellt und dabei als Zweck die Sicherung aller bestehenden und künftigen Verbindlichkeiten des Ehegatten vereinbart, so wird dieser Haftungsumfang als bei Geschäftskrediten üblich angesehen. Er ist weder überraschend, § 305c I (*BGH* NJW 2000, 2675 Rn. 12 ff.; Lwowski/Fischer/Langenbucher/*Schoppmeyer,* § 15 Rn. 206) noch verstößt er gegen § 307 (*BGH* NJW 1977, 2677). Die Grundschuld haftet daher hier für alle Verbindlichkeiten des M. F kann deshalb die Vollstreckung nicht durch Vollstreckungsgegenklage abwehren (§§ 795, 797, 767 ZPO).

b) Wer für einen konkreten Kredit dinglich haften will, braucht aber billigerweise nicht damit zu rechnen, für künftige Verbindlichkeiten auch persönlich einstehen zu müssen. Eine entsprechende Formularklausel ist überraschend, § 305c I, bzw. unangemessen, § 307 I (*BGH* NJW 2000, 2675 Rn. 12; *Ch. Heinze,* AcP 211 (2011), 105, 144) und damit nicht wirksam vereinbart (s. auch BGHZ 114, 9 = NJW 1991, 1677).

c) Die §§ 138 und 242 begrenzen die vertragliche Gestaltungsfreiheit und ermöglichen eine richterliche Inhaltskontrolle und Korrektur eines Vertrages zugunsten der strukturell unterlegenen Partei, wenn dessen Folgen diese ungewöhnlich hart belasten. Dafür genügt nicht das Fehlen eigenen Einkommens oder Vermögens (vgl. *BGH* FamRZ 1996, 661 u. 1997, 478). Das Herunterspielen der Übernahme eines unbegrenzten Unternehmerrisikos ohne wirtschaftliches Eigeninteresse führt dagegen zur Nichtigkeit (§ 138 I) der Verpflichtung (vgl. *BVerfG* NJW 1994, 36; BGHZ 151, 316 = NJW 2003, 2940, 2941; zum Wegfall der Geschäftsgrundlage bei Scheidung der Ehe s. BGHZ 132, 328 = NJW 1996, 2088).

---

145. Prüfung einer Eintragungsbewilligung

In einer notariellen Hypothekenbestellungsurkunde, die auf ein vorgedrucktes Formular der Hypothekenbank G Bezug nimmt, hat der Schuldner S
a) ein abstraktes Schuldversprechen in Höhe von 50.000 € abgegeben, sich hinsichtlich
b) Hypothek und c) persönlicher Forderung der sofortigen Zwangsvollstreckung in sein gesamtes Vermögen ohne weitere Nachweise unterworfen und die Eintragung der Hypothek bewilligt.
G beantragt die Eintragung der Hypothek im Grundbuch. Rechtspfleger Fuchs hat Zweifel, ob die Hypothek mit den §§ 307, 309 Nr. 12 vereinbar ist.
Kann die Hypothek eingetragen werden?

Das GBA darf auf Antrag des Begünstigten, § 13 II GBO, und Bewilligung des Betroffenen, § 19 GBO, nicht jegliches Recht im Grundbuch eintragen. Aus dem *Typenzwang des Sachenrechts* (vgl. *Habersack,* Rn. 15) ergibt sich, dass das GBA nur Rechte mit gesetzlich zulässigem Inhalt eintragen darf. Erfolgt dennoch eine unzulässige Eintragung, so ist sie von Amts wegen zu löschen, § 53 I 2 GBO. Andererseits wird dem GBA überwiegend kein volles materielles Prüfungsrecht zuerkannt, weil dieses mit der Formalisierung des Grundbuchs nicht in Einklang stehe. Nur soweit sich aus den vorliegenden Unterlagen ergibt, dass eine bewilligte Eintragung das Grundbuch unrichtig machen würde, darf das GBA die Eintragung ablehnen (BGHZ 35, 135, 139 = NJW 1961, 1301).

Die §§ 305 ff. schränken den Umfang dieser Prüfungsbefugnis des GBA weder ein noch erweitern sie ihn. Deshalb kann das GBA sicherlich nicht den Kreditvertrag auf seine Rechtswirksamkeit überprüfen, weil es darüber gar nicht zu entscheiden hat. Soweit formularmäßige Bedingungen, § 305 I, aber durch Bezugnahme Bestandteil von an sich einseitigen Eintragungsbewilligungen gem. § 19 GBO sind, nimmt die h. M. an, dass sie der Überprüfung nach den §§ 305 ff. zugänglich sind (MüKo/ *Wurmnest,* Vor § 307 Rn. 16). Entsprechend hat das GBA diese Bedingungen auf eindeutige Verstöße, insbes. gegen die §§ 308, 309 zu überprüfen (*BayObLG* NJW 1980, 2818).

a) Wird eine Hypothek für ein abstraktes Schuldversprechen, § 780, bestellt, so trägt der Schuldner die Beweislast, dass das Darlehen tatsächlich nicht ausbezahlt wurde, während der Gläubiger sonst die Auszahlung der Valuta nachweisen müsste. Deshalb wird teilweise ein Verstoß gegen § 309 Nr. 12 bejaht (*Stürner,* JZ 1977, 431 u. 639). Überwiegend wird dagegen argumentiert, der gesetzliche Schutz gegen AGBs habe nicht zum Ziele, die Verwendung gesetzlich vorgesehener Rechtsinstitute wie das abstrakte Schuldversprechen zu unterbinden (BGHZ 99, 274, 284 f. = NJW 1987, 904, 907). Da zwischen Hypothek und Grundschuld frei gewählt werden kann und auch die Grundschuldbestellung zur Beweislastumkehr führt, kann die Annäherung einer Hypothek an die Grundschuld mittels des abstrakten Schuldversprechens nicht unzulässig sein (BGHZ 114, 9, 12 = NJW 1991, 1677; *Ch. Heinze,* AcP 211 (2011), 105, 139).

Ein Verstoß gegen die Generalklausel des § 307 liegt ebenfalls nicht vor. Denn der Schuldner wird durch die Vereinbarung so gestellt, als habe er eine Grundschuld bestellt.

b) Auch die Vollstreckungsunterwerfung könnte gegen § 309 Nr. 12 verstoßen. Hinsichtlich des dinglichen Rechts liegt kein Verstoß vor, da der Schuldner im Duldungsprozess Einreden gegen die Hypothek gem. §§ 1137, 1157 ohnedies nachweisen muss. Die Unterwerfung unter die sofortige Zwangsvollstreckung hinsichtlich des dinglichen Rechts verstößt auch nicht gegen § 307 II. Denn der Vollstreckungszugriff ist gegenständlich beschränkt, und der Schuldner hat im Zwangsversteigerungsverfahren ausreichend Gelegenheit, seine Einwände vor der endgültigen Versteigerung geltend zu machen (BGHZ 99, 274, 283 f. = NJW 1987, 904, 907).

c) Zweifelhaft ist dagegen, ob die Vollstreckungsunterwerfung hinsichtlich der persönlichen Forderung mit den §§ 305 ff. vereinbar ist. Auch hier handelt es sich um eine vertragliche, vom gesetzlichen Regelfall abweichende Gestaltung, so dass die AGB-Kontrolle grds. möglich ist.

Ein Verstoß gegen § 309 Nr. 12 liegt jedoch nicht vor. Denn durch die Unterwerfungserklärung wird der Schuldner zwar nach den §§ 795, 767, 797 ZPO gezwungen, aktiv gegen eine seiner Meinung nach unberechtigte Zwangsvollstreckung vorzugehen. Diese Regelung führt mithin zu einer Umkehr der Parteirolle; damit ist aber keine Umkehr der Beweislast verbunden (*BGH* NJW 2002, 138, 139).

In der Unterwerfung des gesamten Vermögens unter den Vollstreckungszugriff ohne jeden Nachweis der Fälligkeit liegt aber ein Verstoß gegen § 307 I, II Nr. 1.

Nach dieser Klausel könnte die G-Bank mit der Vollstreckung in das gesamte Vermögen des S beginnen, ohne dass die Forderung wirklich fällig ist. Hierfür fehlt ein berechtigtes Interesse der G-Bank (*BGH* NJW 2002, 139 f.).

Rechtspfleger Fuchs wird die Hypothek daher nicht eintragen.

146. Sicherung eines Zwischenkredits

Der Grundstückseigentümer E möchte bauen, obgleich sein Bausparvertrag mit der A-Bausparkasse noch nicht zuteilungsreif ist. Die B-Bank bietet ihm einen zinsgünstigen Zwischenkredit bis zur Fälligkeit der Bausparsumme gegen Abtretung des Anspruchs auf Auszahlung der Bausparsumme und dingliche Sicherung.
Wie können A und B durch *ein* Brief-Grundpfandrecht gesichert werden?

(1) E könnte der A eine *Hypothek* für die künftige Darlehensforderung, § 1113 II, bestellen und die ihm vor Auszahlung des Endkredits zustehende vorläufige Eigentümergrundschuld, §§ 1163 I 1, 1177 I 1, an B abtreten. Erhält A den Brief ausgehändigt (vgl. § 1117 II), so ist die Eigentümergrundschuld durch Einigung und Abtretung des Herausgabeanspruchs hinsichtlich des Briefes abzutreten, §§ 952, 1192 I, 1154 I 1, 2. Hs., 1117 I 2, 931. Würde der Kredit der A freilich ausfallen, so würde die an B abgetretene Eigentümergrundschuld zwar endgültig zur Sicherungsgrundschuld der B, unterläge aber dem gesetzlichen Löschungsanspruch eines evtl. nachrangigen Gläubigers, § 1179a II 1. (Dies übersehen *Petersen,* Jura 2002, 548, 549 f. u. Bamberger/Roth/*Rohe,* § 1163 Rn. 7). Dieser Löschungsanspruch könnte zwar vertraglich ausgeschlossen werden, § 1179a V. Dem Gläubiger einer Zwangshypothek steht der Löschungsanspruch aber immer zu. Da die Eintragung einer Zwangshypothek nicht ausgeschlossen werden kann, scheidet dieser Weg wirtschaftlich aus und wird nicht mehr praktiziert (Staudinger/*Wolfsteiner,* § 1163 Rn. 39).

Die Hypothek ist danach für B zu bestellen. B muss sich zugleich gegenüber A verpflichten, ihr die Hypothek gegen Tilgung des Zwischenkredits abzutreten.

(2) In der Praxis wird meist eine *Grundschuld* für A bestellt. § 1163 I 1 ist hier nicht anwendbar (vgl. hierzu allg. *Goertz/Roloff,* JuS 2000, 762). Als abstraktes Fremdrecht steht die Grundschuld sogleich A zu (BGHZ 108, 237 = NJW 1989, 2536, 2537). E hat lediglich einen künftigen schuldrechtlichen Anspruch auf Rückübertragung der Grundschuld (auf Übertragung, Verzicht oder Aufhebung; s. BGHZ 108, 237). A könnte die Grundschuld auf B übertragen, B bei Auszahlung des Endkredits rückübertragen. Um diesen Aufwand zu sparen, begnügt sich B in der Regel mit der Vereinbarung mit A, dass diese die Grundschuld als Treuhänder für B hält, und mit der zusätzlichen Abtretung des Rückübertragungsanspruchs des E (s. Fall 176)

(Palandt/*Bassenge,* § 1163 Rn. 11). Fällt der Endkredit aus, kann B aus dem Treu-
handvertrag mit A und aufgrund des vorab abgetretenen Rückgewähranspruchs
Übertragung der Grundschuld verlangen. Mit Übertragung entsteht ein Fremdrecht
der B. Solange die Grundschuld nicht auf E zurückübertragen wird, entsteht daher
kein Löschungsanspruch nach § 1179a II 1 oder nach § 1196 III zugunsten eines
nachrangigen Gläubigers (MüKo/*Eickmann,* § 1191 Rn. 134).

---

147. Hypothekenbestellung für Scheinforderung

**E bestellte seinem Sohn S für angeblich geleistete Arbeit eine Hypothek an
seinem Grundstück in Höhe von 15.000 €. Eine derartige Lohnforderung
bestand jedoch nicht. E und S wollten die Hypothek vielmehr zur Rangsicherung für einen künftigen, von D erwarteten Hypothekenkredit bestellen. Nach
der Eintragung der Hypothek wurde für das Finanzamt F eine Sicherungshypothek eingetragen. Erst danach zahlte D den Kredit gegen Abtretung der
Hypothek aus. F verlangt Löschung der Hypothek des D.
Zu Recht?**

(1) *Anspruch auf Grundbuchberichtigung*

F kann gem. § 894 Löschung der Hypothek verlangen, wenn diese nicht wirksam
bestellt wurde. Denn durch die Eintragung eines in Wahrheit nicht bestehenden
Rechts wird bei dem geltenden System des gleitenden Rangs der Rang des F beeinträchtigt.

Die für S eingetragene Hypothek wäre gemäß § 117 nichtig, wenn die Einigung
über die Bestellung, § 873, nur zum Schein erklärt wurde. Hierfür spricht, dass
zwischen E und S keine Forderung bestand. Ist die Einigung nichtig, so entsteht
überhaupt kein Grundpfandrecht, auch keine Eigentümergrundschuld gem.
§§ 1196, 1163 I 1 (Palandt/*Bassenge,* § 1163 Rn. 1b; a. A. Soergel/*Konzen,* § 1163
Rn. 7). Ein Scheingeschäft ist nur gegeben, wenn die mit dem Rechtsgeschäft verbundene Rechtswirkung nicht eintreten sollte. Um den künftigen Kredit des D
sichern zu können, musste die Hypothek jedoch gültig bestellt werden. Ein Scheingeschäft liegt somit nicht vor. Mangels einer Forderung des S stand die Hypothek E
als Eigentümergrundschuld zu, § 1163 I 1 (BGHZ 36, 84, 89 = NJW 1962, 295;
Gursky, Rn. 230 Fn. 6). Ein Anspruch des F aus § 894 besteht daher nicht.

(2) *Löschungsanspruch*

Der Löschungsanspruch gem. § 1179a I 1 besteht nicht gegenüber der vorläufigen
Eigentümergrundschuld nach § 1163 I 1 (§ 1179a II 1), solange das Kreditgeschäft
noch nicht gescheitert ist. Durch die Abtretung an D wurde die Hypothek nachträglich valutiert. Die vorläufige Eigentümergrundschuld wurde kraft Gesetzes –
ohne Umwandlung gem. §§ 1180, 1198 – zur Hypothek. Diese nachträgliche
Valutierung war von E und S schon bei der Hypothekenbestellung vereinbart. D ist
deshalb Inhaber der Hypothek (BGHZ 36, 84, 89 f. = NJW 1962, 295; a. A.
Büdenbender, JuS 1996, 665, 667). F kann deren Löschung nicht verlangen.

148. Grundschuldbestellung kraft Ermächtigung

Der Verkäufer V verkauft sein mit einem Einfamilienhaus bebautes Grundstück an den Käufer K. In dem notariellen Kaufvertrag heißt es u. a. wie folgt: „Der Verkäufer bevollmächtigt den Käufer, bereits jetzt im Rahmen der Finanzierung des Kaufpreises die Eintragung von Grundpfandrechten auf dem veräußerten Grundeigentum zu bewilligen und zu beantragen." K bestellte daraufhin eine Grundschuld in Höhe des Kaufpreises von 150.000 € zugunsten der Bank B „zur Sicherung aller bestehenden und künftigen – auch bedingten und befristeten – Ansprüche aus der Geschäftsverbindung" der B mit K. Zugrunde lag ein Darlehensvertrag, aufgrund dessen die Bank B 150.000 € auszahlte. Auf Weisung des K wurde das Geld an G, einen seiner Gläubiger, ausbezahlt. V erhielt seinen Kaufpreis nicht, weil K zahlungsunfähig geworden ist. Die Bank B verlangt von V Duldung der Zwangsvollstreckung in sein Grundstück. Zu Recht?

Ein Duldungsanspruch der Bank gegen V (§§ 1192 I, 1147) ist nur dann entstanden, wenn die Grundschuld wirksam bestellt worden ist. Neben Einigung und Eintragung (§ 873) ist auch die *Verfügungsbefugnis des K* erforderlich. Da K das Eigentum am Grundstück noch nicht erlangt hat, konnte er selbst die Grundschuld nur kraft und innerhalb der ihm von V erteilten Ermächtigung (§ 185) bestellen. Die Verfügungsbefugnis kann der Ermächtigende auch bei Grundstücken wie eine Vollmacht beliebig begrenzen. Nach dem notariell beurkundeten Kaufvertrag (§ 311b) war K zur Belastung des Kaufgrundstücks nur „im Rahmen der Finanzierung des Kaufpreises" ermächtigt. Die Grundschuld hat er jedoch zur Sicherung aller bestehenden und künftigen Ansprüche aus seiner Geschäftsverbindung mit der B-Bank bestellt. Damit hat er die erteilte Ermächtigung überschritten; die Grundschuld ist mangels Verfügungsbefugnis des K nicht entstanden. Die Bank B ging als Sicherungsnehmer ein gewisses Risiko ein, als sie auf den Umfang der Ermächtigung eines Grundschuldbestellers vertraute, der noch nicht als Eigentümer im Grundbuch eingetragen war. Der gute Glaube an die Verfügungsmacht des K ist nicht geschützt (§ 892 II 1). Im Ergebnis hat damit die Bank keinen Duldungsanspruch gegen V (BGHZ 106, 1 = NJW 1989, 521; dazu *Reischl,* JuS 1998, 125, 130).

II. Umfang der Haftung

149. Hypothekenhaftung von Grundstückszubehör

K errichtete auf seinem Grundstück ein Hotel. Zur Sicherung eines Baukredits bestellte er B eine Hypothek von 350.000 €. Sodann erhielt K Hotelmobiliar von V unter Eigentumsvorbehalt geliefert und bezahlte es mit Hilfe eines dafür gewährten Kredits des G. Zu dessen Sicherung übereignete K das Mobiliar noch vor Auszahlung des Kredits an G. Da der Hotelbetrieb nicht florierte, wurde das Hotelgrundstück auf Betreiben des B zwangsversteigert. Hinsichtlich des Mobiliars wurde die Zwangsversteigerung einstweilen eingestellt.
a) Kann G von B Freigabe des Mobiliars verlangen?

b) Wie ist die Rechtslage, wenn G noch vor Kaufpreiszahlung durch K diesen an V entrichtet und V daraufhin mit K und G vereinbart, dass das Eigentum am Hotelmobiliar sofort auf G übertragen werden soll?

a) Der betreibende Gläubiger hat nichthaftendes Dritteigentum freizugeben; notfalls ist die Zwangsvollstreckung in Dritteigentum auf Klage für unzulässig zu erklären, § 771 ZPO. G ist Sicherungseigentümer des Mobiliars durch Übereignung gem. §§ 929 S. 1, 930, 868 geworden. Er ist aber dennoch zur Duldung der Zwangsvollstreckung verpflichtet, wenn er das Eigentum am Mobiliar nur belastet mit der Hypothek erworben hat. Nach § 1120 erstreckt sich die Hypothek auch auf Grundstückszubehör im Eigentum des Grundeigentümers. Das Hotelmobiliar ist Zubehör gem. § 97 I. Es stand aber nie im Eigentum des K. Dennoch ist es mit der Hypothek belastet, da K mit dem Kauf unter Eigentumsvorbehalt ein Anwartschaftsrecht erwarb. Dieses Anwartschaftsrecht wird allgemein wie Eigentum behandelt. Folglich erstreckt sich die Hypothek auf das Anwartschaftsrecht, sobald das Mobiliar Grundstückszubehör wird (vgl. *Mand*, Jura 2004, 221; *Brehm/Berger*, § 17 Rn. 53 ff.; *Habersack*, Rn. 368). Durch die Sicherungsübertragung des Anwartschaftsrechts an G analog §§ 930, 868 ist keine Enthaftung nach § 1121 I eingetreten (BGHZ 35, 85 = NJW 1961, 1349; *Reinicke*, JuS 1986, 957). Auch die Erstarkung des Anwartschaftsrechts zum Eigentum des G nach Zahlung an V genügt nicht zur Enthaftung des Hotelmobiliars (BGHZ 35, 85; *Kollhosser*, JZ 1985, 370). G hat das Eigentum daher nur belastet mit der Haftung für die Hypothek erworben. Eine Klage gem. § 771 ZPO ist daher abzuweisen.

b) Fraglich ist hier, ob ein lastenfreier Eigentumserwerb der Sicherungsnehmerin G eintritt. Als Vorbehaltskäufer und Anwartschaftsrechtsinhaber ist K gemäß § 161 I 1 vor Verfügungen des V geschützt. Indem K der Übereignung von V an G zustimmt, verzichtet er auf diesen Schutz. V und K heben die aufschiebend bedingte Übereignung damit einverständlich auf. Der *BGH* meint daher, dass anschließend ein lastenfreier Eigentumserwerb des Sicherungsnehmers G möglich ist (BGHZ 92, 280 = NJW 1985, 376, 378). Zum Schutz des Grundpfandrechtsinhabers wird diese Ansicht zum Teil abgelehnt. Ein Anwartschaftsrecht, das bereits in den Haftungsverband eines Grundpfandrechts gefallen ist, könne analog § 1276 I ohne Zustimmung des Grundpfandgläubigers durch die Parteien der dinglichen Einigung nicht aufgehoben werden (*Reinicke*, JuS 1986, 957; *Kollhosser*, JZ 1985, 370; *Bülow*, Rn. 130 f.).

---

150. Zubehör zwischen Hypothekar und Sicherungseigentümer

E ist Eigentümer eines Hotels. Das Hotelgrundstück ist mit Hypotheken über 350.000 € belastet. Das ursprünglich dem E gehörende Mobiliar ist an D zur Sicherung weiterer Kredite übereignet. Als E in Vermögensverfall gerät, droht der Hypothekar H die Versteigerung des Hotelgrundstücks an. Um der drohenden Beschlagnahme zuvorzukommen, holt D daraufhin das Mobiliar vom Grundstück. E stimmt zu, da ihm nun alles egal ist.
a) Hat D lastenfreies Eigentum an dem Mobiliar erworben?

b) Kann H der Entfernung des Mobiliars widersprechen und seine Rückgabe erreichen?

c) D entfernt das Mobiliar, nachdem die Beschlagnahme des Grundstücks zum Zwecke der Zwangsversteigerung auf Antrag des H im Grundbuch eingetragen war. D behauptet, davon und von der Hypothek nichts gewusst zu haben. Welche Rechte hat H in diesem Fall?

d) Wie wäre Fall c) zu beurteilen, wenn die Hypothek des H vor einiger Zeit zu Unrecht im Grundbuch gelöscht worden wäre?

a) Hotelmobiliar unterliegt als Zubehör des Gewerbebetriebs, §§ 97 I, 98 Nr. 1, der Hypothekenhaftung gem. § 1120, konnte aber unabhängig davon nach §§ 929, 930, 868 zur Kreditsicherung an D übereignet werden. Nach § 1121 I wird es von der Haftung frei, wenn es vor der Beschlagnahme des Grundstücks veräußert und zusätzlich vom Grundstück entfernt wird. D erwarb also lastenfreies Eigentum an dem Mobiliar.

b) Nach § 1134 I kann H Unterlassung einer die Hypothek gefährdenden Verschlechterung des Grundstücks verlangen. Nach § 1135 gilt als Verschlechterung auch die Entfernung von Zubehör entgegen den Regeln einer ordnungsgemäßen Wirtschaft. Da hier nur D befriedigt werden sollte, kann H der Entfernung widersprechen und seinen Anspruch durch einstweilige Verfügung, §§ 935 ff. ZPO, durchsetzen.

Kommt H damit zu spät, so hat er gegen D Ansprüche aus § 823 I (Grundschuld als sonstiges Recht) und aus § 823 II i. V. m. §§ 1134, 1135 (BGHZ 85, 234 = NJW 1983, 746). Noch im Besitz des D befindliches Mobiliar ist nach § 249 I real zurückzugeben. Soweit es bereits an Dritte veräußert ist, schuldet D Schadensersatz in Geld, §§ 249 II 1, 251 I.

c) Nach § 1121 II 1 muss D die Hypothek unabhängig von seinem guten Glauben gegen sich gelten lassen. § 936 I, II ist bei einer eingetragenen Hypothek nicht anwendbar. Da D die Eigenschaft des Mobiliars als Zubehör kennt, muss er damit rechnen, dass es zum Haftungsverband einer Hypothek gehört. Gem. § 1121 II 2 würde das Mobiliar nur dann von der Haftung frei, wenn es D im Hinblick auf die Beschlagnahme gutgläubig entfernt. Sobald der Versteigerungsvermerk gem. § 19 ZVG jedoch im Grundbuch eingetragen ist, gilt die Beschlagnahme auch hinsichtlich der mithaftenden beweglichen Sachen als bekannt, § 23 II 2 ZVG. Damit unterliegt das Mobiliar weiterhin der Hypothekenhaftung. H kann deshalb von D verlangen, die Mitversteigerung des Mobiliars zu dulden, § 1147. Wie im Fall b) hat er wieder einen Rückverschaffungsanspruch nach den § 823 I, II i. V. m. §§ 1135, 249 I. D handelt auch fahrlässig, da er bei dem kapitalschwachen E mit dem Bestehen von Grundpfandrechten rechnen musste. Auf die Frage, ob der bloße Fortbestand der Zubehörhaftung einen Rückschaffungsanspruch auslöst, kommt es daher nicht an (vgl. MüKo/*Eickmann,* § 1135 Rn. 18).

d) Durch die fehlerhafte Löschung wurde der Bestand der Hypothek nicht beeinträchtigt. Kann der Erwerber des Mobiliars aber eine Belastung durch Einsicht in das Grundbuch nicht feststellen, so kann § 1121 II nicht zu seinen Lasten anwendbar sein. Einschlägig ist vielmehr § 936. War D danach hinsichtlich des Bestandes der

Hypothek gutgläubig, so wurde das Mobiliar mit der Entfernung vom Grundstück von der Haftung frei (*Plander,* JuS 1975, 345, 350).

---

151. Enthaftung von Grundstückszubehör

Die Geschäfte der Fa. E gingen schlecht. Um die Verluste nicht weiter anwachsen zu lassen, stellte E seinen Betrieb am 15. 2. vollständig ein. Sodann verkaufte er am 15. 4. seine Maschinen an K.

a) Am 30. 4. werden die Maschinen vom Grundstück entfernt und an K geliefert. Am 10. 5. wird auf Antrag der G-Bank, der Gläubigerin der am Betriebsgrundstück bestehenden Hypothek, die Zwangsversteigerung des Grundstücks angeordnet. Kann die G-Bank verlangen, dass K die Mitversteigerung der Maschinen duldet?

b) Wie ist Fall a) zu beurteilen, wenn die Zwangsversteigerung bereits am 20. 4. angeordnet wird?

c) Kann die G-Bank im Fall a) den Erlös aus dem Maschinenverkauf für sich in Anspruch nehmen, wenn Fa. E am 15. 3. in Insolvenz gefallen ist und der Insolvenzverwalter V die Maschinen veräußert hat?

---

a) Nach § 1120 erstreckt sich die Hypothek auf Grundstückszubehör. Bei einem Fabrikgrundstück gehören hierzu die zum Betrieb der Fabrik bestimmten Maschinen, §§ 97 I, 98 Nr. 1, soweit das Betriebsgrundstück die Hauptsache im Verhältnis zum Betriebsinventar bildet (vgl. BGHZ 85, 234 = NJW 1983, 746). Zubehör wird aber gem. § 1121 I von der Hypothekenhaftung frei, wenn es vor Beschlagnahme des Grundstücks veräußert und von dem Grundstück entfernt wird. K hat also lastenfreies Eigentum erworben.

b) Die Veräußerung und Entfernung erfolgt jetzt nach Beschlagnahme des Grundstücks, §§ 20 ff. ZVG. Das Zubehör wird daher nicht mehr haftungsfrei: Nach § 23 I 1 ZVG hat die Beschlagnahme die Wirkung eines relativen Veräußerungsverbots. Die verbotswidrige Veräußerung ist daher der G-Bank gegenüber unwirksam, §§ 135, 136. Der Ausnahmefall des § 23 I 2 ZVG liegt nicht vor, da nicht nur Einzelstücke des Zubehörs veräußert wurden.

Etwas anderes würde nur gelten, wenn die Maschinen noch vor ihrer Veräußerung gem. § 1122 II von der Hypothekenhaftung frei geworden wären. Mit der endgültigen Betriebsstilllegung endeten die Zweckbestimmung der Maschinen und damit ihre Zubehöreigenschaft. Die Änderung der Zweckbestimmung muss aber im Rahmen aktiver ordnungsgemäßer Bewirtschaftung liegen. Bei einer Betriebsstilllegung ist dies nicht der Fall. Soweit sie nicht zur Änderung der Bewirtschaftung erfolgt, beendet sie die wirtschaftliche Nutzung des Grundstücks und lässt den Sicherungszweck der Hypothek akut werden. Eine Betriebsstilllegung zur Verwertung des Betriebsvermögens führt daher nicht zur Enthaftung des Zubehörs (BGHZ 60, 267, 270 = NJW 1973, 997; *BGH* NJW 1996, 835, 836).

c) § 1121 I ermöglicht eine lastenfreie Veräußerung des Zubehörs auch durch den Insolvenzverwalter. Nach verbreiteter Meinung wird damit auch der Erlös frei und fällt wie bei jeder Veräußerung vor der Beschlagnahme des Grundstücks in die

Insolvenzmasse. Denn eine Haftung des Erlöses anstelle der Zubehörstücke zugunsten des Hypothekars gem. §§ 49, 165 InsO würde voraussetzen, dass das Zubehör nicht in enthaftender Weise veräußert wurde (so *OLG Karlsruhe* KTS 1972, 107). Dagegen führt die Veräußerung nach Ansicht des *BGH* nur dann zur Enthaftung des Erlöses, wenn sie in den Grenzen ordnungsgemäßer Wirtschaft erfolgt (vgl. § 1122 II). Nach Einstellung des Betriebes ist dies jedoch nicht der Fall. Entsprechend ist der Grundstückseigentümer nach § 1135 und damit auch der Insolvenzverwalter, § 80 I InsO, nicht mehr berechtigt, Zubehör zu veräußern. Durch eine verbotswidrige Veräußerung macht sich der Insolvenzverwalter nach den §§ 1135, 823 BGB, § 60 I InsO schadensersatzpflichtig. Zugleich entsteht für die G-Bank ein Masseanspruch nach § 55 I Nr. 1, 3 InsO. Deshalb steht der G-Bank der aus der Veräußerung des Zubehörs erzielte Erlös zu (BGHZ 60, 267 = NJW 1973, 997 m. abl. Anm. *J. Schmidt*, NJW 1973, 1611; Bamberger/Roth/*Rohe*, § 1121 Rn. 11).

152. Hypothekenhaftung des Mietzinses als Gesellschafterdarlehen

E war Alleingesellschafter und Alleingeschäftsführer der B-GmbH. Dieser verpachtete er ein ihm gehörendes Gewerbegrundstück für einen monatlichen Pachtzins von 11.000 €. Außerdem nahm er bei der D-Bank mehrere Darlehen auf und bestellte ihr Grundschulden über 500.000 € an dem Grundstück. Die B-GmbH bezahlte den Pachtzins bis zum Eintritt ihrer Überschuldung im Dezember 2008. Den später anfallenden Pachtzins forderte E nicht ein.
Am 2.12.2009 wurde auf Antrag eines Gläubigers ein Insolvenzverfahren über das Vermögen der B-GmbH eröffnet. Der Insolvenzverwalter führt das Unternehmen zunächst fort, will aber bis auf Weiteres keinen Pachtzins bezahlen.
Im März 2010 beantragt die D-Bank die Zwangsverwaltung des Grundstücks. Dieser Beschluss wurde dem Insolvenzverwalter der B-GmbH am 7.4.2010 zugestellt. Der bestellte Zwangsverwalter Z verlangt nun ab Mai 2010 vom Insolvenzverwalter Zahlung des monatlichen Pachtzinses in Höhe von 11.000 €.
Zu Recht?

Nach § 1123 erstreckt sich die Hypothek auf eine Miet- oder Pachtzinsforderung hinsichtlich des belasteten Grundstücks. Diese Forderung wird von der Beschlagnahme des Grundstücks zur Zwangsverwaltung erfasst (§§ 21 II, 148 I ZVG). Der bestellte Zwangsverwalter hat die beschlagnahmten Forderungen einzuziehen (§§ 150 I, 152 I ZVG).

Allerdings hat E den Pachtzins ab Dezember 2008 nicht mehr eingefordert und der B-GmbH dadurch ein Gesellschafterdarlehen gewährt. Mit Insolvenzeröffnung wurde dieses Darlehen für die Zeit bis zur Insolvenzeröffnung nachrangige Insolvenzforderung gemäß § 39 I Nr. 5 InsO.

Der Pachtvertrag blieb aber bestehen (§ 108 I 1 InsO), so dass der Insolvenzverwalter die vereinbarte Pacht ab Verfahrenseröffnung nach § 55 I Nr. 2 InsO solange als Masseschuld bezahlen müsste, bis das Pachtverhältnis nach Kündigung gemäß § 109 I InsO drei Monate später endet (*Habersack*, ZIP 2007, 2145, 2150). Ob diese Pflicht durch § 135 III InsO modifiziert wird, ist streitig. Nach h. M. greift § 135 III InsO erst, wenn kein vertragliches Nutzungsverhältnis mehr besteht (MüKo-InsO/*Gehrlein,* 3. Aufl., 2013, § 135 Rn. 45). Bis dahin muss der Insolvenzverwalter aber die vertraglich geschuldete Vergütung bezahlen. Er kann aber kündigen, um das Grundstück anschließend aufgrund des gesetzlichen Nutzungsverhältnisses zu nutzen (*K. Schmidt,* InsO, 18. Aufl., 2013, § 135 Rn. 42) Hat die B-GmbH im letzten Jahr vor der Insolvenzeröffnung tatsächlich nichts bezahlt, so kann auch der Insolvenzverwalter das Grundstück dann ein Jahr lang kostenfrei nutzen (MüKo-InsO/*Gehrlein,* 3. Aufl., 2013, § 135 Rn. 49). Nach der überzeugenderen Gegenmeinung modifiziert § 135 III die §§ 103 ff. InsO; es genügt das prinzipielle Bestehen eines Aussonderungsrechts, mit der Folge, dass der Insolvenzverwalter das Grundstück sofort zu privilegierten Bedingungen auch ohne Vertragsbeendigung nutzen kann (Kübler/Prütting/Bork/*Preuß,* InsO, Stand: 2/2010, § 135 Rn. 31, 35; Nerlich/Römermann/*Nerlich,* InsO, Stand: 2013, § 135 Rn. 58, 64; Cranshaw/Paulus/Michel/*Zenker,* Bankenkommentar zum Insolvenzrecht, 2. Aufl., 2012, § 135 InsO Rn. 35). Danach müsste der Verwalter dem E nichts bezahlen.

Zweifelhaft ist freilich, ob diese Privilegierung auch zu Lasten der D-Bank wirkt. Vor Erlass des MoMiG (zum 1.11.2008) wurde teilweise angenommen, nicht nur der Gesellschafter müsse das Grundstück seiner Gesellschaft für die vereinbarte oder eine übliche Zeit weiter zur unentgeltlichen Nutzung überlassen, diese Pflicht wirke vielmehr auch gegenüber einem Grundpfandgläubiger (so *Heublein,* ZIP 1998, 1899, 1902).

Der BGH wandte dagegen die §§ 1123, 1124 BGB entsprechend an (BGHZ 140, 147 = NJW 1999, 577). Nach § 1123 II blieb es bis zur Beschlagnahme des Grundstücks bei der Pflicht zur unentgeltlichen Gebrauchsüberlassung. Sieht man in der Darlehensgewährung eine Verfügung über den Pachtzins, so wurde diese nach § 1124 II 1. Hs. ab dem nächsten Monat nach Wirksamwerden der Beschlagnahme unwirksam (vgl. MüKo/*Eickmann,* § 1123 Rn. 12b). Der Insolvenzverwalter musste also von da an den Pachtzins an den Zwangsverwalter bezahlen. Nach überwiegender Ansicht hat das MoMiG an der Anwendbarkeit dieser Regeln nichts geändert; § 135 III InsO wirkt also nicht zu Lasten der D-Bank nach Beschlagnahme des Grundstücks zur Zwangsverwaltung (*Dahl/Schmitz,* NZG 2009, 325; Uhlenbruck/*Hirte,* InsO, 13. Aufl., 2010, § 135 Rn. 22; a. A. *Göcke/Henkel,* ZInsO 2009, 170). Der Insolvenzverwalter muss also ab Mai 2010 den Pachtzins in voller Höhe (bis zum Wirksamwerden einer Kündigung nach § 109 InsO) an den Zwangsverwalter bezahlen.

153. Haftung der Feuerversicherungsforderung

Das Hotel „Edelweiß" der E-GmbH brennt vollständig nieder. Bei der Brandversicherung B ist es mit 50 Mio. € gegen Brand versichert. Nach den Allgemeinen Versicherungsbedingungen wird die Entschädigung nur zur Wiederherstellung des Gebäudes ausbezahlt. Das Hotelgrundstück ist mit einer Hypothek der D-Bank in Höhe von 2,5 Mio. € belastet, die B angezeigt wurde.

a) Bedürfen Zahlungen im Zuge des Neuaufbaus der Zustimmung der D-Bank?

b) Das Hypothekendarlehen ist fällig. Kann D von B Tilgung aus der Versicherungssumme verlangen? Kann D die Hypothek anderweitig realisieren?

c) Die E-GmbH hatte das Hotelgrundstück bereits vor der Hypothekenbestellung an K verkauft und ihm eine Vormerkung im Grundbuch eintragen lassen. Nach dem Brand zahlt B die Versicherungssumme an die D-Bank. Erst jetzt wird K als Eigentümer im Grundbuch eingetragen. Kann er von der D-Bank Herausgabe der Versicherungssumme verlangen?

a) Nach § 1127 I erstreckt sich die Hypothek auf die Feuerversicherungsforderung (vgl. *Baur/Stürner*, § 39 Rn. 60). Nach § 1128 II kann B an E die Versicherungsforderung an sich nur mit Zustimmung der D-Bank auszahlen. Dies gilt jedoch gem. § 1130 nicht bei den allgemein üblichen Verträgen mit Wiederherstellungsklausel.

b) Nach § 1128 III gilt der Hypothekar bereits vor der Beschlagnahme des Grundstücks als Pfandgläubiger der Versicherungsforderung. Bei vereinbarter Zweckbindung der Versicherungsforderung durch Wiederaufbauklausel (vgl. § 1130) kann D gleichwohl nicht wie ein Pfandgläubiger gem. § 1282 Zahlung an sich, sondern nur an den Versicherten zur Herstellung des Gebäudes verlangen. D kann aber die Zwangsversteigerung des Grundstücks betreiben. Nach § 55 I ZVG erstreckt sich die Versteigerung auf die Versicherungssumme. Mit dem Zuschlag geht sie nach § 90 II ZVG auf den Ersteher über (Palandt/*Bassenge*, § 1130 Rn. 5).

c) Ein Anspruch aus § 816 II ist gegeben. Dem K stand nach § 285 ein Anspruch gegen die E-GmbH auf die Versicherungssumme zu. Die D-Bank hat sie als Hypothekengläubiger erlangt. Die Hypothek war K gegenüber aber relativ unwirksam (§ 883 I, II). In ihrem Verhältnis zueinander ist K damit Berechtigter und D Nichtberechtigter. Durch die Zahlung an die D-Bank wurde B von ihrer Leistungspflicht gegenüber der E-GmbH und der D-Bank befreit, da die Vormerkung nur relative Wirkung hat (BGHZ 99, 385 = NJW 1987, 1631, der § 812 I anstelle von § 816 II bejaht).

154. Rechte des Hypothekars bei Verschlechterung des Grundstücks

E ließ durch den Architekten A auf mehreren Grundstücken ein privates Kurzentrum errichten. Eines der Grundstücke war mit einer Hypothek der H-Bank von 500.000 € belastet und mit 5 Reihenhäusern bebaut. Nach der Konzeption des A sollten diese Reihenhäuser erheblich umgebaut werden, um sich in das Kurzentrum einzufügen. Obwohl er von der Existenz der Hypothek wusste, ließ A als Bauleiter die Häuser bis auf die Grundmauern abbrechen, ohne sich zu vergewissern, ob die H-Bank damit einverstanden ist. E hatte sich mit dem Projekt übernommen, so dass die Grundstücke zwangsversteigert wurden. Dabei fiel die H-Bank mit ihrer Hypothek aus. Kann sie von A Schadensersatz verlangen?

Als Inhaber der Hypothek als einem sonstigen Recht könnte H einen Schadensersatzanspruch nach § 823 I haben. Auch ein Anspruch wegen Schutzgesetzverletzung nach § 823 II i. V. m. § 1134 kommt in Betracht.

Als wesentlicher Bestandteil des Grundstücks, § 94, hafteten die Reihenhäuser mit für die Hypothek. Der weitgehende Abbruch der Häuser beeinträchtigte die Sicherheit der Hypothek und damit das dingliche Recht der H-Bank (vgl. BGHZ 105, 230 = NJW 1989, 1034, 1037). A hätte den Eingriff daher nur mit Zustimmung der Bank vornehmen dürfen.

Zweifelhaft ist aber, ob der Eingriff nicht nur dem Bauherrn E, sondern auch dem A zugerechnet werden kann. Zum Teil wird angenommen, A sei als Erfüllungsgehilfe des Eigentümers nicht Dritter i. S. des § 1134 (vgl. *Scheyhing*, JZ 1976, 706). Der *BGH* betont dagegen die selbständige Stellung des Architekten und Bauleiters. Dieser sei verpflichtet, im Rahmen des Zumutbaren auch Schädigungen von Grundpfandgläubigern zu unterlassen. Da A von der Grundstücksbelastung wusste, hätte er sich bei E vergewissern müssen, ob die H-Bank mit der Beeinträchtigung ihrer Rechte einverstanden ist (vgl. BGHZ 65, 211 = NJW 1976, 189). A hat daher schuldhaft gehandelt und schuldet Schadensersatz in Höhe des Erlöses, der der H-Bank ohne Abbruch der Häuser zugeflossen wäre.

155. Fälligkeit des Darlehens bei Grundstücksveräußerung

Die G-Bank gewährte E ein durch Hypothek gesichertes Darlehen in Höhe von 50.000 €. Nach Nr. VI der AGB der G-Bank sollte das Darlehen sofort fällig werden, wenn E das Grundstück ohne Zustimmung der G veräußerte. Tatsächlich übereignete E das belastete Grundstück bald darauf an D. G verlangt nun von E Rückzahlung des gesamten Kredits.
a) Zu Recht?
b) G gewährte das Darlehen bei Abschluss eines Pachtvertrages mit ihr über das mit der Hypothek belastete Grundstück. Im vorformulierten Pachtvertrag wurde „zur Sicherung des Pächters" vereinbart, dass E nicht berechtigt sein sollte, das Pachtgrundstück weiter zu belasten. Bei Verstoß sollte das gesamte Darlehen fällig werden. Kann G Rückzahlung verlangen, wenn E eine zweite Hypothek bestellt?

a) Nach § 137 hat ein rechtsgeschäftliches Verfügungsverbot nur schuldrechtliche, aber keine dingliche Wirkung. Im Bereich des § 1136 entfällt auch die schuldrechtliche Wirkung. Das Veräußerungsverbot zugunsten des G war somit nichtig.

Zweifelhaft ist, ob damit auch die Vereinbarung über die Fälligkeit des Darlehens unwirksam ist. Nach h. M. ist eine solche Vereinbarung als Rückzahlungsbedingung gültig (BGHZ 76, 371 = NJW 1980, 1625). Die Fälligkeitsklausel hat aber i. d. R. keinen anderen Zweck, als eine nach § 1136 unwirksame Vereinbarung durchsetzbar zu machen. Die Fälligkeitsklausel ist daher entgegen der herrschenden Meinung als Umgehung von § 1136 (Jauernig/*Jauernig*, § 1136 Rn. 2) und als Verstoß gegen § 307 II Nr. 1 (MüKo/*Eickmann*, § 1136 Rn. 5; a. A. Staudinger/*Wolfsteiner*, § 1136 Rn. 17), unwirksam.

b) Nach § 137 S. 2 kann sich E gegenüber Dritten mit schuldrechtlicher Wirkung verpflichten, sein Grundstück nicht weiter zu belasten. Diese Verpflichtung kann er gem. § 1136 nicht gegenüber dem dinglichen Gläubiger eingehen, damit dessen wirtschaftliche Macht begrenzt bleibt. Die Rechtsprechung legt § 1136 aber eng aus. Dient das Belastungsverbot der Sicherung eines Pächters als eines persönlichen Gläubigers, der lediglich gleichzeitig auch Grundpfandgläubiger ist, so steht § 1136 der Wirksamkeit der Klausel nicht entgegen (*BGH* MDR 1966, 756; a. A. Staudinger/*Wolfsteiner*, § 1136 Rn. 10). G kann also Rückzahlung des Darlehens verlangen.

III. Veränderungen der Grundpfandrechte

156. Einredefreier Erwerb

E schließt mit der H-Bank einen Darlehensvertrag über 200.000 € und bestellt ihr zur Sicherung eine Briefhypothek. Diese wird im Grundbuch eingetragen; der Brief wird H ausgehändigt. Alsbald tritt H Darlehensanspruch und Hypothek in beglaubigter Form an die D-Bank ab. Diese verlangt von E Zahlung und droht die Stellung des Zwangsvollstreckungsantrags an.
a) Kann sich E darauf berufen, dass (1) das Darlehen noch nicht ausbezahlt worden sei, (2) er nach Vereinbarung mit der H-Bank entgegen der Grundbucheintragung erst in sechs Monaten mit der Tilgung beginnen müsse?
b) Wie wäre es, wenn E der H-Bank eine Sicherungshypothek bestellt hätte?

a) Vor Auszahlung des Darlehens besteht keine persönliche Forderung. Nach § 404 kann sich E darauf auch gegenüber der D-Bank berufen.

(1) Gleichwohl konnte D die Hypothek durch Abtretung gem. §§ 1154, 1155 einredefrei erwerben.

Nach § 1113 II konnte die Hypothek auch für eine künftige Forderung bestellt werden. Trotz Aushändigung des Briefes (vgl. § 1117) bestand sachlich aber eine durch die Auszahlung des Darlehens *auflösend bedingte Eigentümergrundschuld*, §§ 1163 I 1, 1177 I 1. Formell war die Hypothek aber für H eingetragen. Deshalb durfte die D-Bank für den Erwerb der Hypothek auf die Grundbucheintragung vertrauen, § 891, 892. Da die Hypothek ein akzessorisches Recht ist, § 1153 II, eine Forderung jedoch nicht besteht, fingiert § 1138 das Bestehen einer Forderung ausschließlich für den Erwerb des dinglichen Rechts. Nach den §§ 1138, 1155, 892 erwarb die D-Bank eine *Hypothek ohne Forderung* (vgl. *Büdenbender*, JuS 1996, 665, 671). Nach § 1147 kann sie daraus in das Grundstück vollstrecken, §§ 15 ff., 146 ff. ZVG, sofern E die D-Bank nicht durch Zahlung befriedigt.

(2) Durch Vereinbarung hat die H-Bank Darlehen und Hypothek gestundet. Die Stundung der persönlichen Forderung kann E nach § 404 auch der D-Bank entgegenhalten.

Gegenüber der Hypothek gewährt die *Stundung der Forderung* eine Einrede gem. § 1137. Die D-Bank hat die Hypothek insoweit aber nach den §§ 1138, 892 einredefrei erworben.

Die *Stundung der Hypothek* begründet eine Einrede gem. § 1157 S. 1 auch gegenüber dem neuen Gläubiger. Solange jedoch die Stundung nicht selbst oder auf Antrag des E ein Widerspruch gegen die Richtigkeit der Hypothekeneintragung im Grundbuch eingetragen worden ist, §§ 1157 S. 2, 899, erwirbt die D-Bank die Hypothek auch insoweit einredefrei, §§ 1157 S. 2, 892.

b) Die Einwendung gegenüber der Forderung, § 404, besteht unabhängig von der Art der dinglichen Sicherung.

Die *Sicherungshypothek* ist streng akzessorisch, § 1184 S. 1. Deshalb ist § 1138 auf sie nicht anwendbar. Die D-Bank kann sich somit nicht auf § 892 berufen. Daher kann E einwenden, dass vor Auszahlung des Darlehens eine Eigentümergrundschuld besteht. Da auch § 891 nicht gilt, müsste die D-Bank den Gegenbeweis führen (*BGH* NJW 1986, 53).

Dagegen erwirbt die D-Bank bei der Stundung auch die Sicherungshypothek gem. §§ 1185 II, 1157 S. 2, 892 I 1 einredefrei, sofern die Einrede nicht im Grundbuch eingetragen ist.

157. Einreden bei der Sicherungsgrundschuld

Fall wie vorher (s. Fall 156). E hat der H-Bank eine Sicherungsgrundschuld bestellt.
a) Kann die D-Bank Zahlung von E verlangen?
b) E hatte der H-Bank über das Darlehen ein abstraktes Schuldversprechen in notarieller Form abgegeben und sich aus diesem Versprechen der sofortigen Zwangsvollstreckung in sein gesamtes Vermögen unterworfen. Nach Verjährung des Darlehensrückzahlungsanspruchs beantragt die H-Bank die Zwangsversteigerung aus dem Schuldversprechen. Kann sich E auf Verjährung berufen?
c) In dem vorformulierten Sicherungsvertrag (Bestellungsurkunde) hatte sich E der H-Bank gegenüber wegen des Darlehens und der bestellten Grundschuld der sofortigen Zwangsvollstreckung unterworfen. Wegen einer notwendigen Refinanzierung veräußert die H-Bank einen Teil ihres Grundschuldbestands an die X-Bank. Diese kündigt die Grundschuld und beantragt alsbald die Umschreibung der Vollstreckungsklausel, um die Zwangsversteigerung des Grundstücks beantragen zu können.
Zu Recht?
d) Nach der Bestellung der Sicherungsgrundschuld wird das Grundstück zwangsversteigert. Kann der Ersteher Z gegenüber der H-Bank die fehlende Valutierung einwenden?

a) In der Praxis werden Forderungen seit langem ganz überwiegend durch Grundschulden gesichert. Rechte und Pflichten der Beteiligten werden dabei in dem Sicherungsvertrag konkretisiert (vgl. *Weller*, JuS 2009, 969; *Prütting*, Rn. 767; Staudinger/*Wolfsteiner*, Vor §§ 1191 ff. Rn. 24 ff., § 1192 Rn. 34 f., 37 ff.).

Diese Art der Sicherung war für den Schuldner gefährlich, wenn der Gläubiger die Treuhandabrede des Sicherungsvertrages verletzte. Als einzelne deutsche Banken damit anfingen, Immobiliendarlehen samt Grundschulden an Investoren zu veräußern und diese die Grundschulden kündigten und Zahlung des Nominalbetrages der Grundschuld forderten, wurde der Gesetzgeber tätig und hat mit der Einfügung von § 1192 Abs. 1a den gutgläubigen einredefreien Erwerb einer *Sicherungsgrundschuld* (weitgehend) ausgeschlossen (krit. *Baur/Stürner*, § 45 Rn. 67l; *Staudinger/Wolfsteiner*, § 1192 Rn. 32 f.; *Sokolowski*, JR 2009, 309).

Nach § 1192 Ia 1 kann der Eigentümer dem Erwerber der Grundschuld immer alle Einreden aus dem Sicherungsvertrag entgegenhalten. Vom Sicherungscharakter der Grundschuld ist auszugehen, wenn sich dieser aus der Bestellungsurkunde ergibt, dieser Urkunde zu entnehmen ist, dass die Grundschuld der Kaufpreisfinanzierung dient oder wenn eine Bank Grundschuldgläubigerin ist. Ein einredefreier Erwerb nach §§ 1192 I, 1157 S. 2 wird durch § 1192 I a 1 2. Hs. ausdrücklich ausgeschlossen. Auf die Kenntnis der D-Bank, dass es sich um eine Sicherungsgrundschuld handelt, kommt es nicht an. E kann daher auch der D-Bank die Nichtauszahlung des Darlehens über die Einrede des nichterfüllten Sicherungsvertrages (§ 320) entgegensetzen (*Baur/Stürner*, § 45 Rn. 67a; *Vieweg/Werner*, § 15 Rn. 103; *Habersack*, Rn. 409 f.). Ist der Sicherungsvertrag dagegen unwirksam, so soll der Eigentümer dem Erwerber der Grundschuld die Bereicherungseinrede (§ 821) nicht entgegensetzen können, weil diese nicht aus dem Sicherungsvertrag erwachse (*Weller*, JuS 2009, 969, 974).

Auch die Stundungseinrede kann der Sicherungsgrundschuld entgegengesetzt werden, da auch diese Einrede ihre Grundlage im Sicherungsvertrag hat (*Baur/Stürner*, § 45 Rn. 67c; a. A. wohl *Habersack*, Rn. 397).

Im Ergebnis ist damit die Verkehrsfähigkeit der Grundschuld stärker beschränkt, als die der Verkehrshypothek (siehe § 1138); die Grundschuld wird weitgehend einer Sicherungshypothek gleichgestellt (*Weller*, JuS 2009, 969, 975; krit. *Staudinger/Wolfsteiner*, § 1192 Rn. 31; *Ph. Redeker*, ZIP 2009, 208).

b) Die Verjährung des Darlehens hindert nach § 216 I nicht die Zwangsversteigerung des Grundstücks (§ 1147). Hier geht die H-Bank aber aus dem Schuldversprechen vor. Dieser Anspruch ist zwar nach § 197 I Nr. 4 nicht verjährt, E könnte aber das Schuldversprechen evtl. nach §§ 812 II, 813 kondizieren. Die Verstärkung der Haftung durch das abstrakte Schuldversprechen hätte danach gerade einen nachteiligen Effekt. Die herrschende Meinung schließt den Kondiktionsanspruch daher analog § 216 II 1 aus (BGHZ 183, 169 = JZ 2010, 461 m. krit. Anm. *Jacoby*). Die Bank kann daher aus dem Schuldversprechen in das Grundstück vollstrecken.

c) Nach § 794 I Nr. 5 ZPO hätte die H-Bank jederzeit die Zwangsversteigerung des Grundstücks aus der Urkunde betreiben können. Nach dem neuen § 1193 I 1, II 2 kann eine Sicherungsgrundschuld aber zwingend erst nach besonderer Kündigung geltend gemacht werden (vgl. *Derleder*, ZIP 2009, 2221, 2223 ff.), wenn die Grundschuld nach dem 19.8.2008 bestellt wurde (Art. 229 § 18 III EGBGB). Die X-Bank hat gekündigt. Zusätzlich hätte E der H-Bank evtl. Einreden aus dem Sicherungsvertrag entgegensetzen können. Überträgt die H-Bank die Sicherungsgrundschuld nach § 873 auf die X-Bank, so kann diese nach § 727 ZPO eine vollstreckbare Ausfertigung als Rechtsnachfolger beantragen. Die X-Bank könnte dann die Versteigerung formal ohne Bindung an den Sicherungsvertrag betreiben. Eine solche

Gestaltung durch AGBs benachteiligt E unangemessen (§ 307). Der H-Bank darf eine Vollstreckungsklausel daher nur erteilt werden, wenn sie nachweist, dass sie auch in den Sicherungsvertrag des E mit der H-Bank eingetreten ist (BGHZ 185, 133, 141 Rn. 24 ff. = NJW 2010, 2041).

d) Z hat das Grundstück belastet mit der Grundschuld ersteigert. Die Grundschuld wurde bei der Berechnung des geringsten Gebotes (§ 44 I ZVG) berücksichtigt. In die persönliche Schuld wäre Z nur dann eingetreten, wenn die Bank die Darlehensforderung nach § 53 II ZVG angemeldet hätte. Da dies nicht der Fall ist, kann er der H-Bank auch keine Einrede aus dem Sicherungsvertrag entgegenhalten (BGHZ 155, 63 = NJW 2003, 2673). Der neue § 1192 I a hat daran nichts geändert.

War die Grundschuld (endgültig) nicht valutiert, so hatte E aber einen Rückgewährungsanspruch. Die H-Bank muss deshalb den Erlös aus der Ablösung der Grundschuld an E als Sicherungsgeber auskehren (BGHZ 155, 63 = NJW 2003, 2673, 2674).

158. Miterwerb der Forderung

D hat dem E ein Darlehen von 50.000 € gewährt. Da er auf Sicherheit drängt, willigt E in die Bestellung einer Hypothek an seinem Grundstück ein. Noch vor deren Eintragung tritt D seine Forderung formlos an G ab. Gleichwohl wird D im Grundbuch als Hypothekar eingetragen. Nachdem er den Hypothekenbrief von E ausgehändigt erhalten hat, veräußert er die Hypothek für 45.000 € an den gutgläubigen H. Bei Fälligkeit des Darlehens verlangen sowohl G wie H Zahlung von E. Zu Recht?

Gemäß § 398 wurde G zunächst Forderungsinhaber, da die Abtretung der Forderung vor Bestellung der Hypothek nicht der Form des § 1154 bedurfte. Fraglich ist aber, ob der gutgläubige H nicht später neben der Hypothek (§§ 1138, 892 I) auch die *bestehende* Forderung erworben hat. Um eine Aufspaltung des Gläubigerrechts zu vermeiden, lässt die h. M. hier systemwidrig die Forderung in analoger Anwendung von § 1153 mitübergehen (*Schreiber*, Jura 2002, 109,113; *Wolff/Wellenhofer*, § 27 Rn. 50; vgl. *Vieweg/Werner*, § 15 Rn. 44).

Die Gegenansicht verweist darauf, dass der Schuldner nach den §§ 1160, 1161 sowie nach dem Gedanken des § 1144 nur gegen Aushändigung des Hypothekenbriefes leisten müsse. Tilge E gegenüber G die Forderung, so erwerbe er entweder nach § 1163 I 2 die Hypothek oder könne doch die Zahlung verweigern, wenn ihm das dingliche Recht nicht zurückgewährt werde. Infolgedessen besteht für E keine Gefahr der doppelten Inanspruchnahme. Daher besteht auch kein Grund, die Forderung der Hypothek nachfolgen zu lassen (MüKo/*Eickmann*, § 1153 Rn. 13).

159. Widerspruch gegen die Hypothek

S nahm bei seinem Geschäftsfreund G ein Darlehen von 15.000 € auf, das durch Buchhypothek an seinem Hausgrundstück gesichert werden sollte.

Nach Eintragung der Hypothek am 2. April zahlte G jedoch nur 14.000 € an S aus. In Höhe des Restbetrages rechnete er mit angeblichen Gegenforderungen gegen S auf. Am 10. April trat G die Hypothek an D ab, der von dem Streit um die Aufrechnung nichts wusste.

a) In welcher Höhe haftet das Grundstück dem D?

b) Als G nach eingehender Verhandlung auf der Aufrechnung beharrt, beantragt S – noch in Unkenntnis der Abtretung – am 15. April in beglaubigter Form die Eintragung eines Widerspruchs gegen die Berechtigung des G hinsichtlich eines Teilbetrages von 1.000 €. Kann das Grundbuchamt dem Antrag stattgeben? Ist der Widerspruch für D von Bedeutung?

c) Wie wäre es (1) bei einer Briefhypothek, (2) einer Sicherungshypothek, (3) bei einer Sicherungsbuchgrundschuld?

a) Haftungshöhe

In Höhe von 1.000 € war die Hypothek zwar Eigentümergrundschuld, §§ 1163 I 1, 1177 I 1, D hat sie aber nach §§ 1138, 892 I 1 in voller Höhe (wenn auch in Höhe des Fehlbetrages forderungslos) erworben (s. o. Fall 156).

b) Widerspruch

Nach § 899 II wird ein Widerspruch aufgrund einstweiliger Verfügung oder Bewilligung eingetragen. Für die Darlehensbuchhypothek gibt § 1139 insoweit eine Sonderregelung. Unterbleibt bei ihr die Hingabe des Darlehens ganz oder teilweise, so kann der Eigentümer innerhalb eines Monats nach der Eintragung der Hypothek durch einseitigen Antrag die Eintragung des Widerspruchs erreichen. Da die Erklärung des Eigentümers, das Darlehen sei nicht ausbezahlt, Eintragungsvoraussetzung ist, bedarf der Antrag der Form des § 29 GBO (MüKo/*Eickmann*, § 1139 Rn. 5; Soergel/*Konzen*, § 1139 Rn. 2; a. A. Palandt/*Bassenge*, § 1139 Rn. 1). Sie ist hier erfüllt. Die Abtretung der Hypothek hindert die Eintragung des Widerspruchs nicht. Das GBA hat dem Antrag daher stattzugeben. Ob der Widerspruch berechtigt ist, prüft es nicht.

Nach § 1139 S. 2 wirkt der rechtzeitig eingetragene Widerspruch auf den Zeitpunkt der Eintragung der Hypothek zurück. Der zwischenzeitliche Erwerb des D vom nichtberechtigten Hypothekengläubiger G gem. §§ 1138, 892 entfällt damit rückwirkend (Palandt/*Bassenge*, § 1139 Rn. 1b).

c) Varianten

(1) Bei einer *Briefhypothek* gilt § 1139 nicht. S soll hier durch § 1117 I 1 geschützt werden. Trifft der Eigentümer allerdings, wie üblich, eine *Aushändigungsabrede* gem. § 1117 II, so trifft ihn voll das Risiko des vertragswidrigen Verhaltens des Gläubigers.

(2) Die *Sicherungshypothek* ist zwar Buchhypothek, § 1185 I. Nach § 1185 II ist § 1139 jedoch nicht anwendbar, weil auch ein gutgläubiger Erwerb der Hypothek nach § 1138 ausscheidet.

(3) Die *Grundschuld* ist nicht akzessorisch, so dass die §§ 1138, 1139 an sich nicht anwendbar sind. Nach § 1192 Ia kann S hier die Aufrechnung bzw. die Nichtvalutierung dem D dennoch entgegenhalten.

---

160. Kündigung der Hypothek

Jungunternehmer N erhält von G einen gewerblichen Kredit in Höhe von 50.000 € zu 8 % Zins. Zu dessen Sicherung bestellt sein Onkel O eine Hypothek an seinem Grundstück. Nach Ablauf der vereinbarten festen Laufzeit kündigt G gegenüber N.
a) Kann G ohne Weiteres die Zwangsvollstreckung in das Grundstück des O betreiben, wenn N nicht bezahlt?
b) Wie wäre es, wenn O eine Sicherungshypothek bestellt hätte?

Zur Zwangsversteigerung bedarf G eines Duldungstitels gegenüber O. Hat sich dieser nicht urkundlich der sofortigen Zwangsvollstreckung unterworfen, § 794 I Nr. 5 ZPO, so muss G erst auf Duldung der Zwangsvollstreckung in das Grundstück (§ 1147) nach Fälligkeit der Hypothek klagen.

a) Diese Fälligkeit tritt aber trotz der Akzessorietät der Hypothek nicht gleichzeitig mit dem Ablauf der Kündigungsfrist für das Darlehen gem. § 488 III ein. Zum Schutze des vom Schuldner verschiedenen Grundstückseigentümers verlangt § 1141 I 1 vielmehr eine besondere Kündigung der Hypothek gegenüber dem Eigentümer. Die Kündigung gegenüber N ist ohne Wirkung für die Hypothek (*Wolff/Wellenhofer*, § 27 Rn. 15). Sie berechtigt O lediglich, den G nach § 1142 I zu befriedigen.

Notfalls ist die Klage selbst als Kündigungserklärung anzusehen. Doch kann ihr dann erst nach Ablauf der Kündigungsfrist stattgegeben werden.

Vollstreckt G aus einer vollstreckbaren Urkunde ohne Kündigung, so kann O gem. §§ 795, 767, 797 ZPO Vollstreckungsgegenklage erheben.

b) Die Sicherungshypothek ist streng akzessorisch. Nach § 1185 II findet § 1141 deshalb keine Anwendung. Durch die Kündigung gegenüber dem persönlichen Schuldner N wird daher auch die Hypothek gegenüber O fällig.

---

161. Übertragung der Hypothek

A hat dem E ein durch Briefhypothek gesichertes Darlehen in Höhe von 10.000 € gewährt. Als er Geld benötigt, veräußert er die Hypothek an B unter Übergabe des mit beglaubigter Abtretungserklärung versehenen Briefes.
a) Ist B Inhaber der Hypothek geworden?
b) A hat eine Blanko-Abtretung beglaubigen lassen. B setzt in diese nachträglich seinen Namen ein und tritt die Hypothek formgerecht an C ab. Kann E einwenden, er habe an B schon 2.500 € des Hypothekendarlehens getilgt?
c) B stirbt. Sein Erbe C veräußert die Hypothek in beglaubigter Form unter Vorlage eines Erbscheins an die D-Bank. Kann sich E wiederum auf eine Teilzahlung an B berufen?

d) G, die Büroleiterin des B, versucht ihr Gehalt aufzubessern. Sie fälscht die Unterschrift ihres Chefs und den notariellen Beglaubigungsvermerk in äußerlich einwandfreier Weise und tritt die Hypothek an C ab. Kann C die Hypothek einklagen?

e) A zahlt E nur drei Viertel des zugesagten Darlehens aus. Aufgrund einstweiliger Verfügung wird deshalb auf Antrag des E ein Widerspruch gegen die Berechtigung des A hinsichtlich eines Teilbetrages von 2.500 € im Grundbuch eingetragen. Gleichwohl tritt A die Hypothek unter Übergabe des Briefes in öffentlicher Urkunde an den gutgläubigen B ab. Hat B die gesamte Hypothek erworben?

a) Die Hypothek kann als akzessorisches Recht nicht ohne Forderung übertragen werden, § 1153 II. Die Übertragung der Hypothek ist deshalb als Abtretung der Forderung anzusehen. Jedoch bedarf nach § 873 I die Übertragung einer Grundstücksbelastung der Eintragung im Grundbuch, also eines Publizitätsakts. Eine formlose Abtretung der Darlehensforderung nach § 398 wäre damit nicht vereinbar (vgl. NK-BGB/*Zimmer*, § 1154 Rn. 1). Um die Umlauffähigkeit von Briefgrundpfandrechten zu erleichtern, genügt nach § 1154 I 1 die schriftliche Forderungsabtretung durch A und die Übergabe des Briefes. Die Hypothek selbst erwirbt B gem. §§ 401, 1153 I.

b) Blanko-Abtretungen genügen nach einhelliger Praxis der gesetzlichen Schriftform des § 126 I. Die Erklärung wird allerdings erst mit Ausfüllung des Blanketts wirksam. In der Übergabe der Blanko-Erklärung liegt zugleich eine Ermächtigung, § 185, sie vereinbarungsgemäß auszufüllen (BGHZ 22, 128, 132 = NJW 1957, 137; Palandt/*Bassenge*, § 1154 Rn. 5). C kann sich also auf eine lückenlose Reihe beglaubigter Abtretungserklärungen berufen. Nach den §§ 1155 S. 1, 892 I 1, 1138 hat er die Hypothek einredefrei in voller Höhe erworben.

c) Da der Erbfall die Kette der Abtretungserklärungen unterbricht, ist streitig, inwieweit der Schutz des § 1155 zugunsten späterer Erwerber gilt.

Durch den Erbfall erwarb C nur die tatsächliche Hypothek, § 1922. Da §§ 1155, 892 den Erben nicht dazu legitimieren, über nur scheinbar zur Erbschaft gehörige Gegenstände zu verfügen, will *Jauernig* (§ 1155 Rn. 8) § 1155 auf spätere Abtretungen nur anwenden, soweit das Recht mit dem Erbfall tatsächlich auf C übergegangen war. E könnte danach die Zahlung an B einwenden.

Die h. M. entscheidet anders. Hätte B selbst die Hypothek an D abgetreten, so hätte D sie einredefrei erworben. Da C als wirklicher Erbe voll in die Rechtsstellung des B eintritt, unterbricht danach ein tatsächlicher Erbgang nicht die Legitimationskette (*Baur/Stürner*, § 38 Rn. 37). Auf diese Weise wird ein Erwerb kraft öffentlichen Glaubens an nachlassfremden Rechten ermöglicht.

d) Nach einer Ansicht ist der Erwerb gem. §§ 1155, 892, 1138 auch aufgrund gefälschter Urkunden zuzulassen, wenn diese geeignet waren, den Schein echter Urkunden hervorzurufen (RGZ 93, 41, 44; *Schreiber*, Rn. 480; MüKo/*Eickmann*, § 1155 Rn. 12), weil der Erwerber sonst nie auf die beglaubigte Abtretung vertrauen könnte und zur Sicherheit die vorherige Grundbucheintragung des Briefbesitzers verlangen müsste. Dieser Schutz vor Fälschungen ist beim Erwerb von Orderpapieren legitim; beim Erwerb einfacher Legitimationsurkunden ist er jedoch nicht angemessen. § 1155 setzt demnach echte Abtretungserklärungen voraus (*Prütting*, Rn. 688; *Vieweg/Werner*, § 15 Rn. 38; Palandt/*Bassenge*, § 1155 Rn. 4). C hat die Hypothek daher nicht erworben.

e) Nach § 1155 erwirbt ein Gutgläubiger die Hypothek von einem nicht eingetragenen Nichtberechtigten in gleicher Weise wie bei dessen Eintragung im Grundbuch. Ist deshalb (ohne Vorlage des Briefes, § 41 I 2 GBO) im Grundbuch ein Widerspruch gem. § 899 I eingetragen, so entfällt die Legitimationswirkung des § 1155 (vgl. Fall 36). B hat deshalb die Hypothek nur in Höhe von 7.500 € erworben.

---

162. Ausgleich unter mehreren Schuldnern

Um seinem Neffen N den Schritt in die Selbständigkeit zu erleichtern, bestellt sein Onkel O an seinem Grundstück eine Briefhypothek zur Sicherung eines von N bei der D-Bank aufgenommenen gewerblichen Existenzgründungsdarlehen in Höhe von 50.000 €, das in Vierteljahresraten zu 2.500 € zurückzuzahlen ist. Nach drei Jahren ordnungsgemäßer Tilgung gerät der Jungunternehmer in Schwierigkeiten. Um eine Zwangsversteigerung seines Grundstücks zu verhindern, zahlt O das restliche Darlehen samt rückständigen Zinsen an die D-Bank zurück.
a) Wem steht jetzt die Hypothek zu?
b) Wie wäre es, wenn O der D-Bank eine Grundschuld bestellt hätte?
c) Schon vor der drohenden Zwangsversteigerung aus der Grundschuld bietet O der D-Bank an, den Kredit seines Neffen gegen Abtretung der Darlehensforderung abzulösen. Die D-Bank geht darauf ein; das Geschäft wird vollzogen. Hat O die Forderung der Bank erworben?

---

a) Persönlicher Schuldner und Grundstückseigentümer müssen nicht identisch sein (vgl. § 1137 II). Mit der Tilgung der Hypothek durch N entstand eine der Resthypothek der D-Bank nachrangige (§ 1176) Eigentümergrundschuld des O, §§ 1163 I 2, 1177 I 1.

Um die Zwangsversteigerung zu verhindern, darf O die Restforderung tilgen, § 1142 I. Sofern D keine Teilleistung annimmt (§ 266), muss O aber in voller Höhe ablösen (BGHZ 108, 372 = NJW 1990, 258, 260). Mit der Zahlung geht die Darlehensforderung der D kraft Gesetzes auf O über, § 1143 I 1, weiterhin gesichert durch die Hypothek, §§ 412, 401, 1153 I. (*Braun/Schultheiß*, JuS 2013, 871, 874). Diese wird forderungsbekleidete *Eigentümerhypothek*. Jedoch gelten gem. § 1177 II die Beschränkungen des § 1197. In Höhe der bezahlten Zinsrückstände ist die Hypothek dagegen nach § 1178 I 1 erloschen, der übergegangene Anspruch also nicht mehr dinglich gesichert.

b) Zahlungen können je nach Parteiwillen auf die Forderung, die Grundschuld oder beides erfolgen. Die Leistung des vom Eigentümer verschiedenen persönlichen Schuldners tilgt i. Zw. das Darlehen, nicht die Grundschuld. Diese bleibt als nichtakzessorisches Recht auch nach der Tilgung als Fremdgrundschuld der D bestehen. Der Eigentümer O hat aber aus dem bestehenden Sicherungsvertrag einen schuldrechtlichen Rückübertragungsanspruch gegen D (vgl. *BGH* NJW 1991, 1821), der nach seiner Wahl auf Übertragung (§§ 1192, 1143), Verzicht (§§ 1192, 1168) oder Aufhebung (§§ 1192, 1183) gerichtet ist (vgl. *Vieweg/Werner,* § 15 Rn. 111).

Zahlt dagegen O als nur dinglich haftender Eigentümer, um eine Verwertung seines Grundstücks abzuwenden, so leistet er i. Zw. unmittelbar auf die Grundschuld. Ist diese nach Vertrag (entgegen § 1193 I) fällig, so steht O nach § 1142 ein Befriedigungsrecht zu. Übt O es aus, so erwirbt er in Höhe seiner Zahlung unmittelbar eine Eigentümergrundschuld. Streitig ist nur die Begründung dieses Ergebnisses. Teils werden die §§ 1168, 1170 (*Prütting,* Rn. 765), teils § 1163 I 2 herangezogen. Da § 1143 die Folgen einer Tilgung durch den vom Schuldner verschiedenen Eigentümer regelt, liegt trotz der Nichtakzessorität der Grundschuld eine Analogie am nächsten (*Baur/Stürner,* § 44 Rn. 23 f.; *MüKo/Eickmann,* § 1191 Rn. 107; für Anspruch auf Abtretung der persönlichen Forderung *Vieweg/Werner,* § 15 Rn. 110).

Ob O einen persönlichen Ausgleichsanspruch gegen N erwirbt, richtet sich primär nach der Abrede zwischen O und N (*BGH* NJW 1994, 2692). Fehlt eine Vereinbarung, ist die Art des Ausgleichs zweifelhaft. Da § 1143 nicht unmittelbar anwendbar ist, kann O die Darlehensforderung gegen N nicht kraft Gesetzes erwerben (BGHZ 105, 154 = NJW 1988, 2730; dazu *Oehler,* JuS 1989, 604; a. A. MüKo/*Eickmann,* § 1191 Rn. 127). Nach h. M. hat er aber einen Anspruch gegen D auf Abtretung der (nicht erloschenen) Forderung (*BGH* NJW 1987, 838). Wieder andere meinen, der Darlehensanspruch erlösche; der Eigentümer erwerbe lediglich einen Anspruch aus dem Innenverhältnis zum persönlichen Schuldner. Da O zur Befriedigung der D nicht verpflichtet war, kommt ein Anspruch gem. §§ 683 S. 1, 670 in Betracht (vgl. *Reinicke/Tiedtke,* WM 1987, 485).

c) Leistet der Eigentümer nicht auf die Grundschuld, sondern tilgt er die persönliche Forderung, so erlischt diese nach §§ 362, 267 I. O wollte aber nur gegen Abtretung der Forderung zahlen. Bei sachgerechter Auslegung (§§ 133, 157) liegt deshalb keine Drittleistung, sondern ein Forderungskauf vor. O hat daher die Forderung gegen N kraft Abtretung, § 398, erworben (*BGH* NJW 1982, 2308; MüKo/*Eickmann,* § 1191 Rn. 126).

163. Ausgleich unter mehreren Sicherungsgebern

Zusätzlich zu der dinglichen Sicherung durch die Hypothek (s. o. Fall 162) hatte sich der Bruder B des N für den Kredit verbürgt. B befriedigt die D-Bank und verlangt von O Regress.
a) Zu Recht? Kann O bei B Regress nehmen, wenn er die D-Bank befriedigt?
b) O bestellt für N eine Grundschuld. Bruder B nimmt den Kredit zusammen mit N auf, wobei N die Grundschuld zur Sicherung an die D-Bank abtritt. B und N sind sich einig, dass N den Kredit im Innenverhältnis allein tilgen soll. Kann B gegen Befriedigung der D-Bank Übertragung der Grundschuld auf sich verlangen?

a) Mit der Befriedigung der D durch B geht an sich die Darlehensforderung gem. § 774 I 1 auf B über, nach §§ 412, 401 I, 1153 I gesichert durch die Hypothek.

Mit der Befriedigung der D durch O erwürbe dieser die Hypothekenforderung gem. § 1143 I, nach §§ 412, 401 I, 1153 I die Hypothek und gem. §§ 412, 401 I auch die Bürgschaftsforderung gegen B. Nach der gesetzlichen Regelung besteht also jeweils eine volle Ausgleichspflicht des weiteren Sicherungsgebers. Dieser „Wettlauf der Sicherungsgeber" ist unbefriedigend. Teilweise wird deshalb eine Ausgleichspflicht kraft Gesetzes ganz abgelehnt (*Becker*, NJW 1971, 2151, 2153). Andere bejahen aus § 776 BGB (sofern nicht abbedungen) eine Vorzugsstellung des Bürgen gegenüber anderen Bestellern von Sicherheiten, so dass der Bürge beim Grundstückseigentümer Regress nehmen kann, aber frei wird, wenn die D-Bank die Hypothek aufgibt. Danach kann B bei O in Höhe der vollen Hypothek Regress nehmen (so *Baur/Stürner*, § 38 Rn. 103).

Die h. M. schließt dagegen aus der Verweisung von § 1143 I 2 auf § 774, dass Bürge und dinglicher Schuldner gleichrangig haften. Auch wenn sie keine vertraglichen Gesamtschuldner seien, sei auf ihr Verhältnis doch der hinter § 426 I stehende Gedanke anteiliger Haftung, auch aus Gründen der Billigkeit (§ 242), maßgeblich (BGHZ 108, 179, 183 ff. = NJW 1989, 2530; *BGH* NJW 1992, 3228; *Mertens/Schröder*, Jura 1992, 305).

b) Befriedigt B die D-Bank, so geht die Darlehensforderung nach § 426 II 1 auf ihn über, nach §§ 412, 401 mit den dort aufgezählten Sicherungsrechten. Zu diesen gehört die Grundschuld nicht. Jedoch ist die D-Bank nach h. M. analog § 401 verpflichtet, die Grundschuld auf den ablösenden Gesamtschuldner zu übertragen (BGHZ 80, 228, 232 = JR 1981, 421 m. Anm. *Berg*).

---

164. Übernahme der Hypothek in Anrechnung auf den Kaufpreis

Beim Erwerb seines Eigenheims hat E der D-Bank zur Sicherung eines Baukredits eine Briefhypothek über 175.000 € bestellt. Wenig später wird E versetzt und veräußert das Eigenheim an K. Dabei wird vereinbart, dass K die Hypothek in Anrechnung auf den Kaufpreis übernehmen soll. Auf Mitteilung durch E verweigert die D-Bank jedoch die Genehmigung der Schuldübernahme. Da sich kein anderer Käufer findet, hält E am Vertrag mit K fest.
a) K tilgt den Kredit aufgrund der mit E vereinbarten Erfüllungsübernahme. Welche Folgen hat dies?
b) Auf Mahnung der D-Bank zahlt E den Kredit nach vergeblicher Aufforderung des K zurück. In welcher Weise kann er bei K Regress nehmen?

---

a) K ist nicht persönlicher Schuldner. Deshalb könnte die Forderung samt Hypothek gem. §§ 1143 I 1, 1153 auf ihn übergegangen sein. Dies wäre jedoch nicht sachgerecht, da er den Kredit aufgrund der Erfüllungsübernahme endgültig tilgen sollte. Erwirbt der Käufer ein Grundstück vom persönlichen Schuldner unter Anrechnung der Hypothek auf den Kaufpreis, so ist deshalb § 1143 I 1 nicht anwendbar. K erwirbt lediglich als neuer Eigentümer eine forderungsentkleidete Hypothek (Eigentümergrundschuld), §§ 1163 I 2, 1177 I 1 (*Prütting*, Rn. 664).

Zahlt K jedoch vertragswidrig ausdrücklich nur als Eigentümer zur Tilgung der Hypothek, so ist § 1143 I 1 zwar anwendbar, E kann K aber der übergegangenen Forderung die rechtsvernichtende Einwendung entgegenhalten, dass K gegenüber E gem. §§ 329, 415 III zur Befriedigung der D-Bank verpflichtet war (RGZ 143, 278, 287; *Gursky,* Rn. 238).

b) Befriedigt der persönliche Schuldner E den Gläubiger, so erlischt die Darlehensforderung, § 362. Die Hypothek geht aber gem. §§ 1164 I 1 auf ihn über, soweit er von K als dem neuen Eigentümer Ersatz verlangen kann.

Nach §§ 415 III 2, 329 war K auch nach Verweigerung der Genehmigung der Schuldübernahme gegenüber E verpflichtet, das Darlehen zu tilgen (vgl. aber *BGH* NJW 1991, 1822). Zahlt dennoch E als persönlicher Schuldner an den Gläubiger, so hat er infolge der Erfüllungsübernahme eine Ersatzforderung nach §§ 280 III, 283 gegen K. Im Wege gesetzlicher Forderungsauswechslung sichert die Hypothek diesen Ersatzanspruch (RGZ 131, 157; Jauernig/*Jauernig,* § 1164 Rn. 2; *Habersack,* Rn. 378). Nach seiner Wahl kann er K aus der persönlichen Forderung oder aus der Hypothek in Anspruch nehmen.

---

165. Ablösung durch nachrangigen Grundpfandgläubiger

Das Hausgrundstück des E ist mit drei Hypotheken in folgender Reihenfolge belastet: 80.000 € für die A-Bank, 80.000 € für die B-Bank und 50.000 € für die C-Bank. Als E mit der Rückzahlung in Verzug gerät, droht die B-Bank mit der Zwangsversteigerung des Grundstücks.
a) In welcher Weise kann die C-Bank versuchen, einen Ausfall ihrer Hypothek im Zwangsversteigerungsverfahren zu vermeiden oder zu vermindern?
b) Angenommen, die C-Bank löst die Hypothek der B-Bank ab. Muss sie dann eine Vereinbarung des E mit der B-Bank gegen sich gelten lassen, wonach die Hypothek für zehn Jahre gestundet ist?

a) Kein Ausfall der Hypothek im Zwangsversteigerungsverfahren

(1) *Ablösungsrecht,* §§ 1150, 268

Bei einer Zwangsversteigerung auf Betreiben der B-Bank wird in das geringste Gebot nur die vorrangige Hypothek der A-Bank aufgenommen, § 44 I ZVG. Diese bleibt auch nach dem Zuschlag in der Zwangsversteigerung bestehen. Dagegen erlöschen die nachrangigen Hypotheken, § 52 I ZVG. Diese werden nur aus dem Überschuss des Bargebots, § 49 ZVG, über die Verfahrenskosten befriedigt, § 109 ZVG. Deshalb ist jeder nachrangige Grundpfandgläubiger gefährdet und ablösungsberechtigt. Über § 268 I BGB hinaus entsteht das Ablösungsrecht bereits, wenn ein vorrangiger Hypothekar Zahlung verlangt (*Vieweg/Werner,* § 15 Rn. 57) und kann auch gegen den Willen der B-Bank ausgeübt werden.

Befriedigt die C-Bank die B-Bank, so erwirbt sie deren Forderung kraft Gesetzes, §§ 1150, 268 III 1, samt Hypothek, §§ 412, 401, 1153 I. Die C-Bank kann dadurch eine Zwangsvollstreckung aus der erworbenen Hypothek verhindern und ggf. das Verfahren aus ihrer drittrangigen Hypothek betreiben (*BGH* NJW 1986,

1487 m. Anm. *Canaris*). Gefahr und Höhe eines etwaigen Ausfalls können dadurch, evtl. verbunden mit eigener Suche nach einem Ersteher und Absprache mit diesem, vermindert werden (zu den Ablösungsgründen im Einzelnen vgl. *Storz,* ZIP 1980, 159).

(2) Das gleiche Ergebnis wird erreicht, wenn die C-Bank die hypothekarisch gesicherte Forderung der B-Bank durch *Forderungskauf* erwirbt. Mit Erfüllung geht die Hypothek auf die C-Bank über, §§ 398, 401.

b) Die Stundung der Hypothek begründet eine dingliche Einrede nach § 1157 S. 1, sofern C die Hypothek nicht einredefrei erworben hat, §§ 1157 S. 2, 892. Hätte die B-Bank die gesicherte Forderung der C-Bank abgetreten, so hätte diese die Hypothek im Zweifel einredefrei erworben. Ob ein einredefreier Erwerb auch bei Ablösung durch nachrangige Grundpfandgläubiger gemäß §§ 1150, 268 III stattfindet, ist streitig. Der *BGH* hat die Frage bei einer Grundschuld verneint, da sich deren Erwerb kraft Gesetzes vollziehe (*BGH* NJW 1997, 190; a. A. *Baur/Stürner,* § 38 Rn. 108 ff., 114).

Dagegen wird eingewandt, dass die Ablösung der Hypothek primär rechtsgeschäftlicher Natur sei, auch wenn die Hypothek rechtstechnisch kraft Gesetzes übergehe; der Ablösende tätige ein entgeltliches Geschäft, sei daher in gleicher Weise wie beim rechtsgeschäftlichen Erwerb schutzbedürftig (*Canaris,* NJW 1986, 1488; *Hager,* ZIP 1997, 133; *Medicus/Petersen,* Rn. 547 a. E.). Dem ist zuzustimmen, da der Ablösungsberechtigte sonst schlechter gestellt wäre als ein gewöhnlicher Erwerber einer Hypothek.

IV. Sonderformen

166. Zinslast bei der Tilgungshypothek

S hatte 2001 ein Einfamilienhaus mit Hilfe von zwei durch Tilgungshypotheken à 100.000 € gesicherten Darlehen finanziert. Anfang 2008 verlor er seinen Arbeitsplatz. Da er mit der Zahlung von Zinsen und Tilgung in Rückstand geriet, ließ die G-Bank, die Inhaberin der zweitrangigen Hypothek, das Grundstück am 2.4.2009 zwangsversteigern. Gem. §§ 52 I 1, 49 I ZVG übernahm der Ersteher E die erste Hypothek, die beim Zuschlag bereits in Höhe von 25.000 € getilgt war. Am 2.4.2010 zahlte E diesen Betrag zur Tilgung des Kapitals der durch die Tilgung entstandenen Grundschuld an S. S verlangt jedoch zusätzlich für die Zeit seit dem Zuschlag die für die Hypothek eingetragenen Zinsen.
Zu Recht?

Ein *Zinsanspruch* ergibt sich aus § 1177 I 2.

Mit jeder Teiltilgung des Darlehens verwandelt sich die Hypothek nach §§ 1163 I 2, 1177 I 1 in eine Eigentümergrundschuld mit Rang hinter der Resthypothek, § 1176. Nach § 1177 I 2 ist die Grundschuld wie die getilgte Hypothek zu verzinsen. Sie ist jedoch nach § 1197 II zinsfrei, solange sie Eigentümergrundschuld ist. Mit dem Zuschlag in der Zwangsversteigerung wurde E anstelle des S Eigentümer des Grundstücks, § 90 ZVG. Da die Eigentümergrundschuld dem Eigentümer z. Zt.

der Tilgung und nicht dem jeweiligen Eigentümer des Grundstücks zusteht, verwandelte sie sich gleichzeitig in eine Fremdgrundschuld. Damit lebt an sich die Zinspflicht wieder auf.

Zweifel ergeben sich jedoch aus den Besonderheiten der Tilgungshypothek. Bei dieser soll die jährliche Gesamtbelastung des Kreditnehmers durch Zinsen und Tilgungsraten stets gleich bleiben. Mit zunehmender Tilgung des Kapitals steigt daher der Tilgungsanteil gegenüber dem Zinsanteil. Dies ist aber nur möglich, solange die durch die Tilgung entstehende Eigentümergrundschuld zinsfrei bleibt. Andernfalls tritt zur unveränderten Leistungspflicht auf die Tilgungshypothek die Zinslast auf die Grundschuld hinzu; die jährliche Belastung steigt. Deshalb ist streitig, ob § 1177 I 2 auf die durch Tilgung durch den früheren Eigentümer entstandene Grundschuld anwendbar ist.

Die einen meinen, bei einem Verkauf des Grundstücks von S an E widerspräche es dem Sinn des Kaufvertrages, wenn S über den vereinbarten Kaufpreis hinaus die Fremdgrundschuld gegenüber E geltend machen könnte. E könne also Aufhebung (Löschung) der Grundschuld von S verlangen (*Baur/Stürner,* § 36 Rn. 121).

Ein Anspruch auf Aufhebung bedarf aber als Abweichung von der gesetzlichen Regelung einer ausdrücklichen Vereinbarung. Andernfalls besteht die entstandene Grundschuld weiter und ist vom Käufer bei der Bemessung des Kaufpreises zu berücksichtigen. Gleiches gilt nach h. M. beim Erwerb in der Zwangsversteigerung. Nach § 52 I 1 ZVG wird die Grundschuld im bestehenden Umfang übernommen. Daher muss E ihre Verzinsung bei der Abgabe seines Gebots mitberücksichtigen (BGHZ 67, 291 = NJW 1977, 100; BGHZ 71, 206 = NJW 1978, 1579). E schuldet S daher Zinsen für die Zeit bis zur Tilgung der Grundschuld.

167. Fragen der Gesamthypothek

1. Teil
Die Immo-Finanz-GmbH ist Eigentümerin von nebeneinander liegenden Grundstücken. Darauf lässt sie von der Fa. Hausbau KG Reihenhäuser errichten. Als die Presse von Zahlungsschwierigkeiten der I-GmbH berichtet, erwirkt die H-KG eine einstweilige Verfügung zur Eintragung einer Vormerkung für eine Gesamtsicherungshypothek auf allen Grundstücken zur Sicherung ihrer Werklohnforderung. Kann diese Vormerkung eingetragen werden?
2. Teil
Nach Löschung der Vormerkung haben die Eheleute M und F 2001 eines dieser Reihenhäuser für 450.000 € zu Miteigentum erworben. Zur Finanzierung des Kaufpreises haben sie der A-Bank und der B-Bausparkasse je eine Hypothek in Höhe von 150.000 € bestellt.
a) M und F tilgen die Kredite aus einem gemeinsamen Lotteriegewinn. Welche Folgen hat dies?
b) F erbt ein beträchtliches Vermögen. Daraus tilgt sie die Immobiliarkredite. Welche Rechtsfolgen hat dies? Kann F von M Ausgleich verlangen?
c) Wie verhält es sich in beiden Fällen, wenn die Kredite durch Grundschulden gesichert waren?

1. Teil

Nach § 883 I 1 kann eine Vormerkung zur Sicherung des Anspruchs auf Einräumung eines Rechts an einem Grundstück in das Grundbuch eingetragen werden. Nach § 648 I 1 besteht ein solcher Anspruch kraft Gesetzes. Wird ein einheitlicher Werkerfolg auf mehreren Grundstücken des Bestellers geschuldet, kann der Unternehmer an jedem dem Besteller gehörenden Grundstück eine Sicherungshypothek für seine Forderung in voller Höhe in Form einer Gesamthypothek (§ 1132) bestellen lassen; eine Aufteilung des Werklohns auf die einzelnen Grundstücke würde dem Sicherungszweck nicht gerecht werden (BGHZ 144, 138 = NJW 2000, 1861, 1862). Die Vormerkung ist also einzutragen.

2. Teil

a) Tilgung durch M und F

Mit der Tilgung der Darlehen, § 362, gehen die Hypotheken auf M und F über, § 1163 I 2, und zwar nach §§ 1172 I, 1177 I 1 als Eigentümergesamtgrundschulden. Nach h. M. stehen diese M und F nicht zur gesamten Hand, sondern in Bruchteilsgemeinschaft entsprechend ihren Miteigentumsanteilen zu (Jauernig/*Jauernig,* § 1172 Rn. 4).

b) Tilgung durch F

Mit der Zahlung tilgt F als Gesamtschuldnerin, §§ 427, 421, beide Darlehen, § 362. Als Folge davon erwirbt F die Hypotheken an ihrem Miteigentumsanteil, § 1173 I 1 1. Hs. (BGHZ 40, 115, 120 = NJW 1963, 2320). Ob die Hypotheken am Anteil des M erlöschen, § 1173 I 1, oder auf F gem. § 1173 II übergehen, entscheidet sich danach, ob F von M Ausgleich verlangen kann. Die Gesamthypothek als solche verpflichtet nicht zum Ausgleich (Palandt/*Bassenge,* § 1173 Rn. 2). Da M und F aber hinsichtlich der Darlehen Gesamtschuldner sind, gehen mit der Zahlung der F die Darlehensforderungen in Höhe des halben Tilgungsbetrages nach § 426 I 1, II 1 auf F über. Damit gehen zugleich die Hypotheken auf F über. Sie sichern ihren Ersatzanspruch gegen M und bleiben mit der Eigentümerhypothek am eigenen Miteigentumsanteil der F Gesamthypothek, § 1173 II (vgl. *Müller,* Rn. 1965 ff.). Durch § 1360b ist der Ausgleichsanspruch nicht ausgeschlossen, da die Hypothekentilgung nicht Teil des Familienunterhalts ist.

c) Besicherung durch Grundschulden

(1) Tilgung des Darlehens: Tilgen M und F beide Darlehen, so bleiben die Grundschulden zunächst unverändert bestehen. M und F erwerben aber einen schuldrechtlichen Rückgewährungsanspruch aus dem Sicherungsvertrag (s. o. Fall 162, b).

(2) Bei Grundschulden richten sich die Folgen danach, ob auf die persönliche Forderung oder zur Grundschuldablösung bezahlt wurde. Nach dem Sicherungsvertrag erfolgen Zahlungen idR nur auf die persönliche Forderung. Die Rspr. hält jedoch daran fest, dass trotz dieser Abrede ein erklärter Wille bei der Zahlung entscheidend ist (*BGH* NJW 1976, 2132; NJW 1976, 2340, 2341).

– Zu a) Tilgen M und F die persönliche Forderung, so gilt das zu (1) Gesagte. Nach Rückübertragung stehen ihnen die Eigentümergrundschulden zu gleichen Teilen, §§ 741, 742, zu.

Tilgen die Eheleute die Grundschuld, so entsteht unmittelbar eine gemeinschaftliche Eigentümergrundschuld. Teils wird dies aus § 1163 I 2, teils aus §§ 1168, 1170 (*Prütting*, Rn. 765), nach wohl h. M. aus den §§ 1142, 1143 abgeleitet (*Baur/ Stürner*, § 44 Rn. 24).

– Zu b) Tilgt F die Darlehensforderungen als Gesamtschuldnerin, so erwirbt sie diese nach § 426 II 1 zur Hälfte, da sie insoweit von M Ersatz verlangen kann. Die zur Sicherung bestellten Grundschulden sind nicht akzessorisch; sie gehen daher *nicht* unmittelbar gem. §§ 412, 401 auf F über (*BGH* NJW 1974, 100, 101). Anders wäre es, wenn F ein Ablösungsrecht nach §§ 1192, 1150, 268 hätte. Bei einem Forderungsübergang gem. § 426 II besteht jedoch in analoger Anwendung der §§ 412, 401 eine Pflicht des M, die zur Sicherung an seinem Miteigentumsanteil bestellten Grundschulden in Höhe der auszugleichenden Forderung an F abzutreten (BGHZ 80, 228, 233 = NJW 1981, 1554).

Tilgt F ausdrücklich die Grundschulden, so gehen diese am Miteigentumsanteil der F auf diese über, §§ 1192 I, 1173 I 1. Da F von M nach § 426 Ausgleich verlangen kann, gehen die Grundschulden am Miteigentumsanteil des M gem. §§ 1192 I, 1173 II als Fremdgrundschulden auf F über (*BGH* NJW 1976, 2340).

168. Höchstbetragshypothek

Die G-Bank gewährt der Supermarkt S-GmbH einen Kontokorrentkredit bis zur Höhe von 200.000 €. In welcher Weise kann dieser Kredit am Betriebsgrundstück der S dinglich gesichert werden? Welche Sicherheit wird die G-Bank bevorzugen?

Eine *gewöhnliche Hypothek* sichert eine Forderung aus einem bestimmten Rechtsgrund in fester Höhe, §§ 1113, 1115. Die Höhe des Kontokorrentkredits verändert sich aber innerhalb des vereinbarten Rahmens ständig.

Um gleichwohl eine hypothekarische Sicherung zu ermöglichen, stellt das Gesetz in § 1190 die *Höchstbetragshypothek* zur Verfügung (vgl. *Brehm/Berger*, § 17 Rn. 151 ff.). Sie sichert beliebige Forderungen des Hypothekars bis zu dem im Grundbuch eingetragenen Höchstbetrag. Zinsen sind in den Höchstbetrag einbezogen. Die Höchstbetragshypothek ist notwendig Sicherungshypothek, §§ 1190 III, 1184 I.

Stattdessen kann S der G-Bank eine *Grundschuld* in Höhe des vereinbarten Höchstbetrages des Kontokorrentkredites zuzüglich Zinsen bestellen. Die Grundschuld ist forderungsunabhängig, § 1192 I. Soweit bei Eintritt des Sicherungsfalles keine Forderung besteht, hat S lediglich einen schuldrechtlichen Rückgewährsanspruch.

Die Höchstbetragshypothek hat vor allem zwei Nachteile:

(1) Bei ihr wird der gute Glaube an den Bestand der Forderung nicht geschützt, §§ 1190 III, 1184 I, 1185 II. Die Höchstbetragshypothek ist deshalb nicht umlauffähig. Die G-Bank kann sie kaum zur eigenen Refinanzierung verwenden. (Seit

Einführung des § 1192 I a gilt dies auch für die Sicherungsgrundschuld). Höchstbetragshypotheken sind deshalb selten.

(2) Ob mit der Neufassung von § 794 I Nr. 5 ZPO ein weiterer Nachteil entfallen ist, ist zweifelhaft. Da darin nicht mehr von der Vollstreckung wegen einer bestimmten Geldsumme die Rede ist, wird die Ansicht vertreten, bereits bei der Bestellung einer Höchstbetragshypothek könne eine Vollstreckungsunterwerfung erfolgen (so MüKo/*Eickmann*, § 1190 Rn. 7). Nach überwiegender Ansicht hat der neue § 794 I Nr. 5 ZPO aber nichts am Erfordernis der *Bestimmtheit* der Forderung geändert. Eine Vollstreckungsunterwerfung für einen noch unbestimmten Endbetrag scheide daher weiterhin aus (Staudinger/*Wolfsteiner*, § 1190 Rn. 50; Palandt/*Bassenge*, § 1190 Rn. 9; NK-BGB/*Krause*, § 1190 Rn. 18).

In der Praxis wurde früher auch die gewöhnliche Verkehrshypothek als sog. *verdeckte Höchstbetragshypothek* verwendet. Wie diese soll sie im Innenverhältnis nur den Anspruch aus der Schlussforderung der Bank aus dem Kontokorrent sichern. Die h. M. lässt sie zu (RGZ 152, 213, 219). Eine Eigentümergrundschuld, die mit zwischenzeitlicher Tilgung des Kontokorrentkredits nach § 1163 entsteht, wird aber mit erhöhter Inanspruchnahme des Kredits nicht mehr automatisch zur Fremdhypothek (Jauernig/*Jauernig*, § 1190 Rn. 3; *Bülow*, Rn. 376). Zur Sicherung eines Kontokorrentkredits ist die gewöhnliche Hypothek daher nicht geeignet.

169. Pfändung der Eigentümergrundschuld

E hat sich zur Rangsicherung für einen künftigen Immobiliarkredit eine erstrangige Eigentümer-Briefgrundschuld an seinem Hausgrundstück über 150.000 € eintragen lassen.
a) Kann ein Gläubiger G des E diese Grundschuld wegen einer titulierten Kaufpreisforderung von 15 000 € pfänden und sodann das Grundstück des E versteigern lassen?
b) E hatte der D-Bank eine Buchhypothek über 50.000 € an seinem Grundstück bestellt. E tilgt 20.000 € des Kredits. Noch vor der Berichtigung des Grundbuchs möchte ein persönlicher Gläubiger G die entstandene Eigentümergrundschuld pfänden. Wie ist dazu vorzugehen? Könnte G auch schon vor einer Tilgung durch E dessen künftige Eigentümergrundschuld pfänden lassen?
c) Ist eine Pfändung im Fall b) sinnvoll, wenn das Grundstück mit weiteren nachrangigen Grundpfandrechten belastet ist?

a) Als übertragbares Recht ist die Eigentümergrundschuld pfändbar, §§ 857, 851 I ZPO. Streitig ist jedoch, in welcher Form die Pfändung zu erfolgen hat.

Nach einer Ansicht genügt es, dem E gem. §§ 857 I, II, 829 ZPO einen Pfändungsbeschluss zuzustellen (*Baur/Stürner*, § 46 Rn. 12). Einer (berichtigenden) Eintragung im Grundbuch oder einer Wegnahme des Grundschuldbriefes bedarf es danach nur, um einen redlichen lastenfreien Erwerb durch Dritte auszuschließen.

Nach h. M. ist dagegen auch die Eigentümergrundschuld ein selbständiges Recht neben dem Eigentum. Ihre Pfändung erfolgt deshalb wie bei einer Fremdgrundschuld (*BGH* NJW 1979, 2045). Nach den §§ 857 VI, 830 I ZPO ist die Pfändung daher erst mit der zusätzlichen Übergabe oder Wegnahme des Grundschuldbriefes wirksam. Übergibt der Schuldner den Brief nicht freiwillig, so wird er vom Gerichtsvollzieher nach § 883 I ZPO weggenommen, um ihn dem Gläubiger zu übergeben. Das Pfändungspfandrecht entsteht sodann in Höhe der durch den Titel ausgewiesenen Forderung.

Damit der Eigentümer nachrangige Grundpfandgläubiger nicht schädigen kann, darf er nach § 1197 I nicht in das eigene Grundstück vollstrecken. Eine Vollstreckung durch G ist dennoch unstreitig zulässig, wenn er sich die Eigentümergrundschuld an Zahlung Statt überweisen lässt (§§ 857, 835 ZPO). Denn dadurch geht sie (teilweise) auf ihn über und wird Fremdgrundschuld. Zugleich verliert G aber seine Kaufpreisforderung (§ 835 II ZPO). G wird diese Überweisung daher nur wählen, wenn ein späterer Ausfall in der Zwangsversteigerung sicher ausscheidet.

Lässt sich G die Grundschuld nur zur Einziehung überweisen, so ist streitig, ob er durch § 1197 I an einer Vollstreckung gehindert ist. Teilweise wird angeführt, der Pfändungspfandgläubiger könne nicht mehr Rechte haben als der Eigentümer, von dem er sein Recht ableitet (*OLG Düsseldorf* NJW 1960, 1723) und daher nicht vollstrecken. Überwiegend sieht man aber in § 1197 I keine echte inhaltliche Beschränkung der Eigentümergrundschuld, sondern nur einen Schutz vor unlauterem Verhalten des Eigentümers. Dritte, die seine Rechtsstellung ausüben, sind deshalb durch § 1197 I in ihrer Rechtsverfolgung nicht eingeschränkt (BGHZ 103, 30 = NJW 1988, 1026, 1027).

b) Die Pfändung der durch Teiltilgung des Darlehens nach § 1163 I 2 entstandenen Eigentümergrundschuld erfolgt gem. §§ 857 VI, 830 I 3 ZPO durch Zustellung eines Pfändungsbeschlusses an E und Eintragung im Grundbuch. Diese setzt aber nach § 39 GBO die *Voreintragung* des E voraus. G kann diese gem. § 14 GBO selbst beim GBA beantragen, muss dazu aber die Höhe der entstandenen Eigentümergrundschuld durch löschungsfähige Quittung der D-Bank nachweisen. In dieser muss E als Tilgender aufgeführt sein. Denn bei einer Tilgung durch einen Dritten könnte die Hypothek auf diesen übergegangen sein. Hat die Bank bereits eine Quittung erteilt, so kann sie dem E aufgrund des Pfändungsbeschlusses mittels Hilfspfändung durch den Gerichtsvollzieher weggenommen werden (vgl. *Tempel*, JuS 1967, 216; für zusätzliche Hilfspfändungen des Berichtigungsanspruches und des Anspruches auf Briefherausgabe *Baur/Stürner*, § 46 Rn. 13). Die Pfändung wird erst mit Voreintragung des E und Eintragung des Pfändungsvermerks im Grundbuch wirksam.

Eine künftige Eigentümergrundschuld ist nach h. M. nicht pfändbar (BGHZ 53, 60, 64 = NJW 1970, 322; Jauernig/*Jauernig*, § 1163 Rn. 15). Zur Begründung wird teilweise angeführt, der Eigentümer habe gegenwärtig noch kein vermögenswertes Recht. Lässt man die Verfügung über das künftige Recht dagegen wie auch sonst zu, so scheitert die Pfändung daran, dass vor Tilgung durch E eine Eintragung des Pfändungsvermerks im Grundbuch wegen § 39 GBO ausscheidet (MüKo/*Eickmann*, § 1163 Rn. 71; Staudinger/*Wolfsteiner*, § 1163 Rn. 112).

c) Als Inhalt ihres Grundpfandrechts steht nachrangigen Gläubigern ein gesetzlicher Löschungsanspruch zu (s. u. Fall 171), soweit sich eine Hypothek nach Tilgung der

Forderung mit dem Eigentum in einer Person vereinigt, § 1179a I 1. Dieser Löschungsanspruch ist kraft Gesetzes wie durch eine Vormerkung gesichert. Nach §§ 1179a I 3, 883 II 2 ist deshalb die Pfändung zugunsten des Löschungsberechtigten unwirksam. Bei einer weiteren Belastung des Grundstücks ist eine Pfändung einer nachträglichen Eigentümergrundschuld daher i. d. R. wirtschaftlich wertlos.

V. Löschungsansprüche

170. Löschungsvormerkung

E ist Eigentümer eines Zweifamilienhauses. Das Grundstück ist noch mit einer Buchtilgungshypothek aus der Zeit des Grundstückskaufs belastet. Kurz vor seinem 70. Geburtstag will E das Grundstück auf seine Tochter T übertragen, sich die Nutzung seiner bisher bewohnten Wohnung aber auf Lebenszeit vorbehalten. Als Gegenleistung übernimmt die Tochter die Tilgung des restlichen Hypothekendarlehens. E möchte sicherstellen, dass sein Nutzungsrecht zur ersten Rangstelle aufrückt, sobald die Hypothek löschungsreif wird. Wie kann dieses Vorhaben verwirklicht werden?

Da E nicht das ganze Haus für sich nutzen will, hat ihm seine Tochter gleichzeitig mit der Auflassung des Grundstücks ein dingliches Wohnungsrecht als beschränkte persönliche Dienstbarkeit, § 1093, zu bestellen.

Soweit die Tochter die Hypothek nach dem Eigentumsübergang tilgt, entsteht für sie eine Teileigentümergrundschuld. Über diese Grundschuld kann sie grds. frei verfügen. Sie könnte ein neues Darlehen durch Abtretung dieser Grundschuld sichern und dadurch das dingliche Wohnungsrecht in seinem Bestand gefährden. Der gesetzliche Löschungsanspruch des § 1179a steht nur einem Grundpfandgläubiger zu, nicht aber E als Wohnungsberechtigtem. E wird daher seine Tochter zur Löschung der entstehenden Eigentümergrundschuld (= Aufhebung, § 875) verpflichten und sich zur Sicherung dieses Anspruchs eine Löschungsvormerkung nach § 1179 Nr. 1 bewilligen lassen (§ 885 I BGB; § 19 GBO). Durch §§ 883 II, 888 ist E dann gegen vertragswidrige Verfügungen der T geschützt und damit sein Aufrückinteresse ausreichend gesichert.

171. Gesetzlicher Löschungsanspruch

Josef Eder (E) hat zur Finanzierung seines Eigenheims Immobilienkredite in Anspruch genommen. Erstrangig besteht eine Buchhypothek der Genossenschaftsbank in Höhe von 150.000 €. Mit zweitem Rang besteht eine Grundschuld der Landesbausparkasse LBS in Höhe von 200.000 €. Als Eder die erstrangige Hypothek zur Hälfte abbezahlt hat, lässt er einen Teilhypothekenbrief bilden (§§ 1145, 1152) und tritt die entstandene Eigentümergrundschuld zur Sicherung eines Privatdarlehens von 75.000 € an den Kreditgeber Gröschl (G) ab. Die LBS ist mit diesem Vorgehen nicht einverstanden. Sie verlangt von Eder und Gröschl die Zustimmung zur Löschung der Grundschuld.

a) Zu Recht?

b) Ändert sich etwas, wenn inzwischen gegen Eder ein Insolvenzverfahren eröffnet wurde?

a) Zustimmung zur Löschung der Grundschuld

(1) *Löschungsanspruch gegenüber E*

Bei Grundpfandrechten gilt der *Grundsatz der gleitenden Rangfolge.* Als gesetzlicher Inhalt des Grundpfandrechts steht der LBS daher ein Löschungsanspruch gegenüber E nach §§ 1192 I, 1179a I 1 zu, soweit die vorrangige Hypothek dem E als Folge einer Tilgung zusteht. Sachlich handelt es sich dabei um einen Anspruch auf Aufhebung der Hypothek (Eigentümergrundschuld) gegenüber E, § 875. Zur Erfüllung hat E der LBS eine Löschungsbewilligung, § 19 GBO, zu erteilen.

(2) *Anspruch auf Zustimmung zur Löschung gegenüber G*

Der Löschungsanspruch hindert nicht den Erwerb der Eigentümergrundschuld durch G durch Abtretung seitens E, §§ 1192, 1154. Der Löschungsanspruch gilt aber kraft Gesetzes als wie durch eine Vormerkung gesichert, § 1179a I 3. Dadurch ist sichergestellt, dass der Löschungsanspruch auch gegenüber einem Dritten durchgesetzt werden kann, der die Eigentümergrundschuld vom Schuldner des Löschungsanspruchs erworben hat. Nach §§ 883 II 1, 888 I kann die LBS daher von G Zustimmung zur Löschung der Grundschuld verlangen (vgl. *Kollhosser,* JA 1979, 176 ff.).

b) Mit der teilweisen Tilgung des Darlehens ist der gesetzliche Löschungsanspruch gegenüber E entstanden. Dieser Anspruch gilt nach § 1179a I 3 als vormerkungsgesichert. Ein durch Vormerkung gesicherter Anspruch ist aber nach § 106 I 1 InsO insolvenzfest. Die LBS kann ihren Löschungsanspruch daher auch gegenüber dem Insolvenzverwalter durchsetzen. Dies würde sogar gelten, wenn der Löschungsanspruch während des Insolvenzverfahrens entstanden ist, weil der Kredit erst dann teilweise getilgt wurde (BGHZ 193, 144 = NJW 2012, 2274).

---

172. Gesetzlicher Löschungsanspruch in der Zwangsversteigerung

E baut ein Haus. Zur Finanzierung bestellt er zwei Hypotheken zu je 150.000 €. Nach Tilgung von 30.000 € auf jede Hypothek wird E arbeitslos und kann die Tilgungen nicht mehr aufbringen. Nach einigem Stillhalten beantragt die G-Bank als Inhaberin der zweiten Hypothek die Zwangsversteigerung des Grundstücks. Dieses wird dem A für ein *Bargebot* von 75.000 € zugeschlagen. Die Verfahrenskosten betragen (mit Anwaltsvertretung der G-Bank) ca. 4.700 €.

a) Wie ist der Erlös zu verteilen?

b) Kann die G-Bank verhindern, dass E seine bei der erstrangigen Hypothek entstandene Eigentümergrundschuld bei A geltend machen kann?

a) Das Grundpfandrecht des betreibenden Gläubigers wird nicht in das geringste Gebot aufgenommen und erlischt daher mit dem Zuschlag, vgl. §§ 44 I, 52 I, 91 I

ZVG. Dagegen bleibt die erste Hypothek bestehen. Das Bargebot (§ 49 I ZVG) dient daher – nach Abzug der Kosten – dazu, den betreibenden Gläubiger zu befriedigen, § 109 I, II ZVG. Die G-Bank erhält somit 70.300 € aus dem Erlös zugeteilt, da die noch valutierte Teilhypothek Vorrang vor der durch teilweise Tilgung entstandenen Eigentümergrundschuld hat, § 1176. Mit der Resthypothek von 79.700 € fällt die G-Bank aus. (Sie behält insoweit lediglich ihren Rückzahlungsanspruch nach § 488 I 2 gegen E).

b) Nach § 1179a I 1, 3, III hat die G-Bank gegen E einen Anspruch auf Löschung der für E durch Tilgung der ersten Hypothek entstandenen Eigentümergrundschuld. Die Wirkung dieses Anspruchs in der Zwangsversteigerung ist denkbar schwierig geregelt. Denn der Löschungsanspruch bleibt nach § 91 IV ZVG zunächst auch nach dem Erlöschen der zweiten Hypothek bestehen, soweit der Berechtigte nicht aus dem Grundstück befriedigt wird. Er erlischt aber, sobald der Eigentumserwerb des A im Grundbuch eingetragen wird, §§ 130 I, 130a I ZVG. Soweit der Löschungsanspruch aber zuvor gem. § 91 IV ZVG nicht erloschen war, kann die G-Bank spätestens im Verteilungstermin beantragen, dass bei der Eigentümergrundschuld des E eine Vormerkung zur Sicherung des sich aus ihrer erloschenen Hypothek ergebenden Löschungsanspruchs eingetragen wird, § 130a II ZVG. Demgemäß ist die bestehenbleibende Grundschuld als bedingt zu behandeln. Als Folge davon hat A gem. §§ 50 I, II Nr. 1, 125 I ZVG auch den Betrag der Eigentümergrundschuld (30.000 €) zusätzlich zu dem Bargebot zu bezahlen. Soweit die Eigentümergrundschuld dem Löschungsanspruch der G-Bank unterliegt, angesichts ihres Ausfalls von 79.700 € also in voller Höhe, wird der Anspruch auf Zuzahlung der G-Bank übertragen, § 125 I 2 ZVG. Zur Sicherung dieses Zuzahlungsanspruchs wird der G-Bank schließlich gem. § 128 ZVG eine Sicherungshypothek im Grundbuch eingetragen.

173. Löschungsanspruch am eigenen Recht

E baut ein Haus auf eigenem Grund. Zur Sicherung der Finanzierung bestellt er der A-Bank eine erstrangige Tilgungshypothek über 150.000 € sowie der C-Sparkasse eine zweitrangige Hypothek ebenfalls zu 150.000 €. Nach zwei Jahren veräußert E das Grundstück an D unter Übernahme der Hypotheken auf den Kaufpreis. Einige Jahre später veräußert D das Grundstück in gleicher Weise an F. Dieser tilgt alsbald die restliche erstrangige Hypothek. E, D und F streiten nun, ob und in welcher Höhe sie Inhaber dieses dinglichen Rechts geworden sind. Kann die A-Bank gleichwohl eine Löschung der noch zu ihren Gunsten eingetragenen Hypothek erreichen?

§ 1179b gibt dem eingetragenen Gläubiger einen eigenen Löschungsanspruch, um die nunmehr in seiner Person unrichtige Grundbucheintragung zu beseitigen. Dieser Löschungsanspruch richtet sich nicht gegen den Inhaber der entstandenen Eigentümergrundschuld, sondern gegen den jetzigen Eigentümer des Grundstücks. Der Löschungsanspruch am eigenen Recht dient auch nicht dem Interesse des Inhabers der mit der Löschung nachrückenden zweitrangigen Hypothek. § 1179b ermöglicht es vielmehr der A-Bank, eine „abstrakte" Löschungsbewilligung (eine sog. *löschungs-*

fähige Quittung gem. §§ 368 S. 2 BGB, 29 GBO) ohne Rücksicht darauf auszustellen, wer bei einer Tilgungshypothek die einzelnen Raten bezahlt und dadurch als Eigentümer des Grundstücks oder als Ablösungsberechtigter (vgl. §§ 1150, 268 III, 1153) Inhaber des dinglichen Rechts geworden ist (vgl. *Baur/Stürner,* § 46 Rn. 45; krit. Staudinger/*Wolfsteiner,* § 1179b Rn. 4 ff.).

174. Löschungsanspruch bei der Eigentümergrundschuld

Karl Ammer bestellt an seinem Fabrikgrundstück eine Eigentümergrundschuld in Höhe von 1.000.000 €. Zur Sicherung eines Investitionskredits in Höhe von 750.000 € tritt er diese an die Bayern-Bank ab. Im Kreditvertrag ist vereinbart, dass alle Zahlungen nur auf die persönliche Forderung erfolgen. Kurz darauf bestellt Karl Ammer der C-Bank eine zweitrangige Grundschuld zur Sicherung eines weiteren Darlehens von 250.000 €. Als die C-Bank erfährt, dass der Kredit der B-Bank zu 2/3 getilgt ist, verlangt sie von A und B Einwilligung in die Teillöschung der Grundschuld.
Zu Recht?

Als nachrangigem Grundpfandgläubiger könnte der C-Bank ein gesetzlicher Löschungsanspruch gem. §§ 1196 III, 1179a, 1145 zustehen.

Während bei der Tilgung eines hypothekarisch gesicherten Kredits jede Teilleistung zum Entstehen einer Eigentümergrundschuld führt, § 1163 I 2, bleibt die Grundschuld infolge ihrer abstrakten Natur zunächst voll bestehen. Erst nach vollständiger Tilgung des Kredits steht A ein schuldrechtlicher Rückübertragungsanspruch gegen die B-Bank zu, der nicht an C abgetreten wurde. Ein Löschungsanspruch für C nach § 1196 III entsteht daher erst nach der Rückübertragung (vgl. *Weirich,* Jura 1980, 127, 131).

Etwas anderes würde nur gelten, wenn A seine Zahlung auf die Grundschuld geleistet hätte. Zwar kann ein Zahlender grundsätzlich bestimmen, welche Forderungen er tilgt (§ 366 I). Eine vorherige vertragliche Vereinbarung ist aber bindend und beseitigt das Bestimmungsrecht (*Baur/Stürner,* § 45 Rn. 44; Staudinger/*Wolfsteiner,* Vor §§ 1191 ff. Rn. 85). Da A daher zwingend auf die Forderung gezahlt hat, kann die C-Bank keine Löschung verlangen.

175. Löschungsanspruch gegenüber der ursprünglichen Eigentümergrundschuld

Fabrikant Hans Abs (A) bestellt an seinem Fabrikgrundstück eine erstrangige Eigentümergrundschuld, um diese fallweise zur Sicherung von Krediten, deren Geber nicht genannt sein wollen, abzutreten. Den ersten Kredit erhielt er von Karl Reichel; nach Rückzahlung erhielt Abs die Grundschuld zurückübertragen. Einen zweiten Kredit gewährte ihm Otto Unglaub (U) gegen Abtretung der Grundschuld. Zur Betriebserweiterung nahm er kurz zuvor einen Kredit der D-Bank auf, der durch Grundschuld an dem Fabrikgrundstück gesichert

wurde. Die D-Bank verlangt nun unerwartet von Abs Löschung der erstrangigen Grundschuld und von Unglaub Zustimmung zu dieser Maßnahme.
a) Zu Recht?
b) Wie hätte Abs den Unglaub vor dem Verlust der übertragenen Grundschuld sichern können?
c) Wäre Unglaub ausreichend gesichert, wenn Abs die Eigentümergrundschuld zunächst an Reichel und dann an Unglaub verpfändet hätte?

a) Nach §§ 1196 III, 1192, 1179a I kann ein nachrangiger Grundpfandgläubiger die Löschung einer Eigentümergrundschuld verlangen, wenn diese nach Eintragung des nachrangigen Grundpfandrechts (*BGH* NJW 1997, 2597) zwischenzeitlich einmal Fremdgrundschuld war. Voraussetzung ist allerdings, dass der Gläubiger die Abtretung und die Rückabtretung nachweisen kann. Die zweite Valutierung der Eigentümergrundschuld hebt den bereits entstandenen Löschungsanspruch nicht auf (vgl. *Baur/Stürner*, § 46 Rn. 41). Die D-Bank hat daher einen Löschungsanspruch gegen A und kann von U gem. §§ 1179a I 3, 888 I Zustimmung zur Löschung verlangen.

b) Zum Schutz des Unglaub hätte A bei Bestellung der Grundschuld für die D-Bank als Änderung deren Inhalts, § 877, den gesetzlichen Löschungsanspruch vertraglich für alle oder bestimmte Fälle gemäß § 1179a V ausschließen müssen (krit. *Kollhosser,* JA 1979, 232, 233 f.).

c) Eine Grundschuld kann gem. §§ 1291, 1279 verpfändet werden. Die Verpfändung erfolgt gem. § 1274 durch Einigung über die Verpfändung, §§ 1192 I, 1154 I, und Übergabe des Grundschuldbriefes. Nach §§ 1179a, 1196 III entsteht der gesetzliche Löschungsanspruch für die D-Bank nur bei einer zwischenzeitlichen Abtretung, nicht dagegen bei einer Verpfändung (Palandt/*Bassenge*, § 1196 Rn. 9; a. A. MüKo/*Eickmann*, § 1196 Rn. 22). Eine unzulässige Gesetzesumgehung soll hierin nicht liegen. Unglaub ist aber nur ausreichend gesichert, wenn er als Pfandgläubiger die Zwangsvollstreckung in das Grundstück betreiben kann. Dem könnte § 1197 I, II entgegenstehen, da die Grundschuld auch nach der Verpfändung dem Eigentümer zusteht. § 1197 I soll aber lediglich verhindern, dass der Eigentümer selbst das Grundstück versteigert und dadurch nachrangige Grundpfandgläubiger schädigt. Zu Lasten eines Pfandgläubigers ist § 1197 I daher nicht anwendbar (BGHZ 103, 30 = NJW 1988, 1026, 1027). Entsprechendes gilt für § 1197 II. U wäre somit ausreichend gesichert.

176. Löschungsvormerkung für Rückübertragungsanspruch der Grundschuld

Karl Ammer (A) hat zur Finanzierung seines Einfamilienhauses der B-Bank eine erstrangige Grundschuld über 175.000 € bestellt. An zweiter Rangstelle will er der C-Bausparkasse eine Hypothek zur Sicherung eines Bauspardarlehens in Höhe von 150.000 € bestellen.
a) Wie kann verhindert werden, dass Karl Ammer die Grundschuld nach Tilgung des Darlehens zur Sicherung eines neuen Kredits bei einer dritten Bank benutzt?

b) Karl Ammer hat der D-Bank bereits 2000 sämtliche Rückübertragungs-ansprüche hinsichtlich aller an seinem Grundstück jetzt und später bestellten Grundschulden abgetreten. Nun erwirbt die D-Bank die erstrangige Grund-schuld der B-Bank, die nur noch mit 50.000 € valutiert ist und „füllt" sie mit ihren bisher ungesicherten Darlehensforderungen „auf". Kann sie in der Zwangsvollstreckung – gegen den Widerspruch der C-Bank – verlangen, dass auf die Grundschuld 175.000 € gezahlt werden?

a) Die Grundschuld ist nicht akzessorisch. Sie bleibt also auch nach Rückzahlung des Darlehens als Fremdgrundschuld bestehen. A hat lediglich einen schuldrecht-lichen Rückgewährungsanspruch. Der gesetzliche Löschungsanspruch der C nach den §§ 1196 III, 1179a entsteht erst, wenn die Grundschuld auf A rückübertragen wurde. Die C ist kraft Gesetzes nicht davor gesichert, dass A den Rückgewährungs-anspruch an einen Dritten abtritt oder der Abtretung der Grundschuld durch die B-Bank an einen Dritten zustimmt. Um dies zu verhindern, muss sich C den künftigen Rückübertragungsanspruch des A abtreten lassen und diese Abtretung der B-Bank anzeigen, um eine befreiende Rückübertragung an A (§ 406) auszuschließen. Um einen Erwerb eines Dritten aufgrund des öffentlichen Glaubens des Grundbuchs auszuschließen, müsste sich die C von der B-Bank zusätzlich eine Vormerkung nach § 883 zur Sicherung des Rückübertragungsanspruchs in der Form gem. § 29 GBO bewilligen lassen (Palandt/*Bassenge,* § 1179 Rn. 9, § 1179a Rn. 6). Hierauf wird in der Praxis aber meist verzichtet.

b) Die Abtretung der erst künftig entstehenden Rückübertragungsansprüche an die D-Bank war wirksam, denn die abgetretenen Forderungen waren eindeutig bestimm-bar. Die C-Bank hätte also den Rückübertragungsanspruch hinsichtlich der erst-rangigen Grundschuld nicht mehr erwerben können. Folglich war sie auch nicht davor geschützt, dass D die Grundschuld mit ihren ungesicherten Forderungen valutierte. Den Einwand des Rechtsmissbrauchs (§ 242) kann die C-Bank nicht erheben. Sie hätte nicht einmal den Eigentümer an einer Neuvalutierung der Grund-schuld hindern können (*BGH* NJW 1985, 800, 803). Die rechtzeitige Voraus-abtretung von Rückübertragungsansprüchen eröffnet also einem Kreditgeber die Chance, später eine dingliche Sicherung zu erwerben.

6. Kapitel. Mobiliarsicherheiten

I. Grundprinzipien und Reform

177. Vereinheitlichung der Mobiliarsicherheiten

Mobiliarsicherheiten haben eine immense Bedeutung für Handel und Wirtschaft. Das deutsche Recht akzeptiert im großen Umfang „heimliche" Sicherheiten.
a) Sind diese wirklich sicher?
b) Erhebliche Unterschiede zwischen den nach nationalem Recht zulässigen Sicherheiten erschweren den internationalen Handel und Wirtschaftsverkehr. Gibt es insoweit Bestrebungen, die nationalen Sicherheitsrechte zu harmonisieren oder zu vereinheitlichen?

a) Sachenrechte sollen gegen jedermann wirken und von jedermann respektiert werden. Ihre Entstehung und Übertragung knüpft deshalb an den Besitzerwerb bzw. dessen Übertragung oder an eine öffentlich zugängliche Registereintragung an (Publizitätsprinzip).

Das deutsche Recht führt das Publizitätsprinzip aber nicht konsequent durch. Denn es akzeptiert Übereignungen ohne jeden Publizitätsakt mittels Besitzkonstitut (§§ 930, 868) oder durch Abtretung des Herausgabeanspruchs (§ 931), ggf. sogar einen Eigentumserwerb durch bloße Einigung, etwa des bestohlenen Eigentümers mit einem Erwerber. Diese Durchbrechungen des Publizitätsprinzips ermöglichen vor allem die Bestellung „heimlicher" Mobiliarsicherheiten, etwa durch Sicherungsübereignung oder im Rahmen eines verlängerten oder erweiterten Eigentumsvorbehalts. Bei Eigentumsvorbehalt und Sicherungsübereignung bleibt bzw. wird der Waren- bzw. Geldkreditgeber Eigentümer des Sicherungsgutes, obwohl der Kreditnehmer dessen Besitzer ist und dadurch in gewissem Maße eine gewisse Kreditwürdigkeit vortäuscht (vgl. Lwowski/Fischer/Langenbucher/*Lwowski,* § 11 Rn. 1).

Der Erwerber von Sicherungseigentum, Sicherungsabtretungen usw. kann sich nie sicher sein, ob es nicht nach dem Prioritätsprinzip einen vorrangig Berechtigten gibt und seine angebliche Sicherheit damit faktisch gegenstandslos ist. Eine sichere Informationsmöglichkeit über Bestehen oder Nichtbestehen vorrangiger Sicherheiten gibt es nur bei Grundstücksrechten, nicht aber bei Mobilien, Forderungen und sonstigen Rechten.

b) Andere Länder, gerade auch innerhalb der EU, beschränken „heimliche" Sicherheiten deshalb wesentlich stärker.

Das Bedürfnis des Warenlieferanten zur Vereinbarung eines einfachen Eigentumsvorbehalts zur Sicherung seiner Kaufpreisforderung ist international inzwischen weitgehend anerkannt. Eine Sicherung anderer oder weiterer Forderungen wird dagegen außerhalb Deutschlands fast allgemein nur akzeptiert, wenn dafür eine gewisse Publizität gewahrt ist, also der Kreditgeber entweder den realen Besitz erlangt oder ihm ein Registerpfandrecht bestellt wurde.

Da die unterschiedlichen Sicherungsmöglichkeiten den grenzüberschreitenden Waren- und Kreditverkehr erschweren, gibt es seit mehreren Jahren auf UN-Ebene und auf EU-Ebene Bestrebungen, diese Sicherheiten zu vereinheitlichen.

UNCITRAL hat etwa 2007 einen „Legislative Guide for Secured Transactions" vorgelegt, der nach dem Vorbild von Art. 9 US-Uniform Commercial Code ein Registerpfandrecht als Kreditsicherheit an Forderungen, Mobilien und sonstigen Rechten vorsieht. Gemeint ist dabei eine einfache Registrierung in einem öffentlichen, elektronischen Register, mit der der Rang der Sicherheit festgelegt wird (vgl. *Kieninger*, RNotZ 2013, 216; *Lutz*, DNotZ 2013, 84).

Das europäische Gegenstück, der Gemeinsame Referenzrahmen für ein europäisches Vertragsrecht (DCFR – Draft Common Frame of Reference) von 2009, folgt diesem Vorbild (Book IX – 1.101 ff.) (vgl. *Wilhelm*, Rn. 429 ff.).

II. Der Eigentumsvorbehalt

1. Einfacher Eigentumsvorbehalt und Anwartschaftsrecht

178. Vertragswidriger Eigentumsvorbehalt

V verkauft der Weberei K laufend Garne gegen Rechnung ohne weitere Sicherung. Als er erfährt, dass die Geschäfte des K schlecht stehen, legt V der nächsten Sendung einen Lieferschein mit einem deutlichen Vermerk „*Eigentumsvorbehalt bis zur vollständigen Bezahlung*" bei. K unterschreibt diesen Lieferschein gegen Aushändigung der Ware, protestiert aber zugleich gegen dieses vertragswidrige Vorgehen. Wenig später fällt er in Insolvenz.
a) Kann V vom Insolvenzverwalter, §§ 56 ff. InsO, Aussonderung der noch nicht bezahlten Lieferungen verlangen?
b) Das Bestellschreiben des K enthielt auf der Rückseite seine Einkaufsbedingungen. Darin hieß es u. a. „*Andere als unsere Bedingungen werden nicht Vertragsinhalt, auch wenn anderen Bedingungen nicht widersprochen wird*". Die Auftragsbestätigung des V enthält gleichwohl den Eigentumsvorbehalt. Kann V aussondern, wenn K diese Auftragsbestätigung nicht durchgelesen hat?

a) Aussondern gem. §§ 47 InsO, 985, 986 BGB kann V nur die Garne, die noch in seinem Eigentum stehen. In den Kaufverträgen war kein EV vereinbart. Ein *vertragswidriger EV* ist aber nach dem Abstraktionsprinzip gleichwohl wirksam. Außerdem würde selbst eine vorhergehende dingliche Einigung nicht binden (vgl. *Bonin*, JuS 2002, 438).

Der EV setzt voraus, dass V sein Übereignungsangebot nur bedingt, §§ 929, 158 I, abgegeben hat. Denn er besteht auch unter Kaufleuten nicht kraft Handelsbrauchs (*OLG Hamm* JuS 1994, 798). Ohne vorherige Vereinbarung eines EV ist die Übergabe der Ware als Angebot zur bedingungslosen Übereignung anzusehen. Daher muss die vertragswidrige Bedingung spätestens bei der Übergabe eindeutig erklärt werden (vgl. BGHZ 64, 395 = NJW 1975, 1699). Hierfür genügt der *deutliche Vermerk* auf dem Lieferschein *und dessen Zugang* vor oder spätestens mit der Übergabe. Der Eigentumsvorbehalt ist daher wirksam vereinbart. Herausgabe der Garne kann V aber erst nach unwirksamem Rücktritt vom Kaufvertrag (§ 449 II; §§ 47, 107 II InsO) verlangen.

b) V hat durch seine Auftragsbestätigung bereits bei Vertragsschluss angekündigt, dass er die Garne ohne vollständige Kaufpreiszahlung nicht bedingungslos übereignen werde. Diese Erklärung ist K auch zugegangen, so dass ihm eine Kenntnisnahme zumutbar war (*BGH* NJW 1982, 1749, 1751). V konnte sich das Eigentum wirksam durch einseitige Erklärung vorbehalten; auf die entgegenstehende Ausschlussklausel in den Einkaufsbedingungen kommt es daher nicht an (*BGH* NJW 1982, 1749; *Ulmer/Schmidt*, JuS 1984, 18; *Bülow*, Rn. 732 ff.; vgl. *Weber/ Weber*, § 9 I).

179. Anwartschaftsrecht des Vorbehaltskäufers

Firma K kaufte bei Firma V eine Planierraupe für 90.000 € unter Eigentumsvorbehalt. Nach den AGB des V war eine Sicherungsübereignung des Kaufgegenstandes vor vollständiger Bezahlung ohne schriftliche Zustimmung des Lieferers unzulässig. Um den Gläubiger D zum Stillhalten zu bewegen, übereignete K ihm die Planierraupe trotzdem zur Sicherung von Außenständen in Höhe von 75.000 €. Dabei legte er offen, dass der Kaufpreis für die unter Eigentumsvorbehalt gelieferte Raupe noch nicht voll bezahlt sei.
a) Welche Sicherung hat D erworben?
b) Welche Besitzrechte bestehen an der Planierraupe?
c) Wenig später pfändet G, ein Gläubiger der Firma K, die Planierraupe wegen einer persönlichen Forderung (§ 808 ZPO). Drei Tage später tilgt K den Kaufpreisrest. Kann D der Verwertung der Maschine zugunsten des G widersprechen?
d) Da sich K weigert, D eine Sicherheit einzuräumen, überlegt D, ob er auf das Anwartschaftsrecht an der Planierraupe nicht zwangsweise zugreifen kann.
e) Zehn Monate nach Lieferung an K fällt V in Insolvenz. Da die Preise für Baumaschinen stark gestiegen sind, möchte der Insolvenzverwalter KV die noch neuwertige Planierraupe anderweitig veräußern und K wegen seiner bisherigen Zahlungen auf die Insolvenzquote verweisen. Ist dies möglich?

a) Ein Erwerb von Sicherungseigentum nach §§ 930, 868 scheidet aus, da K den Eigentumsvorbehalt der V offen gelegt hat. Mit der Übereignung ist aber i. Zw. eine Abtretung des K tatsächlich zustehenden Rechts gewollt (§ 139).

Mit der Übergabe des Kaufgegenstandes erhält der Vorbehaltskäufer K die Sache nach §§ 929, 158 I aufschiebend bedingt durch die vollständige Zahlung des Kaufpreises übereignet, vgl. § 449 I. Ob die Bedingung eintritt oder ausfällt, liegt ausschließlich in der Hand des Käufers (*Leible/Sosnitza*, JuS 2001, 244, 245). Deshalb wird ihm nahezu allgemein eine eigentumsähnliche Rechtsstellung zuerkannt *(Eigentumsanwartschaft),* die als wesensgleiches, wenngleich minderes Recht nach gleichen Regeln wie das Eigentum übertragen wird (*Habersack*, Rn. 243; krit. *Lux*, Jura 2004, 145, 147). Dieses Anwartschaftsrecht konnte K nach §§ 930, 868 auf D zur

Sicherheit übertragen (BGHZ 20, 88, 94 ff. = NJW 1956, 665; *BGH* NJW 2007, 2844).

Die AGB der V standen dem nicht entgegen. Denn K verfügte als Berechtigter über sein Anwartschaftsrecht und nicht als Nichtberechtigter über das Eigentum der V. Sollte das Veräußerungsverbot auch das Anwartschaftsrecht erfassen, so konnte K gem. § 137 S. 1 gleichwohl über sein Recht verfügen. D ist daher Inhaber des Anwartschaftsrechts geworden.

b) Die besitzrechtliche Stellung der Beteiligten nach der Abtretung des Anwartschaftsrechts ist zweifelhaft. Der unmittelbare Besitzer K vermittelt den Besitz sowohl V als Vorbehaltseigentümer als auch D als Anwartschaftsberechtigtem. Zwischen V und D ist dagegen kein Besitzmittlungsverhältnis vereinbart. Deshalb erwerben D und V nach einer Ansicht gleichrangig mittelbaren *Nebenbesitz* (zuletzt *Michalski,* AcP 181 (1981), 384, 402 ff.). Hiergegen spricht aber nach h. M., dass D – anders als V – nicht Eigenbesitzer ist. Auch die Eigentumsvermutung des § 1006 III könne nur zugunsten eines Beteiligten angewendet werden. Die h. M. sieht deshalb D als mittelbaren Fremdbesitzer erster Stufe und V als mittelbaren Eigenbesitzer zweiter Stufe an (BGHZ 28, 16, 27 = NJW 1958, 1133; *Medicus/Petersen,* Rn. 562). Damit werden die genannten Schwierigkeiten vermieden. Da ein Besitzmittlungsverhältnis zwischen den mittelbaren Besitzern fehlt, das § 871 verlangt, ist die Lösung aber konstruktiv zweifelhaft.

c) D kann gem. § 771 ZPO Drittwiderspruchsklage erheben, wenn er mit der Restzahlung durch K lastenfreies Eigentum erworben hat. Mit der Abtretung des Anwartschaftsrechts an D hatte K seine dingliche Berechtigung an der Planierraupe verloren. Mit Bedingungseintritt durch Zahlung des Restkaufpreises erstarkte deshalb das Anwartschaftsrecht in der Person des D *ohne Durchgangserwerb von K* zum Vollrecht (BGHZ 20, 88 = NJW 1956, 665; vgl. *Gursky,* Rn. 148). Die Pfändung der Planierraupe bei K führte deshalb nur zur Pfandverstrickung, nicht aber zur Entstehung eines Pfändungspfandrechts (a. A. insoweit die öffentlich-rechtliche Theorie des Pfändungspfandrechts). Der Drittwiderspruchsklage des D ist daher stattzugeben.

d) Das Anwartschaftsrecht des Vorbehaltskäufers ist auch pfändbar (*Habersack,* Rn. 249 ff.; *Leible/Sosnitza,* JuS 2001, 341, 343 f.). Nach h. M. bedarf es einer *Doppelpfändung,* nämlich einer Pfändung der (noch V gehörenden) Raupe nach § 808 ZPO und einer Pfändung des Anwartschaftsrechts nach § 857 ZPO (vgl. *Brox/Walker,* Zwangsvollstreckungsrecht, 10. Aufl., 2014, Rn. 815 f.). Um die Drittintervention des V (nach § 771 ZPO) abzuwehren und die Sache selbst verwerten zu können, muss D freilich nach § 267 den Restkaufpreis bezahlen. Im Hinblick auf § 817a ZPO ist dieses Vorgehen daher wirtschaftlich nur sinnvoll, wenn K den Kaufpreis bereits weitgehend bezahlt hat.

e) Das Anwartschaftsrecht ist gem. § 107 I 1 InsO insolvenzfest. Der Verwalter kann es dem Käufer nicht durch Ablehnung der Vertragserfüllung entziehen. Mit vollständiger Zahlung des Kaufpreises wird K Eigentümer der Planierraupe (vgl. *Jauernig/Jauernig,* § 929 Rn. 56; *Vieweg/Werner,* § 11 Rn. 72; *Weber/Weber,* § 9 VII 2; *Leible/Sosnitza,* JuS 2001, 341, 346 f.).

180. Grenzen des Anwartschaftsrechts

Fall wie zuvor. Drei Monate nach Übergabe traten an der Hydraulik der Planierraupe Funktionsstörungen auf, die sich trotz mehrfacher Versuche nicht beheben ließen.

a) Firma K trat deshalb vom Kaufvertrag zurück. Kann D der „Rückübereignung" der Planierraupe an V widersprechen?

b) Als die Planierraupe weitgehend bezahlt ist, vereinbaren K und V, dass der Eigentumsvorbehalt auf weitere, bislang ungesicherte Forderungen der V in Höhe von 10.000 € erstreckt werden soll. Nach Tilgung des eigentlichen Kaufpreises kommt K mit ihren weiteren Verpflichtungen in Verzug. V droht deshalb die Verwertung der Planierraupe an. Obgleich er von D ausdrücklich auf dessen Eigentum hingewiesen wurde, holt er die Planierraupe einige Tage später bei K ab und veräußert sie an X.

Kann D von V deshalb Schadensersatz verlangen?

a) Widerspruch gegen Rückübereignung

Der Erwerber einer Eigentumsanwartschaft erlangt zwar eine eigentumsähnliche Position. Das Anwartschaftsrecht bleibt aber in seinem Bestand mit dem Kaufvertrag verknüpft. Der Erwerber des Anwartschaftsrechts muss daher hinnehmen, dass V bei Zahlungsverzug der K vom Kaufvertrag zurücktritt und dadurch das Anwartschaftsrecht erlischt. Ebenso kann D die K nicht hindern, wegen Sachmängel vom Kaufvertrag zurückzutreten oder ihn einverständlich aufzuheben. D kann der Rückübereignung an V gem. §§ 437 Nr. 2, 440, 323, 326 V, 346 daher nicht widersprechen (BGHZ 75, 221, 225 = NJW 1980, 175).

b) Schadensersatz

(1) *Gemäß §§ 990, 989*

Mit dem Abholen bei K wurde V gem. §§ 854, 872 unmittelbarer Eigenbesitzer der Planierraupe. Er handelte in Kenntnis der Rechtsauffassung des D und damit bösgläubig. V schuldet deshalb nach §§ 990 I 1, 989 Schadensersatz, wenn D tatsächlich bereits Eigentümer war.

Das an D abgetretene Anwartschaftsrecht des K hing vom Bestand des ursprünglichen Kaufvertrages ab. Diesen können die Vertragsparteien grds. frei abändern und damit auch die Bedingung für den Eigentumserwerb des K verschärfen (Palandt/ *Bassenge,* § 929 Rn. 27). Teilweise wird die Ansicht vertreten, solche Änderungen seien auch nach Abtretung des Anwartschaftsrechts möglich, weil der Bedingungseintritt ausschließlich vom Verhalten des Käufers K abhänge (vgl. MüKo/*Westermann,* § 449 Rn. 54). So können V und K unstreitig die Zahlungsbedingungen abändern, etwa eine Stundung vereinbaren. Zu echten Inhaltsänderungen des Anwartschaftsrechts, die sich nicht unmittelbar aus der Abwicklung des Kaufvertrages ergeben, war K mangels Rechtszuständigkeit aber nicht mehr befugt (BGHZ 75, 221, 226 = NJW 1980, 175 m. Anm. *Forkel,* NJW 1980, 774). Er konnte daher das auf D übertragene Anwartschaftsrecht nicht dadurch entwerten, dass er nachträglich den Eigentumsvorbehalt erweiterte. Diese Vereinbarung war gegenüber D unwirksam (vgl. *Loewenheim,* JuS 1981, 721). Mit Tilgung des eigentlichen Kaufpreises wurde D Eigentümer. Durch die Weiterveräußerung hat V das Eigentum des D verletzt und schuldet Schadensersatz.

(2) Gemäß §§ 823 I, 249

Ohne auf das Eigentümer-Besitzer-Verhältnis einzugehen kommt der *BGH* a. a. O. nach Deliktsrecht zum gleichen Ergebnis, obgleich nach seiner Rspr. die §§ 987 ff. das Deliktsrecht bei Sachbeschädigung oder Unmöglichkeit der Herausgabe verdrängen (vgl. Palandt/*Bassenge*, Vorbem. v. § 987 Rn. 16). Deliktsrecht ist nur anwendbar, wenn man mit der Gegenansicht das Haftungsprivileg des § 993 I 2. Hs. auf den gutgläubigen Eigen- und Fremdbesitzer, der sich im Rahmen seines Besitzrechts verhält, beschränkt (so *Prütting*, Rn. 542).

(3) Wertersatz, §§ 816 I 1, 818 II

Nach allgemeiner Ansicht bleibt die Bereicherungshaftung des Besitzers, der eine Sache unberechtigt veräußert, von §§ 987 ff. unberührt (BGHZ 55, 176, 178 = NJW 1971, 612, 614). V hat daher neben dem Schadensersatz den erzielten Erlös herauszugeben.

181. Herausgabeanspruch des Vorbehaltsverkäufers

K kauft bei V ein wertvolles Messgerät unter Eigentumsvorbehalt, beanstandet aber nach kurzer Zeit dessen Funktionstüchtigkeit. Der Kundenbetreuer des V stellt fest, dass die Leute des K mit dem Gerät grob sachwidrig umgehen. Zu seiner Sicherung will V das Gerät daher bis zur vollständigen Bezahlung durch K wieder an sich nehmen. Ist dies zulässig?

Als Eigentümer kann V von K Herausgabe gem. § 985 verlangen, wenn K kein Recht zum Besitz hat, § 986 I 1. Aufgrund des Kaufvertrages steht K aber ein obligatorisches Besitzrecht zu. Denn gem. § 433 I 1 ist V verpflichtet, K den Besitz auf Dauer zu verschaffen. Erst wenn V vom Kaufvertrag gem. §§ 449 II, 323 I zurückgetreten ist, erlischt mit dem Erfüllungsanspruch aus dem Kaufvertrag auch das weitere Besitzrecht. Die Voraussetzungen der §§ 449, 323 sind aber noch nicht erfüllt.

Ob der Vorbehaltsverkäufer darüber hinaus bei einer sonstigen Gefährdung des Sicherungszwecks ein Rücknahmerecht vor endgültiger Vertragsumwandlung hat, war lange Zeit streitig. Z. T. wurde ihm ein obligatorischer Rückforderungsanspruch zuerkannt, wenn der vertragsuntreue Käufer den Sicherungszweck des Eigentumsvorbehalts gefährdete. Mit Entstehen dieses Rückforderungsanspruchs sollte das Besitzrecht des Vorbehaltskäufers erlöschen (*Honsell*, JuS 1981, 705, 710).

Da aber ein Vertragsteil grds. nicht berechtigt ist, eine erbrachte Teilleistung (die Besitzverschaffung) zurückzufordern, ohne sich vom Vertrag zu lösen, war diese Ansicht schon immer abzulehnen. Bei der Schuldrechtsreform wurde in § 449 II ausdrücklich vorgesehen, dass es keine Rücknahme der Vorbehaltssache ohne Rücktritt gibt (vgl. Lwowski/Fischer/Langenbucher/*Kieninger*, § 21 Rn. 37). Lediglich durch Einzelvereinbarung zwischen Kaufleuten könnte auch heute ein Rücknahmerecht vereinbart werden (MüKo/*Westermann*, § 449 Rn. 38). Ansonsten berechtigt die unsachgemäße Behandlung des Vorbehaltsguts den Verkäufer zwar u. U. vom Verkauf zurückzutreten. Solange er dazu nicht bereit ist, bleibt der Käufer zum Besitz berechtigt (so für den Verzugsfall BGHZ 54, 214 = JZ 1971, 184 m. Anm. *J. Blomeyer*). Nach §§ 280 I, 249 bzw. analog § 541 kann V lediglich Unterlassung des vertragswidrigen Gebrauchs verlangen (*Derleder*, ZHR 139, 21, 34; *Bülow*, Rn. 755).

182. Eigentumsvorbehalt nach Verjährung des Kaufpreises

B hat beim Teppichhändler V 2005 einen Kasak-Teppich für 10.000 € unter Eigentumsvorbehalt bis zur vollständigen Bezahlung gekauft. 5.000 € zahlt er an, den Restkaufpreis bleibt er trotz mehrerer Mahnungen schuldig. 2009 verlangt V Herausgabe des Teppichs, nachdem B zuvor weitere Zahlungen wegen Verjährung der Kaufpreisforderung abgelehnt hatte.
Zu Recht?

Aufgrund des Eigentumsvorbehalts war V mangels abweichender Parteivereinbarung auch nach Eintritt der Verjährung der Kaufpreisforderung, § 195, Eigentümer des Teppichs. Eine besondere Rücknahmevereinbarung wurde nicht getroffen. B war daher aufgrund des Kaufvertrages zunächst zum Besitz berechtigt, § 986 I 1.

Nach einer (früheren) Ansicht steht dieses vertragliche Besitzrecht dem Herausgabeanspruch, § 985, auch nach Eintritt der Verjährung entgegen. V könne als Verkäufer nach Eintritt der Verjährung nicht mehr vom Kaufvertrag zurücktreten (§§ 449, 323), da der Verzug eine fällige Forderung voraussetzt (§ 286 I). Da der Eigentumsvorbehalt nur die Rechte des V bei einer Vertragsauflösung sichern soll, bleibe das Besitzrecht des B bestehen, sobald ein Rücktritt des V vom Vertrag ausscheidet (so *Lange*, JuS 1971, 511, 515; *F. Peters*, JZ 1980, 178).

Nach h. M. wurde diese Ansicht dem Zweck des Eigentumsvorbehalts nicht gerecht. Wirtschaftlich hat er die gleiche Funktion wie das Sicherungseigentum für einen Drittkredit oder das Pfandrecht für die Kaufpreisforderung. Die h. M. behalf sich vor der Schuldrechtsreform mit einer Analogie zu § 223 a. F. Der neue § 216 II 2 legt nun ausdrücklich fest, dass der Rücktritt bei vorbehaltenem Eigentum auch nach Verjährung des gesicherten Anspruchs zulässig ist (a. A. anscheinend *Weber/Weber*, § 9 III 1).

183. Sachbeschädigung beim Vorbehaltskauf

K erwarb einen BMW X5 von V gegen Anzahlung in Höhe von 20.000 € unter Eigentumsvorbehalt. Den Restkaufpreis sollte er in 10 Monatsraten bezahlen. Vier Wochen später wurde der BMW bei einem Unfall aus Verschulden des D erheblich beschädigt. Kann K von D Ersatz des vollen Schadens verlangen?

Schadensersatz nach den §§ 823 I, 249 kann verlangen, wessen Eigentum oder sonstiges Recht verletzt ist. Das Anwartschaftsrecht wird überwiegend als sonstiges

Recht i. S. des § 823 I anerkannt (BGHZ 55, 20, 26 = NJW 1971, 799). Der Ersatz steht daher dem Anwartschaftsberechtigten K nach dem Wert seines Anwartschaftsrechts und dem Eigentümer V gemeinsam zu. Über die Art der Abwicklung bestehen freilich unterschiedliche Auffassungen.

Deutet man den Eigentumsvorbehalt als besitzloses Pfandrecht, so steht der Ersatzanspruch voll dem Käufer zu, aber belastet mit einem Pfandrecht des Verkäufers für die Restkaufpreisforderung (*Hübner,* NJW 1980, 729, 733). Für dieses an sich sachgerechte Ergebnis fehlt es nach h. M. aber an einer gesetzlichen Grundlage (*Baur/Stürner,* § 59 Rn. 45).

Die einen kommen gleichwohl zu einer vollen Schadensliquidation durch den Vorbehaltskäufer K. Dieser sei hinsichtlich des Eigentümeranteils befugt, den Drittschaden zu liquidieren (so RGZ 170, 1, 6 f.; ähnlich *Müller-Laube,* JuS 1993, 529, 534 f.). Andere nehmen an, zwischen Anwartschaftsberechtigtem K und Vorbehaltsverkäufer V bestehe eine Gesamtgläubigerschaft nach § 428; die Aufteilung des Ersatzes müsse dann im Innenverhältnis erfolgen (*Prütting,* Rn. 398). Bei beiden Lösungen erhält ein Teil mehr als ihm tatsächlich zusteht. Der andere verliert zumindest vorübergehend seine Sicherung bzw. das bereits Erworbene. Deshalb wird überwiegend angenommen, analog den §§ 432, 1281 sei der Ersatz nur an K und V gemeinsam zu leisten (*Vieweg/Werner,* § 11 Rn. 48). Diese Lösung würde K zwingen, den Eigentumsvorbehalt aufzudecken. Immerhin wird der Schuldner nach § 851 frei, wenn er ohne Zustimmung des Vorbehaltsverkäufers V gutgläubig vollständig an den Vorbehaltskäufer K leistet.

184. Gutgläubiger Erwerb der Eigentumsanwartschaft

Zur Sicherung einer Restforderung aus Lieferungen in Höhe von 100.000 € übereignete E eine Abfüllmaschine an G. Bald darauf stellt E seine Anlage um. Er veräußert deshalb die noch neuwertige Abfüllmaschine gegen Ratenzahlung unter Eigentumsvorbehalt an D. Noch vor vollständiger Bezahlung erfährt G von der Veräußerung. Er verlangt sogleich von D Herausgabe der Maschine. Zu Recht?

Durch die Sicherungsübereignung gem. §§ 930, 868 wurde G Eigentümer der Abfüllmaschine und blieb es, da E die Maschine an D nur unter Eigentumsvorbehalt veräußert hat, §§ 929, 158 I. Nach § 985 kann G daher von D Herausgabe verlangen, sofern diesem nicht ein Recht zum Besitz, § 986, zusteht.

Ein schuldrechtliches Recht zum Besitz besteht nur gegenüber dem Veräußerer E. Da dieser nicht berechtigt war, das Sicherungsgut zu veräußern, kann G gem. § 986 I 2 Herausgabe der Maschine verlangen, sofern D nicht gutgläubig ein *Anwartschaftsrecht* erworben hat, das auch gegenüber dem Eigentümer zum Besitz berechtigt.

Als wesensgleiches Minus wird das Anwartschaftsrecht gutgläubig wie das Eigentum analog §§ 929, 932 erworben (vgl. *Leible/Sosnitza,* JuS 2001, 341, 342 f.). Da D den E für den Eigentümer halten durfte, erwarb er mit Einigung und Übergabe der Maschine gutgläubig ein Anwartschaftsrecht vom Nichtberechtigten. Da bei einer bedingten Verfügung die Gutgläubigkeit nur bis zur Vollendung von Einigung und Übergabe gegeben sein muss, schadet D seine spätere Bösgläubigkeit nicht (BGHZ 10, 69 = NJW 1953, 1099). Die starke Wirkung des zum Eigentumserwerb hinführenden Anwartschaftsrechts aus bedingter Übereignung, § 449, verschafft ihm eine gefestigte, *fast* dingliche Rechtstellung (BGHZ 30, 374, 376 = NJW 1960, 34; ablehn. MüKo/*Baldus*, § 986 Rn. 11 f.). Nach §§ 161, 162 kann G nicht verhindern, dass D mit vollständiger Zahlung des Kaufpreises Eigentümer wird.

Da die dingliche Besitzberechtigung dem Eigentum zugeordnet ist, verneinen manche ein Besitzrecht des Anwartschaftsberechtigten (*Müller,* Rn. 2438). Steht der Bedingungseintritt jedoch bald bevor, so verstößt das Herausgabeverlangen des G nach Ansicht des BGH (BGHZ 10, 69 = NJW 1953, 1099) gegen § 242, solange das Anwartschaftsrecht besteht. Andere sehen es als dingliches Recht zum Besitz, das auch gegenüber dem Eigentümer wirkt (*OLG Karlsruhe* NJW 1966, 885; Bamberger/Roth/*Kindl,* § 929 Rn. 75; *Wolff/Wellenhofer,* § 14 Rn. 20, § 21 Rn. 22). Zum gleichen Ergebnis gelangt, wer die Veräußerung unter Eigentumsvorbehalt als Übertragung des belasteten Eigentums auffasst (*Hübner,* NJW 1980, 729, 732). Nach h. M. besteht deshalb gegenwärtig kein Herausgabeanspruch.

185. Erwerb eines angeblichen Anwartschaftsrechts

E veräußerte eine vollautomatische Etikettier-Maschine unter Eigentumsvorbehalt an K. K zahlte ein Drittel des Kaufpreises an. Bald darauf stellte er jedoch seine Produktion um. Er veräußert die Maschine deshalb an D unter Hinweis auf den Eigentumsvorbehalt des E. Unter Vorlage gefälschter Quittungen erklärt er D, er habe bereits zwei Drittel des Kaufpreises bezahlt. Unter Anrechnung auf seinen Kaufpreis überweist D den angeblichen Kaufpreisrest an E.
a) Ist er dadurch Eigentümer geworden?
b) K leiht die Etikettier-Maschine dem Unternehmer U. Dieser behauptet dem D gegenüber, er selbst habe das Gerät von E unter Eigentumsvorbehalt gekauft, und veräußert seine angebliche Anwartschaft an D. Erwirbt D mit der Zahlung des Restkaufpreises Eigentum?
c) Wie ist Fall b) zu beurteilen, wenn K den Kaufpreis bereits voll bezahlt hat, als U seine angebliche Anwartschaft an D veräußert?

a) K hat D sein Anwartschaftsrecht nach § 929 durch Einigung und Sachübergabe abgetreten. Der Wert des Anwartschaftsrechts ergab sich aus dem tatsächlich bezahlten Kaufpreis. Durch die Tilgung eines geringeren Kaufpreisrestes als geschuldet konnte die Bedingung (§§ 929, 158 I) nicht eintreten. Hätte sich K als Eigentümer ausgegeben, so wäre D nach den §§ 929, 932 vermutlich gutgläubig Eigentümer geworden. Da K den Eigentumsvorbehalt des E aber offenlegte, konnte D allein aufgrund des Besitzes des K in keiner Weise auf Existenz und Wert eines Anwartschaftsrechts vertrauen. Wie es auch sonst keinen gutgläubigen Erwerb von Forderungen gibt, wird sein guter Glaube an eine höhere Tilgung des Kaufpreises durch K nicht geschützt (*Medicus/Petersen*, Rn. 475; *Brox,* JuS 1984, 657, 661; *Weber/Weber,* § 9 IV (S. 161)).

b) Besteht das Anwartschaftsrecht, steht es aber nicht dem Veräußerer zu, so ist streitig, ob ein gutgläubiger Erwerb möglich ist. Die wohl h. M. wendet §§ 932 ff. entsprechend an, da das Anwartschaftsrecht als Vorstufe des Eigentums diesem gleich zu behandeln sei (*Prütting*, Rn. 393; *Wieling*, S. 247; *Wolf/Wellenhofer*, § 14 Rn. 35). Nach der Gegenansicht ist der Erwerber des Anwartschaftsrechts nicht schutzwürdig, da er anders als der Erwerber von Eigentum nicht auf den guten Glauben angewiesen ist, sondern die Rechtslage durch Rückfrage beim angeblichen Vorbehaltsverkäufer klären kann (*Brox*, JuS 1984, 657, 662; *Lux*, Jura 2004, 145, 149). Dem ist zuzustimmen (vgl. Fall a). D erwarb daher durch die Zahlung des noch offenen Kaufpreises kein Eigentum.

c) Anders als im Fall b) besteht überhaupt kein Anwartschaftsrecht. Da die Bedingung des Eigentumserwerbs nicht eintreten kann, lässt auch die h. M. hier den Erwerber kein Anwartschaftsrecht mehr erwerben (*Baur/Stürner*, § 59 Rn. 40; a. A. *Wieling*, S. 247 f.). Durch die Zahlung des Restkaufpreises ging daher das Eigentum an der Maschine nicht auf D über.

186. Fortbestand des Anwartschaftsrechts

E veräußert ein Notebook unter Eigentumsvorbehalt und liefert es an den Käufer K aus. Bald darauf wird er von seinem Gläubiger G bedrängt. Er behauptet deshalb unter Vorlage eines gefälschten Vertrages, K habe das Gerät nur gemietet, und veräußert es an G zur teilweisen Tilgung seiner Außenstände. G kündigt alsbald den angeblichen Mietvertrag und will das Gerät bei K abholen.
Zu Recht?

G kann von K gem. § 985 Herausgabe verlangen, wenn er Eigentümer und K unberechtigter Besitzer ist.

Nach der bedingten Veräußerung an K, §§ 929, 158 I, war E bis zum Bedingungseintritt noch Eigentümer. Er konnte deshalb das Notebook nach §§ 929, 931, 870 wirksam an G übereignen.

Allerdings war das Eigentum des E bei dieser Veräußerung bereits mit dem Anwartschaftsrecht des K „belastet". Nach § 161 I 1 wird eine sog. Zwischenverfügung des Noch-Berechtigten mit Bedingungseintritt unwirksam. Nach § 161 III kann ein gutgläubiger Zwischenerwerber aber „lastenfrei" gem. §§ 932 ff. erwerben. Da E mittelbarer Eigenbesitzer war, käme ein Erwerb nach § 934, 1. Fall, in Betracht. Bei einer Veräußerung nach § 931 bleibt die Belastung aber gem. § 936 III erhalten, wenn das Recht dem unmittelbaren Besitzer zusteht. Nach h. M. ist diese Regel auf das Anwartschaftsrecht des Vorbehaltskäufers entsprechend anzuwenden (*Brox*, JuS 1984, 657, 658; *Medicus/Petersen*, Rn. 462; *MüKo/Oechsler*, § 936 Rn. 16). Aufgrund seines Anwartschaftsrechts hat K deshalb ein gegenüber dem Eigentümer G wirkendes Recht zum Besitz (s. o. Fall 184).

2. Verlängerter Eigentumsvorbehalt

187. Verlängerter Eigentumsvorbehalt

Fabrikant E verkaufte dem H 200 Notebooks unter verlängertem Eigentumsvorbehalt. H sollte berechtigt sein, die Ware im ordentlichen Geschäftsverkehr zu veräußern. Mit der Weiterveräußerung sollte der Gegenwert an die Stelle der gelieferten Ware treten.

a) H verkaufte die Hälfte der Ware unter Eigentumsvorbehalt an den Händler M. Dort wurde die Ware vom Gläubiger G des M gepfändet, noch bevor M und H ihre Kaufpreisschuld bezahlt hatten. Kann E der Pfändung widersprechen?

b) H veräußert die Ware an M. Zuvor vereinbart er zur Vorfinanzierung des Kaufpreises mit M, dass ihm M die erworbene Ware verleast. H will die Ware letztlich durch Unter-Leasing-Verträge nutzen. Hat E bei dieser Vertragsgestaltung sein Eigentum verloren?

a) E kann verlangen, dass die Zwangsvollstreckung gem. § 771 ZPO in die Notebooks für unzulässig erklärt wird, wenn er noch deren Eigentümer ist.

Bei der Veräußerung an H hat E sein Eigentum nach der Auslegungsregel des § 449 I nur aufschiebend bedingt durch die Zahlung des Kaufpreises auf H übertragen, §§ 929, 158 I. Diese Bedingung ist noch nicht eingetreten.

E könnte sein Eigentum aber durch die Weiterveräußerung an M verloren haben. Da E in eine Veräußerung im ordentlichen Geschäftsverkehr eingewilligt hatte, konnte M gem. §§ 929, 185 I, 183 Eigentum erwerben. Jedoch hat H seinerseits nur unter Eigentumsvorbehalt aufschiebend bedingt veräußert, §§ 929, 158 I, 185 I. Deshalb würde E sein Eigentum erst mit der Zahlung von M an H oder von H an E verlieren.

Etwas anderes könnte sich nur aus einer Auslegung der Veräußerungsermächtigung ergeben. Diese Ermächtigung geht von einer unbedingten Weiterveräußerung aus. Hier soll mit dem Eigentumserwerb des Abnehmers M die Kaufpreisforderung an E abgetreten sein. Bei einer Weiterveräußerung unter Eigentumsvorbehalt muss die gleiche Sicherung des E im Zeitpunkt der Veräußerung eintreten, ohne dass er sein Eigentum verliert. Andernfalls würde H mit der Weiterveräußerung auflösend bedingtes Eigentum erwerben, so dass Gläubiger des H und M auf die Ware zugreifen könnten. Dies wäre aber mit dem Eigentumsvorbehalt des E nicht vereinbar. Deshalb ergibt sich aus der Auslegung der Veräußerungsermächtigung kein vorzeitiger Eigentumserwerb (BGHZ 56, 34 = NJW 1971, 1038).

Da ein Pfändungspfandrecht nicht an schuldnerfremden Sachen entsteht und auch ein gutgläubiger Erwerb ausscheidet (*Brox/Walker*, § 14 Rn. 383), kann E der Pfändung gem. § 771 ZPO widersprechen.

b) Fraglich ist, ob die von E erteilte Ermächtigung (§ 185), die Vorbehaltsware im ordnungsgemäßen Geschäftsbetrieb weiter zu veräußern, auch ein Vorgehen im Wege des sog. *Sale-and-Lease-Back-Verfahrens* (s. MüKo/*J. Koch*, Leasing Rn. 13 (nach § 507)) deckt. Bei der gewöhnlichen Weiterveräußerung von Vorbehaltsware tritt wirtschaftlich gesehen der Erlös bzw. die im Voraus abgetretene Kaufpreisforderung an die Stelle der Vorbehaltsware. Der Warenkredit des Vorbehaltsverkäufers wird dadurch nicht beeinträchtigt, sondern durch den üblichen Aufschlag noch gestärkt. Bei der Veräußerung im Sale-and-Lease-Back-Verfahren erlangt der Vorbehaltskäufer zwar einen Gegenwert für die Vorbehaltsware in Gestalt des Kaufpreises. Aus dem gleichzeitig geschlossenen Leasingvertrag ist H dem M aber zur Zahlung der Leasingraten verpflichtet. Dadurch entsteht ein Risiko für die Verwendung der von M erhaltenen Zahlungen zur Tilgung des Kaufpreises des K. Soweit eine Zahlung an E nicht gesichert ist, war die Veräußerung der Ware von H an M demnach mit dem Sicherungsbedürfnis des E nicht mehr vereinbar und daher von der Einwilligung des E nicht mehr gedeckt, § 185 I (BGHZ 104, 129 = NJW 1988, 1774; *Wolf/Wellenhofer*, § 14 Rn. 50). Da dies für M erkennbar war, scheidet auch ein gutgläubiger Eigentumserwerb aus.

188. Verlängerter Eigentumsvorbehalt und Abwehrklausel

Fa. E veräußert Kleiderstoffe zu ihren Verkaufsbedingungen an Fa. H. Darin wird in branchenüblicher Weise ein verlängerter Eigentumsvorbehalt mit Verarbeitungsklausel und Weiterveräußerungsermächtigung vereinbart (s. o. Fall 187). Fa. H stellt daraus Kleider her und liefert einen größeren Posten an die K-AG zu deren Einkaufsbedingungen. Darin versichert der Verkäufer, dass die Lieferung frei von Rechten Dritter erfolgt; eine Abtretung der Kaufpreisforderung wird ausgeschlossen. Fa. H fällt alsbald in Insolvenz, ohne an Fa. E gezahlt zu haben.
a) Daraufhin verlangt Fa. E von der K-AG Herausgabe der Kleider bzw. Schadensersatz. Zu Recht?
b) Kann der Insolvenzverwalter V einer Zahlung der K-AG an E widersprechen und Zahlung an sich verlangen?

a) Der *Herausgabeanspruch,* § 985, setzt voraus, dass E Eigentümer der Kleider wurde und noch ist. Aufgrund des Eigentumsvorbehalts hat E das Eigentum an den Stoffen mit der Lieferung nicht verloren; aufgrund der Verarbeitungsklausel wurde E nach Herstellung Eigentümer der Kleider (s. u. Fall 189). Aufgrund der Ermächtigung der Fa. E konnte H diese gem. §§ 929, 185 I an die K-AG weiterveräußern. Das nach § 399 grds. in zulässiger Weise vereinbarte Abtretungsverbot (vgl. BGHZ 51, 113 = NJW 1969, 415) stand dem nicht entgegen. Denn zwischen Kaufleuten hat es nach § 354a HGB (eingefügt 1994) keine Wirkung. E hat daher sein Eigentum verloren; auch Schadensersatz nach §§ 989, 990 steht ihr daher nicht zu.

b) Durch die Vorausabtretung (§ 398) wurde E Inhaber der Kaufpreisforderung gegen die K-AG; diese kann sie grundsätzlich an E als Berechtigten bezahlen. Allerdings handelt es sich um eine Sicherungszession, die in der Insolvenz lediglich zur Absonderung berechtigt (§ 51 Nr. 1 InsO). Die Einziehung der abgetretenen Forderung steht in der Insolvenz gem. § 166 II InsO nur dem V zu; er kann einer Zahlung an E widersprechen. K kann nicht befreiend an E leisten.

189. Eigentumsvorbehalt und Verarbeitungsklausel

Die V-Genossenschaft lieferte der Fa. K Winterweißkraut unter Eigentumsvorbehalt. K sollte berechtigt sein, die Ware im ordnungsgemäßen Geschäftsverkehr zu veräußern. In einem einheitlichen Produktionsvorgang verarbeitete K das Kraut zu Sauerkraut und füllte es in 10-kg-Konservendosen ab. Diese bezog K von B, vereinbarungsgemäß unter Eigentumsvorbehalt bis zur Tilgung sämtlicher Forderungen aus der beiderseitigen Geschäftsverbindung. K verpflichtete sich außerdem zur Verarbeitung unter Ausschluss von § 950 für B. Bei Eröffnung des Insolvenzverfahrens über das Vermögen der Fa. K hat diese 30 000 unverkaufte Sauerkrautdosen auf Lager. Jede Dose mit einem Verkaufswert von 3 € besteht aus einer Dose im Wert von 1 € und einer Krauteinlage von 1 €. V und B streiten darüber, wer Eigentümer der Dosen ist.
Wie ist zu entscheiden?

Mit Abschluss des (einheitlichen) Produktionsvorgangs könnte ein wirtschaftlich neues Produkt entstanden und damit ein Eigentumserwerb nach § 950 eingetreten sein, noch nicht dagegen mit dem Entstehen von vorläufigen Zwischenprodukten (vgl. *Leible/Sosnitza,* JuS 2001, 449, 455). Ob B daran aufgrund der vertraglichen Verarbeitungsklausel Eigentum erwarb, ist zweifelhaft. Nach h. M. kann § 950 zwar nicht abbedungen, wohl aber vereinbart werden, wer Hersteller sein soll (s. u. Fall 190).

Die Rechtsfolge des § 950 I 1, II tritt aber nur ein, wenn der Wert der Verarbeitung nicht erheblich geringer ist als der Wert der verarbeiteten Stoffe. Bei einem Verhältnis von Stoffwert zu Verarbeitungswert (= Verkaufswert–Stoffwert) (vgl. BGHZ 56, 88, 90 = NJW 1971, 1175) von 2:1 ist dies eindeutig der Fall.

Danach verbleibt es bei der Rechtsfolge des § 947 I. Da keine Verarbeitung i. S. des § 950 stattfand, wurden V und B aufgrund ihres Eigentumsvorbehalts Miteigentümer der Sauerkrautdosen zu gleichen Teilen, da Kraut und Dosen z. Zt. der Verbindung gleichen Wert hatten (vgl. *BGH* JZ 1972, 165).

190. Beschränkte Verarbeitungsklausel

V lieferte K Plastikrohmaterial unter Eigentumsvorbehalt. K stellt daraus Gehäuse für Diktiergeräte her und baut diese untrennbar in die Gehäuse ein. Die Lieferung des Rohmaterials erfolgte unter Vereinbarung einer Verarbeitungsklausel. Danach sollte das Eigentum des V auch während und nach der Verarbeitung bestehen bleiben. Am Endprodukt sollte V Eigentum in Höhe des Werts seiner Rohware und in Höhe sämtlicher von K auf das Fertigfabrikat aufgewendeter Lohn- und Betriebskosten erwerben. Wegen rückständiger Forderungen aus der Lieferung von Kleinlautsprechern ließ D einen Posten Diktiergeräte bei K pfänden und für 10.000 € versteigern. V verlangt von D Herausgabe dieses Erlöses aufgrund seines verlängerten Eigentumsvorbehalts. Zu Recht?

Nach § 812 I 1, 2. Fall, steht V gegenüber D eine *Eingriffskondiktion* zu, soweit durch die Zwangsversteigerung in sein Eigentum eingegriffen wurde.

Da der Verarbeitungswert bei Plastikgehäusen weit über dem Wert des Rohmaterials liegt, ging das ursprüngliche Eigentum des V durch die Herstellung der Gehäuse gem. § 950 unter. Zweifelhaft ist aber, wer neuer Eigentümer wurde.

Teilweise wird § 950 vollständig als zwingend angesehen. Hersteller ist dann, wer objektiv herstellt und dazu das wirtschaftliche Absatzrisiko trägt (Jauernig/*Jauernig*, § 950 Rn. 8; *Medicus/Petersen*, Rn. 519; Bamberger/Roth/*Kindl*, § 950 Rn. 10). Ein objektiv auf Eigenherstellung ausgerichteter Betrieb kann danach nicht durch bloße Vereinbarung zum Fremdhersteller werden. Verarbeitungsklauseln sind nach dieser Ansicht unwirksam. Zulässig sei nur eine antizipierte Rückübereignung an den Warenlieferanten mit Durchgangserwerb des Herstellers (*Wieling*, S. 143 f.). Dieser wird der Interessenlage der Beteiligten aber nicht voll gerecht (vgl. *Wadle*, JuS 1982, 477, 480).

Überwiegend stellt man deshalb stärker auf die Verkehrsanschauung und die Verkehrsbedürfnisse ab: § 950 lasse unstreitig nicht den einzelnen Arbeitnehmer Eigentum erwerben, sondern regle den Konflikt zwischen Lieferanten und Verarbeiter. Zum Teil wird daher eine freie Vereinbarung zwischen beiden anstelle von § 950 zugelassen (*Baur/Stürner*, § 53 Rn. 15). Die h. M. sieht § 950 dagegen zwar als zwingend an, lässt aber Vereinbarungen darüber zu, wer Hersteller sein soll (BGHZ 14, 114, 117 = NJW 1954, 1927; BGHZ 20, 159, 163 f. = NJW 1956, 788; *Wolf/ Wellenhofer*, § 9 Rn. 10 ff., § 14 Rn. 79 ff.). Solange die Sicherungsrechte nicht generell eingeschränkt werden, ist dem zu folgen.

Durch die Vereinbarung der Verarbeitungsklausel konnte V sein Eigentum daher nicht nur in das Zwischenprodukt, sondern auch in das aus weiteren Gegenständen zusammengesetzte Fertigprodukt hineinverlängern. Da Gehäuse und technisches Gerät nicht mehr voneinander getrennt werden können, fällt der Zusammenbau der Diktiergeräte nicht unter § 947 (vgl. BGHZ 20, 159 = NJW 1956, 788), sondern ist als Herstellung einer neuen beweglichen Sache gem. § 950 I 1 zu beurteilen.

V wollte jedoch nur einen Eigentumsanteil an dem Fertigprodukt für sich beanspruchen. Die vereinbarte Klausel ist dabei so auszulegen, dass V Miteigentümer zu dem Bruchteil werden sollte, der dem Verhältnis des Werts der Vorbehaltsware sowie der Lohn- und Betriebskosten zum Wert der Diktiergeräte zur Zeit der Herstellung entsprach (BGHZ 46, 117 ff. = NJW 1967, 34).

Bedenken bestehen aber, soweit V über seinen Rohstoffanteil hinaus auch einen Miteigentumsanteil gem. den aufgewendeten Lohn- und Betriebskosten verlangt. Denn dieser weitere Anteil ist für einen Außenstehenden nur schwer bestimmbar und kaum ermittelbar. Insoweit fehlt die im Sachenrecht erforderliche *Bestimmtheit* und ist die Verarbeitungsklausel unwirksam. Entsprechend der im Übrigen gültigen Klausel (§ 139!) hat D den V gebührenden Anteil am Versteigerungserlös gem. §§ 812, 818 herauszugeben (vgl. BGHZ 46, 117 = NJW 1967, 34).

191. Verletzung des verlängerten Eigentumsvorbehalts

Treibstoffhändler B bezog Treibstoff von D. D bezog diesen seinerseits vollständig von E unter Vereinbarung eines verlängerten Eigentumsvorbehalts und der Befugnis zur Weiterveräußerung im ordentlichen Geschäftsverkehr. Da D bei B stark verschuldet war und kein anderes Vermögen besaß, vereinbarte der Geschäftsführer G des B mit D in Kenntnis des verlängerten Eigentumsvorbehalts, dass die Kaufpreisforderung für jeden vierten gelieferten Tankzug mit Schulden des D zu deren Tilgung verrechnet werden sollte. Im Laufe der Zeit verrechnete B auf diese Weise eine Schuld des D in Höhe von 140.000 €. D blieb E seinen entsprechenden Einkaufspreis in Höhe von 100.000 € schuldig.
Kann E von B und G Zahlung dieser Schuld als Schadensersatz verlangen?

(1) *Anspruch gegen B aus §§ 989, 990 I 1*

Infolge der Verrechnungsabrede zwischen B und D konnte D dem E nicht die Kaufpreisforderung aus dem Weiterverkauf der unter verlängertem Eigentumsvorbehalt gelieferten Treibstoffe verschaffen. Insoweit war D zur Weiterveräußerung nicht befugt. Da G das Bestehen des verlängerten Eigentumsvorbehalts kannte, war B beim Besitzerwerb des Treibstoffs bösgläubig (s. o. Fall 97). B erwarb also mit Lieferung des Treibstoffs *kein* Eigentum gem. §§ 929, 932. Vielmehr haftet er E auf Schadensersatz nach §§ 990 I 1, 989, soweit er den Treibstoff weiterveräußert hat.

(2) *Anspruch gegen G aus § 823 I*

G hat den Besitz am Treibstoff nur für B erworben, haftet also nicht nach §§ 987 ff. Wer aber in vorwerfbarer Weise mitwirkt, einem Dritten sein Eigentum zu entziehen, ohne selbst Besitz zu erlangen, haftet dem Eigentümer nach §§ 823 I, 830 auf Schadensersatz. Durch die Annahme der Treibstofflieferungen in Kenntnis aller wirtschaftlichen Zusammenhänge setzte G eine wesentliche Ursache für den Eigentumsverlust des E mit der Weiterveräußerung der Ware durch B. Nach § 840 haftet er als Gesamtschuldner mit B auf Ersatz des E entstandenen Schadens in Höhe von 100.000 € (vgl. BGHZ 56, 73 = NJW 1971, 1358).

192. Übersicherung bei Sicherungszession

Kaufmann K benötigt zur Geschäftserweiterung einen Kredit über 200.000 €. Die B-Bank gewährt ihm den Kredit gegen eine formularmäßige Sicherungszession sämtlicher bestehender und künftiger Forderungen des K gegen seine Abnehmer. Soweit Abtretungen zur Sicherung nicht erforderlich seien, erklärte sich die B-Bank bereit, einzelne Forderungen nach ihrem Ermessen frei zu geben.
Bei Abschluss des Sicherungsvertrages besaß K Kundenforderungen in Höhe von 400.000 €. Nach zwei Jahren hat er Kundenforderungen in Höhe von 800.000 €. Er möchte nun für eine erneute Geschäftserweiterung weiteren Kredit bei der C-Bank aufnehmen und will wissen, ob und in welcher Höhe er diesen Kredit mit seinen Kundenforderungen sichern kann.

Zur Sicherheit könnte K der C-Bank seine gesamten Kundenforderungen abtreten, wenn die Globalzession zugunsten der B-Bank nichtig wäre.

Eine Globalzession verstößt nicht gegen den Bestimmtheitsgrundsatz (BGHZ 98, 303, 314 = NJW 1987, 487). Auch die Abtretbarkeit künftiger Forderungen ist allgemein anerkannt (Palandt/*Grüneberg*, § 398 Rn. 11). Jedoch ist die Globalzession sowohl an § 138 als an § 307 I zu messen (s. BGHZ 108, 98, 104 ff. = NJW 1989, 2383, 2384). Generell kommen drei Nichtigkeitsgründe in Betracht: (1) Knebelung, (2) Übersicherung, (3) Gläubigergefährdung und -täuschung. In Betracht kommt hier nur die Übersicherung.

Eine *ursprüngliche Übersicherung* liegt vor, wenn der realisierbare Wert der Sicherheit bereits bei Abschluss des Sicherungsvertrages das gesicherte Risiko deutlich übersteigt und feststeht, dass das auch im Sicherungsfall so sein wird (vgl. hierzu *M. Schwab*, JuS 1999, 740, 743 f.). Eine feste Deckungsgrenze gibt es aber nicht, vielmehr wird im Einzelfall entschieden, ob zwischen Sicherheit und Forderung ein auffälliges Missverhältnis besteht. Diese Zurückhaltung beruht darauf, dass der Kreditgeber bei Annahme einer anfänglichen Übersicherung jede Sicherheit verliert und die Sicherheit nicht lediglich auf einen angemessenen Umfang zurückgeführt wird (*Ganter*, WM 2001, 1, 4). Als Faustregel wird ein auffälliges Missverhältnis aber nach der Formel „Deckungsgrenze x 2" oder „gesicherte Forderung x 3" angenommen (*Ganter*, WM 2001, 1, 7). Die sog. Deckungsgrenze der Sicherheit liegt bei 110 % der gesicherten Forderung. Da die Sicherheit anfänglich weniger als 440.000 € bzw. 600.000 € betrug, liegt keine anfängliche sittenwidrige Übersicherung vor.

Jedoch ist *nachträglich* eine *Übersicherung* eingetreten. Wie darauf zu reagieren ist, war lange Zeit streitig. Die Senate des *BGH* stellten unterschiedlichste Anforderungen an sog. Freigabeklauseln. Am Ende setzte sich die Ansicht durch, dass es nicht auf die Formulierung der Klausel ankomme, der Kreditnehmer vielmehr einen allgemeinen, *ermessensunabhängigen Freigabeanspruch* habe, der auf einer Deckungsgrenze wie bei der Annahme der Übersicherung aufbaue. Vermutet werde die nachträgliche Übersicherung, wenn der Nennwert aller abgetretenen Forderungen 150 % der gesicherten Forderungen erreicht (so BGHZ (GS) 137, 212 = NJW 1998, 671; *M. Schwab*, JuS 1999, 740, 742). Danach kann K von der B-Bank Freigabe der 300.000 € übersteigenden Forderungen verlangen. Die freigegebenen Forderungen kann er dann zur Sicherung des neuen Kredits der C-Bank abtreten.

---

193. Globalzession, verlängerter Eigentumsvorbehalt und Factoring

Kaufmann K hat der B-Bank zur Sicherung eines Darlehens über 100.000 € seine sämtlichen bestehenden und künftigen Forderungen abgetreten. Der Großhändler L liefert die von ihm bestellte Elektronikware zum Preis von 75.000 € vereinbarungsgemäß unter branchenüblichem verlängertem Eigentumsvorbehalt (EV) mit Vorausabtretungsklausel. Ein Kunde D erwirbt eine aus der Lieferung des L stammende Computeranlage im Laden des K zum Preis von 5.000 €. Noch bevor er den Rechnungsbetrag überweist, melden sich unabhängig voneinander B und L bei ihm und verlangen Zahlung aufgrund der Vorausabtretung.

a) An wen muss D bezahlen?
b) Wie wäre die Rechtslage, wenn sich die B-Bank in ihren Kreditbedingungen gegenüber K verpflichtet hätte, den nicht befriedigten Warenlieferanten diejenigen Forderungen abzutreten, die aus dem Verkauf der von ihnen gelieferten Waren stammen?
c) Neben den Vereinbarungen mit L und der B-Bank schließt K noch einen Factoring-Vertrag mit der F-Bank. Danach erwirbt die F-Bank von K alle Kundenforderungen zum Barzahlungspreis von 85 %. An wen hat D jetzt zu zahlen?

a) Bei einem Konflikt zwischen Globalzession und verlängertem Eigentumsvorbehalt mit Vorausabtretung gilt im Ansatz der Prioritätsgrundsatz (arg. § 185 II 2; vgl. *Leible/Sosnitza,* JuS 2001, 449, 452). Die zeitlich frühere Globalzession an die B-Bank würde demnach der Vorausabtretung an L vorgehen.

Nach ständiger Rspr. ist die Globalzession aber wegen Verleitung des Zedenten K zur Täuschung seines Warenkreditgebers L über die Verschaffung der künftigen Weiterverkaufsforderungen nach § 138 teilweise nichtig. Unwirksam sind danach alle Abtretungen, die sich auf Forderungen erstrecken, die von einem branchenüblichen verlängerten EV des Warenkreditgebers verfasst werden (sog. *Vertragsbruchstheorie;* BGHZ 55, 34, 35 = NJW 1971, 372; *BGH* NJW 1999, 2588, 2589; *Jorg,* JuS 1994, 1019; krit. *Brehm/Berger,* § 32 Rn. 22). Folglich ist die Abtretung der Kaufpreisforderung über 5.000 € an die B-Bank nichtig. Die zeitlich nachfolgende Abtretung an L ist wirksam. L hat deshalb einen Anspruch gegen D auf Zahlung der 5.000 € nach §§ 433 II, 398. (Die Vertragsbruchstheorie gilt nicht bei der Konkurrenz zwischen der Globalzession zugunsten der Bank und der nachfolgenden zweiten Globalzession zugunsten des Vermieters von Baumaschinen, *BGH* NJW 2005, 1192.)

b) Bei der in der Bankpraxis inzwischen üblichen sog. *dinglichen Verzichtsklausel* (Vorrangklausel) entfällt der Vorwurf der Sittenwidrigkeit (*BGH* NJW 1974, 942). Hier hat sich die B-Bank aber nur dazu verpflichtet, den nicht befriedigten Lieferanten Forderungen abzutreten, die aus dem Verkauf seiner gelieferten Waren stammen. Die Abtretung an die Bank soll demnach zunächst wirksam bleiben. Es liegt daher keine „dingliche", sondern lediglich eine *schuldrechtliche Teilverzichtsklausel* vor. Diese belastet den Lieferanten mit dem Insolvenzrisiko der Bank und erschwert ihm die Durchsetzung seiner Rechte als Vorbehaltsverkäufer unangemessen. Deshalb kann sie den Vorwurf der Sittenwidrigkeit nicht beseitigen (BGHZ 72, 308 = NJW 1979, 365; *BGH* NJW 1995, 1668, 1669 (allerdings soll es genügen, wenn die Bank den Vorrang auf Fälle des branchenüblichen verlängerten Eigentumsvorbehalts beschränkt, BGHZ 98, 303, 316 ff. = NJW 1987, 467, 490)). Die Zession an die B-Bank ist daher auch in diesem Fall nichtig; L hat einen Anspruch gegen D auf Zahlung der 5.000 €.

c) Das echte *Factoring-Geschäft* ist ein Forderungskauf nach § 453 I (einschränkend MüKo/*Berger,* Vor § 488 Rn. 19). Allerdings verkauft K eine Forderung, die er bereits abgetreten hat. Aufgrund der beim verlängerten Eigentumsvorbehalt und bei der Globalzession i. d. R. erteilten Einziehungsermächtigung (§ 185 I) war K aber sinngemäß berechtigt, die Forderungen auch durch Einschaltung einer Factoring-

Bank einzuziehen (BGHZ 82, 283 = NJW 1982, 571; *Prütting*, Rn. 864; *Leible/Sosnitza*, JuS 2001, 449, 453). D hat daher an die F-Bank zu zahlen, sofern nicht auch diese dem K eine Einziehungsermächtigung erteilt.

III. Die Sicherungsübereignung

194. Eigentumserwerb durch Besitzkonstitut

Firma S stellt Zementbausteine her. Zur Sicherung eines größeren Kredits übereignete sie ihre gesamte Produktion im Voraus an Bank B. S sollte aber befugt sein, Steine im ordentlichen Geschäftsverkehr zu veräußern.
a) Wer ist nach Herstellung Eigentümer der Steine?
b) Firma S veräußert 78.000 Steine für 30.000 € an Firma K. K will die Steine nicht in ihr Lager transportieren, sondern unmittelbar an Baustellen ausfahren. Deshalb wird im Hof der Firma S ein mit roter Leine umspannter Haufen gebildet und mit Schildern mit der Aufschrift „Eigentum der Firma K" versehen. Als Firma S in Insolvenz fällt, gestattet Bank B die Abfuhr an diverse Baustellen nur vorbehaltlich des Wertersatzes. Wie ist über eine entsprechende Zahlungsklage der Bank B zu entscheiden?

a) Die Sicherungsübereignung enthält keine Herstellerklausel (s. o. Fall 190). Deshalb erwarb Firma S das Eigentum an den Steinen gem. § 950 mit der Herstellung. Aufgrund der Sicherungsübereignung ging es gem. §§ 868, 930 sogleich auf Bank B über. Ein Besitzkonstitut nach § 930 erfordert zwar grundsätzlich den Besitz des Veräußerers. Ein antizipiertes Besitzkonstitut eines wechselnden Warenbestandes wird aber zugelassen, wenn ausreichend *bestimmbar* ist, welche Waren erfasst sind (vgl. *BGH* NJW 1984, 803; *Brehm/Berger*, § 33, Rn. 6; krit. *Feuerborn*, ZIP 2001, 600). Außerdem muss das Besitzmittlungsverhältnis ausreichend *konkret* sein. Die bloße Vereinbarung, der Übereignende solle künftig für den Erwerber besitzen *(abstraktes Besitzkonstitut)*, genügt nicht. Der Streit, welche inhaltlichen Anforderungen an die Sicherungsabrede zu stellen sind (vgl. *BGH* NJW 1979, 2308), hat für die Sicherungsübereignung aber kaum Bedeutung, da sich aus der Sicherungsabrede sinngemäß stets ergibt, dass der Sicherungsgeber S bis zu einem Herausgabeverlangen der B nach Fälligkeit des Kredits zum Besitz berechtigt ist. Diese Abrede ist als ausreichendes Rechtsverhältnis i. S. von § 868 anzusehen (*Medicus/Petersen*, Rn. 491; Staudinger/*Wiegand*, Anh. zu §§ 929 ff. Rn. 85 ff.). Sofern die Sicherungsabrede nicht wegen Übersicherung nichtig ist (§ 138), war Bank B daher Eigentümer der Steine.

b) Da Firma S zur Weiterveräußerung ermächtigt war, § 185, verfügte sie über die Steine als Berechtigte. Eine Übergabe an Firma K gem. § 929 S. 1 fand zwar nicht statt, da die Steine im Besitz der Firma S blieben (vgl. RGZ 151, 184). In der Absonderung und Kennzeichnung des Haufens liegt jedoch die Vereinbarung eines ausreichend bestimmten Besitzkonstituts (§§ 868, 930). Danach war Firma S verpflichtet, die Steine für K zu verwahren, bis diese sie auf Baustellen abfahren ließ (*BGH* DB 1971, 40). Damit waren die Steine wirksam an Firma K übereignet. K veräußert die Bausteine daher als Berechtigte an ihre jeweiligen Kunden. Ein Anspruch der B-Bank gegen Firma K nach §§ 816 I, 818 II besteht daher nicht.

195. Sicherungsübereignung eines Warenlagers

Firma E hat Firma G zur Sicherung eines Geschäftskredits Elektrogeräte übereignet, die sie in einem Schuppen der Firma D eingelagert hat. Es wurde
vereinbart, dass Firma E berechtigt sein sollte, über diesen Warenbestand im
ordentlichen Geschäftsverkehr zu verfügen. Die neu bei Firma D eingelagerten
Waren sollten jeweils ergänzend gem. einer monatlich zu übersendenden
Lagerbestandsliste übereignet werden. Nach einigen Monaten führte Firma E
in den Bestandslisten nur noch Teile der tatsächlich bei Firma D neu eingelagerten Waren auf. Alsbald fiel Firma E in Insolvenz.
a) Firma G verlangt vom Insolvenzverwalter K abgesonderte Befriedigung aus
den gesamten bei D eingelagerten Waren. Zu Recht?
b) Wie ist Firma D wegen eines offenen, rückständigen Mietzinses zu befriedigen?

a) Sicherungseigentum gewährt in der Insolvenz des Sicherungsgebers kein Aussonderungsrecht, sondern lediglich wie ein Pfandrecht ein Absonderungsrecht gem.
§§ 50 I, 51 Nr. 1 InsO (Gottwald/*Adolphsen*, § 42 Rn. 131 ff., § 43 Rn. 75, 83 ff.;
Wolff/Wellenhofer, § 15 Rn. 38; s. u. Fall 196). Dieses Absonderungsrecht ist gem.
§§ 80 I, 166 ff. InsO durch den Insolvenzverwalter geltend zu machen. Der abge-
sonderten Befriedigung unterliegen aber nur die Warenvorräte, die wirksam auf
Firma G übereignet sind.

Warenvorräte, die bei Dritten eingelagert sind, können auf verschiedene Weise übereignet werden. Die übliche Form ist Übereignung gem. §§ 931, 870 durch Einigung
und Abtretung des schuldrechtlichen Herausgabeanspruchs (*BGH* NJW 1959, 1536,
1538) gegenüber Firma D.

Der *BGH* hat freilich angenommen, solange der unmittelbare Besitzer den Besitz
noch für den Veräußerer vermittle, komme nur eine Übereignung gem. §§ 930, 868
in Betracht. Dadurch erhalte der Erwerber (Firma G) mehrstufigen mittelbaren
Besitz gem. § 871 (vgl. *BGH* WM 1977, 1090). Durch dieses weitere Besitzmittlungsverhältnis erwerbe der entferntere mittelbare Besitzer Eigentum auch ohne
Kenntnis des unmittelbaren Besitzers (vgl. Palandt/*Bassenge*, § 871 Rn. 1; Erman/*A.
Lorenz*, § 871 Rn. 2).

Dem ist nicht zuzustimmen. Denn die Abtretung des Herausgabeanspruchs erfolgt
nach den §§ 413, 398 formlos ohne Benachrichtigung des unmittelbaren Besitzers
(RGZ 135, 85, 88; Erman/*Michalski*, § 931 Rn. 4). Eine Übereignung durch ein
zweites Besitzkonstitut ist daher nur anzunehmen, wenn dies ausdrücklich vereinbart
wird. Der ursprüngliche Lagerbestand ist deshalb nach § 931 wirksam an Firma G
übereignet worden.

Hinsichtlich der künftigen Zugänge des wechselnden Bestandes hat Firma E im
Voraus eine Einigung erklärt und ihre Herausgabeansprüche im Voraus abgetreten.
Beides ist wie bei einem vorweggenommenen Besitzkonstitut gem. §§ 930, 868
möglich (vgl. Palandt/*Bassenge*, § 930 Rn. 10 ff., § 931 Rn. 5; Jauernig/*Jauernig*,
§ 931 Rn. 8). Erforderlich ist aber, dass der vorwegerklärte *Eigentumsübertragungswille* des Übereignenden noch vorhanden ist, wenn der Herausgabeanspruch gegen

den Lagerhalter entsteht. Denn die Einigung über den Eigentumsübergang beweglicher Sachen ist nach h. M. frei widerruflich (*BGH* NJW 1979, 213, 214; Palandt/ *Bassenge*, § 929 Rn. 9). Der Fortbestand der bereits erklärten Einigung wird allerdings vermutet; die Einigung wurde erst dann wirkungslos, wenn für Firma G erkennbar wurde, dass Firma E einen Eigentumsübergang nicht mehr wollte (*BGH* NJW 1978, 696). Hier ergab sich aus den übersandten Bestandslisten, dass Firma E nicht mehr den gesamten Lagerbestand übereignen wollte. Ob Firma G glaubte, die Liste enthalte den Gesamtbestand, ist irrelevant.

Aber auch die in der letzten Liste aufgeführte Ware kann nur abgesondert werden, wenn die Übereignung insoweit ausreichend *bestimmt* ist (vgl. *BGH* NJW 1984, 803; Staudinger/*Wiegand*, Anh. zu §§ 929–931, Rn. 123 ff.). Die Anforderungen an die Bestimmtheit der Sicherungsübereignung eines wechselnden Lagerbestandes sind streitig. Vielfach wird verlangt, dass sich aus dem Sicherungsübereignungsvertrag selbst eindeutig ergibt, welche Waren übereignet sind (*BGH* DB 1975, 146). Außervertragliche Umstände wie Lagerlisten sollen nicht herangezogen werden dürfen. Überwiegend wird der Bestimmtheitsgrundsatz aber nicht überspannt. Die Übereignung aller Waren eines bestimmten Raumes *(Raumsicherung)* oder beschränkt auf eine konkrete Inventarliste *(Mantelsicherung)* wird daher als ausreichend angesehen, wenn sie im Sicherungsvertrag selbst vorgesehen ist (Jauernig/*Jauernig*, § 930 Rn. 46 f.). Sofern die Geräte anhand der letzten Inventarliste konkret identifizierbar sind, sind sie daher wirksam an Firma G übereignet und können – vorbehaltlich einer etwaigen Insolvenzanfechtung gem. § 131 InsO – von Firma G abgesondert werden. Allerdings kann Firma G dazu nicht Herausgabe verlangen. Denn nach §§ 166 ff. InsO verwertet der Insolvenzverwalter. G ist dann erst aus dem Erlös zu befriedigen, § 170 I 2 InsO.

b) Ein Vermieterpfandrecht besteht nur an eingebrachten Sachen des Mieters (§ 562 I 1). Werden die Waren antizipiert übereignet und nach Abschluss des Sicherungsvertrages in die Miettäume eingebracht, so werden sie von der Übereignung mit dem Einbringen erfasst, so dass das Eigentum bzw. ein Anwartschaftsrecht der Firma E sofort auf Firma G übergehen. Der Vermieter würde danach leer ausgehen. Der *BGH* meint indes, es sei mit dem Bestimmtheitsgrundsatz nicht vereinbar, aber auch sinnwidrig, wenn sich das Vermieterpfandrecht nur auf Altbestände, nicht aber auf den Neuzugang nach Abschluss der Sicherungsübereignung erstrecke. Die Konkurrenz zwischen Sicherungsübereignung und Vermieterpfandrecht müsse einheitlich zugunsten des Vermieters gelöst werden (BGHZ 117, 200 = NJW 1992, 1156; *Nicolai*, JZ 1996, 219, 222 f.; a. A. für Gleichrangigkeit *Fischer*, JuS 1993, 542; *Simon*, FS J. G. Wolf, 2000, S. 221). Andere rechtfertigen dieses Ergebnis damit, dass Fa. E noch für eine logische Sekunde Eigentümer bei der Einbringung war, so dass Fa. G das Sicherungseigentum nur mit dem Vermieterpfandrecht belastet erwerben konnte (*Wolf/Wellenhofer*, § 15 Rn. 14; *Habersack*, Rn. 217). Danach ist D aus dem Erlös vorrangig vor G zu befriedigen.

196. Rückübertragung und Freigabe von Sicherungseigentum

Zur Sicherung aller Forderungen aus der laufenden Geschäftsverbindung übereignete die S-KG zehn Druckmaschinen an die B-Bank. In dem Vertragsformular der B hieß es: „Sobald die B-Bank wegen aller Ansprüche befriedigt ist, ist sie verpflichtet, das Sicherungsgut freizugeben. Sie ist hierzu schon vorher bereit, soweit sie es nach ihrem billigen Ermessen nicht mehr benötigt."

a) Nachdem die S-KG die Hälfte ihrer Verbindlichkeiten gegenüber der B-Bank getilgt hatte, trat sie unter Offenlegung der Sicherungsübereignung die an den Maschinen frei gewordenen Rechte an einen weiteren Gläubiger G ab. Bald darauf wurde gegen die S-KG ein Insolvenzverfahren eröffnet. G beglich die Restforderungen der B und machte gegenüber dem Insolvenzverwalter ein Absonderungsrecht an den Maschinen geltend. Zu Recht?

b) Die solvente S-KG führte den Kredit bei der B-Bank dauernd auf die Hälfte zurück, so dass fünf der Druckmaschinen als Sicherheit ausreichend wären. Die S-KG verlangt nun von der B-Bank Freigabe der übrigen Maschinen. Zu Recht?

c) Die S-KG kann ihre Verbindlichkeiten bei der B-Bank nicht mehr bedienen. Die B-Bank kündigt daraufhin die Kredite und verlangt Herausgabe der restlichen fünf Druckmaschinen. Dabei stellt sich heraus, dass die S-KG eine dieser Maschinen vor einem Jahr an die befreundete D-GmbH verliehen hat, wo sie ständig genutzt wird. Kann die B-Bank Herausgabe der Maschine und Nutzungsersatz von der D-GmbH verlangen?

a) Als Sicherungseigentümer hätte G ein Absonderungsrecht (Fall 195). Das Eigentum wäre nach Tilgung der gesicherten Forderung unmittelbar von B auf G übergegangen, wenn G von der S-KG ein Anwartschaftsrecht erworben hätte (vgl. Fall 179). Ein Anwartschaftsrecht steht dem Sicherungsgeber trotz Bestehens einer Sicherungsübereignung zu, wenn diese durch die Forderungstilgung auflösend bedingt ist (vgl. *Buchholz,* Jura 1990, 300).

Hier ist jedoch ausdrücklich nur eine schuldrechtliche Rückübertragungspflicht, also keine Bedingung, vereinbart worden. Ob eine unbedingte Sicherungsübereignung in AGBs zulässig ist, ist bestritten. Manche meinen, eine solche Sicherungsübereignung verstoße gegen § 307 II Nr. 1.

Dagegen hält die h. M. § 307 II Nr. 1 nicht für einschlägig, weil die Sicherungsübereignung gesetzlich nicht geregelt sei. Ein lediglich schuldrechtlicher Rückübertragungsanspruch verstoße i. d. R. auch nicht gegen § 307 I, da ein berechtigtes Interesse des Gläubigers zum Schutz vor unberechtigten Verfügungen des Schuldners anzuerkennen sei (*BGH* NJW 1984, 1184, 1185; Staudinger/*Wiegand*, Anh. §§ 929 ff. Rn. 200 ff.; Bamberger/Roth/*Kindl*, § 930 Rn. 14). Mit der Kredittilgung entstand mithin kein dingliches Anwartschaftsrecht, das die S-KG an G übertragen konnte.

Mangels Übergabe der Maschinen scheidet auch ein gutgläubiger Erwerb eines Anwartschaftsrechts nach §§ 930, 933 durch G aus. G hat daher kein Recht auf abgesonderte Befriedigung. Wegen des an B bezahlten Betrages steht ihm aber eine Rückgriffskondiktion gegen die Insolvenzmasse nach § 812 I 1, 2. Fall i. V. m. § 55 I Nr. 3 InsO zu.

b) Ein Freigabeanspruch ist hier im Sicherungsvertrag nicht vereinbart, da dem Sicherungsnehmer darin ein billiges Ermessen eingeräumt wird.

Jedoch folgt aus dem fiduziarischen Charakter des Sicherungsvertrages, dass die S-KG bei (endgültiger) Übersicherung einen ermessensunabhängigen Freigabeanspruch hat (BGHZ (GS) 137, 212 = NJW 1998, 671). Davon abweichende Geschäftsbedingungen (§ 305 I 1) verstoßen gegen § 307 I. Die Sicherungsabrede selbst ist aber wirksam, da § 307 nur den Sicherungsgeber, nicht aber seine Gläubiger schützen will (*Bülow*, Rn. 1120). In Analogie zu § 237 S. 1 besteht ein Anspruch auf Freigabe, soweit der Schätzwert des Sicherungsgutes die zu sichernde Forderung um 150 % übersteigt (BGHZ, a. a. O.).

c) (1) D schuldet *Herausgabe* der Maschine an B als Eigentümerin, §§ 985, 986 I 2. Mit der Kündigung der Darlehen sind sinngemäß das Besitzrecht der S-KG an den Maschinen nach dem Sicherungsvertrag und damit auch das Besitzrecht der D entfallen.

(2) Zwischen B und D bestehen keine vertraglichen Beziehungen. Vor Rücktritt der B vom Vertrag mit der S-KG bestand auch keine Vindikationslage, so dass für die Zeit vorher ein Anspruch auf Herausgabe der Nutzungen nach §§ 987 ff. ausscheidet.

In Betracht kommt allenfalls eine *Eingriffskondiktion*, § 812 I 1, 2. Fall. Diese würde voraussetzen, dass dem Sicherungseigentümer das Recht auf Nutzung des Sicherungsgutes zusteht. Dies ist aber nicht der Fall. Das Sicherungseigentum darf weiterhin vom Sicherungsgeber genutzt werden; im Sicherungsfall gibt es (wie ein Pfandrecht) nur ein Verwertungsrecht (*BGH* NJW 2007, 215). D hat der B daher den Nutzungswert nicht nach §§ 812 I 1, 2. Fall, 818 II zu ersetzen.

---

197. Gutgläubiger Erwerb von Sicherungsgut

K hat von E Waren unter Eigentumsvorbehalt bezogen. Zugleich hat er die in bestimmten Räumen lagernden Waren an S zur Sicherheit übereignet.
a) K fällt vor Zahlung des Kaufpreises in Insolvenz. Wer kann vom Insolvenzverwalter Herausgabe der Waren verlangen?
b) Kann S Herausgabe verlangen, wenn er selbst den Restkaufpreis an E bezahlt?

a) E hat die Waren an K nur bedingt übereignet, § 929 S. 1, 158 I. K war daher bei der Übereignung an S noch Nichtberechtigter. Ein gutgläubiger Erwerb des S findet gem. §§ 930, 933 nicht schon mit Vereinbarung eines Besitzkonstituts, § 868, statt, sondern erst wenn S tatsächlich unmittelbaren Besitz erhält, §§ 929 S. 1, 932, 854 I. § 933 schützt daher i. S. des Traditionsprinzips den Eigentumsvorbehalt des Vorbehaltsverkäufers gegenüber einer vorzeitigen Sicherungsübereignung. Aufgrund seines Eigentums kann E Aussonderung, §§ 47 InsO, 985 BGB verlangen, sofern der Verwalter eine Erfüllung des Kaufvertrages ablehnt (§§ 103, 107 II InsO) und E vom Kaufvertrag zurücktritt (§ 449 II).

b) Mit der Kaufpreiszahlung gem. § 267 tritt die Bedingung für den Eigentumserwerb des K ein. Die zunächst unwirksame Verfügung des K über Nichteigentum wird gem. § 185 II, 2. Fall, nachträglich wirksam. Sicherungseigentum gewährt aber in der Insolvenz des Sicherungsgebers kein Aussonderungsrecht (§ 47 InsO), sondern wie ein vertragliches Pfandrecht nur ein Absonderungsrecht (§§ 50 I, 51 Nr. 1 InsO). Ein Pfandgläubiger kann sich nach §§ 1228 II, 1233 ff. ohne vorheriges gerichtliches Verfahren aus dem Pfandgut befriedigen. Gemäß §§ 166 ff. InsO darf der Insolvenzverwalter jedoch bewegliches Sicherungsgut, das sich in seinem Besitz befindet, verwerten. Nach Abzug der Kostenpauschalen führt er den Erlös dann nach § 170 I 2 InsO an S ab.

198. Gutgläubiger Erwerb durch Abtretung des Herausgabeanspruchs

Die Fabrik E verkauft einen mechanischen Webstuhl an die Weberei K unter Eigentumsvorbehalt. K übereignet den Webstuhl unter Verschweigen des Eigentumsvorbehalts an die B-Bank zur Sicherung für ein Darlehen. Als K das Darlehen nicht zurückbezahlen kann, veräußert die Bank den Webstuhl gem. § 931 an den gutgläubigen D. K fällt in Insolvenz.
Wer kann jetzt Herausgabe der Maschine von K verlangen?

Die B-Bank wurde durch die Übereignung gem. §§ 930, 868 nicht Eigentümerin, da K nicht Eigentümer des Webstuhls war, sondern nur Inhaberin des K zustehenden Anwartschaftsrechts (*H. Lange,* JuS 1969, 162). Ein gutgläubiger Eigentumserwerb nach § 933 scheidet aus, da B der Webstuhl nicht übergeben wurde.

D könnte dagegen nach §§ 931, 934, 1. Fall, gutgläubig Eigentum erworben haben. Dies setzt voraus, dass B mittelbarer Besitzer war. Trotz der Unwirksamkeit ihres eigenen Erwerbs bestand über den Sicherungsvertrag ein wirksames Besitzmittlungsverhältnis; aus diesem Vertrag hatte B auch einen Herausgabeanspruch gegen K. Mit der Abtretung dieses Anspruchs konnte D gem. § 934, 1. Fall Eigentümer werden, ohne den unmittelbaren Besitz zu erlangen (BGHZ 50, 45 = NJW 1968, 1382; dazu *Gursky,* Rn. 139; *Musielak,* JuS 1992, 713, 718 ff.; Erman/*Michalski,* § 934 Rn. 2; a. A. *Bülow,* Rn. 1356).

Dieses Ergebnis ist aber zweifelhaft (vgl. *Kindl,* AcP 201 (2001), 391, 398 ff.). Denn aufgrund des bestehenden Eigentumsvorbehalts verwahrte K den Webstuhl an sich auch für E. Soweit die Veränderung der Besitzlage weder für E noch für Dritte erkennbar ist, bleibt der mittelbare Besitz der E nach verbreiteter Meinung weiterhin bestehen. B erwirbt dann durch das Besitzkonstitut bloßen mittelbaren *Nebenbesitz* neben E. Die Abtretung eines auf Nebenbesitz gründenden Herausgabeanspruchs genüge jedoch nicht zum gutgläubigen Erwerb nach § 934, 1. Fall (*Medicus/Petersen,* Rn. 559 ff.). Dagegen zerstört nach h. M. K den mittelbaren Besitz der E durch die Sicherungsübereignung an B, da der unmittelbare Besitzer nur einen Oberbesitzer anerkennen könne (vgl. Bamberger/Roth/*Fritzsche,* § 868 Rn. 42; ferner *BGH* NJW 2005, 359, 364). Nach Ansicht des *BGH* genügt zwar die Begründung mittelbaren Besitzes nicht für einen gutgläubigen Erwerb, wohl aber seine Übertragung. Dieser Ansicht ist zuzustimmen, da der mittelbare Besitz primär auf der Vertragstreue des unmittelbaren Besitzers beruht. Danach wurde D Eigentümer und kann Aussonderung gem. § 47 InsO, §§ 985, 986 BGB verlangen.

---

199. Nebenbesitz bei doppelter Sicherungsübereignung

V verkaufte einen Kran unter Eigentumsvorbehalt an den Bauunternehmer K. Zur Finanzierung nahm K bei der B-Bank einen Kredit in Höhe des halben Kaufpreises auf und übereignete der B den Kran zur Sicherheit. Für die andere Hälfte des Kaufpreises verschaffte sich K ein Darlehen bei seinem Geschäftsfreund D. Dieser bestand darauf, dass V eine Übereignungserklärung abgab. Ohne von der Sicherungsübereignung K-B zu wissen, ließ sich D in einer „Übereignungserklärung" von V dessen Herausgabeanspruch gegen K abtreten und vereinbarte gleichzeitig ein Besitzmittlungsverhältnis mit K.
K bezahlte den Kran vollständig. Als er später gegenüber B in Tilgungsrückstand kam, übergab er B den Kran, ohne die Vereinbarung mit D aufzudecken. Als D von der Übergabe erfährt, verlangt er von B Herausgabe des Krans, da er dessen Eigentümer sei.
a) Zu Recht?
b) Wie wäre es, wenn K den Verkäufer V nach der Sicherungsübereignung an B, aber vor Abtretung des Herausgabeanspruchs an D, dazu überredet hätte, auf den Eigentumsvorbehalt zu verzichten?

---

a) D hat das Eigentum an dem Kran durch Einigung und Abtretung des Herausgabeanspruchs vom Berechtigten V nach § 931 erworben. Er könnte das Eigentum aber durch die Sicherungsübereignung K–B wieder verloren haben, als B den Kran übergeben erhielt. Für eine Übereignung gem. §§ 930, 868 fehlte K zunächst das Eigentum, für einen gutgläubigen Erwerb der B die Übergabe gem. § 933.

Eine Übergabe an B erfolgte erst nach dem Eigentumserwerb des D. Deshalb ist fraglich, ob ein gutgläubiger Erwerb der B noch aufgrund der ursprünglichen Einigung eintreten konnte. Nach Ansicht des *BGH* entscheidet, ob der Veräußerer (K) bei der Übergabe für den Erwerber (B) erkennbar keinen Einigungswillen mehr hat (*BGH* NJW 1978, 696; dazu *Derleder,* JuS 1979, 477; *Gursky,* Rn. 133 ff.). Da dies nicht der Fall ist, erwarb B mit der Übergabe vom Nichtberechtigten K Eigentum zu Lasten des D. Ein Herausgabeanspruch des D besteht nicht.

b) Mit dem Verzicht des V auf den Eigentumsvorbehalt wurde K nachträglich Berechtigter. Damit wurde die zunächst unwirksame Sicherungsübereignung K–B gem. § 185 II 1, 2. Fall, ex nunc wirksam. Da V jetzt weder Eigentümer noch mittelbarer Besitzer war, konnte D aufgrund der „Übereignungserklärung" des V weder nach § 931 noch nach § 934, 1. Fall, Eigentum erwerben.

K vereinbarte aber gleichzeitig ein Besitzmittlungsverhältnis mit D. Nach einer Mindermeinung erlischt dadurch das Besitzmittlungsverhältnis K-B erst, wenn sich K für B erkennbar davon löst. Versuche K, B und D gleichzeitig den Besitz zu mitteln, so bestehe dagegen gleichstufiger (mittelbarer) *Nebenbesitz* für B und D (*Medicus/Petersen,* Rn. 558; *Wieling,* S. 80 f.). Solange der mittelbare Besitz der B noch anhalte, sei ein gutgläubiger Erwerb des D nach § 934, 2. Fall, nicht möglich.

Dagegen meint die h. M., eine Sache könne stets nur für einen Oberbesitzer besessen werden. Nebenbesitz gäbe es nicht. Mit der Vereinbarung des Besitzmittlungsverhältnisses mit D erlösche der mittelbare Besitz der B unabhängig von deren Kenntnis (vgl. *BGH* NJW 2005, 359, 364). Da für einen Erwerb nach § 934, 2. Fall, die Erlangung mittelbaren Besitzes genügt, hat D danach gutgläubig Eigentum erworben (*BGH* NJW 1978, 696; *Wilhelm*, Rn. 991 f.). Da der mittelbare Besitz auch sonst nicht offenkundig ist, ist dem zuzustimmen.

Durch die spätere Übergabe des Krans an B verlor D sein Eigentum nicht, da K und B keine erneute Einigung erklärten. D kann somit von B Herausgabe gem. § 985 verlangen.

IV. Pfandrecht an beweglichen Sachen und Rechten

200. Akzessorietät des Pfandrechts

G gewährte S ein Darlehen in Höhe von 2.500 €. Zu dessen Sicherung verpfändete ihm S Inhaber-Aktien in einem Bankfach durch Einigung und Übergabe des Schlüssels. Bald darauf vereinbarten G und S zusätzlich, S solle nicht befugt sein, das Darlehen zurückzuzahlen; eine Tilgung der Forderung solle ausschließlich durch Verwertung der Aktien zugunsten des G erfolgen. S bereut diese Vereinbarung alsbald und verlangt von G Rückgabe der Aktien gegen Tilgung des fälligen Darlehens.
a) Zu Recht?
b) Statt der Aktien hatte S dem G sein Sparguthaben unter Übergabe des Sparbuchs verpfändet. Als G die Sparforderung zur Verwertung abheben will, beruft sich die Bank auf ihr besseres Pfandrecht. Denn S habe in dem unterschriebenen Antrag auf Kontoeröffnung die Geltung ihrer AGBs anerkannt. Deren Nr. 14 I, II laute, dass die Bank für alle bestehenden und künftigen Ansprüche gegen den Kunden ein Pfandrecht u. a. auch an dessen Forderungen gegen die Bank habe. Seit kurzem sei aber ein von S geschuldeter Darlehensbetrag fällig. S hält diese Pfandrechtsbestellung per AGB für unwirksam.
Zu Recht?

a) Inhaber-Aktien werden wie bewegliche Sachen übereignet und verpfändet. Nach §§ 1274 I 2, 1205 I 1 erfolgte die Übergabe von Aktien in einem gemieteten Bankfach durch Übergabe des Schlüssels.

Ab Fälligkeit der Schuld (vgl. § 488 III) kann der Verpfänder S gem. §§ 1273 II, 1223 II die Pfandrückgabe durch Rückübertragung des Besitzes der Aktien Zug um Zug gegen Tilgung der Forderung verlangen, da das akzessorische Pfandrecht mit Forderungswegfall erlischt, § 1252.

Die Zusatzvereinbarung steht dem nicht entgegen. Denn ein Pfandrecht ist nach BGB ein akzessorisches Recht, das eine Forderung sichert, die (bei Nichterfüllung) in eine Geldforderung übergehen kann (*Müller*, Rn. 2754; vgl. *Schanbacher*, JuS 1993, 382). Ein Pfandrecht an beweglichen Sachen oder Rechten kann dagegen nicht wie eine Grundschuld als selbständiges Recht auf Befriedigung aus einer Sache unter Ausschluss der Erfüllbarkeit der Hauptforderung bestellt werden (BGHZ 23, 293, 299 = NJW 1957, 672). Die Zusatzvereinbarung ist daher unwirksam.

b) Die Pfandrechtsbestellung in Nr. 14 AGB-Banken (Text in *Baumbach/Hopt*, HGB, 36. Aufl., 2014, Anh. 8) ist zulässig. Denn die Klausel ist wirksam in den Vertrag einbezogen; sie ist nicht überraschend und benachteiligt den Kunden nicht unangemessen, §§ 305 II, 305c I, 307 (MüKo/*Wurmnest*, § 307 Rn. 182).

Ein Pfandrecht kann bereits für eine künftige Forderung bestellt werden, §§ 1273, 1204 II; die Übergabe des Sparbuches ist dazu nicht erforderlich (Palandt/*Bassenge*, § 1274 Rn. 3). Das Pfandrecht entsteht dann gleichwohl sofort vor Entstehung der Forderung (BGHZ 86, 340 = NJW 1983, 1123, 1125). Auch sein Rang bestimmt sich nach der Zeit der Bestellung, § 1209, also der Zeit der Kontoeröffnung. G erwarb daher die Sparforderung bereits mit dem Pfandrecht der Bank belastet, selbst wenn deren Forderung erst später entstanden ist.

---

201. Pfandrechtsbestellung

S hat bei G Rohkaffee eingelagert. Zur Sicherung eines Kredits will S den Kaffee dem G verpfänden.
a) Ist dies möglich?
b) Nach Tilgung des Kredits will S den Rohkaffee dem D verpfänden. In welcher Form kann dies geschehen?
c) Wie erfolgt die Verpfändung zu b), wenn G über den eingelagerten Kaffee einen Orderlagerschein ausgestellt hat?

---

a) Ist der Pfandgläubiger im unmittelbaren Besitz der Pfandsache, so genügt – wie bei § 929 S. 2 für die Übereignung – nach § 1205 I 2 zur Verpfändung die bloße Einigung über die Entstehung des Pfandrechts.

b) G verwahrt den Kaffee für S. S ist daher dessen mittelbarer Besitzer, § 868. Eine Verpfändung kann deshalb gem. § 1205 II durch Übertragung des mittelbaren Besitzes durch Abtretung des Herausgabeanspruchs aus dem Verwahrungsvertrag, § 870, und Pfandanzeige an den Besitzer G erfolgen. Ausreichend ist gem. § 1206, 2. Fall, auch die Entstehung gemeinsamen mittelbaren Besitzes von S und D. Dazu müssen beide mit G vereinbaren, dass der Kaffee nur an sie gemeinsam herausgegeben werden darf. Eine Verpfändung ohne Publizitätsakt, d. h. ohne Mitteilung an den unmittelbaren Besitzer, ist deshalb anders als bei einer Sicherungsübereignung gem. § 930 nicht möglich (*Prütting*, Rn. 786; *Vieweg/Werner*, § 10 Rn. 14, 18).

c) Der Orderlagerschein ist Traditionspapier, §§ 363 II, 448, 475g HGB (s. o. Fall 62). Er repräsentiert die Ware. Eine Verpfändung erfolgt durch Einigung und Übergabe des indossierten Orderlagerscheins, § 1292. Eine Pfandanzeige an G ist nicht erforderlich. Soweit im Handelsverkehr Traditionspapiere verwendet werden, ist daher eine Verpfändung ohne Publizität möglich (zum Überseegeschäft vgl. *Baur/Stürner*, § 55 Rn. 8; MüKo/*Damrau*, § 1292 Rn. 3, 4 ff.).

202. Gutgläubiger Erwerb eines Pfandrechts

D erteilte dem Kfz-Mechaniker K den Auftrag, einen Austauschmotor in seinen Pkw einzubauen. Diesen Pkw hatte er der B-Bank unter Übergabe des Kfz-Briefs zur Sicherheit übereignet. Nach dem von D unterzeichneten Auftragsformular sollte die Arbeit gem. den AGB des K ausgeführt werden. Nach deren Nr. 12 steht K ein vertragliches Pfandrecht an den in seinen Besitz gelangten Gegenständen wegen seiner Forderungen aus dem Auftrag zu. D konnte die Rechnung in Höhe von 3.000 € nicht bezahlen.
a) Kann K von der B-Bank die Herausgabe des Kfz-Briefes und die Duldung der Verwertung des Pkw verlangen?
b) Aus einer früheren Reparatur schuldet D dem K noch 750 €. Da nach den AGB des K das vertragliche Pfandrecht auch wegen Forderungen aus früher durchgeführten Arbeiten geltend gemacht werden kann, meint K, der Pkw hafte für weitere 750 €.
Zu Recht?

a) K hat ein Verwertungsrecht gem. §§ 1228, 1233 ff., wenn er ein Vertragspfandrecht an dem Pkw nach §§ 1205, 1207, 932 gutgläubig erworben hat.

Nach den §§ 305 II, 305c I sind die AGB des K wirksam vereinbart. Ob die Bestellung eines Vertragspfandrechts durch AGB zulässig ist, ist streitig.

Nach einer Ansicht (*Picker*, NJW 1978, 1417; *Schreiber*, Rn. 259; *Wieling*, S. 218) zielt eine Pfandklausel in AGBs darauf ab, den Unternehmer für den Fall zu sichern, dass die Pfandsache nicht im Eigentum des Auftraggebers steht. Andernfalls sei er ohnedies durch § 647 gesichert. Der Unternehmer sei also bösgläubig (Bamberger/Roth/*Sosnitza*, § 1257 Rn. 5). Eine derartige Sicherung zwinge D u. U. auch zum Vertragsbruch gegenüber der B-Bank und sei daher sittenwidrig. Da nicht D, sondern die B-Bank durch die Klausel benachteiligt wird, sei diese nicht gem. § 307 I, sondern gem. § 138 I nichtig (*Westermann/Gursky/Eickmann*, § 127 Rn. 22; Staudinger/*Wiegand*, § 1207 Rn. 9; *Schreiber*, Jura 2004, 36, 38). Nach dieser Ansicht hat K kein Verwertungsrecht.

Die Rspr. lässt dagegen die Vereinbarung eines Pfandrechts für Forderungen aus demselben Rechtsverhältnis in AGBs ohne weiteres zu (BGHZ 68, 323 = NJW 1977, 1240; BGHZ 101, 307, 315 = NJW 1987, 2818, 2820; *Medicus/Petersen*, Rn. 592). Sie geht davon aus, dass ein Pfandrecht gem. § 1205 auch dann rechtsgeschäftlich bestellt werden kann, wenn ein gesetzliches Pfandrecht ohnehin entstehen würde. Bösgläubigkeit i. S. d. § 1207 sei nur gegeben, wenn sich die Pfandklausel ausdrücklich auf schuldnerfremde Sachen beziehe.

Selbst dann ist zweifelhaft, ob K i. S. d. § 1207 gutgläubig war. Denn beim Kauf eines gebrauchten Kfz wird der Erwerber als bösgläubig angesehen, wenn er den Kfz-Brief nicht einsieht und ggf. überprüft. Diese Regel kann aber nicht für die Verpfändung gelten. Denn bei einer Veräußerung verliert der bisherige Eigentümer sein Eigentum. Dagegen wird es beim Pfandrechtserwerb nur mit einem Pfandrecht belastet, dem idR eine Werterhöhung durch die ausgeführten Arbeiten gegenübersteht. Die Vorlage des Kfz-Briefes vor der Vornahme größerer Reparaturen ist zudem völlig unüblich und praktisch mit erheblichen Schwierigkeiten verbunden (Reparatur auf der Reise; Veräußerung durch ungetreue Werkstatt) (vgl. *Medicus/Petersen,* Rn. 592). Deshalb wäre K nur dann verpflichtet gewesen, sich näher über die Eigentumsverhältnisse an dem Pkw zu erkundigen, wenn besondere Verdachtsmomente gegen das Eigentum des D gesprochen hätten (vgl. BGHZ 77, 274, 277 = NJW 1980, 2245; BGHZ 86, 300 = NJW 1983, 1114, 1116). Auch die Interessenlage spricht nach Ansicht des *BGH* für einen gutgläubigen Pfandrechtserwerb des Werkunternehmers ohne Vorlage des Kfz-Briefs. Durch das bloße Zurückbehaltungsrecht gem. den §§ 994, 1003 wäre K nicht ausreichend geschützt. Zwar muss nach der Rspr. eine Vindikationslage im Verhältnis zur B-Bank z. Zt. der Vornahme der Verwendung nicht vorliegen (s. o. Fall 107). Jedoch kann im Einzelfall zweifelhaft sein, ob die Verwendung wirklich notwendig war. Außerdem kann ein Pfandgläubiger die Pfandsache nach § 1233 stets ohne Titel verwerten, während der Verwendungsanspruch vor einer Befriedigung nach § 1003 erst rechtskräftig festgestellt werden muss.

Freilich ist mit dieser Interessenbewertung schwer vereinbar, dass die Rechtsprechung den gutgläubigen Erwerb eines gesetzlichen Pfandrechts gem. § 1257 bislang ablehnt (s. u. Fall 206).

Nach § 1228 II 1 hat K daher einen Anspruch auf Duldung der Pfandverwertung gegen B (BGHZ 68, 323 = NJW 1977, 1240; *Berg,* JuS 1978, 86, 89). Zur Durchführung der Verwertung steht K ein Hilfsanspruch auf Herausgabe des Kfz-Briefs analog den §§ 952 I 2, 1227, 985 zu. Gibt B den Brief nicht freiwillig heraus, so kann K das Kraftfahrzeug aber entgegen § 1233 I nicht ohne Titel verwerten.

b) Die das Pfandrecht verlängernde Klausel verstößt nach Ansicht des *BGH* weder gegen die §§ 307 ff. noch gegen § 138. Sie sei branchenüblich, stelle für den Werkunternehmer keine Übersicherung und für den Kunden keine überraschende Klausel dar (BGHZ 87, 274 = NJW 1983, 2140; abl. *Gursky,* JZ 1984, 604, 612). Größere Zahlungsrückstände könnten allerdings die Annahme nahe legen, der Pkw sei zur Kreditbeschaffung sicherungsübereignet. Hier stand aber nur eine vergleichsweise geringe Forderung offen. K hatte daher keine Erkundigungspflicht und erwarb das Pfandrecht gutgläubig auch für die weiteren 150 €.

---

203. Rückgabe der Pfandsache

Frau E übergab dem befreundeten Kunsthändler V ein Ölgemälde eines bekannten Meisters im Schätzwert von 25.000 € zur Veräußerung. V befand sich zu dieser Zeit in finanziellen Schwierigkeiten. Zu deren Überbrückung erhielt er von dem Privatier P ein Darlehen in Höhe von 15.000 € gegen Verpfändung des von E erhaltenen Ölgemäldes. Auf Rückzahlung des Darlehens verklagt, macht V geltend, er müsse gleichzeitig das Gemälde zurückerhalten. P meint, nachdem E von ihm Herausgabe des Gemäldes verlangt habe, könne V keine Rückgabe an sich fordern.
Wie ist zu entscheiden?

Nach § 1223 I hat P die Pfandsache *nach* Erlöschen des Pfandrechts durch Tilgung des Darlehens (vgl. § 1252) dem Verpfänder V zurückzugeben. Dieser Rückgabeanspruch ist sofort mit Tilgung fällig. Deshalb kann V die Zahlung von der Rückgabe der Pfandsache abhängig machen und insoweit ein Zurückbehaltungsrecht gem. §§ 273, 274 ausüben. P darf also das Gemälde gem. §§ 1228, 1233 ff., 1235 erst dann öffentlich versteigern lassen, wenn V den P auf Aufforderung nicht vollständig befriedigt.

Streitig ist, ob dem Rückgabeanspruch des V entgegensteht, dass er infolge der unberechtigten Verpfändung gegenüber E nicht mehr zum Besitz des Gemäldes berechtigt ist. Teilweise wird die Ansicht vertreten, der Verpfänder könne analog § 986 I 2 nur Herausgabe an den Eigentümer verlangen, wenn er diesem gegenüber kein Recht zum Besitz mehr habe (Jauernig/*Jauernig*, § 1223 Rn. 1; *Müller*, Rn. 2977). Dagegen meint der *BGH*, der Pfandgläubiger habe die Pfandsache auch in diesem Fall dem Verpfänder herauszugeben. Der Pfandgläubiger brauche sich um die Besitzberechtigung des Verpfänders grds. nicht zu kümmern (BGHZ 73, 317 = NJW 1979, 1203, 1204).

204. Pfandverkauf

G hat dem S ein Privatdarlehen in Höhe von 10.000 € gewährt. Zur Sicherheit hat ihm S eine antike Orientbrücke sowie verschiedene Gold- und Silbermünzen verpfändet. Bei Fälligkeit kann S das Darlehen nicht zurückzahlen. Wie kann sich G aus den Pfändern befriedigen?

Nach § 1228 I kann sich G durch Pfandverkauf gem. §§ 1233 ff. befriedigen.

(1) Die Regel bildet der private Pfandverkauf ohne Vollstreckungstitel nach §§ 1233 I, 1234 ff. G muss den Verkauf androhen, § 1234 I. Erst nach einer Wartefrist von einem Monat, § 1234 II, darf er die Orientbrücke durch einen Gerichtsvollzieher oder einen öffentlich bestellten Versteigerer (§ 34b V GewO) öffentlich versteigern lassen, §§ 1235 I, 383 III.

Gold- und Silbermünzen dürfen nach § 1240 nicht unter dem Metallwert zugeschlagen werden. Bei einem Verstoß ist die Pfandveräußerung rechtswidrig, § 1243 I. Wird bei der Versteigerung kein genügendes Gebot abgegeben, so kann ein freier Verkauf durch einen öffentlich bestellten Versteigerer zum Metallwert erfolgen, § 1240 II.

Gängige Gold- und Silbermünzen haben zudem einen Marktpreis. Sie können deshalb nach freier Wahl des G durch einen öffentlich bestellten Versteigerer oder einen Handelsmäkler freihändig zum laufenden Preis verkauft werden, §§ 1235 II, 1221.

Der Barerlös, § 1238 I, abzüglich der Kosten des Pfandverkaufs, § 1210 II, gebührt G zur Befriedigung seiner Forderung, § 1247 S. 1.

(2) Stattdessen kann G die Pfandsachen auch aufgrund eines Vollstreckungstitels nach §§ 814 ff. ZPO durch einen Gerichtsvollzieher versteigern oder sie sich gem. § 825 ZPO durch das Vollstreckungsgericht zu Eigentum zuweisen lassen, § 1233 II. Da G bereits ein Vertragspfand besitzt, bedarf es für diese Verwertung keiner

Pfändung gem. §§ 803 ff. ZPO. Das Pfand haftet auch für die Kosten der Titel-beschaffung.

(3) Schließlich können S und G gem. § 1245 eine abweichende Art des Pfand-verkaufs vereinbaren. Bei Streit über die Art der Pfandverwertung kann das Gericht auf Antrag eine besondere Verwertungsart anordnen (§§ 1246 II BGB, § 410 Nr. 4 FamFG).

---

205. Gutgläubiger Erwerb einer Pfandsache

Fall wie zuvor. Nach Kündigung des Darlehens lässt G die Pfandsachen noch vor Ablauf der Kündigungsfrist (§ 488 III) in öffentlicher Versteigerung ver-kaufen. E ersteht die Orientbrücke für 5.000 €.
a) Wird er deren Eigentümer und in welcher Weise erfolgt der Eigentums-erwerb?
b) Wie wäre es, wenn S die Orientbrücke gegen den Willen seiner Ehefrau aus dem Wohnzimmer entfernt und verpfändet hätte?

a) Ein Pfandverkauf vor Fälligkeit der gesicherten Forderung ist unzulässig, § 1228 II 1, und rechtswidrig, § 1243 I. Werden die Pfandsachen aber in öffentlicher Versteigerung, § 1235 I, verkauft, so erwirbt ein hinsichtlich des Mangels gutgläubi-ger Ersteher gleichwohl gem. §§ 1244, 932 Eigentum.

Mit dem Zuschlag auf das Meistgebot in der Versteigerung kommt ein privatrecht-licher Kaufvertrag zustande. Anders als ein Zuschlag eines Grundstücks in der Zwangsversteigerung nach § 90 I ZVG hat er keine Übertragungswirkung. Die Pfandsache ist vielmehr sofort gegen Barzahlung des Kaufpreises nach § 929 S. 1 zu übereignen.

b) Ehegatten haben Mitbesitz an Gegenständen des Hausrats. Durch unfreiwillige Entziehung des Mitbesitzes ist die Orientbrücke der Ehefrau abhanden gekommen. Nach §§ 1207, 935 konnte G daran kein Pfandrecht erwerben. Trotzdem erwirbt E gutgläubig Eigentum, wenn die Orientbrücke später öffentlich als Pfand versteigert wird. Denn auf die Pfandveräußerung ist § 935 gem. § 1244 nicht anwendbar (Bamberger/Roth/*Sosnitza*, § 1244 Rn. 4). Etwas anderes gilt nur, wenn der Ersteher von dem Bruch des Mitbesitzes der Ehefrau Kenntnis hat und dadurch hinsichtlich des Pfandrechts des G bösgläubig ist (*Frank/Veh*, JA 1983, 249, 253).

---

206. Gutgläubiger Erwerb eines gesetzlichen Pfandrechts

E hat seinen Pkw auf Kredit gekauft und bis zur Tilgung des Kaufpreisdarle-hens der D-Bank sicherungsübereignet. Nach einem Unfall lässt er bei der Werkstatt des K Kotflügel, Motorhaube und rechte Türe erneuern, ohne dass Besonderes vereinbart wird.
a) Als E den Pkw abholen will, verweigert K die Herausgabe unter Berufung auf sein Pfandrecht. Zu Recht? Darf K den Pkw wegen seiner Werklohn-forderung verwerten?

b) Wie wäre es, wenn die D-Bank E im Sicherungsvertrag verpflichtet hätte, notwendige Instandsetzungen ausführen zu lassen?

a) Auch ein *gesetzliches Pfandrecht* an beweglichen Sachen gewährt dem Pfandrechtsgläubiger, der im Besitz der Pfandsache ist, ein absolutes Recht zum Besitz nach § 986 I 1 (*BGH* NJW 1999, 3716, 3717). Die meisten Regeln über rechtsgeschäftlich bestellte Pfandrechte sind auch auf gesetzliche Pfandrechte anwendbar (*Alexander*, JuS 2014, 1, 4).

Seit langem ist aber streitig, ob ein gesetzliches Besitzpfandrecht, vor allem das Unternehmerpfandrecht, § 647, gutgläubig erworben werden kann. Für eine analoge Anwendung von § 1207 spricht die gleiche Interessenlage wie beim Erwerb über eine AGB-Klausel, deren rechtsgeschäftliches Moment nicht überbewertet werden sollte (s. o. Fall 202). Deshalb wird die Ansicht vertreten, das Werkunternehmerpfandrecht entspreche stillschweigend dem Willen der Beteiligten. Als gesetzliche Analogiebasis kann man zusätzlich auf § 366 III HGB verweisen, der den Pfandrechtserwerb kraft guten Glaubens an das Eigentum sinngemäß voraussetzt (für die Neufassung *Wilhelm*, DB 2014, 406, 409 f.; bereits zur alten Fassung *Canaris*, Handelsrecht, 24. Aufl., 2006, § 27 Rn. 33 ff.; *Wieling*, S. 230 f.).

Dagegen wird eingewandt, § 1257 spreche bewusst vom „entstandenen" Pfandrecht. Eine Korrektur des historischen Gesetzgebers aus § 366 III HGB sei nicht möglich, da es sich hierbei um eine gezielte Sonderregelung im Gegensatz zum BGB handele und auch die Neufassung das Unternehmerpfandrecht des § 647 BGB nicht einbeziehe. Zudem genüge der Besitzerwerb nicht als Rechtsscheingrundlage für einen gutgläubigen Erwerb. Hinzutreten müsse eine Verpfändungserklärung. Der Besteller einer Werkleistung behaupte aber nicht notwendig, der zu reparierende Gegenstand sei sein Eigentum (BGHZ 100, 95, 101 = NJW 1987, 1880; *Gursky*, Rn. 266). K steht damit nach h. M. kein Pfandrecht zu.

K könnte aber *Zurückbehaltungsrecht* nach §§ 1000, 1003 zustehen.

Der *BGH* gibt K einen Anspruch auf Ersatz notwendiger Verwendungen gegen den Eigentümer, § 994, auch wenn zur Zeit der Verwendung – infolge des Sicherungsvertrages E–D – keine Vindikationslage bestand (BGHZ 34, 122, 130 = NJW 1961, 499, 501; BGHZ 51, 250, 252 = NJW 1969, 606). Es genügt, ist aber auch erforderlich, dass diese später nach Rücktritt vom Vertrag eintritt (BGHZ 100, 95, 102 ff. = NJW 1987, 1880, 1881). Solange E seinen Verpflichtungen gegenüber D nachkommt, besteht daher auch kein Zurückbehaltungsrecht nach § 1000.

Gegenüber E als Auftraggeber muss K das mangelfreie Werk aber nur Zug um Zug gegen Zahlung der Vergütung (§ 641 BGB) abliefern (MüKo/*Busche*, § 631 Rn. 59), hat also ein Zurückbehaltungsrecht nach §§ 320, 322.

b) Verpflichtet der Eigentümer den Sicherungsgeber zur Vornahme von Reparaturen, so willigt er nach einer Ansicht in die Verpfändung des Sicherungsgutes wegen der Reparaturforderung ein. Es liege daher nahe, in der Reparaturverpflichtung eine stillschweigende Ermächtigung zur Bestellung des gesetzlichen Pfandrechts des § 647 analog zu §§ 185 I, 183 zu sehen. Die Hingabe des Pkw zur Reparatur sei wie eine Verpfändung zu behandeln (*Medicus/Petersen*, Rn. 594; *Canaris*, Handelsrecht,

24. Aufl., 2006, § 27 Rn 40). Dagegen wird überwiegend eingewandt, D wolle letztlich nicht für die Werklohnforderung haften, so dass eine Einwilligung in eine Pfandrechtsentstehung nicht unterstellt werden könne (*Katzenstein,* Jura 2004, 1, 6; *Baur/Stürner,* § 55 Rn. 40). Hiergegen spricht freilich, dass D dadurch die Möglichkeit erhält, Sicherungseigentum pfandfrei reparieren zu lassen. Weiter wird eingewandt, diese Konstruktion laufe auf eine unzulässige Verpflichtungsermächtigung hinaus; auch passe § 185 nicht auf die Entstehung eines gesetzlichen Pfandrechts (*Prütting,* Rn. 790). Mögen diese Argumente auch im Einzelnen nicht zwingend erscheinen, es bleibt, dass mit dieser Lösung rechtsgeschäftliche und gesetzliche Begründung eines Pfandrechts unzulässig vermischt werden, um letztlich doch zu einem Pfandrechtserwerb gem. § 647 unabhängig von der Eigentumslage zu gelangen. Ein Erwerb des gesetzlichen Werkunternehmerpfandrechts aufgrund einer Ermächtigung zur Reparatur ist daher abzulehnen (BGHZ 34, 122, 125 f. = NJW 1961, 499).

---

207. Pfandrecht am Miterbenanteil

R wird Miterbe nach E zu einem Drittel. Seinen Miterbenanteil verpfändete er der B-Bank durch notariellen Vertrag. Diese Verpfändung wurde bei dem im Wesentlichen den Nachlass ausmachenden Grundstück im Grundbuch eingetragen. Sodann pfändete G den Miterbenanteil des R wegen einer rückständigen Werklohnforderung durch Pfändungs- und Überweisungsbeschluss. Bald darauf wurde das Grundstück mit Zustimmung beider Pfandgläubiger zur Auseinandersetzung der Miterbengemeinschaft versteigert. Der auf R entfallende Erlösanteil wurde versehentlich an G ausbezahlt.
Kann die B-Bank Herausgabe des Erlöses von G verlangen?

Die Auszahlung des Erlöses durch das Vollstreckungsgericht, § 117 I ZVG, erfolgt hoheitlich. Der B-Bank hat daher eine Eingriffskondiktion gem. §§ 812 I 1, 2. Fall, 818 II gegen G, wenn die Verteilung entgegen der materiellen Rangfolge erfolgte (vgl. *BGH* NJW 1972, 1045).

Ein Miterbenanteil kann nach den §§ 2033 I, 1273 I verpfändet werden. Als Verfügung bedarf die Verpfändung der Form der notariellen Beurkundung, § 2033 I 2. Nach den §§ 859 II, 857 ZPO kann der Miterbenanteil am Nachlass auch gepfändet werden (§§ 829, 835 ZPO). Die zeitliche Priorität bestimmt dabei den Rang der Pfandrechte, §§ 1273 II, 1209 BGB, 804 III ZPO.

Nach den §§ 1273 II, 1258 I, II konnte die Auseinandersetzung der Miterben (§§ 2042, 753 BGB, 180 ff. ZVG) nur mit Zustimmung der Pfandgläubiger erfolgen. Als Folge einer wirksamen Auseinandersetzung erlosch der Miterbenanteil des R. An seine Stelle trat der Anspruch auf den Erlösanteil.

Zweifelhaft ist, in welcher Weise die Pfandrechte am bisherigen Miterbenanteil den Erlös erfassen. Bei einer Pfändung setzt sich nach allgemeiner Ansicht das Pfandrecht am Erbteil kraft *dinglicher Surrogation* am Auseinandersetzungsguthaben und dem R zugeteilten Anteil fort (BGHZ 52, 99, 105 = NJW 1969, 1347).

Zwar spricht § 1258 III (anders als § 1247 S. 2) davon, dass dem Pfandgläubiger ein Pfandrecht an den Ersatzgegenständen „gebühre", so dass der Wortlaut gegen eine dingliche Surrogation spricht.

Es ist aber kein vernünftiger Grund ersichtlich, dem Pfändungspfandrecht bei der Veräußerung eines Pfandgegenstandes stärkere Wirkungen als dem Vertragspfandrecht einzuräumen, obgleich das Pfändungspfandrecht gem. § 804 II ZPO die Rechte eines Vertragspfandrechts gewähren soll. Deshalb ist auch für das Vertragspfandrecht von einer dinglichen Surrogation auszugehen (BGHZ 52, 99, 105 ff. = NJW 1969, 1347; MüKo/*Damrau*, § 1258 Rn. 7; Palandt/*Bassenge*, § 1258 Rn. 4; a. A. *Lehmann*, NJW 1971, 1545 ff.: ungerechtfertigte Bereicherung des Pfändungspfandgläubigers kraft Gesetzes).

Die B-Bank kann daher Herausgabe des ihrer Forderung entsprechenden Erlösanteils von G verlangen.

208. Verpfändung eines Auflassungsanspruchs

K hat ein großes Mietshaus von E gekauft. Sein Auflassungsanspruch wurde durch Vormerkung gesichert, die Auflassung bisher aber nicht erklärt. Den Kaufpreis möchte K weitgehend durch einen Kredit der G-Bank finanzieren. E ist aber nicht bereit, schon jetzt zur Sicherung dieses Kredits eine Grundschuld gegen Abtretung des Auszahlungsanspruchs an sich zu bewilligen. Deshalb verpfändet K der G-Bank privatschriftlich alle Rechte aus dem Kaufvertrag und bewilligt und beantragt die Eintragung der Verpfändung im Grundbuch.
a) Ist der Auflassungsanspruch wirksam verpfändet?
b) E lässt K das Grundstück auf. Beide beantragen die Eintragung des K im Grundbuch. Ist dem Antrag stattzugeben?
c) Welche Wirkung hat die Eintragung des K als Eigentümer im Grundbuch auf das Pfandrecht der G-Bank?
d) E lässt K das Grundstück auf; beide beantragen die Eintragung des K im Grundbuch. Erst danach nimmt K das Darlehen auf und verpfändet der G-Bank zur Sicherheit schriftlich seine Rechte „aus der Auflassung". Ist hier ein Pfandrecht wirksam entstanden?

a) Der Auflassungsanspruch kann wie jede Forderung nach §§ 1273, 1279 verpfändet werden. Die Verpfändung erfolgt gem. § 1274 wie eine Abtretung des Auflassungsanspruchs. Der Verpfändungsvertrag zwischen K und G bedurfte nicht der Form des § 311b I 1. Denn die Verpfändung enthält weder eine Verkaufs- noch eine Erwerbsverpflichtung. Sie ist vielmehr eine sonstige Verfügung (*BayObLG* NJW 1976, 1895).

Nach den §§ 1279, 1280 bedarf die Verpfändung zu ihrer Wirksamkeit jedoch neben der Einigung von K und G noch der Pfandanzeige an E. Diese Anzeige ist noch nicht erfolgt. Vor der Auflassung besteht auch noch kein Anwartschaftsrecht des K, das ohne Anzeige wirksam verpfändet werden kann (vgl. MüKo/*Kanzleiter*, § 925 Rn. 35).

b) Zum Vollzug einer Auflassung ist dem GBA die formgerechte Einigung der Beteiligten vorzulegen, § 20 GBO. Nach der Verpfändung kann E nach § 1281 S. 1 das Grundstück nur gemeinsam an K und die G-Bank als Pfandgläubigerin auflassen, sofern § 1281 nicht bei der Verpfändung abbedungen wurde, § 1284. Die G-Bank muss deshalb die Auflassung mit entgegennehmen oder der Auflassung an K in der Form des § 29 GBO zustimmen (*BayObLG* NJW-RR 1987, 793; Palandt/*Bassenge*, § 1281 Rn. 2). Als neuer Eigentümer wird gleichwohl nur K im Grundbuch eingetragen. Das GBA wird K deshalb durch Zwischenverfügung, § 18 I 1 GBO, auffordern, die Zustimmung der G-Bank vorzulegen.

c) Mit dem Vollzug der Auflassung erwirbt G als Pfandgläubigerin gem. § 1287 S. 2 kraft Gesetzes ohne Eintragung eine Sicherungshypothek (§ 1184) an dem Grundstück in Höhe der durch das Pfandrecht gesicherten Forderung. Die Hypothek ist nachträglich im Wege der Grundbuchberichtigung einzutragen.

d) Mit Auflassung und Eintragungsantrag hat K ein dingliches Anwartschaftsrecht erworben (s. o. Fall 49). Dieses kann er gemäß §§ 1273 ff. verpfänden. Im Unterschied zur formlosen Verpfändung des Auflassungsanspruchs verlangt die h. M. bei Verpfändung einer Auflassungsanwartschaft die notarielle Beurkundung der Pfandeinigung analog § 925, aber keine Eintragung im Grundbuch (*BGH* DNotZ 1982, 621; *Reithmann*, DNotZ 1983, 721), da die Verpfändung nach dem Wortlaut des § 1274 I nach den Vorschriften der Rechtsübertragung, also nur analog § 925, erfolgt. Da K seine Verpfändung lediglich in Schriftform erklärt hat, hat die G-Bank danach kein Pfandrecht an der Auflassungsanwartschaft erworben.

209. Verpfändung eines Kommandit-Anteils

E war Kommanditist der K-KG. Seine Einlage betrug 250.000 €.
Kann E seine Kommanditistenstellung der D-Bank zur Sicherheit für einen Kredit verpfänden?

Die Kommanditistenstellung ist als Mitgliedschaft grds. nicht übertragbar, §§ 161 II, 105 HGB, 717 BGB, und damit nicht verpfändbar, § 1274 II. Frei übertragbar sind dagegen die mit der Mitgliedschaft verbundenen Vermögensrechte (Gewinnanteil – Auseinandersetzungsguthaben, vgl. §§ 717 S. 2 BGB, 859 I ZPO). Diese werden gem. § 1274 I 1 durch Einigung über die Verpfändung und Pfandanzeige gem. § 1280 verpfändet. Da der Gewinnanteil Nutzung des Stammrechts ist (§§ 100, 99 III), muss insoweit gem. §§ 1273 II 1, 1213 I ausdrücklich ein Nutzungspfandrecht vereinbart werden.

Darüber hinaus lässt die h. M. eine Verpfändung des Gesellschaftsanteils selbst zu, wenn diese bereits im Gesellschaftsvertrag zugelassen wird oder die Mitgesellschafter im Einzelfall zustimmen (Staudinger/*Wiegand*, § 1274 Rn. 52 ff.). Die Verpfändung erfolgt nach § 1274 I 1 durch Einigung; eine Pfandanzeige an die KG gem. § 1280 ist nicht erforderlich (Soergel/*Habersack*, § 1280 Rn. 2). Das Pfandrecht am Anteil selbst verhindert die Übertragung des Anteils an Dritte und sichert dadurch dem Pfandgläubiger den Einzug der einzelnen Vermögensrechte.

Stichwortverzeichnis

Die Zahlen verweisen auf die Nummern der Fälle.